安徽省“十三五”规划教材
智慧会计特色专业系列教材

企业资源计划

（第二版）

主　编　杨　颖
副主编　董骏峰　杨　敏　白　羽

科学出版社
北　京

内 容 简 介

企业资源计划（enterprise resource planning，ERP）作为一种先进的管理思想和信息系统，已在各行各业得到广泛应用。本书首先从信息化和企业经营模拟的角度，系统讲述 ERP 的理论知识及其在企业经营管理中的应用。其次，将 ERP 的管理思想、软件工具和企业经营模拟相融合，以生产制造企业的运营全过程为主线，对企业经营过程中的需求管理、生产计划管理、库存管理、采购管理、财务管理和成本管理等相关理论知识进行全方位展现，同时融合了企业经营模拟中的相关管理理论，如营销与新产品开发策略、企业筹资决策、团队组建与管理及竞争情报等内容。最后，通过 ERP 系统软件和 ERP 沙盘将 ERP 相关理论应用到企业经营模拟中。

本书可作为高等院校管理类各专业本科学生或企业相关管理人员学习 ERP 理论知识的选用教材，也可供参加 ERP 沙盘模拟比赛或者 ERP 实验的学生进行学习和参考。

图书在版编目（CIP）数据

企业资源计划 / 杨颖主编. -- 2 版. -- 北京 : 科学出版社, 2025. 5.
(安徽省“十三五”规划教材) (智慧会计特色专业系列教材). -- ISBN 978-7-03-081940-6

Ⅰ. F272. 7

中国国家版本馆 CIP 数据核字第 2025Z1X092 号

责任编辑：方小丽 / 责任校对：贾娜娜
责任印制：张 伟 / 封面设计：有道设计

科 学 出 版 社 出版
北京东黄城根北街 16 号
邮政编码：100717
http://www.sciencep.com
北京中石油彩色印刷有限责任公司印刷
科学出版社发行 各地新华书店经销
*
2020 年 11 月第 一 版 开本：787×1092 1/16
2025 年 5 月第 二 版 印张：18 1/2
2025 年 5 月第四次印刷 字数：421 000

定价：58.00 元

（如有印装质量问题，我社负责调换）

安徽省“十三五”规划教材
智慧会计特色专业系列教材
编委会

总　　序

智慧会计特色专业系列教材的完成，凝聚着参与编写教材的几十位教师的心血。在新一代信息技术的发展浪潮中，这套教材带着全新时代的印记面世了。在编写这套教材的过程中，我们反复论证，围绕信息时代会计人员的能力架构，进行了多方讨论和比较，最后确定了 10 本教材的框架体系。

在看到党和国家事业取得举世瞩目成就的同时，我们也必须清醒地看到目前存在的问题。例如：科技创新能力还不强，确保粮食、能源、产业链供应链可靠安全和防范金融风险还须解决许多重大问题等。我们编写这套教材的初衷是：突破传统、顺应时代、重构模式、凸显智慧。由于新一代信息技术的发展，学科交叉融合加速，新兴学科不断涌现，前沿领域不断延伸。这催生出一系列新产品、新应用和新模式，极大地改变了生产、消费、投融资的内容和方式，也使传统生产经营方式下的会计、财务、金融等服务行业发生了巨大变化，出现了学科融合的“大会计”范畴，重构了财务会计、管理会计、财务管理、审计与内部控制、投资与理财、金融等诸多学科之间的交融关系。从会计人员的工作实践看，伴随着会计领域全面智能化，财务会计的能力架构发生了根本性的转变。从经济发展的态势看，经济高质量发展不断取得新突破，新市场形态和商业模式不断涌现，对会计人才也提出了更高的要求。为了适应市场环境对会计人才的新要求，与时俱进地改革现有的专业培养模式和课程体系，重构新课程体系迫在眉睫，由此我们决定编写这套教材。

本系列教材的“智慧”特色构架是：“智慧”特色既体现在新一代信息技术的应用上，又体现在会计内涵的转变上。首先，会计基础的重构。在系列教材中，我们重构了两大会计分支体系的基本内容：以财务会计为核心的《基础会计学》和以决策、控制为核心的《管理会计学》，它们体现了吸收最新应用、吐纳传统内容、改进创新体系的特点。其次，会计应用的延展。由于财务决策离不开金融市场，货币市场与资本市场作为现代金融市场的两大支柱：其相关理论是企业财务决策的着眼点和出发点。由此，我们以“智慧”的视角，结合现代金融市场的特点添加了《货币金融学》《证券投资理论与实务》。《审计学》和《新编资产评估学》既是传统会计专业必修课，又是与信息变迁时代高度关联的课程。资本市场的有效性体现了价格对信息的反应程度，审计重在信息的公正，资产评估重在信息的合理。任何“智慧”的重点都是带有时代特征的，《智慧财务管理》既是偏向提炼关键信息的财务理论，又是偏向财务决策的智能化，这是对财务学和智能信息学的双重创新。最后，会计信息技术的筑底。《商务数据库技术与应用》《商务数据分析》《ERP 与企业经营模拟》是新一代信息技术基础知识的构筑以及信息化工具在企业财务信息管理中的综合运用，它们以各种手段和方法挖掘市场商务数据，重构企业内部控制，合理构架企业经营模式，代表着现代会计专业的培养方向。由此，我们选择了上述 10 本教材作为智慧会计特色专业系列教材，打造本领域首个安徽省“十三五”规划教材。

人才是第一资源，我们积极贯彻人才强国战略。培养造就大批德才兼备的高素质人才，是国家和民族长远发展大计。因此，处于当今变化时代的会计专业人才应该是复合型人才，他们有能力进行知识体系的自我完善，利用信息化、智能化手段进行创新与超越，利用交叉知识产生能力突破，进而推动制造业高端化、智能化、绿色化发展。他们是一群商业嗅觉灵敏、市场行为机警、业务财务双通、数据信息运用自如的财务运筹、决策与控制人员。那个会计专业人员只知道记账、算账、做凭证报表的时代，已随着信息化的逐步深入而渐行渐远。智能化社会已经来临，它所展现的会计结构应该是：后台是“智能化”程序，包括记账、算账、做凭证报表等，这些“智能化”程序在大型企业已基本纳入共享服务中心。而站在决策前台的会计人员需要做什么？他们是战略实现的内部构架能手，是服务战略的财务筹划高手，是重要的决策参谋，他们处处体现自己的“智慧”。与此同时，拥有“智慧”的会计才是成功企业不可或缺的。

本系列教材得到安徽省“十三五”规划教材省级质量工程项目（2017ghjc023）立项支持，在申请立项和实施完成的过程中，得到系列教材各位主编——姚禄仕教授、李姚矿教授、余本功教授、王刚教授、潘立生副教授、王建文副教授、吴勇副教授、王晓佳副教授、杨颖副教授和刘军航老师，以及诸多参编老师的鼎力支持。在教材审核出版过程中，科学出版社的各位编辑投入了大量的时间和精力，确保教材品质优良。在此一并向他们表示感谢！

2019 年 12 月 28 日深夜

第二版前言

《ERP 与企业经营模拟》教材将企业资源计划的基本理论与概念、系统软件与实现和企业经营模拟等内容紧密结合，从理论与实践两个方面讨论了企业资源计划中的基本问题和解决方案，形成了一个系统而独特的知识体系。随着以人工智能为代表的新一代信息技术的飞速发展，企业资源计划面临着新的重大机遇和挑战，也对 ERP 课程知识体系提出了新的要求。

《企业资源计划》（第二版）是在《ERP 与企业经营模拟》教材的基础上，增加了关于人工智能、大数据、云计算等最新信息技术的内容，并增加了盘点机器人、财务自动化、数智化沙盘等当前企业数字化管理新场景，更新了企业数字化转型的典型案例。同时，将拓展阅读与相关拓展知识以二维码形式展示，建立数字教材资源库。通过更新内容，教材旨在培养具有创新精神、科技素养和时代责任感的新时代人才，为国家的经济发展和科技进步贡献力量。

具体修订内容如下。

第一章增加了工业软件及分类，更新了新一代 ERP 系统的相关介绍，如智能 ERP 系统、机器人流程自动化等内容。

第二章增加了 ERP 的未来发展趋势，包括数智融合、云网融合、人机融合等。

第三章增加了关于高端装备制造业中的离散型和流程型生产特征。

第四章增加了采用深度学习和人工智能技术进行市场预测的各类模型框架。

第五章增加了云制造、协同制造等生产制造类型及特点。

第六章增加了盘点机器人、库存盘点的最新技术；增加了联合管理库存的策略与原理。

第七章和第八章增加了财务共享、财务自动化与智能化的最新发展技术与趋势。

第十一章和第十三章更新了常见的 ERP 系统；介绍了当前数智化沙盘的最新发展。

围绕本书内容录制了《企业资源计划》慕课及软件操作视频，目前在安徽省网络课程学习中心（e 会学）平台和中国大学 MOOC 平台（爱课程）公开播放，为学习者提供了生动有趣的内容讲解，每章均设有测试题，方便学习者对学习效果进行检验。

本书由合肥工业大学管理学院杨颖担任主编，负责本书大纲的拟定和编写组织工作。董骏峰、杨敏和白羽老师任副主编，共同负责本书的修改和总撰定稿。同时合肥工业大学管理学院的倪辉老师和查健锐老师也参与了第二版的编写与修订工作。具体的编写分工为：杨颖和查健锐负责第一章和第十章；杨敏负责第二章和第五章；白羽负责第八章和第九章；董骏峰负责第三章、第四章、第六章和第七章；倪辉负责第十一章、第十二章和第十三章。

由于作者理论水平和实践经验有限，书中难免存在不足之处，衷心希望各界人士和读者指正。

第一版前言

制造业是国民经济的主体，是立国之本和强国之基，当前我国的制造业规模稳居世界第一。目前，许多国家都纷纷出台以先进制造业为核心的智能制造实施战略以重振制造业，从而重构全球制造业的竞争格局。例如，美国启动了制造业振兴战略，通过“再工业化”和国家制造业创新网络重塑美国制造业的全球竞争优势。2012 年美国通用电气公司提出“工业互联网”的概念，2014 年和 IBM 等公司成立了工业互联网联盟，倡导将人、数据和机器连接起来，形成全球化的工业网络。英国政府为了促进制造业回流和加大制造业在促进经济增长中的作用，推出了“高价值制造”战略，注重对高端制造业技术的研发，鼓励英国企业在本土生产出更多世界级的高附加值产品。德国在 2013 年发布“工业 4.0”战略，提出了以信息物理融合系统为基础，以生产高度数字化、网络化、机器自组织为标志的第四次工业革命。中国政府以“互联网+”和智能制造为核心，制定了《中国制造 2025》的发展战略，大力构建新一代信息技术、人工智能、生物技术、新能源、新材料、高端装备、绿色环保等一批新的增长引擎，推动产业发展。这是应对西方国家再工业化，进一步提升制造业全球竞争力的重要举措。智能制造是集成技术创新、模式创新和组织方式创新的先进制造系统，也是集成制造、精益生产（lean production，LP）、敏捷制造（agile manufacturing，AM）、虚拟制造、网络化制造等多种先进制造系统和模式的综合。推进智能制造是一项庞大的系统工程，不仅要从先进技术和装备着手，还要从制造技术与信息技术的融合集成及发展模式的创新等方面来考虑。

作为智能制造的核心要素之一，企业资源计划（enterprise resource planning，ERP）是基于信息技术和管理科学的最新发展，从理论和实践两方面为企业提供整体经营管理的解决方案。它是从物料需求计划（material requirements planning，MRP）发展而来的新一代集成化管理信息系统，在供应链范围内优化企业资源，对于改善企业业务流程，提高核心竞争力具有显著作用。随着制造企业越来越多地将自动化和数据分析等技术融合到业务运营的各个方面，ERP 也在朝着智能化发展，从物流、资金流、信息流管理扩展到客户流、知识流的有效配置、控制和管理。生产自动化及制造过程中的大量数据正在通过智能 ERP 系统为管理层的决策提供依据。

随着云计算、物联网等新一代信息技术的不断演进，ERP 也在不断发展，并融入许多先进的管理思想，如精益生产、敏捷制造、供应链管理（supply chain management，SCM）、知识管理等，已成为现代制造企业必不可少的一种信息化管理工具。本书主编多年来从事 ERP 相关教学工作，并深入企业进行实地调研，对制造业的生产运作管理有着深入研究，同时连续多年指导学生参加企业经营模拟比赛，对 ERP 的理论知识和企业运营实践有着深刻的理解和丰富的体验。本书力图用详尽而又通俗的语言，系统讲解 ERP 的管理思想及其在企业经营模拟中的实践，为从事 ERP 相关工作和学习的高校师生及企业界人士提供一本参考书，也为企业经营管理决策和信息化建设提供帮助。

本书从企业信息化和经营模拟的角度全面阐述 ERP 知识，将企业运营业务流程和 ERP 管理思想相结合，从两大部分系统介绍 ERP 理论和实践。

第一部分，ERP 原理与系统篇，包括第一章至第十一章，主要介绍 ERP 理论的发展历程、ERP 系统的管理数据、ERP 系统的核心业务、ERP 项目管理和 ERP 系统软件。其中，ERP 系统的核心业务又包含需求管理、生产计划管理、库存管理、采购管理、财务管理和成本管理等内容。

第二部分，企业经营模拟篇，包括第十二章和第十三章，主要介绍与企业经营模拟相关的理论知识，在前述 ERP 基本理论知识的基础上，加入企业经营决策的相关知识，并以 ERP 沙盘为企业经营模拟平台论述了制造企业的运营全过程。从实践方面进一步帮助读者加深对 ERP 相关知识的理解。

本书的主要特色在于以下几个方面。

（1）力求采用简洁而通俗的方式介绍 ERP 理论知识及其在企业经营模拟中的应用实践，让学生对 ERP 有一个系统而全面的理解。

（2）以生产制造企业的运营全过程为主线，强化生产计划编制和财务报表分析等内容，针对企业经营模拟中的难点和重点问题进行分析，可以让学生更好地理解并应用 ERP 相关理论。

（3）首次将 ERP 系统与 ERP 沙盘中的相关理论知识相融合，为学习者提供一个系统而全面的知识框架，也为更好地进行企业经营模拟提供帮助。

（4）本书配有实验指导用书，以 SAP Business One 软件为例讲述 ERP 的核心业务流程操作，同时以新道科技股份有限公司的 ERP 沙盘软件为虚拟仿真平台进行企业经营模拟，理论和实际相结合，提高了可读性和趣味性，有助于锻炼学生的实践创新能力。

（5）围绕本书内容录制的《企业资源计划》慕课及软件操作视频目前已在安徽省网络课程学习中心（e 会学）平台公开播放，为学习者提供了生动有趣的内容讲解，每章均设有测试题，方便学习者对学习效果进行检验。

本书由合肥工业大学管理学院杨颖担任主编，负责本书大纲的拟定和编写组织工作。董骏峰、杨敏和白羽老师任副主编，共同进行初稿的修改和总撰定稿。同时合肥工业大学管理学院 ERP 课程组的其他老师也参与了编写工作。具体的编写分工为：杨颖、丁勇、余本功等负责第一章、第十章、第十一章、第十二章；白羽、方芳、邵臻、朱克毓等负责第八章、第九章、第十三章；董骏峰、陆文星、赵树平等负责第三章、第四章、第六章、第七章；杨敏、蒋丽等负责第二章、第五章。

本书编写还得到了思爱普（中国）有限公司及其伙伴公司、新道科技股份有限公司等单位的大力支持与帮助。本书也是安徽省“十三五”规划教材智慧会计特色专业系列教材中的一部分，本书在成书过程中得到了业内众多专家的指点，在此我们一并致以最诚挚的谢意。

由于作者理论水平和实践经验有限，书中难免存在不足之处，衷心希望各界人士和读者指正。

目　　录

第一篇　ERP原理与系统

第一篇
ERP 原理与系统

第一章　绪　　论

作为现代信息技术和管理思想的集大成者，企业资源计划（enterprise resource planning，ERP）不断吸纳新的管理思想和先进的信息技术，逐步从局部应用系统发展为面向供应链的企业业务集成和协同系统。在本章中您将了解 ERP 与企业经营模拟的基本概念和发展趋势，掌握 ERP 的产生背景及其核心管理思想，明晰它将服务于哪些企业、管理哪些资源和执行哪些计划。

学习目标

- 了解 ERP 的产生背景
- 掌握 ERP 的定义
- 了解 ERP 系统的基本功能
- 了解新一代 ERP 系统

知识结构图

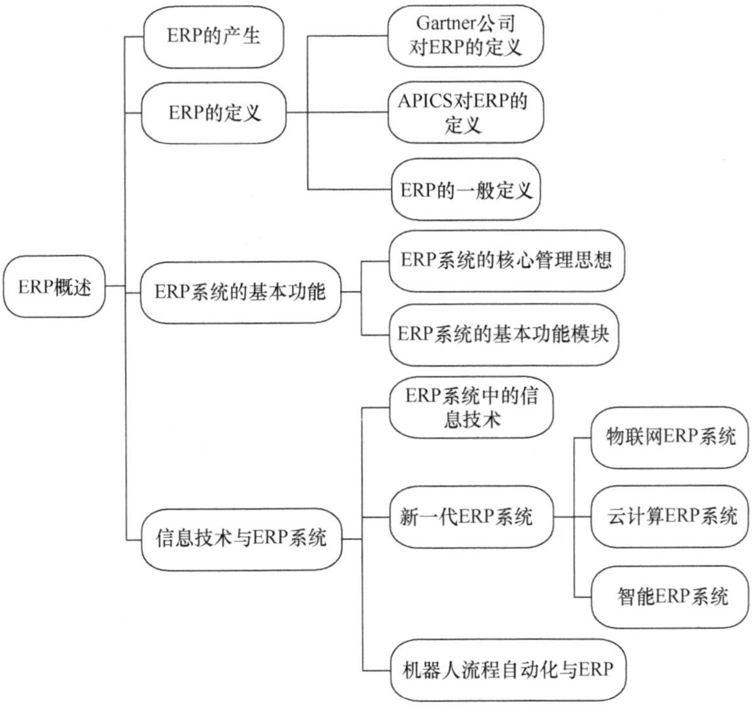

第一节　ERP 的产生

在市场化经济高度渗透和竞争环境不断加剧的背景下，制造企业逐渐采用工业软件来提升自身的信息化水平，并不断进行数字化和智能化转型。以ERP为代表的经营管理类软件正在被用来改进制造企业的业务流程和提高管理水平。世界500强企业中有80%以上的企业都在用ERP作为日常业务流程的管理工具。作为20世纪90年代提出的一种现代企业管理思想，ERP的发展从功能型驱动到流程型驱动，再到数据驱动，已成为企业数字化转型中不可或缺的工业软件之一。世界范围内的ERP发展格局正呈现出旺盛的市场需求和迅速发展的势头。

一、工业软件及分类

工业软件是现代工业的核心，它能够控制生产设备、优化生产制造和管理流程，从而提高企业生产率。工业是我国的第一大支柱产业，关系到国家的经济命脉。现代工业所有的设备和系统都基于工业软件。在当前正在进行的第四次工业革命中，工业软件是工业互联网的核心组成和关键枢纽。工业软件和智能装备接入到工业互联网平台上，实现工厂内外信息的交互。开放的工业级网络平台借助工业软件实现人、机、物、系统等各种资源要素的紧密联系，通过高效共享工业信息，可以实现智能制造和产业的智能化发展。

现代工业企业纷纷搭建自己的工业软件平台以支撑其智能制造模式。例如，西门子公司将用户个性化定制和体验作为核心内容，设计并开发了集消费者定制、消费者互动、智能设计等于一体的互联互通平台。空中客车公司在其新产品的研发过程中，构建了数字化协同研发平台，超过4000人通过该平台参与研发工作，其中85%来自供应链合作企业。海尔集团积极探索工业大规模定制模式，构建了员工、消费者、供应商共同参与产品设计制造的互联互通生态系统，实现用户全流程、全周期参与的体验迭代，创造用户价值。中国航天科工集团以云制造为核心，创新性地整合横向和纵向产业资源，打造了航天云网平台。该平台基于泛在网络，以用户为中心，构建人机融合、互联化、服务化、个性化、柔性化的智慧制造新模式。

工业软件通常是指专门或主要用于工业领域，能够提高工业企业产品研发、设计制造、生产管理水平和工业装备性能的一类软件。它是对工业技术与知识的封装和复用。人们把从各类工业场景中获得的诀窍、技能和经验，进行工业知识沉淀，再通过结构化、模型化、算法化和代码化等手段，封装成工业软件，用来指导行业内类似工业场景。根据《中国工业软件产业白皮书（2020）》，目前的工业软件主要分为研发设计类、生产制造类、运维服务类和经营管理类等四大类别。

研发设计类工业软件主要有计算机辅助软件、芯片设计软件、产品全生命周期管理（product lifecycle management，PLM）软件、建筑信息模型等。研发设计是工业生产的起点，涉及多领域知识和多学科人才，现代工业生产已经离不开研发设计类工业软件的辅助。而该类软件的技术壁垒极高，国外软件厂商在设计建模等关键环节具有较大优势。例如，PLM软件集成了计算机辅助设计（computer aided design，CAD）、计算机辅助工艺设计（computer aided process planning，CAPP）、计算机辅助制造（computer aided manufacturing，CAM）和产品数据管理（product data management，PDM）等各个软件的功能，整合企业的数据、流程、业务系统和人员信息，对产品的整个生命周期进行管理，并且可以传递产品设计系统和 ERP 等管理软件之间的信息，包括物料清单、客户需求等。目前中国 PLM 的市场格局中，美国参数技术公司（Parametric Technology Corporation，PTC）、法国达索公司和德国西门子公司占据了主要份额，它们也是全球 PLM 市场的领先者。国内的企业有思普、用友和金蝶等。

生产制造类工业软件主要包括可编程逻辑控制器（programmable logic controller，PLC）系统、分散控制系统（distributed control system，DCS）、制造执行系统（manufacturing execution system，MES）等。该类软件在技术壁垒方面相较于研发设计类工业软件较低，且与生产过程结合得比较紧密，目前在钢铁冶金等我国工业水平较高的行业，已基本具备了高端市场替代的可能性，国产化率也有望加快提升。例如，中国的 MES 软件市场规模正在不断扩大，且竞争格局较为松散，这进一步推动了国产化进程。2020 年的 IDC（International Data Corporation，国际数据公司）统计数据表明，第一名西门子公司的软件市场占有率为 11.1%，排名第二的是国内软件厂商宝信，市场占有率为 7.6%。

运维服务类工业软件主要包括故障预测与健康管理软件和运维综合保障管理软件等。该类软件随着智能制造等发展而刚刚兴起，与海外差距较小。由于本地服务的优势，国产的运维服务类工业软件相比海外产品更有竞争力。例如，国内容知日新公司研发的工业设备状态监测与故障诊断硬件系统和自主开发的 iEAM 软件，已被广泛应用在风电、石化、冶金等行业的智能设备全生命周期管理中。

经营管理类工业软件主要包括 ERP、客户关系管理（customer relationship management，CRM）、供应链管理和人力资源管理（human resource management，HRM）软件等。该类软件是企业经营管理中的重要工具，帮助企业高效地管理资源、优化业务，从而提高企业的管理水平和经营效率。例如，ERP 软件借助于它的一整套现代管理思想，采用计算机软件工具对企业所有资源进行整合、计划与合理调配，从而达到减少浪费、提高企业经营水平的目标。目前中国的 ERP 软件行业主要包括三大类业务，即 ERP 软件产品、系统实施服务、系统运维服务等。相对应的软件产品厂商有 SAP（思爱普）、Oracle（甲骨文）、用友公司、金蝶公司等。ERP 的实施和运维服务商主要是根据用户的业务流程和发展战略需求，为企业用户搭建符合其自身业务模式的软件系统，并提供后续的软件升级和运维支持服务。中国市场上常见的 ERP 软件咨询、实施和运维服务商主要有 IBM、埃森哲、汉得信息等公司。

随着中国制造业信息化、数字化和智能化水平的持续提高，越来越多的企业需要通过 ERP 系统的建设提升自身的综合竞争力。2016 年我国政府印发的《国家信息化发展战略纲要》明确指出，以数字化、网络化、智能化为特征的信息化浪潮蓬勃兴起。在我国加快实施《中国制造 2025》发展战略的进程中，需要推动信息化与工业化深度融合。我国制造企业正在以智能制造为突破口，加快信息技术与制造技术的融合，综合利用大数据、人工智能、物联网、云计算等新一代信息技术，进行数字化转型，从而全面提升企业在研发、生产、销售和服务等方面的智能化水平。根据观研报告网的数据统计，我国 ERP 软件的市场规模增速自 2016 年以来维持在 10%以上的水平，预计到 2027 年，随着企业数字化转型的持续深入，中国 ERP 市场规模将达到 682 亿元。

ERP 市场概况详见二维码。

二、ERP 的产生动因

企业为什么需要 ERP？下面从集中管理、同步管理、精细化管理和规范化管理四方面的需求来探寻企业对 ERP 的需求原动力。

首先，企业的不断发展需要信息和资源的集中管理。以联想集团为例，联想集团创业伊始只是一个仅有 11 名员工和 20 万元资本金的小公司。产品的生产成本、客户、供应商的往来账目等信息都存储在老板的头脑里，客户欠他多少钱，他欠供应商多少钱，各方面的信息老板都了如指掌。后来，随着销售区域的不断扩大，企业发展到百人以上，成立了财务部、销售部、采购部和生产部等部门管理专门的数据，老板对企业的掌握在很大程度上依赖于各部门的报表，而部门间的业务流转依赖于各种单据。再后来，该公司的产品从国内市场拓展到国际市场，企业也成为拥有万余名员工的大型企业。随着规模的扩大，公司对部门也有了进一步的专业化要求，成立了财务中心，下辖多个财务部门，原有的销售部门也升级为销售中心或销售区域，下辖多个销售部门。规模化和专业化不断演进带来的负面效应就是管理的分散化，企业的数据始终分散在各级部门的单据和报表中，企业管理者要想实时掌握企业的各种动态，就必须要求数据集中管理，因此在企业规模化和专业化的演进过程中需要借助 ERP 系统回归到集中管理。

其次，了解企业真实的经营数据，需要财务和业务的同步管理。假设企业老板想知道当前某种型号的电脑产成品库存是多少，他先找到产成品库的库管员，库管员告诉他仓库里现有 1000 台该型号电脑。碰巧财务主管在旁边，告诉他账目上有 1200 台该型号的电脑，带着一些疑问，该老板又询问了销售主管，结果销售主管告诉他产成品库存数量是 1500 台，到底该相信谁？其实，这三个人都如实汇报了账目上的数据，这三种数据也都没有错，因为他们反映的是不同状态下的物料数量，库管员说的是目前仓库里该型号产品在库的实际库存量，财务主管汇报的是财务账面上真实的产成品库存量，销售主管掌握的是所有没有收到款的产成品数量，包括在库的、已发货还没来得及记账的和开了发票还没收款的。显而易见，当考虑各种时间因素后，手工管理的滞后性带来了数据的不一致。因此，企业需要借助 ERP 系统的实时管理和财务业务的同步管理来帮助企业老板解决类似的烦恼。

再次，掌握确切的产品成本，需要企业精细化管理。在各个行业的内外部环境不断变化的情况下，产品成本及收益对企业生存至关重要。企业管理者都对其很重视并强调降低产品成本，提倡“向成本要效益”。然而，大量的手工核算工作和落后的管理控制手段，很难实现产品成本的精细化管理。例如，如何区分盈利产品和不盈利产品？哪一批产品能给企业带来利润？生产过程中哪个环节存在巨大浪费？传统管理的粗放，常常使人们质疑成本核算的准确性，企业认为很赚钱的产品，其成本却居高不下，到底是哪个环节出了错？因此，要建立全面准确的成本核算管理体系，离不开 ERP 系统的事前和事中控制。

最后，企业的规模化扩张需要规范化管理。一个年销售额不到 2000 万元的小公司往往比大公司运作灵活，但是在竞争激烈的市场中破产的风险也大。扩张企业规模，在市场中赚取更多利润几乎是每个企业经营者的追求。如果企业想要持续发展，基业长青，规范化管理和流程再造就是必不可少的基本前提。试想当企业由原先几位创业者管理转变为需要多个部门的协调和管理，当数据由几十张单据记录转变成需要成千上万张单据和报表记录时，如果没有规范化的管理结构和程序，企业在快速扩张的过程中就可能会面临生产力低下、员工人心涣散等问题，迫使企业停滞不前。因此，不断扩张规模的企业更需要利用 ERP 系统的先进管理方法和技术实现规范化管理。

第二节 ERP 的定义

一、Gartner 公司对 ERP 的定义

在 20 世纪 90 年代初期，企业信息化管理的浪潮席卷了全球。ERP 软件市场涌现出无序的现象，几乎所有的管理软件产品都冠以 ERP 的称号，出现了“此 ERP 非彼 ERP”的现象。1990 年 4 月 12 日，Gartner 公司发表了一份报告《ERP：下一代 MRP Ⅱ的远景设想》（*ERP: A Vision of the Next-Generation MRP Ⅱ*），第一次正式提出 ERP 的概念，接着又陆续发表了一系列的分析和研究报告，如《ERP 的功能性》（*ERP Functionality*）、《实现 MRP Ⅱ 到 ERP 的跨越》（*Making the Jump from MRP Ⅱ to ERP*）和对各软件商 ERP 产品的技术分析评价报告等。这些报告都明确指出 ERP 是一种用于制造业的信息化管理系统。

Gartner 公司的报告中指出 ERP 的核心是两个集成，即企业的内部集成和外部集成。内部集成是指要实现产品研发、核心业务和数据采集等三方面的集成。

（1）产品研发。为了整合技术等知识资源，ERP 同产品研发系统集成，融合、发展和集成了 CAD、CAPP、PDM、PLM 及电子商务支持下的协同产品商务（collaborative product commerce，CPC）等系统。

（2）核心业务。核心业务通常指企业的销售、制造、采购和财务等主要业务流程。为了整合设备、能力和人力等资源，ERP 通过制造资源计划（manufacturing resource planning，MRP Ⅱ）系统协同各个核心业务运作，将企业核心业务系统集成。在 MRP Ⅱ的基础上，ERP 还融合、集成和发展了 MES、企业资产管理（enterprise asset management，EAM）系统、人力资源管理系统、办公自动化（office automation，OA）等。

（3）数据采集。ERP 融合发展了数据采集技术。除了离散制造的统计过程控制（statistical process control，SPC）和流程制造的分散控制系统外，MES 在数据采集方面也起到了一定的作用。近年来取得重大发展的射频识别（radio frequency identification，RFID）技术则兼有数据采集和存储的功能。

在外部集成方面，ERP 为了整合品牌、社会关系等资源而与外部环境集成，实现企业与供应链上所有合作伙伴的集成。因此，ERP 不断融合、发展和集成了客户关系管理、供应链管理、供应商关系管理（supplier relationship management，SRM）、仓库管理系统

（warehouse management system，WMS）和运输管理系统（transportation management system，TMS）等。

ERP 是对 MRPⅡ的超越，从本质上看，ERP 仍然是以 MRPⅡ为核心，但在功能和技术上却超越了传统的 MRPⅡ，它是顾客驱动的、基于时间的、面向整个供应链管理的 ERP。Gartner 公司提出 ERP 具备的功能标准应包括以下四个方面。

（1）超越 MRPⅡ范围的集成功能，包括质量管理、流程作业管理、配方管理、产品数据管理、维护管理和仓库管理等。

（2）支持混合方式的制造环境，包括既支持离散型又支持流程型的制造环境、按照面向对象的业务模型组合业务过程等。

（3）支持能动的监控能力，提高业务绩效，包括在整个企业内采用控制和工程方法、模拟功能、决策支持和用于生产及分析的图形能力等。

（4）支持开放的客户机/服务器计算环境，包括客户机/服务器体系结构、图形用户界面（graphical user interface，GUI）、计算机辅助软件工程（computer aided software engineering，CASE）、面向对象技术等。

二、APICS 对 ERP 的定义

1995 年 9 月，美国生产与库存控制协会（American Production and Inventory Control Society，APICS）发布的字典（第 8 版）中首次定义了 ERP 功能，它与 Gartner 公司的提法大致相同，只是更强调以财务为中心。1996 年，APICS 召开学术研讨会，对 ERP 的内涵进行了讨论，提出 ERP 是 MRPⅡ的增强形式，强调了从“以产品为中心”向“以客户为中心”过渡的概念，同时强调了集团和跨国公司的控制功能，强调了对分布在全球的子公司、供应商、分销商、客户的集成管理——这是供应链管理的最初提法。

1997 年 1 月，APICS 正式确定了供应链管理的概念。同年，该协会将供应链管理正式纳入企业“生产与库存管理”系统中，使其成为一个组织模块。至此，ERP 的定义基本定型，其功能可归纳为以下四点。

（1）ERP 基于 MRPⅡ，但具有超越 MRPⅡ的集成功能，能为企业提供全面的解决方案（包括质量、运输、工具、人力、分销、服务行业、实验室、项目和配方管理等）。

（2）ERP 支持混合生产类型和制造环境，包括多品种小批量生产、大批量生产、单件生产三种生产类型，还支持按库存生产、按订单生产、按订单装配、按订单设计四种制造环境。

（3）ERP 是一种面向企业供应链的管理系统，可对供应链上所有的环节进行有效的管理（包括用户、分销商、制造商、外协厂、供应商等）。

（4）ERP 在物理环境上超越了 MRPⅡ，它支持分散网络结构和客户机/服务器计算环境，从传统的集中式系统发展为分布式网络系统。

三、ERP 的一般定义

一般来说，ERP 是指建立在信息技术基础上，以系统化的管理思想，为企业决策层及员工提供决策运行手段的管理平台。ERP 中的 E 指企业，认识 ERP 就需要从明确字母 E 开始。ERP 服务于哪些企业？首先是职能完备的企业。迈克尔·E. 波特（Michael E. Porter）的《竞争优势》一书中，明确指出一个完整意义上的企业，应该包含价值链模型中的多种价值活动，如基本活动和辅助活动。基本活动是指涉及产品的生产、销售、物流和售后服务等的各种活动，辅助活动是辅助基本活动并通过提供外购投入、技术、人力资源等各种职能以支持整个价值链的活动。ERP 所说的企业首先指这种活动种类多、活动管理复杂的企业，其次是组织结构复杂的企业，如多组织、多地点经营的企业，而不是单体运营的工厂或公司。在企业内部有多家分支机构、多地点或者跨行业经营的情况下，可以通过 ERP 将集团内部各个经营单位的各类资源整合起来进行有效管理。根据我国发布的《企业信息化技术规范》“第 1 部分：企业资源规划系统（ERP）规范”，ERP 产品应具备处理企业在多组织、多地点经营条件下的结构复杂性的功能。

ERP 中的 R 指资源。一切形成企业竞争优势的因素都可以看作资源。厂房、生产线、加工设备、检测设备、运输工具等这类资源是企业的硬件资源，而人力、管理、信誉、融资能力、组织结构、品牌等这类资源是企业的软件资源。企业的这些资源相互作用，构成企业的生产活动并创造社会财富，这些资源是企业实现自身价值的基础，也反映了企业在行业中所处的竞争地位。企业能否发展的关键便是能否合理调整和运用上述资源。通过 ERP 系统，企业能高效且及时地调配各项资源，最大限度发挥这些资源的作用，并根据企业实际运行状况做出调整资源的各种决策。企业中的各项资源的调配在 ERP 系统中都有其对应的功能模块，整个 ERP 系统运行就是在仿真企业的运作过程，可以针对系统现状及环境的变化提出企业将要采取的策略。在没有 ERP 这样的现代化管理工具时，企业资源状况及调整方向不清楚，要做调整安排是相对困难的，调整过程会相对漫长，企业的组织结构只能是金字塔形的，部门间的协作交流相对较弱，难以把握资源的运行并做出调整。信息技术的发展，特别是针对企业资源进行管理的 ERP 系统，正是为了解决这些问题而设计的。ERP 系统的成功推行将帮助企业更好地调整和优化资源配置，从而提升整体运营效率。

ERP 中的 P 是指计划。在经典管理理论中，计划职能是管理的基本职能之一，并且是第一位的管理职能，是其他管理职能依赖的基础。计划是事先对未来应采取行动所做的规划和安排。在 ERP 中，一切活动都围绕着“预则立，不预则废”的思想而展开，对企业的各项资源、各项活动进行科学的计划并严格执行。因此，ERP 中的各种计划就是 ERP 的管理思想和方法。它与传统管理信息系统的主要区别是具有先进的管理思想和各种科学的计划模型。

总之，ERP 系统集信息技术与先进的管理思想于一身，成为现代企业的运行模式，反映了时代对企业合理调配资源、最大化地创造社会财富的要求，成为企业在信息时代生产发展的基石。因此，我们可以从管理思想、软件产品和管理系统三个层面对 ERP 进行定义。

（1）从管理思想层面，ERP 是由 Gartner 公司提出的一整套企业管理系统体系标准，其实质是在 MRPⅡ的基础上进一步发展而成的面向供应链的管理思想。

（2）从软件产品层面，ERP 是综合应用了客户机/服务器体系、浏览器/服务器体系、关系型数据库结构、面向对象技术、图形用户界面、第四代语言、网络通信等的成果，是以 ERP 管理思想为灵魂的软件产品。

（3）从管理系统层面，ERP 建立在信息系统的基础上，是整合企业管理理念、业务流程、基础数据、人力物力、计算机硬件和软件于一体的企业资源管理系统，实现了对企业物流、资源流、信息流的一体化管理。

第三节　ERP 系统的基本功能

一、ERP 系统的核心管理思想

ERP 系统作为一种管理软件，包含了很多先进的企业管理思想和管理方法。其中，计划、平衡与控制贯穿企业管理的全过程。供应链上的所有环节是其管理对象，强调供与需两方面资源的整合，构成完整的供应链，因此又形成了以供应链管理为核心的 ERP 系统。

（一）计划、平衡与控制

计划、平衡与控制的管理理念贯穿了整个 ERP 系统。在企业中，计划工作贯穿于经营管理的全过程，不但与几乎所有的管理活动相联系，而且与组织中所有层次、所有成员都相关。平衡与控制的作用是使计划执行的结果不超过容许的偏差，这个偏差是指在时间和数量上客户与市场能够接受的偏差，以及企业所能接受的成本和利润的偏差。平衡内容包括企业内部环境与外部环境的平衡、战略与战术的平衡、外部市场需求与企业能力的平衡、业务运作与资金供给的平衡等。

ERP 系统中的计划体系主要包括企业战略规划、生产计划大纲、主生产计划、物料需求计划（material requirements planning，MRP）、车间执行和控制计划等，这些计划功能与价值控制功能完全集成到企业整个供应链系统中。同时，ERP 系统通过定义事务处理相关的会计核算科目与核算方式，在事务处理发生的同时自动生成会计核算分录，保证物流与资金流的同步记录和数据的准确性、及时性及一致性。因此，企业可以根据财务资金现状，追溯资金的来龙去脉，从而进一步追溯所发生的相关业务活动，便于企业实现经营过程中的事中控制及实时决策。

同时，ERP 系统中还包含了粗能力计划、能力需求计划等用来平衡和控制的各类计划体系，构成一个类似戴明质量环的循环，首先制订各类计划，其次传递给相应部门以执行计划，最后检查计划执行的结果，从而改进和修订计划，这样不断地循环往复，使企业各项管理工作井然有序、有条不紊地朝前推进。

(二)供应链管理

当前企业之间的竞争，已经发展成企业的供应链同竞争对手的供应链之间的竞争。企业把客户、销售代理商、供应商、协作单位纳入生产体系，同他们建立利益共享的合作伙伴关系，从而组成一个企业的供应链。ERP 系统正是在适应这种竞争形势的需求下发展起来的，实现了对整个企业供应链的管理。供应链管理思想的重点是兼顾供和需两方面的环境，它把客户需求和企业内部的制造活动及供应商的资源整合在一起，形成一个完整的供应链，并对供应链上的所有环节进行有效管理，形成以供应链为核心的 ERP 系统。该系统跨越了部门与企业，形成了以产品或服务为核心的业务流程，从整个市场竞争与社会需求出发，实现了社会资源的整合与业务的重组。

二、ERP 系统的基本功能模块

ERP 的管理思想是通过具体的软件产品来实现的。一般情况下，面向制造业的 ERP 系统都会包括生产管理、采购管理、库存管理、销售管理和财务管理等核心业务子系统。同时，ERP 软件厂商也会根据各企业所处行业与所属类型的差异来量身打造 ERP 系统，在核心业务子系统的基础上加入质量管理、人力资源管理、设备管理、客户关系管理等功能子系统。各子系统之间相互联系，数据完全共享和集成，将企业的物流、资金流和信息流进行整合与集成，从而实现三流合一的目的。各子系统之间的联系如图 1-1 所示。下面将对其中几个主要功能模块做简单介绍。

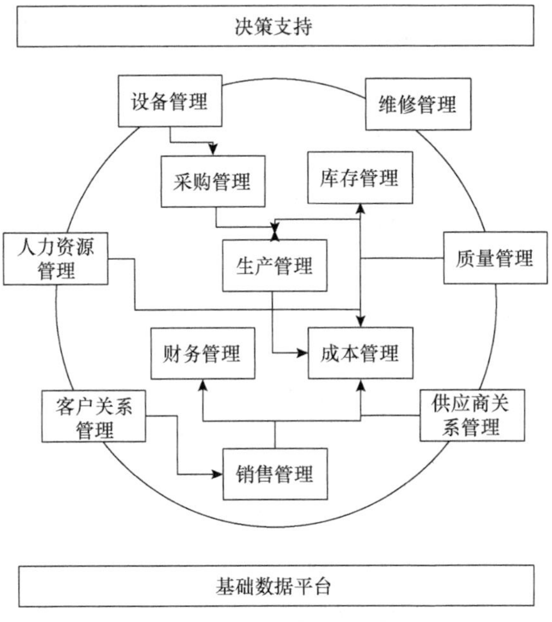

图 1-1　ERP 各子系统之间的联系

1. 基础数据平台

ERP 系统的运行需要大量的基础数据，包括公共基础数据和业务基础数据两部分。

公共基础数据是指众多业务系统都会用到的数据，如物料、用户、会计科目等。业务基础数据是指和某个业务系统关系密切而其他业务系统较少使用的数据，如物料清单（bill of material，BOM）是生产管理业务子系统的基础数据，而潜在客户是客户关系管理业务子系统的基础数据。

2. 生产管理模块

生产管理模块将企业的整个生产过程有机结合在一起，目的在于理顺生产流程、降低库存、提高生产效率。其包含的主要子模块有：①主生产计划，根据生产计划大纲、客户订单和预测来安排将来需要提供产品的种类及数量；②MRP，以主生产计划为基础，根据物料清单，把整个企业要生产的产品数量转换为生产所需的物料的数量；③能力需求计划（capacity requirements planning，CRP），以初步的 MRP 为基础，综合所有工作的总负荷，制订能力需求计划；④车间执行与控制计划，它是随时间变化的动态作业计划，将作业划分到具体的车间，进行作业排序、作业管理、作业监控；⑤制造标准，指在编制生产计划过程中，关于产品、在制品、零部件、制造工序、工艺等方面的基本信息。

3. 物流管理模块

物流管理模块是对生产运营中涉及的物流信息进行整合，主要包括以下子模块：①销售管理，对营销计划相关的销售产品、销售地区、销售客户等各种信息进行管理和统计，并对销售数量、金额、利润、绩效、客户服务等做出周全的分析；②库存管理，通过它控制物料的数量，以保证物料的稳定供应，保证生产过程的顺利进行，同时尽量少地占用资本；③采购管理，确定合理的订货量、稳定的供应商和保持最佳的安全储备。

4. 财务管理模块

财务管理模块及时对接生产、物流、财务等信息，从而监控企业的运营效益。其主要包含以下子模块：①会计核算，主要是记录、核算、分析企业经济活动中的资金运动过程及结果；②财务管理，主要以会计核算的结果为基础，辅助预测、监控企业财务指标的变化。

5. 人力资源管理模块

人力资源管理模块是将人力资源信息与财务、生产系统对接，从而动态反映企业运营中的人力资源与生产的匹配状况。其主要包括以下子模块：①人力资源规划辅助决策，对人员成本进行分析，对企业人员和组织机构编制的多种方案进行模拟比较和运行分析，帮助管理者做出最终决策；②招聘管理，对招聘过程和招聘成本进行管理，从而降低招聘成本；③工资核算，根据公司不同的薪资结构和处理流程制定出与之相适应的薪资核算方法，然后与时间管理进行集成，方便及时更新，使员工薪资核算动态化；④工时管理，根据企业的实际运营情况，安排企业的运作时间和劳动力的作息时间表；⑤差旅核算，包括差旅申请、差旅批准、差旅报销等。

第四节 信息技术与ERP系统

一、ERP系统中的信息技术

ERP系统作为企业的核心和灵魂，发挥着越来越重要的作用。纵观全球ERP系统发展现状，根据企业管理需求的不同，ERP系统采用不同的信息技术。

1. 数据库技术

数据库技术是在计算机环境下以集中方式存储并供用户使用的公共数据资源，是对该公共数据资源实施统一管理的人员、规则、手段和工具的集合。数据库技术是数据共享的技术支撑和解决方案，是ERP实现内部集成的关键因素和集中体现。

2. 联机分析处理技术

联机分析处理（online analytical processing，OLAP）这一名称源自和联机事务处理（online transaction processing，OLTP）的对比思考。OLAP出现以前，对OLTP形成的事务数据只能在系统外通过手工的方式进行分析，原因是数据分析的要求、意图、范围、算法千差万别，用户事先无法对各种可能的分析做出明确的定义来交给系统自动完成。相对于OLTP，OLAP是指对用户的在线分析请求产生实时响应的应用技术和解决方案，它使分析人员、管理人员或执行人员能够从多种角度对信息进行快速、一致的交互式存取，从而获得对数据更深入的了解。OLAP 的目标是满足决策支持或多维环境下特定的查询和报表需求，因此也可以说OLAP是多维数据分析工具的集合。

3. 数据挖掘技术

数据挖掘就是从大量不全的、模糊的、随机的数据中提取隐含的、有用信息和知识的过程。数据挖掘的任务就是从实例集合中找出容易理解的规则和关系。这些规则可以用于预测未来趋势、评价客户风险或简单描述和解释给定的数据。由于需要做准备工作，数据挖掘并非一个完全自动化的过程，整个过程需要考虑数据的所有因素及其预期的效果，然后应用最佳的数据挖掘方法。传统的数据挖掘技术和工具包括统计分析或数据分析、知识发现、地理信息系统等。

4. 网络技术

为了提高企业内部及合作伙伴的信息共享水平，ERP 系统采用了网络技术，如internet（互联网）、extranet（外部网）、intranet（企业内部网）。互联网是由那些使用公用语言互相通信的计算机连接而成的全球网络。企业通过互联网一方面可以实现不同合作伙伴之间的信息交互；另一方面也可以实现企业的电子贸易。外部网是使用网络技术使企业与其客户或其他企业相连来完成其共同目标的合作网络，可以使指定并通过认证的用户（如供应商、销售商、合作伙伴、外地的公司员工等）分享企业内部的部分信息和部分应用。企业内部网又称内联网、内网，它通常建立在一个企业或组织的内部并为其成员提供信息共享和交流平台。从三者的应用范围来看，企业内部网主要实现企业内部组织间的信息流的共享，提高企业内部的工作效率，增强竞争优势。外部网则根据企业经营需要，将信息网络延伸到特定的合作伙伴，改善企业服务质量。互联网则面向广阔的国内外市场，争取更多商机。

5. 面向对象的开发技术

ERP 系统采用面向对象的开发技术，由众多可重复使用的、封装的业务规则对象组合而成。这些业务规则对象根据一定的业务要求组合起来，并由特定的业务事件驱动，灵活地完成众多的业务活动，同时具有复用性和再开发性。每个基于对象的业务规则都具有封装性，可完全独立地完成指定的功能。因此，任何需要此项功能的业务过程都可调用这一业务规则，大大简化了系统编码的复杂程度。同时，面对动态变化的业务环境，利用已有的基于对象的业务规则，也可迅速建立新功能，大大提高系统的适应能力。

二、新一代 ERP 系统

当前，以大数据、人工智能、物联网和云计算等为代表的新一代信息技术的发展正在全球范围内引发新一轮的科技革命，制造业的生产方式正在发生深刻的历史性变革。传统 ERP 系统也在不断吸收和融合新一代信息技术，涌现出各种不同形式的新一代 ERP 系统，如物联网 ERP 系统、云计算 ERP 系统和智能 ERP 系统等。

（一）物联网 ERP 系统

物联网是企业信息化的新模式，是继计算机、互联网与移动通信网之后的又一次信息产业浪潮。物联网的基本模式是通过 RFID、全球导航卫星系统等信息传感设备，进行信息交换和通信，实现物品的智能化识别、定位、跟踪、监控和管理。物品的详细信息将存放在云计算中心，RFID 芯片只保留物品的编号，云计算中心负责物品的编号解析。人们把感应器芯片嵌入铁路、桥梁、隧道、公路、建筑、供水系统、电网、大坝和管线等物体中，与现有的互联网整合，成为统一的基础设施，实现人类社会与物理系统的整合，从而达到对网络内的人员、机器、设备和基础设施进行管理及控制的目的。物联网就是把物体数字化，世界的运转就在物联网中进行，其中包括经济管理、生产管理、社会管理乃至个人生活等方方面面。

物联网 ERP 系统是指将物联网技术应用于 ERP 系统中，将传统 ERP 系统扩展为具有物联网特征的管理信息系统。例如，物联网系统可以展现设备的健康和运转状况等数据，为了更好地利用这些数据，必须要将物联网接入 ERP 软件。因此，物联网 ERP 系统将被广泛应用于智能交通、环境保护等多个领域，并将成为企业智能体，在智能社会中扮演综合管理的角色。例如，航空航天企业可以通过物联网 ERP 系统，将各架飞机的健康信息系统与机场地面工作人员的系统集成建立实时监控与健康管理系统，实时收集飞机的状态信息和健康信息，并且可以对飞机全寿命周期的健康状态进行有效管理。随着新一代数据采集和传输设备在民用飞机上的应用，2018 年时，空中客车 A350 飞机的监控参数已经达到了40万个。航空公司的运营维护历史数据日益增加，为地面的维修保障人员及时确定故障原因和采取维修措施、合理安排维护时间提供了便利，实现了预防性维修，降低了维护成本。

（二）云计算ERP系统

云计算是以互联网为中心，以公开的标准和服务为基础，提供数据存储和网络计算服务的一种软硬件平台。提供资源的网络被称为云。用户通过网络方式获得所需的硬件、软件和平台服务。用户可以随时获得云端的资源，按需使用，随时扩展。云计算是大数据存储、访问及管理的有效方法。通过云计算，用户可以不必购买服务器和部署软件，就可以得到应用环境或者应用。

从用户的角度看，云计算ERP系统是指用户不用自己购买服务器和安装部署ERP软件，而是通过网络获取所需的ERP功能服务的一种模式。ERP软件运行在云端的服务器集群中。随着电子商务技术的发展，企业各种对外的业务活动也已经延伸到了互联网上。新一代的ERP系统应当支持互联网上的信息获取及网上交易的实现。作为互联网技术阶段的产物，云计算ERP系统具有应用层面上的双重作用，一方面，为电子商务的运行提供了即时传递信息的平台，为公司所有产品建立了信息库，包括产品的库存和价格信息等，使公司可以迅速查找和提供产品情况；另一方面，云计算ERP又具有外部沟通交互能力，将从网上获得的信息和企业内部信息很好地结合，共享数据，减少资源的浪费。

目前的云计算ERP系统主要有两种形态：一种是传统架构的ERP产品，部署在公有云的云服务器上而不是本地物理服务器上；另一种是采用多租户的云架构ERP产品，也部署在公有云的云服务器上。云计算ERP的功能与应用场景和传统ERP相类似，主要包括采购管理、生产管理、销售管理、财务管理、人力资源管理等。有些云计算ERP的产品功能较简单，只有进销存和财务的功能。

与传统ERP相比，云计算ERP这种信息化解决方案具有一定的性价比优势，主要表现在以下五个方面。

（1）成本优势。相较于传统的信息化应用模式，云计算ERP使客户无须额外购买任何硬件，无须安装软件，更无须聘用信息技术人员，只需租用位于云端的企业管理软件即可。企业可以完全根据自身需求决定购买哪些模块、购买多少并发用户数量、购买多长使用期限，而且云计算ERP是从开源ERP发展而来的，继承了开源ERP把软件当作服务的特性，对于客户而言只需支付服务费，无须分担软件许可费。

（2）性能优势。云计算ERP是通过IaaS（infrastructure as a service，基础设施即服务）、PaaS（platform as a service，平台即服务）、SaaS（software as a service，软件即服务）等概念落地而形成的技术架构支撑，是由庞大的服务器集群、高可靠性的系统平台和云计算架构组成的超级服务系统，因此能具有超级计算机的性能。

（3）安全优势。云计算ERP采用服务器集群加上高可靠性的数据中心架构，系统能做到均衡负载、实时备份、异地容灾备份，同时系统采用了严格的权限控制，未授权功能不可见，关键数据采用领先的加密存储技术，支持数字认证，支持远程安全身份校验。在提供完备的安全运营技术的同时，还可以为中小企业提供完善的运营保障条款。

（4）快速部署与灵活调整的优势。对一个高速发展的企业来说，新的经营实体的出现和经营方式的调整是一个突出的主题。云计算 ERP 系统的导入对于新设的经营实体来说，在管理体系的建设上可以很方便地进行快速部署并迅速固化。在成熟的云计算 ERP 系统的框架体系下，通过一系列的参数调整、流程配置和少量的定制化工作，可以非常方便且快速地实现经营方式、内容甚至管理模式上的调整。而在传统管理方式和技术手段下，进行这样的部署和调整往往要付出较大的精力和投入才能达到比较理想的效果。

（5）互联网优势。这也是云计算服务最大的魅力之一。无论企业有多少分支机构、多少名员工，也不管在何时何地，都可以通过互联网使用云计算 ERP 系统，彻底摆脱传统 ERP 软件对客户端的依赖，这样的系统才是真正的互联网应用。

（三）智能 ERP 系统

人工智能又称机器智能，是一种用普通计算机程序模仿人类智能的技术。它涉及计算机科学、控制论、信息论、语言学、心理学、哲学和认知科学等多个学科领域，是自然科学与社会科学的交叉。2023 年初，由生成式人工智能技术驱动的聊天机器人 ChatGPT 风靡互联网，促进了人工智能大模型技术的发展，如百度的文心一言、科大讯飞的星火大模型等。这些大模型具有大量参数和结构复杂的机器学习模型，能够通过自然语言对话的方式理解用户意图，执行具体任务，展现了人工智能广泛的应用前景和赋能潜力。

智能 ERP 系统是指在传统 ERP 系统的基础上，采用大数据、机器学习、自然语言处理、智能推荐系统等新一代人工智能技术赋能传统 ERP 系统，实现企业管理的智能化，帮助企业充分利用和挖掘数据与信息，提高决策的准确率和管理效果，从而推动企业的数字化转型。例如，智能 ERP 系统可以根据用户的使用习惯和历史数据，更好地预测市场需求和销售趋势，为企业提供个性化的服务和决策建议；可以通过实时监控企业的各项经营指标，进行风险预警和预测，帮助决策者及时调整策略，降低经营风险；可以通过会话机器人和虚拟销售代理重塑客户关系，为不同业务的客户定制个性化的会话场景。

总体来说，在销售管理、客户关系管理、生产管理和供应链优化等方面，ERP 系统与人工智能相结合，可以提高管理效率，降低运营成本，并提高客户满意度。随着生成式人工智能技术的不断发展，这种结合将更为紧密，并日益影响企业的核心竞争力与长期可持续发展。

三、机器人流程自动化与 ERP

机器人流程自动化（robotic process automation，RPA）系统是一种以软件机器人和人工智能技术为基础的业务过程自动化软件。它模仿最终用户在电脑的手动操作方式，直接在图形用户界面自动重复这些工作，从而使一些基于桌面的业务流程和工作流程实现自动化。一般来说，这些操作在很大程度上是大量重复的、可以通过严格的规则与结果来定义的手工劳动。在企业部署 RPA 系统可以节省员工时间，提高运营效率；通过监视、跟踪和控制业务流程的执行，从而增强业务流程的准确性和可审计性；通过这些可扩展的虚拟员工队伍，可以快速响应业务需求。

在传统 ERP 系统中加入 RPA 技术，可以使传统业务流程中需要大量人工手动录入的工作实现自动化，为企业节省大量成本，提高工作效率。例如，在数据采集中，可以通过机器人自动批量采集各类商品的数据信息并自动保存在数据库中；在进行财务的凭证编制时，可以通过机器人读取银行收款明细，在 ERP 系统中自动录入数据和生成凭证。总之，RPA 为 ERP 系统提供了外挂式的解决方案。由于部署 RPA 的成本较低，也为中小型企业通过 RPA 机器人实现 ERP 系统与低代码平台的交互提供了一种很好的解决方案。

目前，这项自动化技术正朝着更高层次的人工智能方向发展，为企业提供更加智能的服务。RPA 机器人可以通过将简单的业务工作自动化，为人工智能提供大数据，而人工智能则根据大数据进行模仿并改进流程，优化业务的工作内容。未来数智化 ERP 系统的建设就可以依托于 RPA 和人工智能的完美组合与深度融合，不断增加系统中的业务功能，并持续完善，使其能够更加智能化地完成更复杂的财务核算、合同审阅、供应链自动调度等工作。

思考与练习

1. ERP 的核心管理思想是什么？

2. 试讲述你对 ERP 的理解及你所知道的关于 ERP 实施的故事。

3. 试根据 ERP 的市场概况分析 ERP 国内发展趋势。

4. 假设小王每个月工资是 7000 元，家用是 4000 元。现在是 6 月 10 日，小王手上有现金 2.5 万元，而朋友小李来借 1 万元，说 3 个月后还。已知，小王的朋友小张还会在下个月还他 1.2 万元，而小王自己要在 8 月还银行的贷款 3.5 万元。试根据计划、平衡与控制的管理理念分析，小王能否借钱给他的朋友小李？

拓展阅读

第二章　ERP 理论的发展历程

ERP 作为一种包含先进管理理念的企业信息化管理软件，经历了从企业局部应用到全面解决管理问题的发展历程。其管理的侧重点也从起初的物流扩展到物流与资金流的结合，再到当前的物流、资金流、信息流的三流合一。本章首先介绍传统工业企业的业务流程与信息集成，然后介绍 ERP 理论形成的五个阶段，包括订货点法、MRP、闭环 MRP、MRPⅡ和 ERP 等。

学习目标

- 了解信息集成的概念、类型和条件
- 掌握 MRP 和闭环 MRP 的原理与业务逻辑
- 掌握 MRPⅡ的工作流程和管理模式
- 了解 ERP 与 MRPⅡ的区别

知识结构图

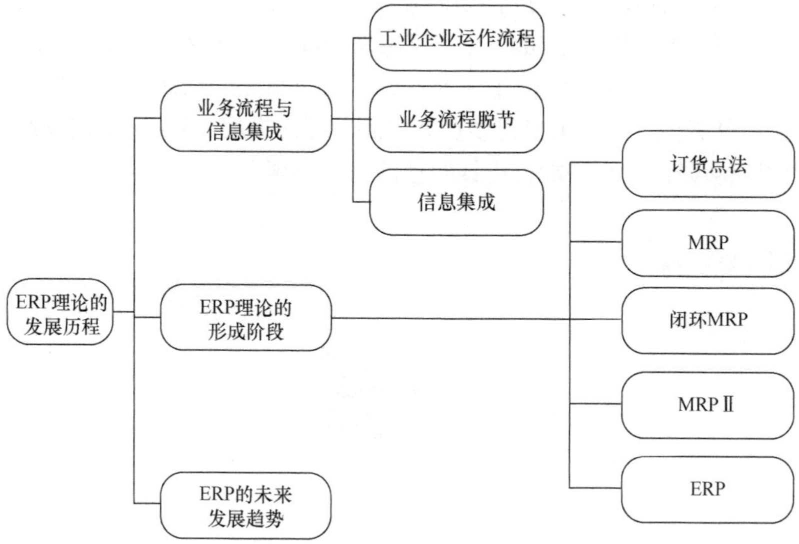

第一节　业务流程与信息集成

在市场竞争日益激烈的环境下，企业积极采用先进的计算机技术与互联网技术，开展信息化建设。企业信息化管理的一个特点就是各相关业务部门之间的信息必须集成，能够畅通无阻地传递和共享。在市场需求多变的今天，企业只有具备整合内部资源的能力，进行信息集成，才能在市场经济的大潮中稳住阵脚，赢得竞争优势。

一、工业企业运作流程

理解 ERP 系统需要从理解企业的业务流程开始。业务流程是指通过一组任务或作业的整合，把输入的各项必要资源经过增值处理，输出客户需要、认可和满意的产品或服务的一个过程。对于工业企业来说，从获取客户订单开始，到把产品交到客户手中并收到货款、提供售后服务等各项管理业务构成了一个企业内部的全流程。该内部流程又进一步同上游供应商、下游客户、运输配送商等外部流程紧密衔接，形成了一个覆盖供应链的完整全流程，如图 2-1 所示。全流程的起点是客户需求，终点是向客户提供产品和服务。

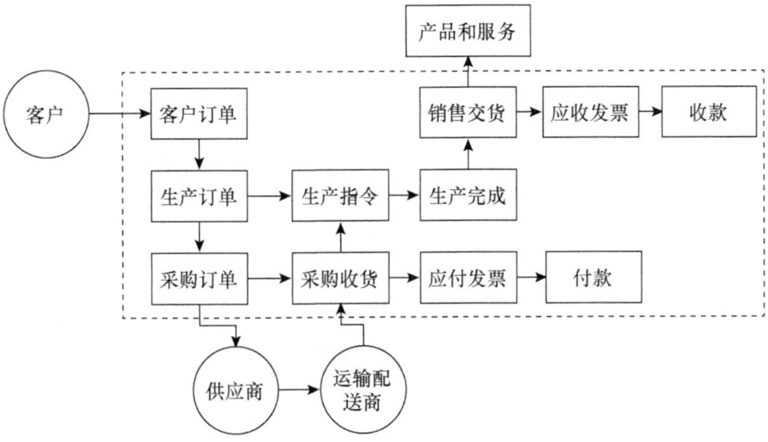

图 2-1　工业企业运作流程

只有不断通过管理创新，优化业务流程，企业才能够适应外部环境的变化。然而只有当流程是可视化或者透明时，才有可能对流程进行监控和优化。例如，汽车工业普遍推广的精益生产，其重要原则就是通过流程可视化，消除流程中所有不必要的、不增值的、造成浪费的作业，实现真正意义上的精益化管理。要使流程可视化，就必须建立一个体现信息集成和实时共享的信息化管理系统。该系统只有覆盖企业全流程，才能真正实现业务流程优化和提高企业竞争力。

二、业务流程脱节

在企业内部，业务流程是跨部门的，如果没有信息技术支持，信息难以实时沟通，工作不能协同，流程处理就会断裂，出现流程脱节的现象。常见的流程脱节的现象有三种。

（1）物料流程脱节，又称产、供、销严重脱节，实质上是指企业的这三项业务流程相互孤立。各个部门各行其是，没有信息共享，缺乏有效沟通。例如，销售人员花了很多心思，好不容易拿下一张订单，回到厂子里，生产部门却摇摇头说，现在订单无法生产。好不容易等到生产可以安排了，原材料供应部门却说，时间太急，无法保证原材料的及时供应；或者因为财务部门没有提前做好预算，不能向原材料供应商支付足额的定金，最终造成失去客户的结果。

有时，销售部门开具一式几份的客户订单，并在同一时间将其分发给采购、仓库、生产、财务等各部门。如果市场环境发生变化或者顾客的个性化需求发生改变，销售部门可以根据突发状况来及时调整自己手中的订单，但采购、生产等部门，很难做出及时的改变，这很容易造成管理上的混乱，也有可能会失去客户。

（2）物料流程与资金流程脱节。几乎每个企业到月末和年终的时候，财务部门都会比较繁忙。发生不同业务部门上报的数字相互矛盾，财务报表对不上，或遗漏一大笔库存占用资金、应收账款等情况。处于这种混乱状态下，编制的财务报表是没有说服力的。等到企业在运营过程中出现问题的时候，也许已经造成了不可挽回的损失。这正是物料流程与资金流程脱节的现象。

（3）上下游信息流程脱节。在市场经济的今天，每个企业都有上游供应商和下游客户，他们都是供应链中的一员。如果供应商突发意外状况，由于信息滞后的原因，企业不能及时地采取补救措施，会影响正常交货时间。客户要求的交货期或产品数量也可能会在生产的过程中发生变化，当然也会由于信息的不畅通，企业各业务部门不能及时地响应客户需求。这种现象称为企业上下游信息流程脱节。

上述管理问题产生的原因，都是企业业务流程脱节、各部门之间缺乏实时的信息交流导致的。企业要想有效地处理好这些问题，就需要实时的信息管理系统，如 MRP、MRPⅡ、ERP 等软件，本章的第二节会对这些软件的产生背景、基本概念等内容进行介绍。

三、信息集成

（一）信息集成的概念

信息是指能够在大自然和人类社会中传播的所有内容。它不仅反映出客观世界中各种事物的运动状态，也反映出它们的变化规律，表现为客观事物之间的相互联系和相互作用，是人们在适应外部世界过程中所产生的客观认识。

集成是指通过某种方式把一些孤立的事物或元素，从原来的松散状态改为集中状态，然后彼此之间相互作用、产生联系，最后产生相互关联的有机整体。

信息集成就是指任何一项数据或信息，由指定部门员工，在规定时间内将其录入指定数据库进行存储，由系统根据业务的需要，按照规定的业务规则和运算方法，从数据库提取相关数据，然后按照相关规定对提取的数据进行组合或加工处理。下面就以库存管理系统为例，论述信息集成与传统管理的区别。

手工管理条件下的库存台账，就像一本收支账簿，由人工记录入库、出库和结余的数量及发生日期与物料的来源去向，这些都是静态的数据。

信息集成的条件下，库存台账的信息是动态且实时的。对于销售订单，若将一笔销售订单录入库存台账系统中，即使还没有提货出库，库存台账也会自动地从产成品库存记录中的“可用量”栏目中扣除，并转记在“已分配量”栏中。对于生产订单，若将一笔生产订单录入库存台账系统中，对于产品需用到的原材料，库存台账会自动地把相关原材料需求量从原材料库存记录中的“可用量”栏目中扣除，并转记在“已分配量”栏目中。对于采购订单，若将一笔原材料采购订单录入库存台账系统，即使被采购的原材料还未到库，系统也会自动地把采购量记在“计划接收量”栏目下。从库存台账系统对销售订单、生产订单和采购订单的处理方式来看，库存台账系统可有效提高对订单处理的弹性。关于库存管理系统中物料数量的变化，如表 2-1 所示。

表 2-1　库存管理系统的物料数量变化

订单类型	仓库	实际库存量	已分配量	计划接收量	可用量
销售订单	产成品仓	不变	增加	不变	减少
生产订单	原材料仓	不变	增加	不变	减少
采购订单	原材料仓	不变	不变	增加	增加

（二）信息集成的类型

根据企业信息集成的范围，可以将信息集成分为企业部门内的信息集成和部门间的信息集成两大类。

1. 企业部门内的信息集成

大多数企业的管理模式都是分工管理。根据生产经营的需要，每个企业几乎都有一个金字塔式的组织构架，该组织结构分为三层，即战略管理层、战术管理层和基础作业层。由于该组织结构在管理上具有分工明确的优点，当今很多企业仍然延续这种组织结构。而现今市场上很多的管理信息系统，如 MRP、MRPⅡ等，为适应企业发展需要，将一个集成的软件系统分成若干个功能相互独立、结构相互关联的管理模块。每一个功能模块都能承担相应管理部门的主要职务，通过模块自动生成业务单据、报表等来实现该部门内的信息集成。

以企业销售管理为例，ERP 系统的销售管理模块为企业的整个销售流程提供全面集成的管理。销售部门内部的主体业务流程如图 2-2 所示。流程中的销售订单是销售部门维护的一个重要源头单据。销售订单审核后即可执行，由销售订单、销售出库单、应收发票形成核心业务三方关联，实现销售部门的业务流程信息集成。在完成销售业务后，系统的统计分析功能为企业提供及时、准确的销售业务报表，主要包括销售毛利润表、产品销售增长分析表、产品销售流向分析表、产品销售结构分析表、信用数量分析表、信用额度分析表、信用期限分析表等。销售统计分析为销售人员的业绩考核、企业的战略和战术选择提供可靠的依据，也为企业的进一步发展指明方向。

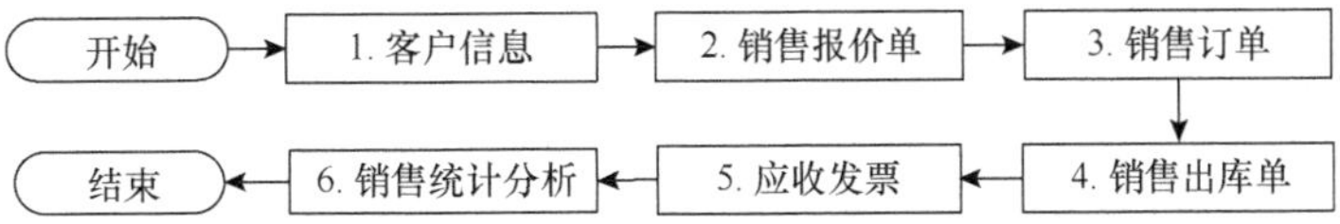

图 2-2　销售部门内部的主体业务流程

2. 部门间的信息集成

实际上，企业一项业务的完整流程是若干个相关部门共同完成的。ERP 系统的集成应用，在不断强化流程管理的发展过程中，必须充分发挥相关部门业务处理的集成作用，用流程管理的思想来规范和约束相关部门的事务处理。经流程优化后，处于企业同一业务流程的不同部门之间需要有机地实现功能的互补，从而提高企业的整体管理功能。

同样以企业销售管理业务为例进行分析。与传统分工管理模式的销售功能相比，ERP 集成管理模式中的销售管理的明显特点是企业内相关部门的信息集成。ERP 系统中的销售管理模块与采购管理、库存管理、财务管理等模块紧密相联，形成了一个完整的销售管理业务流程。为了实现企业销售的整体任务，企业有关部门都以满足客户需求为导向，为销售管理提供必要的信息，销售部门在完成其主体业务的同时，必须要与有关部门充分合作，实现信息集成共享、功能协调互补，从而消除信息不畅、产供销脱节的弊病。

（三）信息集成的条件

信息集成的优势非常明显，但一个企业要想实现信息集成，信息必须规范，信息流程也必须规范，没有这两条就做不到信息集成。

信息规范是指数据的名称、代码和定义必须明确一致。这似乎看起来比较简单，但是从不规范到规范，要统一企业内各部门的传统习惯做法，会遇到“以谁为准”的争议，因为大家都习惯了自己的做法，往往互不相让。而规范化的业务流程是保证信息资源完整的必要条件，如果业务流程不规范，必然导致数据丢失和不完整。例如，如果销售经理随意开支票，同意给某个客户若干个产品，且支票上的信息没有进入系统，那么一系列的问题就会出现，如货物发给谁了？客户收到货了没有？

信息流程的规范化取决于业务流程的规范化，是信息公开透明的必要条件，也是建立公平、公正和诚信市场秩序的前提，实现起来比信息规范化的难度更大。从不规范管理到规范化管理实质上是一场深刻的管理革命，也是实施 ERP 系统过程中必须关注的重点。

第二节　ERP 理论的形成阶段

ERP 是在订货点法、MRP、闭环 MRP 和 MRPⅡ的基础上发展起来的，其发展历程如图 2-3 所示。

图 2-3　ERP 的发展历程

一、订货点法

20 世纪 30 年代，为解决库存控制问题，人们提出了订货点法，当时计算机系统还没有出现，企业确定对物料的真实需求依靠缺料表，缺料表上所列的是急需使用，但却没有库存的物料。为了改变这种被动状况，西方经济学家提出了一种按照过去经验来预测未来物料需求的方法——订货点法。

订货点法是指对于某种物料，当库存量低于订货点时，便开始发出订货单来补充库存，直至库存量降低到安全库存时，发出订单所订购的物料刚好送达仓库，补充前一时期的消耗。订货点法的处理逻辑如图 2-4 所示。

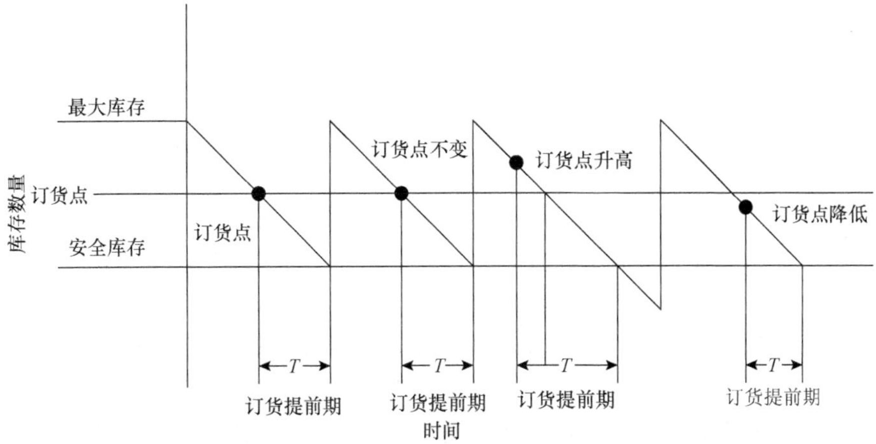

图 2-4　订货点法的处理逻辑图

订货点法从安全库存和订货提前期考虑，根据生产需求量及其供应和存储条件，对各种物料规定一个安全库存储备量和订货点库存量。随着物料的消耗，一旦库存储备低于预先规定的订货点，就需要进行订货来补充库存，以保证物料供应的连续性，避免缺货情况的发生。订货提前期是指从订单发出到所订货物收到的这段时间。

订货点确定的基本公式：

订货点 = 单位时间的需求量 × 订货提前期 + 安全库存

假设某物料的需求量为每周 100 件，订货提前期为 1 周，安全库存为 20 件，那么，此物料的订货点为：$100 \times 1+20 = 120$。因此，当该物料现有库存量和已订货量之和低于 120 时，就必须重新订货，否则会出现物料短缺的情况。

然而，订货点法中的很多假设导致其在应用中存在很多不足。

（1）假设物料需求相互独立。订货点法采取的是对各物料进行独立预测和订货。这样，在装配生产的时候，在很大程度上会出现各项物料数量不匹配的情况。

（2）假设物料需求具有连续性。传统的制造企业中，对产品零部件的需求恰恰是不稳定的、间断的。需求的不连续性向企业抛出了如何确定物料需求时间的难题。而订货点只能根据平均消耗量来确定何时订货，却无法给出何时需要物料。

（3）假设物料的订货提前期固定且已知。在订货点法中，物料的订货提前期是对物料进行估算的平均提前期。但在现实中，由于各种因素相互影响，物料的订货提前期几乎是动态多变的。因此，把这样的一个未知数当作已知数来假设，显然是不符合实际情况的。

（4）假设库存一旦消耗后应被重新填满。如果某种物料的需求是连续的，那么这种假设是符合实际情况的。然而，如果该物料的需求若是非连续的、间断的，则很有可能会出现库存积压现象。例如，某种物料在某个时间段明明是不需要的，却被假设为当前时段需要的物料，若计算出物料低于订货点时，被立即填满库存，就会造成库存积压。

二、MRP

（一）MRP 概述

MRP 是 20 世纪 60 年代在美国出现并在 20 世纪 70 年代发展起来的一种管理技术和方法，是根据主生产计划确定物料采购和生产制造的一种管理方式。因此，MRP 既是一种物料管理方式，又是一种生产管理模式。

MRP 是一种物料管理方式。物料管理包括物料的库存管理、物料需求的计划管理、企业各个部门物料数量的协调和控制、物料的采购和运输管理等。通常情况下，管理物料有两个目的：一是保证整个生产过程的连续进行，不能因物料供应不足出现生产中断现象；二是尽可能地减少库存，不应该出现因物料库存数量过多而占用过多的流动资金、占用过多的仓库位置和造成物料浪费等现象。使用 MRP 可以精确地计算和确定对零部件、原材料的需求数量及时间，科学地管理库存，有效地实现低库存水平与高服务水平并存的目标。

MRP 是一种分时段的优化计划管理方式。为了准确理解这个概念，需关注以下两点：一是物料需求量和物料需求时间之间的关系；二是传统生产计划管理方式中采用的缺料计划。

在物料管理中，物料需求量无疑是物料管理最重要的管理数据。当确定某个物料的需求量后，采购作业和生产作业都有了基本目标。但是，对于高水平管理来说，仅得到某个物料需求量是远远不够的，因为仅依靠物料需求量不能准确地安排采购作业和生产作业，困扰管理人员的问题依旧还有很多，如什么时间需要这些需求量、这些需求量是一次性需要还是分时段需要、什么时间订货、是进行一次性订货还是分期订货。

这些问题的答案不仅仅与物料的需求量有关，还与物料的需求时间有关。传统的手工管理方式下，这些问题的答案需要管理人员凭借自己的经验进行估计和预测。当最终产品数量、物料需求量及种类都较少时，有经验的管理人员或许能够做出正确的决策。但是，随着产品种类、物料种类和数量的不断增多，新产品的出现及管理人员的更换，这种依靠经验的管理方式已经无法满足采购和生产的需要，故传统的手工管理方式已经无法应对日益增多的物料种类和数量的变化。例如，生产某品牌汽车 1000 辆，考虑了库存量之后，需要 1200 个轮子。这种描述是远远不够的，因为这种需求量是不分时段的需求量。如果考虑到第一个月需要 300 个、第二个月需要 400 个、第三个月需要 200 个、第四个月需要 300 个，对于采购作业和生产作业来说，这种分时段需求量的价值就远大于无时段需求量的价值。因为在考虑时段性需求量之后，可以有效地降低库存水平、增加流动资金数量等。所以，进一步说，时段划分越细，采购作业和生产作业的管理水平越高。

缺料表是传统手工管理方式下的缺料计划表现形式。在传统的手工管理方式下，由于计算效率低、计算误差大等原因，某些物料的缺乏往往在加工过程或装配过程中才能被发现和记录，缺料表往往是这种缺料现象的具体表现形式。根据缺料表进行采购作业安排和生产作业安排的计划统称为缺料计划。所以缺料计划是对生产管理活动中的一种客观现状的反映。缺料计划本身并不是一件坏事，它之所以被人误解为管理水平很低，是因为缺料计划制订的时间过晚。如果当物料缺少发生了，才开始制订物料的采购作业计划和生产作业计划，那么这种缺料计划就是管理者管理水平低下的表现。但是，如果物料缺件并没有发生，而生产管理人员已经预测到将要发生的物料缺件现象，并及时制订缺件物料的缺料计划，那么这种缺料计划就是一种正常的管理措施。

从某种意义上来说，MRP 就是缺料计划。根据主生产计划可以回答企业将要生产什么及生产多少的问题，根据产品结构树可以计算出所需要的物料名称和数量，根据所需要的物料名称和数量及这些物料的库存数量可以计算出当前缺乏的物料名称与数量，这就是缺料表。从上面的分析可以看出，MRP 是通过缺料计划来解决物料缺件现象的，是一种优先计划。

（二）MRP 与订货点法的区别

MRP 与订货点法的区别主要有以下三点。

（1）MRP 通过产品结构将所有的物料需求联系起来，而传统的订货点法库存管理模型是彼此孤立地推测每项物料的需求量，不考虑物料之间的联系，很容易导致库存积压和物料短缺同时出现。MRP 通过产品结构把所有物料的需求联系起来，并考虑不同物料之间的匹配关系，从而使各物料的库存在数量和时间上趋于合理。

（2）MRP 将物料需求区分为独立需求和非独立需求，并分别加以处理。如果某项物料的需求量不依赖于企业其他物料的需求量而独立存在，则认为该物料为独立需求项目；如果某项物料需求量可由企业的其他物料的需求量确定，则认为该物料为非独立需求项目或相关需求项目。例如，原材料、零件、组件等都是相关需求项目，而最终产品则是独立需求项目，独立需求项目也包括最终产品的个别零部件。独立需求项目需求的物料量一般由预测、客户订单等外在因素来确定，而相关需求项目需求的物料量由 MRP 系统来确定。

（3）MRP 针对物料的库存状态引入了时间分段的概念。时间分段就是给物料的库存状态添加上时间坐标。在订货点法库存管理模型中，物料的存储状态是不存在时间坐标的，其记录的内容往往只包含库存量和已出货量，不能够很好地控制库存水平。

（三）MRP 的业务逻辑流程图

MRP 是一种物料管理方式，它根据主生产计划、物料清单、工艺路线、批量规则和订货提前期等信息，生成原材料、毛坯和外购件的采购作业计划及零部件生产、装配的生产作业计划，从而达到有效管理和控制企业物料流动的目的。所以 MRP 的输入主要是由三部分构成的，第一部分是主生产计划，第二部分是物料清单，第三部分是库存信息。MRP 的输出则包括采购作业计划和生产作业计划两部分内容。MRP 的基本构成如

图 2-5 所示。

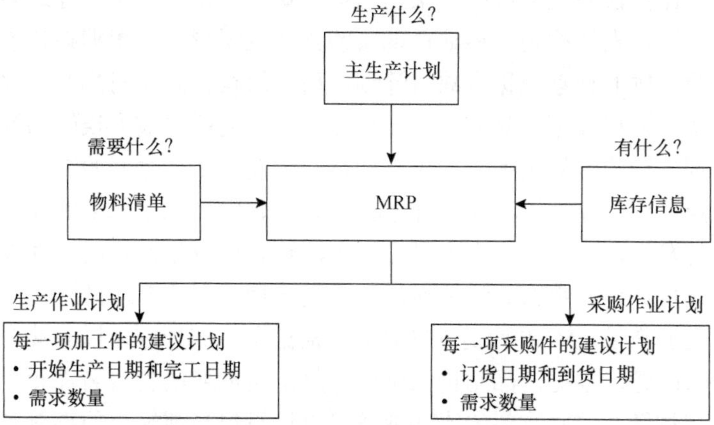

图 2-5　MRP 的基本构成图

主生产计划是 MRP 的主要输入，可以说它是 MRP 运行的驱动源，它是用来确定每一件最终产品在每一个具体时间段内生产数量的计划。这里的最终产品是指对于企业来说最终完成的，对于消费者来说能从中获得使用价值的产品。因此，它要具体到产品的品类、型号等。而这里的具体时间段，通常情况是以周为时间单位，也可以是日、月、季等。主生产计划根据客户合同和市场预测，把经营计划或生产大纲中的产品系列具体化，使之成为开展 MRP 的主要依据，起到了由综合性计划向具体计划过渡的承上启下的作用。

三、闭环 MRP

20 世纪 60 年代提出的 MRP 没有考虑到生产企业现有生产能力和采购的有关条件约束，因此有可能因设备和工时的不足而没有能力生产，或者因原料的不足而无法生产和无法按计算出来的物料需求日期完成所需物料的生产。同时，它也缺乏根据计划实施情况的反馈信息对计划进行调整的功能。为了解决以上问题，MRP 系统在 20 世纪 70 年代逐渐发展为闭环 MRP。闭环 MRP 系统除了包括 MRP 外，还将能力需求计划、执行及控制计划全部纳入，形成了一个封闭的管理系统。闭环 MRP 主要包括如下两层含义。

（1）闭环 MRP 在 MRP 的基础上，把需要和可能结合起来，通过能力与负荷的反复平衡，实现了一个完整的计划与控制系统，即通过把能力需求计划、车间作业计划和采购作业计划等功能纳入 MRP，形成一个封闭的管理系统。

（2）在计划执行过程中，必须有来自车间、供应商和计划人员的反馈信息，并利用这些反馈信息调整计划，使生产计划方面的各个子系统得到协调统一。其中的工作过程是一个“计划—执行—评价—反馈—计划”的过程。

闭环 MRP 的目的是使计划落实可行，主要方法是反复进行需求与供给的平衡。这种需求和供给的平衡包括两个方面：一是在运行主生产计划时，要进行粗能力计划，以同关键工作中心的能力进行平衡，该计划对象为独立需求件，主要面向的是主生产计划；二是在运行 MRP 时要进行能力需求计划，该计划对象为相关需求件，以同所有工作中心的能力进行平衡。

MRP 系统的正常运行，需要一个现实可行的主生产计划。它除了要反映市场需求和合同订单外，还必须满足企业的生产能力约束条件。因此，除了要编制资源需求计划以外，闭环 MRP 还要制订能力需求计划，以同各个工作中心的能力进行平衡。只有在采取措施使能力与资源均满足负荷需求时，才能开始执行计划。这样，MRP 系统进一步扩展，把能力需求计划、执行及控制计划的功能也包括进来，形成一个环形回路，如图 2-6 所示，闭环 MRP 是一个完整的生产计划与控制系统。

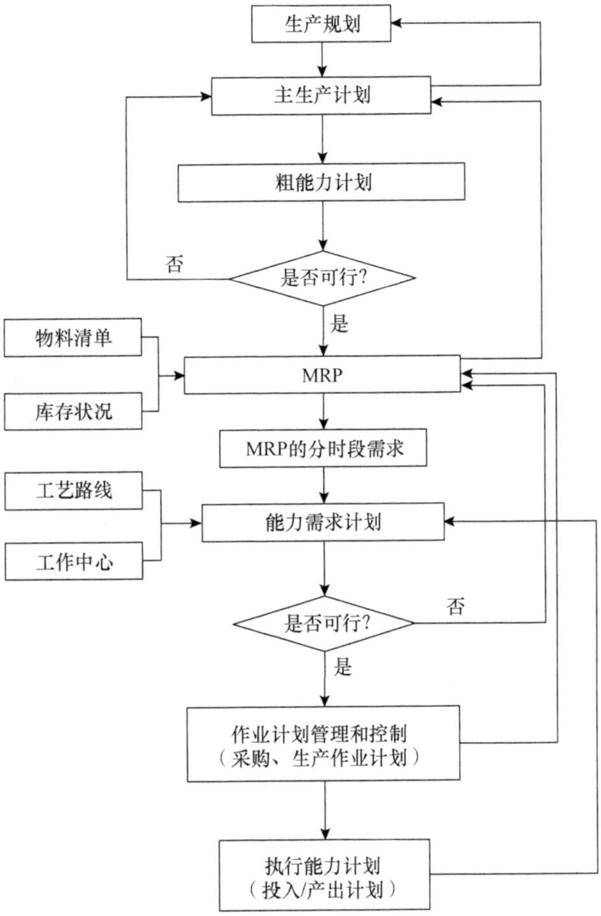

图 2-6 闭环 MRP 的结构原理图

首先，企业根据发展的需要和市场需求制订生产规划；再根据生产规划制订主生产计划，同时实施粗能力计划。如果主生产计划通过了粗能力计划运算，则验证了主生产计划是可行的，这时方可进入 MRP 层次，即根据主生产计划、物料清单、库存状况等信息来制订 MRP。其次，MRP 需要通过能力需求计划来验证，即由 MRP、所有物料的工艺路线和所使用的工作中心的平均可用能力生成对能力的需求计划，通过对各工作中心的能力进行平衡来调整 MRP。如果这个阶段无法平衡各工作中心的能力，还有可能修改主生产计划。最后，采购与生产作业按照能力平衡后的 MRP 执行，并进行能力的控制，即投入和产出的控制。然后根据作业执行结果反馈到计划层。因此，闭环 MRP 是一个集计划、执行、评价、反馈于一体的综合性系统。

虽然闭环 MRP 没有解决资金资源、人力资源等生产环境中的约束问题，但是解决了物料管理和控制问题，因此闭环 MRP 的产生和广泛应用是生产计划管理理论发展的一个里程碑。

四、MRP Ⅱ

（一）MRP Ⅱ的产生背景

闭环 MRP 的运行过程主要是物流运行的过程。而生产的运作过程和产品从原材料的投入到成品的产出过程都伴随着企业资金的流通，闭环 MRP 却无法反映出来。并且资金的运作会影响生产的运作，如采购作业计划制订后，由于企业的资金短缺而无法按时完成，会影响整个生产计划的执行。

为了解决上述问题，1977 年，美国著名生产管理专家奥利弗 · W. 怀特（Oliver W. Wight）提出了一个新概念——制造资源计划，它的简称也是 MRP，但其内容更加丰富。为了与传统的 MRP 有所区分，故把它称为 MRP Ⅱ。

MRP Ⅱ是闭环 MRP 系统的直接发展和补充。MRP Ⅱ与闭环 MRP 之间的区别主要有以下三点：①MRP Ⅱ将财务系统纳入管理之中，实现了信息流、物流和价值流的有机集成；②虽然 MRP Ⅱ系统包含多个子系统，但是各子系统的数据均源于共享数据库，保证了信息的一致性和准确性；③MRP Ⅱ具有辅助决策的功能，它能根据不同的决策方针模拟出未来可能发生的情况，从而帮助企业管理者规划和实施方案。

（二）MRP Ⅱ的基本概念

MRP Ⅱ是集经营、生产、财务、销售、采购、工程技术等子系统于一体的系统，是对企业的各种资源和生产、供应、销售、财务等各个环节进行有效计划、组织和控制的一整套方法。MRP Ⅱ紧紧围绕企业的基本经营目标，以主生产计划为主线，对企业制造产品时所需的各种资源进行统一的计划和控制，从而保障企业的物流、信息流、资金流等流动畅通并实时地反馈企业的运行情况。

这里所讲的制造资源，是指以“信息”的形式来表现的人工、物料、设备、能源、资金等。通过信息集成，MRP Ⅱ能够有效地对企业内部资源进行周密计划、合理利用，从而提高企业的竞争力。

（三）MRP Ⅱ的业务逻辑流程

MRP Ⅱ的逻辑流程如图 2-7 所示。

从图 2-7 可以看出，流程图的右侧是计划与控制系统，可以将其理解为经营计划的管理流程。流程图的中间是基础数据，这些数据存储在计算机系统的数据库中，并且能

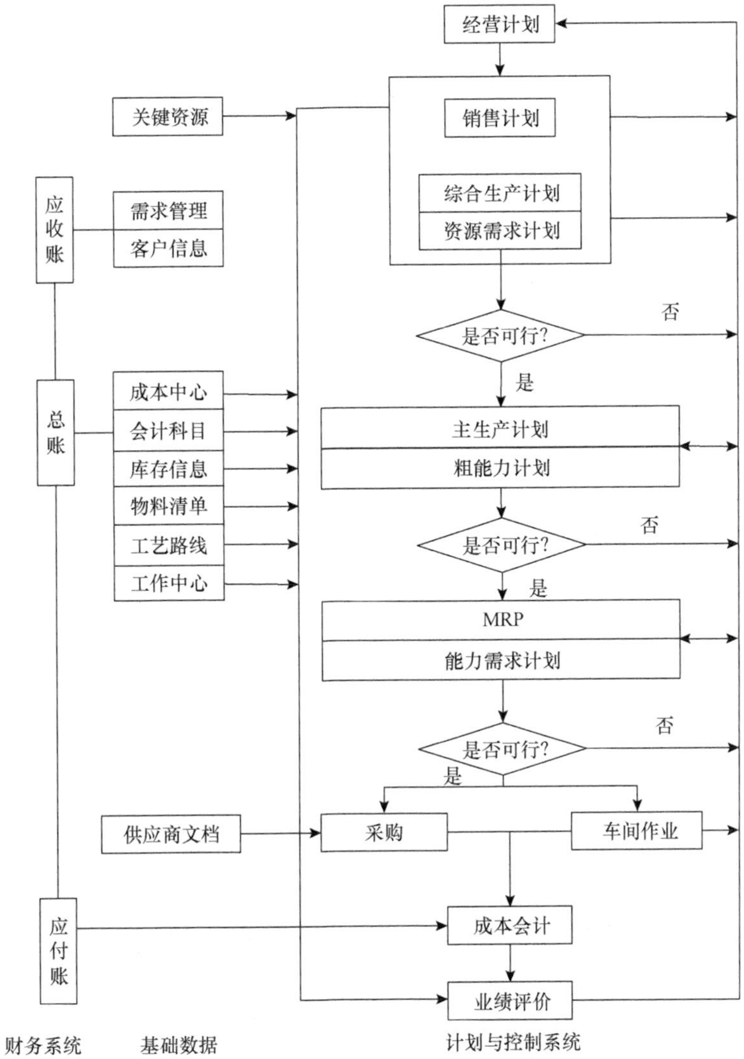

图 2-7　MRPⅡ的逻辑流程

够反复被调用，这些数据的集成，有助于企业各个部门之间的业务沟通。流程图的左侧是财务系统，主要包括三个部分，即应收账、总账和应付账。各个连线表明信息流向及相互之间的集成关系。其中，经营计划是 MRPⅡ的起点，它根据市场需求和企业现有状况来确定生产的数量、品种等，从而对企业的销售计划及相关物料的需求计划进行确定，组成了一个全面生产管理的集成优化模式。例如，中美上海施贵宝制药有限公司通过实施 MRPⅡ项目，从管理思想上和手段上改变了公司面貌，极大地增强了管理的系统性和计划的严肃性，做到了信息共享、决策合理和有效监督。

（四）MRPⅡ的特点

MRPⅡ的主要特征是信息集成，从 MRPⅡ运行逻辑图可以看出其特征主要表现在以下六个方面。

（1）计划的一贯性与可行性——MRP Ⅱ是一种计划主导型的管理模式。计划层次从宏观到微观、从战略到战术、由粗到细，逐层细化，但制订出的计划始终能够保持与企业的经营战略一致。

（2）管理的系统性——MRP Ⅱ是一种系统工程，它把企业所有与经营生产活动相关的部门连成一个整体，每个部门都是整个系统的有机组成部分。

（3）数据共享性——MRP Ⅱ是一种管理信息系统，企业中各部门都依据同一数据库中的数据，并按照规范化的处理程序进行管理和决策，如图 2-8 所示。

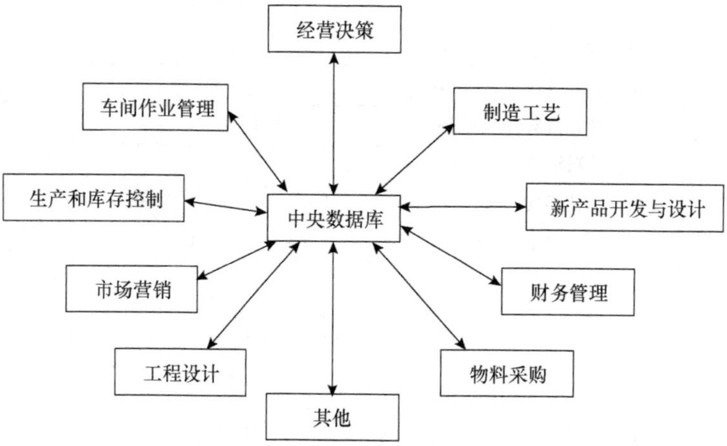

图 2-8　MRP Ⅱ的数据共享

（4）动态应变性——MRP Ⅱ是一种闭环系统，它要求不断跟踪、控制和反馈瞬息万变的实际情况，从而帮助管理人员实时地掌握企业内部环境变化，提高应变能力，并及时地调整决策，以保证生产计划的顺利进行。

（5）模拟预见性——MRP Ⅱ是经营规律、生产规律、管理规律的反映，按照规律建立的信息逻辑很容易实现模拟功能，也可预见较长时期内可能发生的问题，以便企业事先采取措施，消除隐患。

（6）物流和资金流的统一性——MRP Ⅱ系统包含了产品成本和财务会计，因此在生产活动发生的同时直接生成财务数据，把实物形态的物料流动直接转换为价值形态的资金流动，保障生产和财务数据的一致性。

五、ERP

20 世纪 90 年代，随着新兴技术和管理思想的出现，不同企业之间的跨区域合作和生产日渐频繁，MRP Ⅱ在实际的应用过程中表现出来的局限越来越多。

（1）企业之间的竞争日趋激烈，这要求企业在各个层面都要加强管理，要求企业的信息化建设要有高度的集成。同时，要求企业信息管理范畴扩大，要求对企业的所有资源都进行管理，而不仅仅是对制造资源进行管理。而 MRP Ⅱ主要以生产计划、作业控制为主线，并没有覆盖企业的所有职能层面。

（2）MRP Ⅱ 主要是对企业内部资源进行管理。企业规模的不断扩大要求企业的各个部门、集团、工厂能够协同作战。这实际上，已经超出 MRP Ⅱ 的管理范围。

（3）信息全球化的发展要求企业之间要加强信息交流与信息共享。企业之间既是竞争对手，又是合作伙伴。生产企业与分销网点之间的集成、供需双方业务联系的电子数据交换、不同厂房之间的集成等，这些都迫切要求信息管理扩大到整个供应链。

（4）MRP Ⅱ 不断融合现代管理思想和方法来完善自身，如准时制生产、全面质量管理（total quality management，TQM）、最优生产技术（optimized production technology，OPT）、敏捷制造、精益生产等，融合了这些管理思想和先进方法之后，MRP Ⅱ 取得了突破性的发展。

由于 ERP 是在 MRP Ⅱ 的基础上进一步发展而来的企业管理系统，为了进一步明确 ERP 系统概念及其主要功能，需要将 ERP 与 MRP Ⅱ 区分开来。

1. 在资源管理范围方面的差别

MRP Ⅱ 主要侧重对企业内部人、财、物等资源的管理，ERP 系统在 MRP Ⅱ 的基础上扩展了管理范围，它把客户需求和企业内部的制造活动及供应商的制造资源整合在一起，形成一个完整的供应链，并对供应链上的所有环节进行有效管理，这些环节包括订单、采购、库存、计划、生产制造、质量控制、运输、分销、服务与维护、财务管理、人事管理、实验室管理、项目管理、配方管理等。

2. 在生产管理方面的差别

MRP Ⅱ 系统将企业的生产方式归类为几种典型类型进行管理，如重复制造、批量生产、按订单生产、按订单装配、按库存生产等，并为每种类型制定了相应的管理标准。而在 20 世纪 80 年代末及 20 世纪 90 年代初期，企业为了紧跟市场的变化，多品种小批量生产及看板式生产等则是企业主要采用的生产方式，单一的生产方式向混合型生产发展，ERP 则能很好地支持和管理混合型制造环境，满足了企业的这种多元化经营需求。

3. 在管理功能方面的差别

ERP 除了有 MRP Ⅱ 系统的制造、分销、财务管理功能外，还有支持整个供应链上物料流通体系中供、产、需各个环节之间的运输管理和仓库管理功能，支持生产保障体系的质量管理、实验室管理、设备维修和备品备件管理功能，支持对工作流（业务处理流程）的管理功能等。

4. 在事务处理控制方面的差别

MRP Ⅱ 通过计划的及时滚动来控制整个生产过程，它的实时性较差，一般只能实现事中控制。而 ERP 系统支持在线分析处理、售后服务及质量反馈，强调企业的事前控制能力，它可以将设计、制造、销售、运输等通过集成来并行地进行各种相关的作业，提高了企业对质量、适应性、客户满意、绩效等关键问题的实时分析能力。

此外，在 MRP Ⅱ 中，财务系统只是一个信息的归结者，它的功能是将供、产、销中的数量信息转变为价值信息，是物流的价值反映。而 ERP 系统则将财务计划功能和价值控制功能集成到整个供应链上，如在生产计划系统中，除了保留原有的主生产计划、MRP 和能力需求计划外还扩展了销售执行计划和利润计划。

5. 在地区经营事务处理方面的差别

企业的发展，使得企业内部各个组织单元之间、企业与外部的业务单元之间的协调变得越来越多和越来越重要，ERP 系统应用完善的组织架构，可以支持跨国经营的多国家地区、多工厂、多语种、多币制的应用需求。

6. 在计算机信息处理技术方面的差别

随着信息技术的快速发展、网络通信技术的应用，ERP 系统得以实现对整个供应链上的信息进行集成管理。ERP 系统采用客户机/服务器体系结构和分布式数据处理技术，支持企业内部网和外部网、电子商务、电子数据交换，此外还能实现在不同平台上的相互操作。

第三节　ERP 的未来发展趋势

数字化经济时代，企业的数字化转型已成必然趋势。随着大数据和人工智能等相关技术的不断发展，企业的 ERP 系统在经历信息化、数字化阶段后，也在朝着数智化阶段转型。

信息化阶段的 ERP 系统主要是将企业的业务流程进行电子化记录、存储和管理，通过信息化手段提高企业的运营效率。例如，销售管理、库存管理和采购管理等业务流程等电子化，可以优化流程，提高效率。

数字化阶段的 ERP 系统是将许多复杂多变的信息转变为可以度量的数字和数据，再借助计算机实现它们的聚合与分析处理，对企业的生产情况、销售、财务状况等数据，进行多方面、多阶段的掌控和处理。例如，海尔集团利用物联网技术对其 ERP 系统进行全面升级，实现了数据的互联互通和共享，使得其运营效率显著提升。

数智化 ERP 通常是利用数字化技术和智能化的预测工具对企业资源进行管理和优化设计，采用智能算法对企业不同业务流程、资源配置和系统运作进行模拟分析，在提升 ERP 系统的效率和稳定性的同时，也能提高企业管理水平和运营效益。数智化 ERP 并非数字化平台的简单升级，而是数据和智能的深度融合，其特征体现为三个融合，即数智融合、云网融合与人机融合。

1. 数智融合

数智融合是实现数据和智能的深度融合。人工智能不再只是局部应用，而是渗透到数据全生命周期，从数据到模型再到知识，全方位赋能。这种深度融合可以实现数据价值最大化，并创造出传统方式无法实现的新价值。数智化 ERP 的数智融合让数据和算法都具有成长性，让数据的质量和价值随着算法的智能水平同步成长。例如，在生产阶段，通过使用人工智能实现自适应制造，根据市场需求和生产资源的变化来不断调整生产计划与策略，通过智能算法不断学习和优化生产计划和排程，可以最大限度地减少闲置时间和交货延迟。在进行质量控制和缺陷检测时，可以通过深度学习模型分析图像和视频数据，以自动识别不合格产品，从而降低次品率。人工智能还可以实时监测制造过程，及时检测设备问题和异常，生成警报并采取措施。在优化企业供应链管理方面，通过数智融合，可以改进库存控制、物流计划和交付时间，降低库存成本和提高生产资源的利用率。

2. 云网融合

云网融合是指算力、存储和网络资源的深度融合，它能为企业提供多源异构的信息基础设施资源体系。基于这种新型信息基础设施资源的供给，数智化 ERP 系统可以灵活适配不同业务场景，以满足不同类型管理者的需求。简单来说，通过云网融合，不仅各个环节标准、计划、任务、进度、质量、绩效、结果等都能在数智化 ERP 系统中实时可见，而且可以形成信息一致、透明、同步的沟通机制，大幅降本增效。例如，销售、采购、仓库、生产、财务等部门的员工通过云网融合，实现电脑、手机、平板等多设备终端的协同办公，进行订单提交、生产派工、产品出库、自动售后等工作，可以大幅缩短签单、制造和交付周期。同时，销售合同又能关联金额、地址、产品、预收、开票、出库、发货、采购、设计、售后、生产等各个环节，流程自动按照系统设置进行流转，实现电脑、手机、平板电脑等多终端信息同步。

3. 人机融合

人机融合是指人类智能和机器智能的深度融合。人机融合是以人为本，充分发挥人类专家智慧，并与机器智能深度协作，共同解决复杂问题的新模式。人机融合包括两个方面：一方面是知识融合，即将人类专家的领域知识通过知识图谱等方式转化为机器可理解的方式，增强机器的智能性；另一方面是任务协同，即人和机器通过更好的分工协同，共同完成复杂的任务。例如，在生产过程中，通过人机协作，数智化 ERP 系统可以收集和分析生产制造过程中的大量数据，帮助管理者和工人做出更准确的决策。工人可以通过智能终端设备获取实时数据和工作指导，管理者可以通过大数据分析获得生产优化和问题解决的方案。

基于三个融合，数智化 ERP 可以实现三个闭环，即生产流程闭环、感知决策闭环和数据应用闭环。生产流程闭环是为了将数据和智能贯穿整个生产环节，实现全链条的优化。感知决策闭环是为了实现智能感知、智能认知和智能决策等全过程。数据应用闭环是为源源不断地产生数据、优化数据，为智能算法及应用提供原料。通过这三个闭环，可以使企业 ERP 系统从数据驱动提升为智能驱动，智能算法渗透到生产、经营、管理等各个环节。最终，通过数智化 ERP，可以形成所谓的“企业大脑”，达到企业智能化管理的目标。

关于数智化 ERP 的相关资料详见二维码。

思考与练习

1. 工业企业的运作流程有哪些？
2. 业务流程脱节的现象有哪些？
3. 信息集成有哪些好处？企业如何进行信息集成？
4. 订货点法的不足是什么？
5. MRP 相对于订货点法有哪些改进之处？
6. 闭环 MRP 相对于 MRP 有哪些改进之处？
7. 为什么说 MRP Ⅱ 不只是一个计算机信息管理系统，更是一种新型的集成管理模式？
8. ERP 与 MRP Ⅱ 的主要区别是什么？
9. 请论述 ERP 未来发展方向。
10. 用你所了解的企业事例，说明 ERP 项目实施成功的关键要素。

拓展阅读

第三章　ERP 系统的管理数据

企业的生产类型和需求响应策略对物料清单的建立、计划的编制、库存参数的设置及营销策略的制定具有重大影响。这些因素也对 ERP 系统的功能要求产生不同的影响。在本章您将理解制造业的生产类型与需求响应策略的相关概念，了解动态数据、静态数据和中间数据的关联与区别，理解 ERP 系统主要基础数据的相关概念，如物料清单、物料主文件、工作中心、提前期、工艺路线、虚拟件等。

学习目标

- 了解制造业的生产类型及其特点
- 掌握企业的需求响应策略
- 理解企业的管理数据及其重要性
- 掌握 ERP 系统的主要基础数据并运用

知识结构图

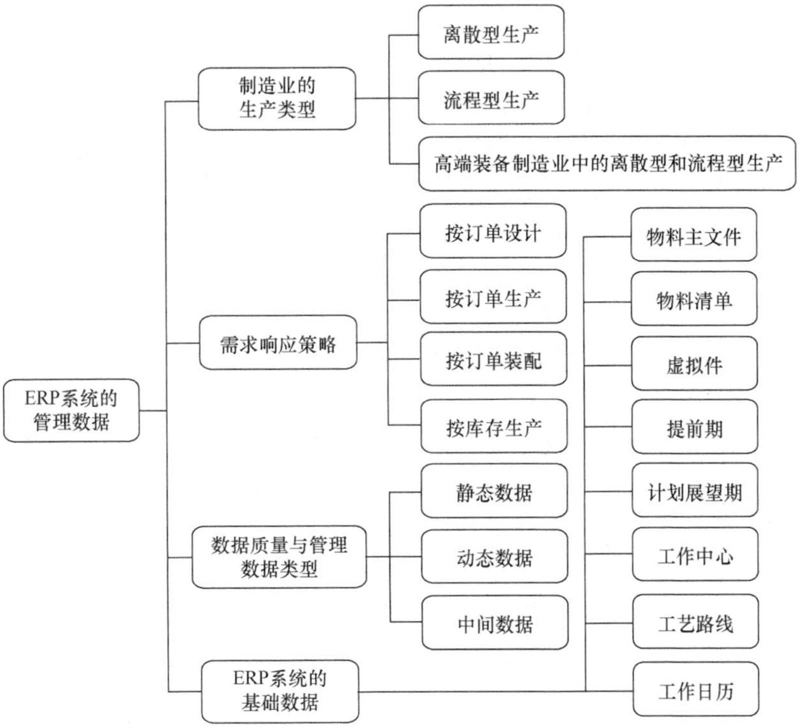

第一节 制造业的生产类型

不同的企业，其生产类型千差万别，生产的组织方式灵活多样，因此也就有了不同的生产计划方式。按照产品工艺生产过程的特征，将制造业企业的生产类型分为离散型生产和流程型生产。理解制造业的生产类型，有利于对 ERP 系统的了解。

一、离散型生产

离散型生产又称为加工装配型生产，它的特点是产品由许多零部件构成，不同零部件的加工过程是彼此独立的，所以整个产品的生产工艺是离散的，制成的零件通过部件的分散组装和总装成为成品。由于是一种装配型的产品，零件的形成一般是物理性的变化。机械制造、电子设备制造行业的生产过程均属于这一类型。对于离散型生产管理的重点而言，除了要保证及时供应原材料和保证零部件的加工以外，还要控制零部件的生产进度，保证生产的成套性，如果在生产的品种、数量上不成比例和不配套的话，只要缺少一种零件就无法装配出成品来。另外，如果在生产进度上不能按时成套，那么少数零件的生产进度延期，必然会延长整个产品的生产周期和交货期。离散型生产是应用 MRP 的经典生产类型，目前我国应用 MRP 的制造型企业以离散型生产为主。

离散型生产按照工艺流程的不同可以分为间歇式生产和重复式生产两大类。

（1）间歇式生产，也称为间断生产。采用通用或数控机床，按顺序依次加工，按加工优先顺序、数量及产能约束条件排产；加工过程中停顿，形成在制品，可以存储。间歇式生产一般具备以下几方面特点。①生产灵活性方面：间歇式生产可以根据市场需求的变化进行调整，适应多样化的产品需求。②设备利用率方面：由于生产过程中可能需要更换设备或工具，所以设备的利用率可能会低于连续生产。③库存管理方面：间歇式生产可能需要更多的库存管理，因为每个生产批次之间可能存在停工时间。④生产成本方面：由于生产批次的切换，间歇式生产的生产成本可能会高于连续生产。⑤质量控制方面：在间歇式生产中，每个批次的产品都可以进行质量检查，有利于保证产品质量。

间歇式生产的机床布置通常为机群式，也可以应用成组技术形成成组单元布置。

机群式布置是一种常见的生产设备布置方式。该布置方式将同类型的设备和人员集中布置在一起，如按车床组、铣床组等分区进行布置。因此，一个操作员通常操作一种类型的设备，能够更加容易地熟悉该类型设备如何操作，既可以一人一机操作，也可以一人多机操作，即一人操作两台及以上的相同设备。

成组单元布置则是将不同的机器组成加工中心或工作单元，专门用于加工形状和工艺相似的零件。这种布局方式与机群式布置的相似之处在于都是围绕加工过程来组织设备和人员，但成组技术布局更加强调对相似零件的集中处理，以减少设备调整时间和提高生产效率。成组单元布置的典型布局方式是“U”形布局，首先要对加工的零件按工艺相似性进行分组，按照工艺路线的加工顺序将机床排成“U”形，物料从“U”的一端流入，从另一端流出，操作人员位于“U”的中心位置。但并不是所有的加工零件都要按顺序一次性通过“U”形的所有机床，有的可以跳过，有的会有小的折返。在该布置方式下，操作人员行走距离缩短，还可以同时照顾几台机床，因此通常被准时制生产方式所采用。

（2）重复式生产。它是离散型生产的另一种特定形式，是相对于间歇式生产而言的。重复式生产有一定的批量，主要是连续流水生产，采用专用机床或设备，组成多个工位的生产或装配流水线，物料通过各个工位依次连续加工或装配，工艺设计要保持每一个工位有基本相同的生产节拍（即工件流入工位到流出工位的时间），保证物料均衡流动和传输。在短期内生产“同一”类型的产品，在生产线或装配线上产品可以有变型，但配置和更换品种时间很短，不会对生产节拍造成太大的影响。其中，“短期”可以是分、时、日，但是通常不会超过周。可以少量设计更改和品种变型，但是产品的加工周期不会有很大的差别。例如，生产一种产品，随着技术和需求的变化，再次生产就不属于重复式生产，而是间歇式生产。重复式生产和间歇式生产最主要的区别是下达计划任务的方式不同，前者按日进度生产，后者按车间生产订单生产。重复式生产的典型应用领域包括电子工业或某些机械行业。

二、流程型生产

流程型生产是相对于离散型生产而言的，其特点是工艺过程是连续进行的，不能中断；工艺过程的加工顺序是固定不变的，生产设施按照工艺流程布置；劳动对象按照固定的工艺流程，连续不断地通过一系列的设备和装备，被加工处理成最终成品，物料的形成主要是化学性质的变化。化工、炼油、造纸、制糖等是流程型生产的典型代表行业。流程型生产的管理重点是保证连续供应原料和确保每一个环节在工作期间正常运行。因为任何一个生产环节出现故障，都会造成整个生产过程的瘫痪。由于产品和生产工艺相对稳定，企业有条件采用各种自动化装置实现对生产过程的实时监控。流程型生产的产品往往是“V”形产品结构，有联产品和副产品、复用品（按设定比例）、回收品和废弃物，物料和成本都有特殊的处理要求。

流程型生产按照调整品种的难易又可分为连续流程和批流程两大类。

（1）连续流程。连续流程一般只生产单一的产品（如乙烯、尿素），或通过变更生产装置的参数（如温度、压力）或催化剂调整产品的规格（如各种燃料油）。一旦投产，在生产装置大修之前一般不再中断，如炼油、化工、冶炼等行业。

（2）批流程。批流程是指生产多品种规格的同类产品，生产过程可以中断和更换品种（如日用化学品、塑料制品、某些建材和轧制产品等）。但是，品种更替顺序往往要遵循某些经济合理性的要求，以减少品种更替带来的损耗。批流程工业虽然有可能借用重复式生产的软件功能，但是其有较多的特殊性，要求不同。

离散型生产和流程型生产有时在同一个企业是并存的，尤其在制药、食品、饮料、卷烟等行业较为多见。ERP 系统必须满足混合生产的需求。例如，饮料生产中的配制、发酵是流程型生产，而灌装是离散型生产；制药行业的原料药是流程型生产中的连续流程，而制剂又是离散型生产。为了满足这些不同行业特点的需求，选择 ERP 产品时要特别注意功能的选择。离散型生产和流程型生产的对比见表 3-1。

表 3-1　离散型生产与流程型生产的对比

项目	离散型生产	流程型生产
主计划	单件计划	流程系列
制约因素	物料可获性	生产装置的能力利用
计划关注	保证进度	保证流程的连续性和成品的收率
MRP	是详细计划的主要工具	是次要工具，甚至不用于详细计划
能力需求计划	是详细计划的第二位工具	是详细计划的主要工具
物料清单	层次繁多且复杂	层次扁平且简单
工艺路线	多种选择	固定，由流程确定
工作中心	分散、灵活	固定、专用
计划员	面向商品及零部件	面向流程工艺

三、高端装备制造业中的离散型和流程型生产

高端装备制造业又称先进装备制造业，是指生产制造高技术、高附加值的先进工业设施设备的行业。高端装备主要包括传统产业转型升级和战略性新兴产业发展所需的高技术、高附加值装备，如高速列车、大型客机等。高端装备制造业是以高新技术为引领，处于价值链高端和产业链核心环节，决定着整个产业链综合竞争力的战略性新兴产业，是现代产业体系的脊梁，是推动工业转型升级的引擎。大力培育和发展高端装备制造业，是提升我国产业核心竞争力的必然要求，是抢占未来经济和科技发展制高点的战略选择，对于加快转变经济发展方式、实现由制造业大国向强国转变具有重要的战略意义。

高端装备中离散型生产的特点为：产品结构复杂，由多个零部件构成，制造工艺繁杂；可根据客户需求进行个性化设计与生产；生产批量较小；产品多样性高，涵盖多种规格和型号；生产过程不连续，各工序相对独立；供应链复杂，涉及众多供应商与协作环节；技术要求高，需要先进的生产技术和工艺；质量控制严格，以确保高质量和可靠性；研发投入大，需不断创新来满足市场需求；生产周期较长，受零部件采购、加工等因素影响；设备专业化，特定设备用于特定生产环节；对工人技能要求高，能操作复杂设备和处理复杂工艺；应变能力强，能较快地调整生产以适应市场变化；成本较高，在研发、设备、材料等方面投入大。这些特点使其在满足客户个性化需求、提高产品质量和技术水平的同时，也面临着成本控制、生产管理和市场应变等方面的挑战。

高端装备中流程型生产具有连续性生产、大规模生产、生产流程固定等特点。其需要大额设备投资，以配备先进的生产设备，实现较高的自动化程度，从而具有生产过程可控性强、生产周期相对较短的优势。同时，对原材料要求高，能源消耗较大，环境影响也较大，属于技术密集型，产品标准化程度高。而且，生产高度依赖设备正常运行，灵活性较低，难以快速调整生产以适应个性化需求。这些特点使其能实现高效率、高质量的产品生产，同时也对企业的技术水平、设备管理和质量控制提出了高要求。

第二节 需求响应策略

一、基本概念

需求响应策略是指企业为满足客户要求的交付时间而采取的计划策略。需求响应策略可以理解为对客户订单的响应策略，因而会受到客户交付提前期和制造周期两种周期的共同约束。

客户交付提前期用 D 表示，也称需求周期，是指从同客户签订销售合同（又称接单）开始，到客户收到订购的产品或货物为止的时期。制造周期是指企业制造客户所需产品的周期，包括产品设计、采购、加工、装配、发运等几个阶段。接单以后所需要的全部或部分制造周期称为供应周期，供应周期一般等于需求周期，但是可以设定一定的缓冲。

我们把通过缩短制造周期 P 来满足苛刻的需求周期 D 的策略称为“需求响应策略”。制造周期与需求周期之比为 P/D，P/D 值总是大于或等于 1，是衡量需求响应速度的一项指标。各种需求响应策略的需求周期（D）和制造周期（P）的关系如图 3-1 所示。

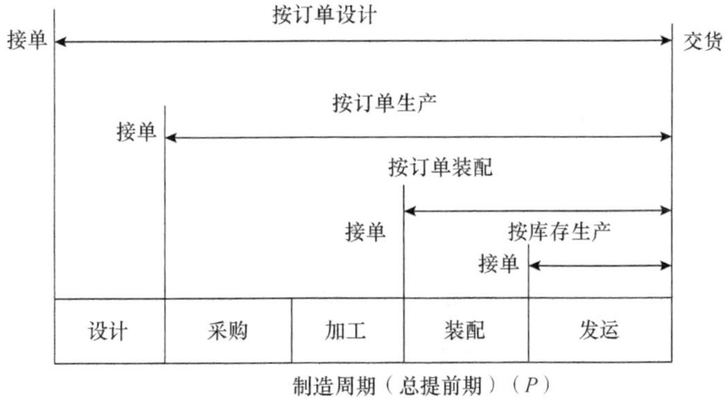

图 3-1 需求响应策略的需求周期与制造周期的关系

在四种需求响应策略中，按订单设计的 P/D 值为 1，需求周期等于制造周期，要根据客户需求进行专门设计，属于单件小批量生产。按订单生产的需求周期不包括制造周期中的设计阶段，因此 P/D 大于 1。按订单装配的需求周期只考虑最后的装配和发运的周期，因此 P/D 值较大。按库存生产的 P/D 值最大，但是需求周期也最短，需在最短时间内满足客户的需求，生产性质多为大批量生产。

企业竞争力的一个重要标志就是比竞争对手有更短的需求周期（或交付期）。企业采用柔性加工和并行工程的目的就是提高应变能力，并使几项作业依次重叠进行，利用缩短的生产周期满足需求。P/D 值只是用来说明各种需求响应策略的区别，对于不同企业的响应速度，还是应更加关注 P 与 D 的绝对值。

二、基本类型

需求响应策略最基本的类型有四种，包括按订单设计、按订单生产、按订单装配和按库存生产。

（1）按订单设计（engineer to order，ETO）。按订单设计是指企业在接到订单后按照客户订单的需求，从产品设计开始直到产品交付，也被称为定制生产。ETO 的需求周期等于全部的制造周期（总提前期），是四种类型中周期最长的一种。

这种需求响应策略下的产品是按客户特殊要求而设计的个性化定制产品，针对客户需求对产品进行专门的设计和组织生产，从设计到发运的各个阶段与客户交流非常密切，需要通过网络和其他渠道实时沟通，整个过程的管理是按照项目管理的方式进行。首先定义产品规格，然后设计物料清单，订购所需物料并保留生产能力。同一产品往往只生产一次，不再重复，每次生产时不仅产品和工艺路线需要重新设计，原材料也需要重新采购。这种生产方式主要面向高度客户化的订单，其计划的对象是最终产品，如某些面向特殊需求的重型机械。

（2）按订单生产（make to order，MTO）。按订单生产是指在接到订单后才开始按照客户的订单或者销售合同组织生产产品，也被称为订货型生产。它的特点是在接受客户订单或销售合同时，产品的设计工作已经完成，不需要重新设计和编制工艺，而生产用的物料尚未采购，但可以迅速报价和承诺交货期，采用的是典型的 MRP 方法。按订单生产最主要的要求就是保证订单或者销售合同的交货期，其计划的对象是最终产品，如标准型号规格的电机、通用机械等。

该策略下的需求周期包括物料采购时间、生产加工时间、装配和发运时间，不包括制造周期中的设计阶段。采用这种需求响应策略的产品通常销量较少，原则上产品无库存或只有极少的库存，只对原材料和外购配套件根据供应时间（采购提前期）长短、通用性和价值等因素，适当保留一定数量的安全库存。

（3）按订单装配（assemble to order，ATO）。按订单装配是指在接到订单后根据现有库存的组件，按照客户订单的要求有选择地组装产品，这类产品具有一系列的标准基本组件和通用件，具备模块化的产品结构，可以根据客户的要求进行装配，也是“大量客户化定制”的主要形式。

大量的基本组件和通用件都是在接到订单之前，根据预测事先生产出来，并保持一定量的库存。在接到正式订单后，只需要安排装配，即将基本组件中的可选项按照客户选择的型号装配出来便可交货，这种模式缩短了产品的交货期，增强了市场竞争力。总装配计划包括收到合同以后，核查物料可用量、配套领料、装配、测试、检验、包装及发货等多项作业。按订单装配的需求周期包括装配时间和发运时间。其计划的对象是基本组件和通用件，计算机和汽车是典型的按订单装配的产品。

（4）按库存生产（make to stock，MTS）。按库存生产，也称为现货生产，是指在未收到市场订单的前提下，就进行计划并组织生产，将产品提前生产出来。在接到订单后，客户订单上的产品可以随时从库存中取出。交货期只受运输条件的限制，需求周期等于发运时间，是制造周期中的发运阶段。缩短需求周期的关键在于做好预测和物料配送，且按库存生产是四种类型中交付周期最短的需求响应策略。

按库存生产的生产计划在很大程度上依赖于销售预测的准确性，受竞争对手销售策略、销售者的消费行为、技术变化等不确定因素影响较大，因此必须定期核查预测的有效性。按库存生产要求生产部门重点抓好生产进度控制、车间投入产出控制，协调各生产部门的能力与计划，抓好成本控制和质量控制。库存部门要根据客户的实时消耗信息，通过网络通信技术和协同运作进行实时补充，当预测与实际销售出入较大时要及时调整生产计划，提前或延后生产。按库存生产的产品有日常用品、药品、食品等。

需求响应策略与产品生产计划的时间和方式有关。产品的复杂性、客户需求的紧迫程度及销售量，决定了企业采用哪种需求响应策略。每一种产品都有产品生命周期，产品生命周期一般是指产品从概念设计开始到退出市场的过程，关系着产品发展和推陈出新战略。在产品生命周期的不同阶段，产品需求响应策略的表现形式也不同。在产品开发初期，一般是针对某个用途或者用户设计的，通常采用按订单设计的策略。产品进一步发展，用户渐增，进入按订单生产的方式。产品再进一步发展，形成系列，可满足市场多方面的需求，从而又形成按订单装配的方式。到产品成熟期，需求量大增，又可能进入按库存生产的方式。待产品进入衰减期，需求减少，少量的订货又可能回到按订单生产的方式。因此，企业必须明白自己产品的生命周期，在产品生命周期的不同阶段采取不同的需求响应策略，并相应调整销售策略和计划方法。

一个企业可能同时存在几种不同的需求响应策略，同时每种产品也可能有不同的需求响应策略，对于同一个企业和同一种产品，生产计划方式可能随时间的变化而变化，有时候也可能随着政策法令的变化而变化，如有些特殊病毒疫苗在平时是按订单生产，即小批量生产，而在疫情蔓延时是大批量生产，因此同样的产品在不同的时期会有不同的需求响应策略。四种需求响应策略的计划依据和举例如表 3-2 所示。

表 3-2　四种需求响应策略计划依据和举例

需求响应策略	计划依据	举例
按订单设计	根据客户需求专门设计	单件或小批量生产，如重型机械
按订单生产	根据客户订单或销售合同组织生产	标准定型产品，如电机、水泵
按订单装配	根据订单按客户要求配置组件	标准系列产品，如计算机、汽车等
按库存生产	根据市场消耗反馈信息安排生产，产品完成后发运或入库	大批生产的定型产品，如日用消费品、药品等

第三节　数据质量与管理数据类型

一、数据质量

实现信息化管理是企业走向全球化的必经之路，ERP 系统是管理信息系统的新形式，它将众多独立的管理信息系统进行整合，统一管理，同时将现代化的管理思想融入其中，让信息技术更好地为企业管理服务，更好地为企业的最终目标服务。在 ERP 系统开发过程中有三个关键因素直接影响系统实施的成败——技术、管理和数据，有学者将三者的重要性总结为“三分技术、七分管理和十二分数据”。由此可见，系统的数据在 ERP 系统开发中发挥着至关重要的作用。ERP 作为计划与控制信息系统，要进行大量的信息处理。任何一个制造企业都有大量的生产与技术数据。数据必须经过加工处理才能产生有用的信息供决策者使用。

人们常用“无用的数据输入就会产生无用的数据输出”来形容因原始数据不准确而产生错误信息的现象。经验证明，数据不准确是 ERP 系统在许多企业实施与应用失败的主要原因。企业哪怕暂时用不上 ERP 系统，但是如果能够按照 ERP 系统的要求，打好信息化管理的基础，之后一旦用上 ERP 系统，将会水到渠成，很容易转换大量的数据资源并被 ERP 系统使用。因此，在 ERP 系统实施与应用的过程中，一定要下定决心并采取必要的措施，保证各项数据的及时、准确、完整和一致。及时是指企业必须在规定的时间内进行数据的采集和处理，数据的产生与业务紧密相关，业务一旦进行，就要有数据记录，有些记录需要审核批准，这些必须在规定的时间内完成。准确是指数据与实际相关，避免或减少人为错误，在关键环节需要增加系统对数据的检验和人工审核。完整是指数据要满足企业各部门管理的需要，因此系统内的数据应当没有疏忽和遗漏。一致是指各部门的数据相同，通常要求数据的输入在业务的发生地进行，其他业务部门的人无权对数据进行更改，对出现的错误要由出错的人更改。

数据信息是企业的重要资源，数据管理能保障数据质量，维护其准确性和真实性，因此要注意信息安全，不能出现丢失、损失，要防止失密并设置访问和维护权限。在更新系统时，尤其要注意保护数据信息。为了达到 ERP 系统对数据的要求，通常认为需采取以下措施保证数据管理的质量。

（1）企业管理层对企业内部的数据质量给予高度重视，严肃对待。

（2）建立数据管理岗位责任制，大型企业应该有专门机构来判定企业数据的标准，中小企业也应当有专人负责，标准应充分考虑 ERP 系统运行的需要，因此数据标准规格的制定者必须由相关专业人员担任，初步的标准可由企业与软件公司共同讨论决定。

（3）及时将所制定的标准以企业公文的形式发布，让相关人员了解并方便执行。

（4）培训员工，使每个人都对数据的重要性有充分的认识，对所经手的数据负责。

（5）定期清理数据，调整相关业务流程和操作规程，清除垃圾数据和已经失效的数据。

（6）采取相应的管理措施，对容易出问题的数据所对应的实体（如仓库物料）给予特别的保证，如物料分类存放、购买相关的计量仪表等。

（7）做好数据备份与灾备计划，在面对意外情况时，及时恢复数据至关重要。因此，ERP 系统应当建立完备的数据备份和灾备计划。

二、管理数据类型

通常我们把各种管理数据归纳为三种类型，分别是静态数据、动态数据和中间数据。

（1）静态数据。静态数据也称固定信息，一般是指不随时间频繁变化的数据，它反映了企业资源的基本属性，是生产活动开始之前要准备的数据，如物料主数据、物料清单、工艺路线、供应商及客户的基本资料、会计科目、固定资产等。静态数据一般比较稳定，可以提前准备，但是我们所处的客观环境是在不断变化的，因此所谓的静态也是相对的，也就是说，即使是静态数据也要定期维护，保证其及时性和准确性。

在运行 ERP 系统时，一般不对静态数据做处理。为了缩短 ERP 系统的实施周期和投资回收期，在选型开始前，就可以在接受和理解 ERP 的基础上，着手准备各类静态数据。

（2）动态数据。动态数据也称流动信息，是指生产活动中发生的数据，它一般随时间而变化，用来反映企业资源变化和运动的过程。此类数据一旦建立，就要时刻维护，如库存余额、车间在制品余额、总账余额，以及未结销售订单、未结采购订单等。因此，在描述这些数据时要指明具体的时间点，即以各模块上线切换点的数据为准，只有这样才能取到一个确定的值。例如，计划 7 月物料模块上线，一般以 6 月 30 日库存余额为准。

（3）中间数据。中间数据也称中间信息，是指根据用户管理工作的需要，由计算机系统按照一定的逻辑程序，综合上述静态和动态两类数据，经过运算形成的各种报表。它是经过加工处理后产生的信息，供管理人员掌握经营生产状况，进行分析和决策使用，如 ERP 系统中主生产计划和 MRP 都是根据经验和动态数据加工处理后生成的中间信息。

这三类数据虽然具有它们自己的定义和属性，但却不是完全独立的，它们之间存在着密切的联系。在一个管理信息系统中，静态数据和动态数据都是输入数据，中间数据是经过处理后的输出数据。一项中间数据的生成，需要依据多个部门提供的静态和动态两类数据，这就体现了信息的集成。

第四节　ERP 系统的基础数据

一、基础数据概述

运行 ERP 系统的内部集成系统必须先建立一系列基础数据，这些数据对任何制造业而言基本上是相同的，已形成一种默认的标准。ERP 系统的基础数据主要分为六种类型，分别是与物料相关的信息（如物料分类/类型、物料号、物料主文件、物料清单等）、与能力相关的信息（如车间/部门、工作中心、工艺路线、工作日历等）、与库存相关的信息（如仓库、货位等）、财务成本信息（成本/利润中心和会计中心）、需求信息和供应商/客户信息，如图 3-2 所示。

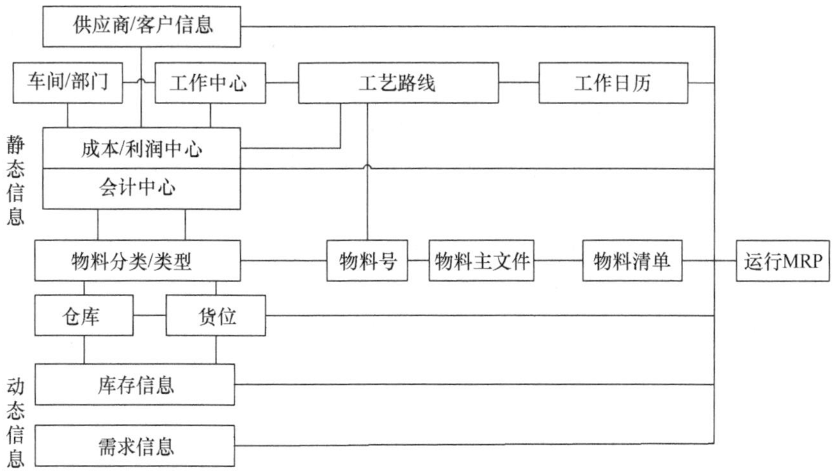

图 3-2　ERP 系统的主要基础数据

（1）与物料相关的信息。产品信息是通过物料清单来描述的，物料清单所涉及的物料都必须先建立好文档，也就是物料主文件或主文档。一种物料可能用于多种产品，但物料主文件只有一份，这就如同企业里的员工可以在各个部门调动，但人事档案只有一份。没有建立物料主文件的物料不能进入物料清单，否则系统会出现提示“没有这个物料”，并中止系统运行。在建立物料主文件之前，要对每个物料进行编码，赋予其唯一的物料号。在编码之前，还要确定所有物料的分类。

（2）与能力相关的信息。物料计划是一种需求计划，必须与能力计划相伴运行，应处理好供需之间的矛盾，求得平衡。需求占用能力资源的时间量是通过工艺路线文件及时间定额确定的。在 ERP 系统中主要的能力资源是工作中心，工作中心又是属于某个车间或部门的，需要事先定义好。各种作业活动只能在工作日进行，遇到非工作日（周末、节假日、设备检修及客观原因造成的停产日期），系统在计算时会自动越过去。因此，必须设定适用于各种情况的不同的工作日历。例如，公司总部、分公司、分厂、车间，甚至工作中心都可以有自己特定的工作日历，用不同的代码表示。

（3）与库存相关的信息。运行 MRP 必须知道物料的可用量，也就是可以参与需求计算的数量。各种物料按照设置管理的要求必须有存放地点，也就是仓库与货位。所有物料的入库、生产作业的领料、出厂产品的提货都需要有具体的仓库和货位信息。

（4）财务成本信息。要实现物流与资金流信息集成，每种物料都要有对应的会计科目。为了建立责任会计制度控制成本，要对公司总部、分厂、车间/部门或工作中心设置成本/利润中心。

（5）需求信息。所有计划都是为了满足客户需求和市场需求，因此必须先有需求信息（包括预测、合同、企业内各部门之间的需求及潜在用户的信息等），才能编制生产和采购作业计划。

（6）供应商/客户信息。系统执行采购作业，必须先建立供应商文档，执行销售作业，必须先有客户信息。这里的供需方信息是最基本的静态数据，如单位名称、单位代码、主要业务、主要负责人及联系人、地址、电话、传真和电子邮件、银行账号、付款方式及交货地点和收付款方等。客户关系管理和供应商关系管理与 ERP 系统无缝集成，可提供大量动态的供需方详细信息，包括客户对企业的重要性（客户分类）、客户的信誉及交易额的限度、供应商的供货业绩考核记录等。

不难看出，以上这些信息都是运行 ERP 核心计划系统主生产计划和 MRP 不可缺少的必要信息。这些信息中，第 1、2、4、6 项和第 3 项中的仓库与货位是静态信息，其余为动态信息。动态信息一般在建立静态信息之后建立。例如，在物料信息建立之前，无法建立库存信息，因为不知道库存为何物。在供应商/客户信息没有建立之前，也无法建立需求信息，因为不知道同谁签订的合同。这些信息之间有一种“先导和后续”的关系。我们称这些信息为基础数据，因为它们要回答一系列企业经营生产中最关心的问题，具体关系如表 3-3 所示。对于企业来说，准备规范化的数据需要相当大的工作量，但是这些规范化的数据对一个管理信息系统来说是绝对必要的。实现信息化管理需要开拓信息，数据准备工作属于“信息开拓”的内容，是实现信息化管理的基础。只有用积极的态度及早动手准备，才能为 ERP 项目成功实施奠定基础，并缩短实施进程。

表 3-3 基础数据与管理的关系

项目	与物料相关的信息	与能力相关的信息	与库存相关的信息	财务成本信息	需求信息	供应商/客户信息
生产什么	√				√	√
生产多少	√		√		√	√
生产过程	√	√				√
供应周期	√	√				√
资源能力	√	√				√
成本费用	√	√	√	√	√	√

二、物料和物料编码

（一）物料

物料是指为了产品销售出厂，所有需要列入计划并进行库存和成本控制的产品。物料是组成产品结构的最小单元，包括所有的制造用的原材料（如食品、药品或者其他制品的配方中所含的成分）、配套件、毛坯、半成品、产成品、联产品、副产品、回收复用品、需要处理的废品、包装材料、标签、说明书、技术文件、合格证、产成品、工艺装备等。物料是计划的对象、库存的对象和成本的对象。

从管理的角度来说，物料有管理特性，只有理解物料的这些管理特性，才能用好 ERP 系统，做好计划管理、物料管理、库存管理和成本管理，物料的管理特性主要包括以下三个方面。

（1）相关性。任何一种物料的存在都是出于某种需求，没有需求的物料就没有产生或保存的必要。一种物料的消耗量受另一种物料的需求量的制约。从企业与企业之间来看，一个企业的原料是另一个企业的产品，一个企业的产品又是另一个企业的原料，无数的供需关系联系在一起形成一条供应链。任何物料都是与某种需求或其他物料相关的。产品结构就是说明物料相关性的模型，也是集销售、生产和供应等主要核心业务信息于一体的模型。

（2）流动性。物料是因某种需求而存在的，因此物料处于经常流动的状态，不会在某个地点长期滞留。物料的相关性必然导致物料的流动性，不流动的物料只能是一种没有需求的积压浪费。通过物料的流动性来检查物料在相关性上存在的问题，是物料管理的一项重要内容。

（3）价值性。物料是有价值的。库存或存货是流动资产，要占用资金；而资金又是有时间价值的，使用了资金就应体现资金成本并产生利润。因此，库存物料既是一种资产，也是一种负债，因为它占用了企业本可以在其他方面获取利润的资金。

（二）物料编码

物料编码又称为物料代码或物料号，使用一组符号体系或代码体系来代表物料，以便于计算机识别或处理。物料编码是计算机系统对物料的唯一识别代码，是计算机管理物料的系统依据。同一种物料无论放在哪个位置或出现在哪个产品中，它只能以唯一的代码出现。同种物料和物料代码是一一对应关系。物料编码的唯一性是最基本的要素，类似于居民身份证的唯一性。针对系统运行所需的物料进行编码是 ERP 系统运行最基础的工作，企业的物料编码一旦确定以后（一般指已经录入 ERP 系统中，而且该物料已经有业务发生），一般不允许更改或删除，ERP 软件一般不提供删除物料编码的功能。即使要删除，也要把有关的业务结清，并将其转入历史资料库供以后查阅，同时必须从系统内的所有库和表文件中删除该编码。

在 ERP 系统中，物料编码是重要的基础性工作，其作用主要表现在以下六个方面。

（1）增强物料资料的正确性。物料的领发、验收、请购、跟催、盘点、储存、记录等一切活动均有物料编码可以核查，避免了一物多号、一号多物和编码错乱的现象发生。

（2）提高物料管理的工作效率。物料既有系统的排列以物料编码代替文字的记述，简便省事，效率可以得到有效提高。

（3）有利于计算机的管理。在物料编码推行之后，才能进一步利用计算机做更有效的处理，以实现高效的物料管理。

（4）降低物料库存、降低成本。物料管理有利于控制物料质量，同时有利于防止呆滞料的产生，以达到物料管理的效果。

（5）防止物料舞弊事件的发生。物料具有编码后，物料记录正确而迅速，物料储存井然有序，可以减少舞弊事件的发生。

（6）便于物料的领用。库存物料均有正确统一的名称及规格编码，用料部门领用及物料仓库发料都十分方便。

准确高效的物料编码对 ERP 系统的正常实施具有非常重要的作用，一般来说，高效的物料编码必须具备下列基本原则。

（1）唯一性原则。这是物料编码的最基本原则，必须做到一个物料编码只能代表一种物料，同一种物料只能有一个物料编码，即一码一物、一物一码。

（2）可扩展性原则。编码要留足够的扩展空间，以便新增物料的加入。如果物料复杂，物料编码大分类后还要加以细分，如果采用数字，则每段最多只能有 10 个细分项目；如果采用英文字母，则每段有 26 个细分项目，然而细分项目太多会导致难以查找，而细分项目太少，则分类展开太慢，细分项目通常以 5～9 个为最佳。

（3）简洁性原则。编码要尽量简短，这样可以加快数据的处理速度，减少计算机资源的开销。编码的目的在于将物料化繁为简，便于物料的管理，如果编码过于繁杂，则违背了编码的目的。因此，物料编码在应用文字符号或数字上应力求简单明了，这样既可以节省阅读、填写和抄录的时间与手续，还可以减少其中的错误机会。在物料相当少时，只要将物料简单分类为几项即可，物料分类项目多了，不便于系统操作。

（4）完整性原则。新产品或使用新物料的产品容易破坏原有物料编码的完整性。因此，每当有新物料被使用或新产品产生时，应立即赋予新的物料编码，并规定新物料如果没有编码，采购部门不得从事采购，如果没有物料编码的新物料被采购进来了，仓库部门或会计部门发现应立即请采购部门填补物料编码，否则不予入库、不予付款，这样才能保证物料编码的完整性。

（5）易记易查性原则。物料编码应该选择容易记忆的或者具有暗示性及联想性的文字、符号和数字。此外，物料编码为多字符型，字段长度要有一定的限制，各个软件对字段长度的限制不同，一般为 15～20 位。如果物料编码长度太长，会增加系统的存储空间，增加录入时间，容易出错。

物料编码属于静态数据，多数软件不允许轻易变动设定好的物料编码，如要修改就必须把该物料的记录（如库存、加工单、会计科目等有该项物料的记录）清除干净。因此，确定物料号的编码原则要特别谨慎，不但要考虑当前的方便，也要考虑今后发展扩充的需求。在实施 ERP 项目之前，一定要重视物料编码的规则，有前瞻性，这是 ERP 项目实施成功的基础。

三、物料主文件

在 ERP 系统中，必须为每一种物料建立一份文档，称为物料主文件（主文档）。物料主文件用来说明物料的各种参数、属性和业务数据，反映物料同各个管理功能之间的联系，通过物料主文件来体现信息集成。物料主文件的信息是多方面与多角度的，基本涵盖了物料管理活动的各个方面，它是进行主生产计划和 MRP 运算的最基本的文件。各种 ERP 软件的物料主文件内容不尽相同，一般来说，物料主文件应含有以下信息。

（1）与设计管理有关的信息。此类信息提供有关物料的设计及工艺等技术资料，如物料名称、品种规格、型号、图号/配方、计量单位（基本计量单位与默认计量单位）、默认工艺路线、单位重量、重量单位、单位体积、体积单位、设计修改号、版次、生效日期、失效日期及成组工艺编码等。

（2）与库存管理有关的信息。此类信息提供物料库存管理方面的信息，如物料来源（制造、采购、外加工、虚拟件等）、库存单位、物料库存类别、批量规则、批量周期、年盘点次数、盘点周期、积压周期、最大库存量（期望库存量）、安全库存量、在库数量、库存金额、默认仓库、默认货位、物品容差率、批次管理及限额领料标识、是否消耗件等。

（3）与计划管理有关的信息。该类信息涉及物料与计划相关的信息，在进行主生产计划与 MRP 的计算时，先读取物料的该类设置信息，如计划属性（主生产计划、MRP、订货点等）、生产周期、提前期、累计提前期、生产分配量、销售分配量及库存可用数量等。

（4）与采购管理有关的信息。此类信息用于物料采购管理，如上次订货日期、物品日耗费量、订货点数量、订货点补充量（即订货批量）、主供应商、次供应商及供应商对应代码等。

（5）与销售管理有关的信息。此类信息用于物料的销售及相关管理，主要有物品销售类型和销售收入科目、销售成本科目、销售单位和默认销售商等。

（6）与财务管理有关的信息。此类信息涉及物品的相关财务信息，一般有物品财务类别（财务分类方法）、增值税代码、实际成本、标准成本、计划价、计划价币种、成本核算方法（计划成本或实际成本）、最新成本单价、成本标准批量及成本项目代码。

（7）与质量管理有关的信息。物料还必须有质量管理信息，一般要有检测标志、检测方式（全检和抽检）、检验标准文件及是否有存储期限等。

在以上各类物料信息中，有的是在设置物料基本资料时就必须设置的，如物料编码、物料名称、计量单位和物料来源等；有的是在各相关业务需要时编辑和设置的，如在库数量、可用量等。各种 ERP 软件的物料主文件在内容方面会有所不同，物料属性的内涵是否丰富及是否对各类行业物料有一定的包容性，可以反映某一 ERP 系统是否有很强的生存力，是否可取得广泛的应用范围，或者说行业性是否很强。

物料主文件是企业物料基础数据的主要载体，包含企业所有物料的基础信息，可以说明物料的各种参数、属性及有关信息，反映物料同其他功能模块之间的联系，体现信息集成，被 ERP 系统各模块所共享，也是企业进行计算机辅助工艺过程设计，实现计算机辅助制造的依据，为计算机集成制造系统（computer integrated manufacturing system，CIMS）提供数据依据，几乎与制造业中的所有职能部门都有关系。在 ERP 系统中，物料主文件主要起着两方面的作用。从数据管理角度分析，物料主文件是联结产品设计数据、产品工艺数据的桥梁和纽带，是产品数据管理的基础；从生产计划的制订角度分析，物料主文件是企业制订各生产计划的依据和基础数据的来源。

物料主文件贯穿于产品的整个生命周期，ERP 系统以数据仓库为底层支持，以物料主文件中的产品结构为组织核心，自动导入产品整个生命周期所需要的物料数据信息，为产品生产的不同阶段提供所需要的物料，意义重大。因此，对物料主文件实施有效的管理对生产信息化和提高 ERP 系统的执行效率有重要的意义。

四、物料清单

物料清单是产品结构的技术性描述文件。它表明了产品所有组件、零部件直到原材料之间的结构关系，以及每个组装件所需要的各下属部件的数量。具体而言，物料清单是构成父项装配件的所有子装配件、零件和原材料的清单，也是制造一个装配件需要每种零部件的数量的清单。物料清单通常用树形结构表示，称为产品结构树。它表明了产品→部件→组件→零件→原材料之间的结构关系，以及每个组装件包含的下属部件（或零件）的数量。

物料清单是所有生产产品的企业都必须建立的重要管理文件。对于制造类企业来讲，所有的核心业务都是围绕产品展开的，没有正确的物料清单就等于不知道企业产品生产的流程，一切业务都无法有效进行，因此物料清单在 ERP 系统中起着非常重要的作用。

一个物料清单文件，至少应该包括三个数据项：物料标识（或物料编码）、需求量、层次码（该物料在结构表中相对于最终产品的位置）。其中，物料标识是指物料编码；需求量是指每个父项所需子项的数量；层次码是系统分配给物料清单上的每种物料的数字码，其范围为 0～N，即最上层的层次码为 0，下一层的层次码为 1，以此类推。图 3-3 是一支圆珠笔的三级物料清单结构，LT 表示提前期。圆珠笔是由笔盖、笔套和笔芯组成，笔芯又由笔芯油、笔芯头和笔芯杆组成。其中，圆珠笔装配的提前期为 1，笔盖、笔套和笔芯的生产提前期为 1，笔芯油、笔芯头和笔芯杆的生产提前期为 2；圆珠笔的层次码为 0，笔盖、笔套和笔芯的层次码为 1，笔芯油、笔芯头和笔芯杆的层次码为 2，具体如图 3-3 所示。

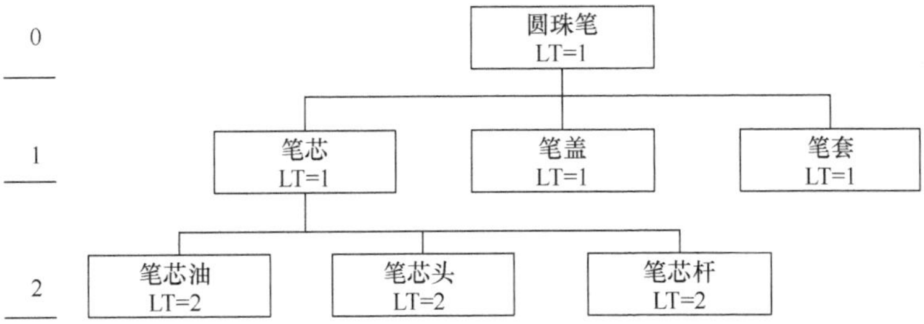

图 3-3　圆珠笔物料清单结构

物料清单按其功能和应用领域不同，可以划分为基本型物料清单、计划型物料清单、模块型物料清单及成本型物料清单。

（1）基本型物料清单，又称为普通型物料清单或通用型物料清单。它是最常用的物料清单，主要由产品或物料的实际结构组成，有时会考虑计划用的非产品结构物料。

（2）计划型物料清单，又称为计划物料清单。它是由普通的物料清单组成，仅用于产品的预测，尤其用于预测由不同的产品组合而形成的新产品或产品系列，有时是为了市场的需要，有时是为了简化预测计划从而简化主生产计划。

（3）模块型物料清单，又可称为模块化物料清单。模块型物料清单是对通用型的产品组件进行模块化管理，通常用于系列产品的情况下，一般的 ERP 系统中物料清单应支持模块化管理。在产品结构中，有些子件的构成大部分相似，而且这种相似的结构会在其他产品中出现，这种产品的结构如果按照基本型物料清单进行管理，则数据重复量会很多，产生数据库庞大、查询速度慢的问题。在进行模块化管理后，在用到该通用模块结构时无须重新输入数据，只需引用该模块即可。

（4）成本型物料清单，其结构类似于基本型物料清单。成本型物料清单用于描述产品结构中每种物料的成本构成，如物料的材料费用、人工费用和间接费用（制造费用），是物料的标准成本。

值得一提的是，ERP 系统使用的物料清单称为制造物料清单，而由计算机辅助设计生成的物料清单称为设计物料清单，设计物料清单通常是按照图纸上的各个装配图的零件明细表编制而成的。两者的用途有根本的区别：前者是为了生产制造，所有相关的物料都必须包括在内，并且需按照实际的加工装配流程来描述；后者主要用于描述图纸上零件明细表中出现的物料，旨在帮助管理图纸，同时也用于指导采购和估算报价。主要区别体现在以下四个方面。

（1）作用不同。ERP 系统的制造物料清单是管理文件，以及生产、销售计划的基础，它与工艺、设计、生产能力、库存等都有联系。而设计物料清单纯粹是技术文件，只是设计输出结果，不能用于生产计划。

（2）组成不同。制造物料清单是设计与工艺的综合，除常规的产品构成物料外，还有与产品相关的消耗品（如毛坯、工艺用品、用剂）和加工工具（有时会把工装夹具、模具按其单件消耗量加入制造物料清单）。而在设计物料清单上出现的物料，有的在制造物料清单中不会出现（制造时作为一个加工件处理），如设计物料清单中的虚拟件在制造物料清单中通常不会出现。

（3）制造物料清单的构成反映物料的加工顺序，设计物料清单则不能全面反映加工顺序。

（4）ERP 系统的制造物料清单包含的信息更多，包括物料消耗定额、工序加工顺序和副产品等。

物料清单是运行 ERP 内部集成系统的主导文件，也是企业所有核心业务都要用到的共享管理文件，企业各个业务部门都要依据统一的物料清单进行工作，物料清单的作用具体体现在以下几个方面：①物料清单生成 MRP 的基本信息，是联系主生产计划与 MRP 的桥梁；②物料清单是质量部门跟踪物流、工序及生产过程，追溯任务来源的依据；③物料清单是改进产品设计需要参照的重要文件，物料清单表提高了产品零部件标准化、系列化和通用化水平；④物料清单为供应部门采购和外协加工提供依据；⑤物料清单是仓库部门为生产线配料的依据；⑥物料清单是成本部门计算成本的依据；⑦物料清单是销售部门投标报价的依据，它确定配置产品需用的可选件、计算累计提前期，当遇到新产品需要报价时，可以根据结构相似、工艺相似的老产品拼凑出结构近似的假想产品，通过系统的累加功能计算出它的成本，做出快速而且准确的报价；⑧物料清单是按照实际的生产装配顺序编制的，是计划部门编制生产作业计划和采购作业计划的依据，也是追溯任务来源的依据。

由此可见，销售、计划、生产、供应、物料、生产成本、设计、工艺等都涉及物料清单，物料清单在企业 ERP 系统中影响广泛。同时，物料清单体现了信息集成和共享，企业的信息化管理也离不开物料清单。

五、虚拟件

在物料清单中，经常会涉及虚拟件。虚拟件是建立物料清单经常会用到的一种说明产品结构的形式，表示一种并不存在的物品，图纸上与加工过程都不出现，属于虚构的物品。它可以出现在产品结构的任意一层，通过定义特设的物料类型来表示，通常用于以下三种情况。

（1）虚拟件的原始定义。虚拟件的原始定义是指在实际制造过程中未形成的物料，作为一种过渡件处理，可以说它是为了处理设计图纸和实际制造工艺之间的差异而产生的。这种虚拟件的提前期为零，一般无须存储，并且只有虚拟件的子件才有出入库事务。

（2）作为一组物料的代表。虚拟件可用来代表规格和数量完全相同的一组物料。例如，某电器系列产品，产品的不同印刷电路板上都有一部分规格和数量完全相同的电气元件，因此可以用一个代表件来表示这部分相同的电气元件，简化订单处理，仓库可以打包发料。这样的代表件就是一种虚拟件的性质，即套件清单（kit bill）。这种类型的虚拟件也无须加工，提前期同样为零，但是它可以有库存、有代码。ERP 软件在处理虚拟件的库存问题上，应当允许用户自行定义是否需要库存。

（3）一组可选件的统称。在模块化产品结构中，具有一系列可选物料的基本组件（特征件），也具有虚拟件的性质。此时，它代表的是一组必选其一的物料，是一个没有具体化的抽象的物料，它可以在物料清单的任何一层出现。

处理虚拟件可以有以下一些考虑：①可以是非库存物料或库存物料；②若定义为非库存物料（多数情况），可以无物料号、无提前期，不包括在物料清单中；③若定义为库存物料，订货批量规则采用“按需用量”，有物料号。

虚拟件的用途主要体现在以下两个方面。

（1）作为一般性的业务管理使用。为了达到一定的管理目的，如组合采购、组合储存、组合发料，在处理业务时，用计算机查询只需要对虚拟件操作就可以自动生成实际的业务单据。这种虚拟件甚至也可以查询到它的库存量和金额，但库存核算只针对实际的物料。

（2）简化产品结构。为了简化对物料清单的管理，在产品结构中虚拟一个物品，如图 3-4 所示，如果对 A 产品物料清单的定义采用图 3-4（a）的方式，则子件 B、C 的物料清单定义均包括 D、E 与 F 物料，使存储物料清单表的数据库空间增大。然而，若采用图 3-4（b）的定义方式，增加一个虚拟件物料 K，K 由 D、E、F 物料构成，则 B、C 的物料清单中只需要加入一个子件 K，无须重复加入子件 D、E 和 F 物料，从而达到简化物料清单的目的。特别是当在多个物料清单中有大量的相同子件重复出现时，这种定义的优越性会更加明显。另外，如果虚拟件发生改变，也只影响到虚拟件这一层，不会影响此虚拟件以上的所有父件。需要指出的是，虚拟件不存在任何提前期，即 LT=0。在对虚拟件的 MRP 进行计算时，只会根据虚拟件的物料清单构成计算下级子件的计划需求量，而虚拟件对计划的需求时间毫无影响。

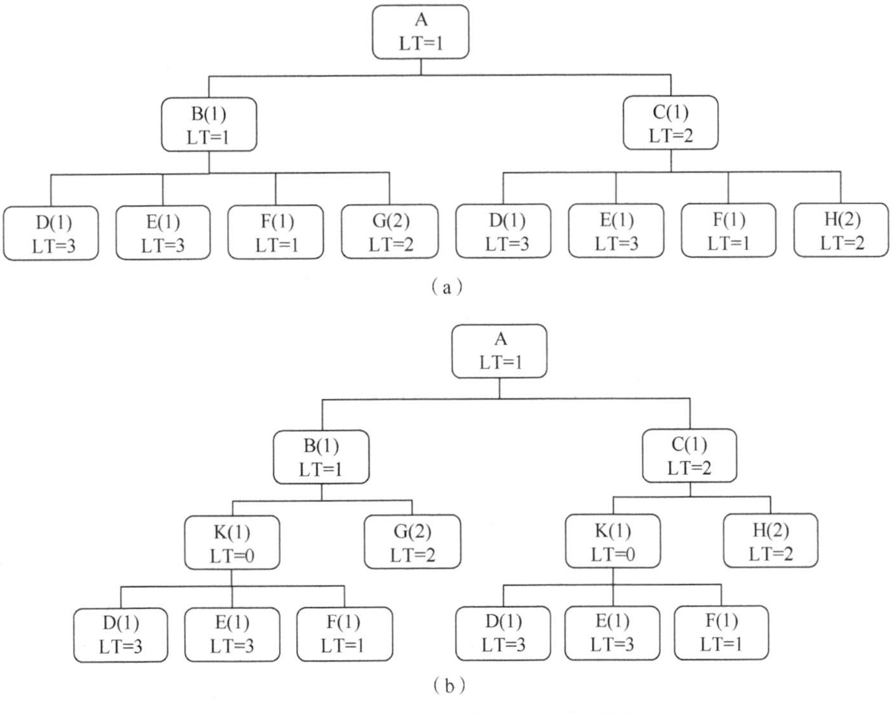

图 3-4　物料清单表中虚拟件作用图

六、提前期

MRP 是以需求为导向的，以交货日期或完工日期为基准，以提前期为时间跨度倒排计划，推算出工作的开始日期或订单下达日期，即提前期是执行一项任务或完成一项活动的时间跨度，是从开始执行活动到工作结束所持续的时间。提前期的概念主要是针对时间需求提出的，即要在给定的时间范围内完成某一项工作。例如，生产需求部门在 2018 年 8 月 1 日向仓储部门提供某种产品，则生产需求部门为了满足需求按时交接，就必须提前生产，假定在 2018 年 7 月 1 日安排生产，即提前一个月组织生产，则“一个月”为提前期。提前期是生成主生产计划、MRP 的重要数据。

在 ERP 系统中，提前期是在物料主文件中进行维护的，采购件要设置采购提前期，制造件要设置加工提前期。累计提前期是根据物料清单的结构层次，由系统自动逐层滚动累加而生成的。

提前期有三个层次，包括总提前期、累计提前期和生产加工提前期，如图 3-5 所示。

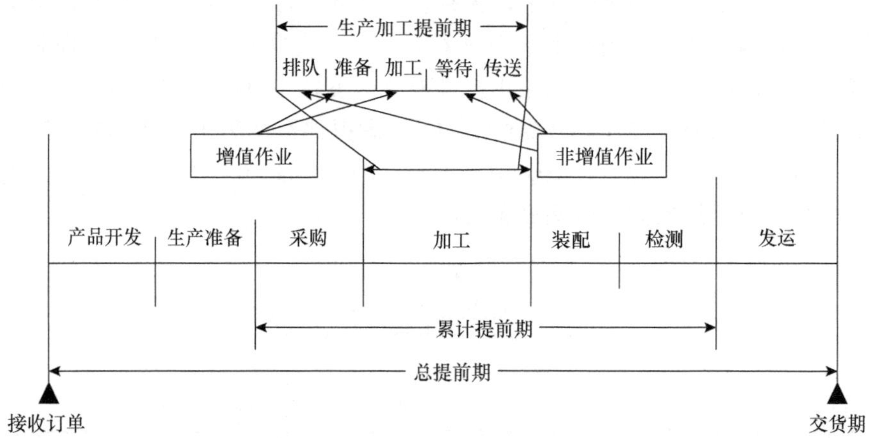

图 3-5　提前期与加工作业时间

（1）总提前期，是指从签订客户订单到把产品交接到客户手中的时间，包括产品开发提前期、生产准备提前期、采购提前期，以及加工、装配、检测、发运等提前期，需要对整个流程进行控制。

（2）累计提前期，是指从采购开始到完成产品装配和检测的时间，包含在主生产计划所覆盖的范围内，也是设定计划时界的参考依据。

（3）生产加工提前期，是指从生产加工开始或生产准备完成到生产完工入库所需的时间，包括加工件的排队时间、准备时间、加工时间、等待时间和传送时间等。其中，排队时间是指一批零件在工作中心前等待上机加工的时间；准备时间是指熟悉图纸及技术文件，装卡、调整及拆卸工艺装备的时间；加工时间是指占用工作中心的时间；等待时间是指加工完毕后的工件在工作中心旁边等待这批工件全部加工完工后运输到下道工序或库房所需的时间；传送时间是指工序之间或者工序与库房之间的运输时间。图 3-5 是以加工提前期中某道工序为例来说明五种时间的，其中准备时间和加工时间通常是必要的生产时间，物料在这段时间里改变了形状和性能，产生成本并增加价值，属于增值作业；而排队、等待和传送时间不会改变物料的价值，却占用了库存资金，同样增加了成本，属于非增值作业。

在五种时间中，与产量有关的时间称为变动提前期，如加工时间，计算计划跨度时要乘以产量。与产量无关的时间称为固定提前期，如准备时间，不论产量如何，都是一个固定数值。只有把所有的时间因素全部考虑进来，首尾相连，系统才有可能计算加工件真实的加工周期（即时间跨度）。下面我们用图 3-6 来说明加工提前期与工艺路线。

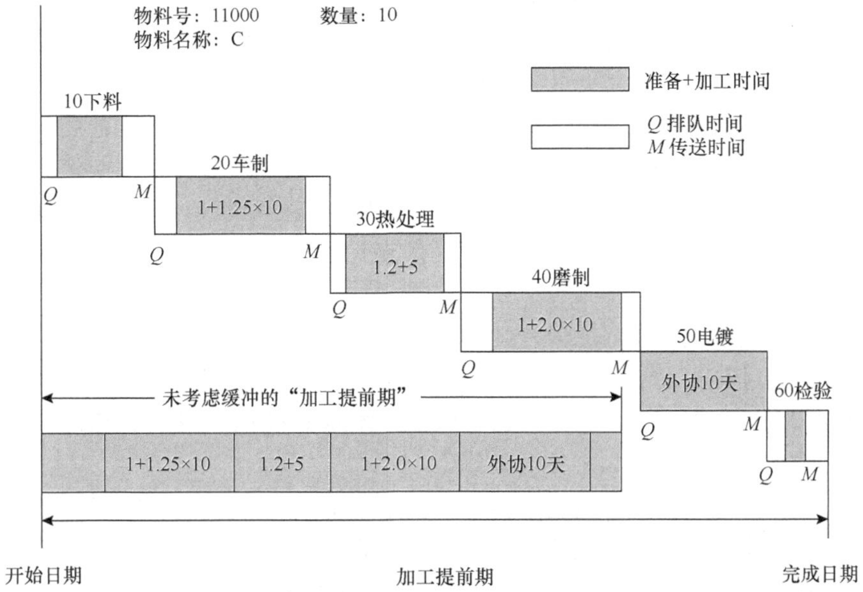

图 3-6　加工提前期与工艺路线

在安排计划时，必须考虑生产时间（准备和加工时间之和）及前后的缓冲时间（排队、等待和传送），这样得出的加工提前期才是符合实际的。如果工艺路线表中的排队和传送时间有遗漏，也就是未考虑缓冲时间，即所有生产时间首尾相连，系统计算出的加工提前期就像图 3-6 左下侧的横向直方图，加工提前期必然小于实际需要的跨度，按照这样的加工提前期编制的计划很明显是无法执行的。

排队时间、等待时间和传送时间都不对产品产生增值作用，属于非增值作业，这在间歇式生产类型中表现得尤为突出。一个零件在机床上的时间往往仅占生产周期的 5%～10%（甚至更小），而 90%以上的时间消耗在排队、等待、传送和存储上。就管理而言，应当把重点放在压缩这 90%的无效时间上；用工业工程提供的方法研究改进操作及工艺装备设计，用设施与布置原理改进车间布置、搬运方法和物流，压缩各种不起增值作用的无效作业时间。

七、计划展望期

计划展望期是指主生产计划所覆盖的时间范围，即计划的时间跨度，是计划管理的时间基础。计划展望期应该大于产品的总提前期，通常企业以月、季或年为计划展望期的时间跨度。系统在进行主生产计划和 MRP 计算时需要选择采用的计划展望期。在一个期间内任意时间的需求数量将统一计算作为该时期的需求。例如，1 月 1 日到 1 月 7 日为一个期间，在 2 日有笔订单的需求数量为 20 单位，在 6 日有笔订单的需求数量为 30 单位，系统会自动处理为此期间的需求为 50 单位，需求日期为 1 月 1 日。再例如，当年 12 月 31 日和次年 1 月 1 日虽然在报表上分别属于两个月份，属于两个年份，但是从用 ERP 编制计划的时间概念来看，它们之间同 1 月 1 日和 1 月 2 日的关系没有本质区别，都只是一日之差。所以，为了对生产运营进行管控，ERP 系统把时间看成延绵不断的无限长河，根据管控的需要，决定计划展望期的长短，不受传统年月日计划段的限制。

各种产品从接到客户订单开始到完成交付的周期是不同的，计划展望期也不同。为了控制产品生产的全过程，计划的跨度就要覆盖产品的全周期（即总提前期）。如果不考虑装运时间则必须保证底层物料有足够的提前期来完成计划。因此，不同产品计划展望期的长短要依据制造周期而变，是一个变量。如果全过程是跨年度的，计划展望期就应该超过一年。在生产任务不足时，由于远期有较多的不确定因素，可采用滚动计划，随着时间的推移不断修订。

对于某些总提前期很短（如只有几天）的产品，如果销售形势很好，企业接到的订单或合同已经延续到很远的将来（如下一年的第二季度），这时就要把最远交货的产品合同完成日期作为计划展望期的终点。只有这样，才能统筹考虑和控制全部订单或合同的计划及生产排程、物料采购和财务资金预算。

总之，定义计划展望期，是为了实现对产品全流程的控制、提高计划的预见性和完成供应链计划。有了计划展望期的概念，除了有助于控制产品生产的全过程外，还将有助于我们了解和管理产品的生命周期，有助于我们制定长远的产品战略发展目标。

八、工作中心

工作中心是各种生产能力单元的统称，也是发生加工成本的实体。工作中心不仅是 ERP 系统中的基本加工单元，还在生产进度安排、生产能力核算、成本计算等方面发挥着重要作用，同时也是进行 MRP 和能力需求计划运算的基本数据单元。

工作中心的划分，一般是基于设备的功能和劳动力状况。工作中心可以是功能独立的机床或生产装置、一组功能相同的设备、一条生产线或装配线、一名或者多名操作人员，也可以是一个车间。当然一个车间可以由一个或多个工作中心组成。工作中心是进行成本核算时成本发生的基本单元，经过工作中心加工的物料会产生加工成本，在财务管理中可以将一个或多个工作中心定为一个成本中心。

工作中心的作用体现在以下四个方面。

（1）工作中心是 MRP 与能力需求计划的基本单元。

（2）工作中心是车间作业安排和编制作业进度的基本单元，车间任务和作业进度要安排到各个加工工作中心。

（3）工作中心是定义物料加工工艺路线的依据。在定义物料加工工艺路线前必须先确定工作中心，并建立好工作中心主文件。

(4)工作中心是完工信息与成本核算信息的数据采集点，也是产品成本反冲的控制点。

决定产品或零部件生产质量的工作中心被称为关键工作中心，又被称为瓶颈工序，它是运行主生产计划中粗能力计划的计算对象。关键工作中心并非一成不变，它会随着加工工艺、生产条件、产品类型和生产质量等条件的变化而变化，不等同于重要设备。

关键工作中心一般具有以下五个特点：①负荷量大，经常处于满负荷或加班加点的工作状态；②操作技术要求高，需要技术熟练的技术工人操作，不能随意代替或随时招聘；③工艺独特，有专用设备，不能替代或分包外协；④设备昂贵，设备价格较高，投资大，不能随时增加；⑤限制条件多，受多种因素限制，如生产周期限制（短期内不能随便增加负荷和产量）与成本限制等。

工作中心数据主要包括三种，分别是工作中心基础数据、工作中心能力数据和工作中心成本数据。

（1）工作中心基础数据，包括工作中心代码、工作中心名称、工作中心简称、工作中心说明、工作中心所属车间代码，以及每天班次、每班人数、每班工时数、设备数（单班、双班、三班等）、平均排队时间、是否为关键工作中心等。

（2）工作中心能力数据，指工作中心每日可提供的工时、机器台时或可加工完成的产品量。工作中心的标准能力数据是由历史统计数据分析得到的，计算公式为

$$工作中心能力=每天班次\times每班工时数\times效率\times利用率$$

其中：

$$效率=单件产品的定额加工工时数/单件产品的实际加工工时数$$

$$效率=单位时间内实际生产量/单位时间内额定生产量$$

$$利用率=实际工作工时数/计划工作工时数$$

效率和利用率这两个参数的设置，旨在使工作中心可用能力更符合实际，从而使计划和能力更加相符。工作中心效率说明实际消耗工时或台时与标准工时或台时的差别，与工人的技术水平或机床的使用年限有关，可以大于、等于或小于 100%；工作中心利用率则与设备的完好率、工人的出勤率、任务的饱满程度及休息时间有关，通常小于100%。

（3）工作中心成本数据。使用工作中心每小时发生的费用，称为工作中心成本费用或工作中心成本费率，其单位为元/工时或元/台时。工作中心成本费用包括工作中心直接费用和工作中心间接费用。工作中心直接费用包括操作人员工资、直接能源（如水、电、气等）、辅助材料（如润滑油、乳化液）、设备折旧费、维修费等，其计算公式为

$$工作中心直接费用=工作中心日所有发生费用之和/工作中心日工时数$$

工作中心间接费用包括管理人员工资、保险费、电力费、搬运费、照明费等，其计算公式为

$$工作中心间接费用=分摊系数\times（车间发生的间接费用/工作中心日工时数）$$

其中，分摊系数是以人工成本为基准分摊的间接成本比例。

九、工艺路线

工艺路线是说明零部件加工或装配过程的文件。它包括零部件加工和装配的工序顺序、每道工序使用的工作中心、各项时间定额（如排队时间、准备时间、加工时间、等待时间和传送时间），以及外协工序的时间和费用等。其中，工序是生产过程中最基本的组成单位。工序在生产管理上也是制定定额、计算劳动量、配备工人、核算生产能力、安排生产作业计划、进行质量检验和班组经济核算的基本单位。

ERP 系统的工艺路线是在传统的工艺过程卡片基础上进行的，工艺过程卡片是指导加工制造的技术文件，工艺路线是计划文件或管理文件，因此工艺路线有其自身的要求和特点（详见二维码）。

工艺路线的作用体现在以下五个方面。

（1）用于计算物料清单表中物料的提前期。利用工艺文件的准备时间、加工时间和传送时间来计算提前期。

（2）用于能力需求计划的分析计算，平衡各个工作中心的能力。工艺路线中包含了相关物料在各个工作中心的工时定额数据，用于计算占用工作中心的负荷数，提供运行能力需求计划的数据。

（3）用于下达车间作业计划。根据加工顺序和各种提前期进行车间作业安排。

（4）用于加工成本的计算。根据工艺文件的工时定额（外协费用）及工作中心的成本费用计算出标准成本。

（5）根据工艺文件、物料清单，以及生产车间、生产线完工情况，生成在各个工序的加工进度的整体情况，并对在制品的生产过程进行跟踪和监控。

工艺路线并不是在实施 ERP 系统之后才产生的，在传统的企业生产中就存在工艺路线报表作为企业重要的管理文件。工艺路线的制定一般是根据工艺过程卡片确定工序顺序和工序名称，并确定对应的工作中心（代码、名称）及对应各工作中心工序的工时定额（包括准备时间、加工时间和传送时间）。随着企业信息化管理的发展，工艺路线的制定也可通过系统的管理来完成。通过计算机辅助制定工艺路线，系统不仅可以寻找最优工艺路线，还可以确定一些辅助信息，如所要加工和制造零件的形状、进度及标准时间等。

十、工作日历

工作日历也称为工厂生产日历，是用于编制计划的特殊形式的日历，说明企业各部门、车间或工作中心在一年中可以工作或生产的所有日期，不包括周末、节日、停工和其他不生产的日子，它包含各个生产车间和相关部门的工作日历，在日历中标明了生产日期、休息日期和设备检修日期。表 3-4 为工作日历的例子。

表 3-4　工作日历表（一月）

星期日	星期一	星期二	星期三	星期四	星期五	星期六
			1 001	2 002	3 003	4

续表

星期日	星期一	星期二	星期三	星期四	星期五	星期六
5	6	7	8	9	10	11
	004	005	006	007	008	
12	13	14	15	16	17	18
	009	010	011	012	013	
19	20	21	22	23	24	25
	014	015	016	017	018	
26	27	28	29	30	31	
	019	020	021	022	023	

工作日历文件的一般结构（字段）中包含车间代码、工作中心代码、日期、年度、日期状态（工作、休息、停工）、社会星期、工厂部门星期、年有效工作天数及累计有效工作天数等。工作日历的基本单位是日，但必须细化到工作日的小时数，这样能够说明一天之内增加班次或改变每班的小时数后工作能力的变化。

工作日历是编制生产计划的基础。主生产计划和 MRP 开展计划时，要根据工作日历而来，非工作日历不能用于安排任务。系统在生成计划时，遇到非工作日会自动越过。ERP 软件应允许用户自行设置多种工作日历，并赋予其代码，分别用于企业总公司、分公司、各个工厂、不同车间、不同工作中心等。

思考与练习

1. 离散型生产企业和流程型生产企业的区别。
2. 需求响应策略的基本类型。
3. ERP 中的管理数据有哪些类型？
4. 设计物料清单和制造物料清单的区别。
5. 提前期有哪三个层次？
6. 什么是关键工作中心？

拓展阅读

第四章　需 求 管 理

ERP 中的需求管理整合了企业的营销、销售和服务等信息，帮助企业决策者有效预测客户需求，提高及时交付率，为客户提供更好的服务，改善企业与顾客间的关系，以此实现企业经营资源的最优配置。在本章您将了解营销管理和销售管理的概念，熟悉市场预测的方法、销售管理的过程及销售分析等多个方面的内容。

学习目标

- 了解营销管理与销售管理的概念
- 掌握市场预测的步骤和方法
- 理解销售管理的业务流程
- 掌握销售分析的内容

知识结构图

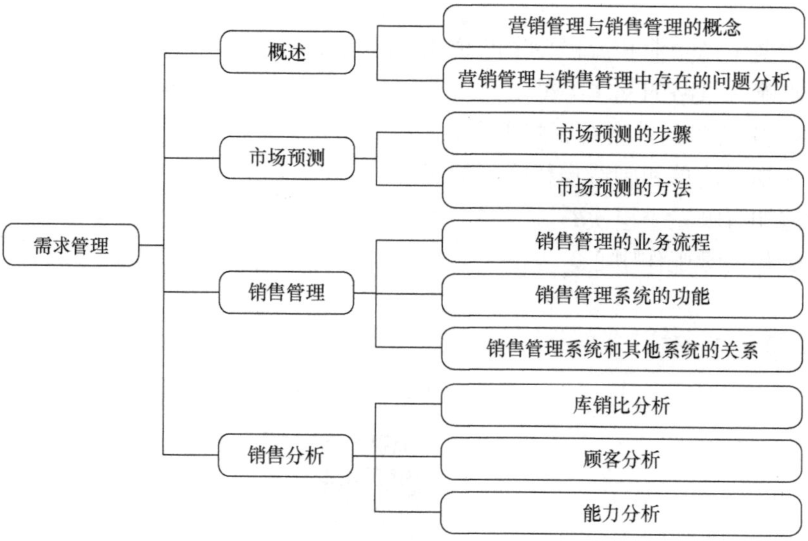

第一节　概　　述

一、营销管理与销售管理的概念

营销主要是指企业开展的围绕市场和客户需求的具体活动及行为，又称为市场营销。美国市场营销协会（American Marketing Association，AMA）把营销定义为："对创意、商品和服务的概念、定价、促销及分销进行策划与执行的过程，以便推动和促进能够实现个人及组织目标的交易。”英国特许营销协会将营销定义为：“用于识别、预测和满足顾客需求的营利管理过程。”营销管理工作是根据企业经营目标对企业的经营环境进行分析，选择希望进入的细分目标市场，制订市场营销计划和营销组合策略，并对执行过程进行监督和控制，以推动计划的落实执行。

销售管理有广义和狭义之分。狭义的销售管理是指以销售人员为中心的管理，如营销学大师菲利普·科特勒认为销售管理就是对销售队伍的销售目标、战略、结构、规模和报酬进行设计与控制。广义的销售管理是计划、执行及控制企业的销售活动，包括产品的销售计划制订和市场预测，并对销售产品、地区、客户等各种信息进行管理和统计，对产品销售量、销售额、利润、客户服务等进行全面的分析，以达到企业的销售目标。因此，可以说销售管理是执行市场营销战略计划，其工作重点就是制定和执行企业的销售策略，对销售活动进行管理。

二、营销管理与销售管理中存在的问题分析

市场营销和销售管理对于企业提高销售额、增加盈利具有非常重要的作用。但是，目前我国企业在营销管理与销售管理方面仍然面临着很多的问题，并且这些问题会对企业产生负面影响。

（一）企业营销缺乏战略性

对企业具体的市场营销工作提供对策性指导的方法，就是企业市场营销战略，其主要任务是明确市场营销的发展方向和发展目标。当前，我国大部分企业对市场营销缺乏战略性的思考，在企业营销方面没有明确的目标，在整个营销活动中，企业都处于混乱无序的状态，对营销活动缺乏长远的计划，因此造成企业市场营销工作不能达到预想的效果。

（二）市场管理缺乏创新性

21 世纪是知识经济的时代，创新才能成为经济增长的发动机。在知识经济条件下，创新性是一个企业是否具有强大竞争力的重要影响因素。企业创新力包括多个方面，营销创新力是其核心要素之一，只有大力开展营销创新活动，企业才能更好地迎接知识经济时代的挑战。创新意味着变革，而变革必然带来不确定性和风险，同时创新意味着对过去的否定，导致现实中一部分企业不仅缺乏创新意识，甚至有些畏惧创新。企业的创新思维和创新能力关系到企业的生死存亡，创新意识和创新能力的缺乏将给企业带来灾难，企业应当重视创新才能做到可持续发展。

（三）企业对新的市场环境适应能力差

市场环境对企业正常发展具有重要影响，是影响企业产品生产和产品营销的重要因素。当前随着我国社会经济的不断发展、市场需求的不断创新，不少企业生产的产品在当前市场环境中已经接近饱和。因此，企业要想在发展的过程中立于不败之地，应当开

发新的市场，提高自身的市场环境适应能力。

（四）销售管理无计划

销售工作的基本法则是制订销售计划并按计划销售。销售计划管理既包括如何制定一个切实可行的销售目标，也包括实施这一目标的方法。很多企业的销售目标并非建立在能够准确把握市场机会、有效组织企业资源的基础上，而是销售者凭借自己的经验和直觉自行决定的；并且许多销售目标不合理、不科学且很难实施，各种销售策略、设施不配套，人员不落实，无销售过程监控和效果检验措施。这会使企业的销售工作在竞争激烈的市场上完全失去活力。

（五）销售管理全过程无把控

“只要结果，不管过程”，即不对业务员的销售行动进行监督和控制，是企业常常存在的问题。而这个问题将会造成一系列不良影响：企业不控制销售人员的工作流程，也就无法保证销售计划有效落实；销售人员的销售过程不透明、业务员工作效率低下、销售费用高等，最终可能会造成企业绩效差的结果，不利于企业的长期发展。

（六）销售信息反馈差

信息是企业决策的生命。销售人员身处市场最前沿，能够掌握市场动向的第一手资料，包括消费者的需求特点、竞争对手的变化、经销商的要求等信息，这些信息及时地反馈给企业，对企业下一步决策有着重要意义。同时，销售活动中存在的问题，也要迅速向上级报告，以便管理层及时发现和解决问题。然而目前，部分企业没有建立起一套系统的业务报告体系，未及时地收集和反馈信息。一旦企业的销售工作出了问题，而企业又不能及时发现这些问题时，就有可能会给企业造成重大危害。

（七）客户关系管理表面化

销售服务是为了深挖客户的潜在价值，但很多企业在客户关系管理中，只是简单记录客户信息、订单信息等，对数据进行简单的统计，并不进行深入的分析和研究。多数企业在客户关系管理过程中，流于形式化和表面化，无法帮助企业抓住优质客户、淘汰贡献率低的客户，不利于提高企业在市场上的竞争力。

第二节　市场预测

市场预测是在市场调查的基础上，揭示市场供求矛盾变化的规律性及影响市场供求关系的各类错综复杂的因素，运用预测理论与逻辑推理、统计分析、数学模型等科学方法，预先对所关心的市场未来变化趋势与可能的水平做出估计与测算，为企业确定发展目标、制定生产经营策略提供科学的依据，以实现发展生产、满足需求、繁荣市场、提高效益、促进国民经济发展的目的。因此，市场预测是企业制定营销战略和营销策略最重要的依据。市场预测的基本原理详见二维码。

一、市场预测的步骤

常言道“管理的关键在决策，而决策的前提是预测”。这句话也适用于市场预测。市场预测是为经济决策提供服务，为了提高经济管理水平，减少未来的不确定性，降低决策可能遇到的风险，并使决策目标得以顺利实现。在市场经济条件下，经济活动总是离不开市场预测。从微观的角度来说，市场预测的作用有以下几方面。

（1）市场预测是企业经营决策的基本前提。市场预测能为企业经营决策提供与未来相关的信息，能为企业经营决策制定合理的决策目标和提供必要的备选方案，并能为企业经营决策方案提供参照系，以利于调整经营目标和措施，使决策目标得以顺利实现。

（2）市场预测是企业实现资源配置的基础。商品的生产、流通、销售离不开市场，只有以市场为导向才能根据价格合理配置资源，因此市场预测可以帮助和指导企业的经营决策。

（3）市场预测是提高管理水平的基本条件。一个企业管理水平的高低，表现在经营决策的水平上。企业经营决策离不开企业的过去和现状，而且还必须把握企业的未来发展趋势，这些都只有借助市场预测才能得以实现。

（4）市场预测是提高经济效益的重要措施。在市场经济条件下，企业的产品开发、生产、销售都是以顾客为中心，即以市场为导向。企业只有通过市场预测才能把握好市场的供求关系和价格变动的趋势，才能提高企业的经济效益。

预测活动实际上是通过对预测对象的相关信息进行研究，找到预测对象的变化规律，然后根据对未来条件的了解和分析，利用规律推测出预测对象的未来状态，并对其进行评价的过程。市场预测的过程包括归纳和演绎（推断）两个阶段。归纳阶段，从确定预测目标入手，收集有关资料，经过对资料的分析、处理、提炼和概括，再用恰当的形式描述预测对象的基本规律。演绎（推断）阶段，利用所归纳的基本演变规律，根据对未来条件的了解和分析，推测出预测对象在未来某期间所处的水平并对其进行必要的评价。整个预测过程大致可分为以下步骤：确定预测目标、确定影响因素、收集整理资料、选择合适的预测方法、建立预测模型、利用模型进行预测、评价和修正预测模型、写出预测报告。

1. 确定预测目标

不论是宏观市场预测还是微观市场预测，确定预测目标和期限是进行预测的前提。预测目标的确定要按照经验管理的需要、决策的要求，确定预测对象、预测的时间期限、预测结果的精度要求、任务完成的时间限制，并开展目标分析。目标分析是运用系统观点，逐步把握目标和外部环境之间的依存关系。这样有益于辨明预测目标的主要变化特征和影响因素，在基本掌握预测目标变化机理的基础上，收集资料并选择合适的预测方法。许多预测项目涉及的范围和因素是多方面的，因此将总体目标逐层分解是必要的。在识别分解过程中，预测者和决策者需反复进行对话，在双方统一认识的基础上，明确预测对象的边界范围和预测目标的主体结构。通过目标分析，可以明确预测目标及研究的相关内容，为后面的资料收集、预测方法选择指明方向。

2. 确定影响因素

根据确定的预测目标，选择可能与预测目标相关或有一定影响的因素。例如，对手机的需求预测，影响因素有人均收入、人均消费、手机的价格等。

3. 收集整理资料

信息资料是市场预测的基础。预测所需的资料可以分为两类：一类是关于预测对象本身的历史和现实资料；另一类是影响预测对象发展过程的各种因素的历史和现实资料。资料的来源主要包括：国家政府部门的统计报表、计划资料；国内外的有关技术资料信息、本单位的历史统计资料和计划资料；各研究机构、学术团体和学术刊物的相关研究成果等。

收集信息资料时，一般可以利用各种调查方式获取第一手资料，也可以利用各种渠道获取第二手资料。收集资料一定要注意广泛性、适用性。资料收集不全面、不系统，会严重影响预测质量。并且，对于收集到的资料，一定要进行鉴别和整理加工，判别资料的真实性和可用程度，去掉那些不真实、与预测关系不密切、不能说明问题的资料，保证资料准确、及时、完整和精简使用。

4. 选择合适的预测方法

选择合适的预测方法即对市场预测的资料进行分析，研究市场现象及各种影响因素是否存在相关关系，其相关的紧密程度、方向、形式等，经过判断、推理、概括，由事物的现象深入事物的本质，选择预测方法，描述预测对象的基本演变规律。

预测方法的选择取决于人们对预测对象发展变化过程规律的认识，而这种认识必须建立在系统分析和判断的基础上。预测方法很多，每种预测方法对不同预测对象目标的有效性是不同的，预测方法选择不当，将会大大降低预测效果及其可靠性。因此，选择预测方法十分重要。在选择预测方法时，应服从决策的要求，符合预测对象本身的特点，并考虑预测时期现有的条件和基础等。在市场预测中，只有根据对资料的周密分析选择适当的方法，才能正确地描述市场现象的客观发展规律，才能发挥各种预测方法的特点和优势，对市场现象的未来表现做出可靠的预测。

5. 建立预测模型

运用预测方法的核心，是建立描述、概括预测对象的特征和变化规律的预测模型。预测模型是指用尽可能简单和形象的方法描述出预测对象的变化规律，或者是与其相关因素的依存联系、变化运动的关系。定性预测的物理模型是指逻辑推理的过程；定量预测的数学模型通常是以数学关系式表示。

6. 利用模型进行预测

在选择预测方法建立预测模型的基础上，初步掌握预测对象的发展规律，根据预测模型，依据对未来的了解和分析，输入有关资料或数据，推测（或计算）预测对象的可能水平和发展趋势，即可得到预测结果。

预测方法不同，建立的预测模型也不同。总的来看预测模型有两类：一类是完全确定的函数关系模型；另一类则是某种比较稳定的相关关系。在历史数据全面时一般是利用建立的时间序列模型或因果关系模型预测。时间序列模型需输入未来相应的时间自变量得到预测结果；因果关系模型需要先预测出主要相关因素未来的估计值，输入模型得到预测结果。在缺乏历史数据或进行长期预测时一般是利用一些定性的物理模型进行预测，往往根据一些先兆事件或专家的经验判断得出预测结果。

7. 评价和修正预测模型

最初的预测模型和预测结果都需要进行评价。在建立预测模型时，常常要对模型进行假设检验，看模型引起的误差是随机造成的，还是确实存在系统偏差，产生误差是正常的，但是当误差太大，超出了一定的接受范围时，就必须拒绝该模型。评价预测精确度十分必要，有利于了解预测方法的功能良好程度，并探求改善预测方法的可能，以提高预测精确度。评价预测精确度的主要办法有图示方法和统计分析法。

（1）图示方法。图示方法是以预测误差的图示为依据，结合主观分析，了解实际结果和预测值相异的可能因素。这样能够尽早发现预测中的问题，改进预测方法中应注意的问题。

（2）统计分析法。在比较预测模型的优劣和确定置信区间估计时，预测精确度的统计分析法很有用。假设观察期实际值为$Y_1,Y_2,\cdots,Y_n$，预测模型计算得到相应预测值为$\hat{Y}_1,\hat{Y}_2,\cdots,\hat{Y}_n$，则单个预测误差为$e_i=Y_i-\hat{Y}_i$（$i=1,2,\cdots,n$）；单个预测值的绝对误差值为$|e_i|$。在上述资料基础上统计测定预测精确度的指标有平均误差（mean error，ME）、平均绝对误差（mean absolute error，MAE）、均方根误差（root mean square error，RMSE）等。

ME 即 n 个预测误差值的平均值：

$$\mathrm{ME}=\frac{1}{n}\sum_{i=1}^{n}e_i=\frac{1}{n}\sum_{i=1}^{n}\left(Y_i-\hat{Y}_i\right)$$

MAE 即 n 个绝对预测误差值的平均值：

$$\mathrm{MAE}=\frac{1}{n}\sum_{i=1}^{n}\left|e_i\right|=\frac{1}{n}\sum_{i=1}^{n}\left|Y_i-\hat{Y}_i\right|$$

RMSE 即 n 个预测值误差平方和的平均值的开方值：

$$\mathrm{RMSE}=\sqrt{\frac{1}{n}\sum_{i=1}^{n}\left(Y_i-\hat{Y}_i\right)^2}$$

判断评价预测值的合理性，最后确定预测结论。利用预测模型推算或计算的结果（预测值）只是初步预测结果。市场系统的复杂性和随机性，以及调查资料不全或知识与经验不足等原因，预测值和实际情况总是存在一定的偏差。因此，对预测值应加以分析评价。常用办法有下面几种。

（1）根据常识、经验或相关理论，去检查、判断预测结果是否合理。

（2）计算预测误差，看看存在的误差有多大，是否超过预测要求。

（3）分析正在形成的各种征兆、苗头反映的未来条件的变化。判断这些条件、影响因素的影响程度可能出现的变化。所有这些变化，都可能导致预测目标今后出现新的发展趋势和发展速度。所以，不能认为预测模型的推算或计算结果都是最终预测值。

（4）在条件允许的情况下，采用多种预测方法进行预测，然后综合评价各种预测结果的可信程度。

总之，不宜简单地认为预测模型的预测值就是最后预测值，而是要及时利用上述办法做出综合对比和推理判断，并对预测初值做必要的调整，确定最终的预测值。

8. 写出预测报告

把预测的最终结果编制成文件和报告，向有关部门上报或以一定的形式公布，并提供和发布预测信息，供有关部门和企业在决策时参考。预测报告应概括预测研究的主要活动过程，列出预测的目标、预测对象、相关因素分析、主要资料和数据、预测方法的选择和模型建立，以及模型的评价修正等。

二、市场预测的方法

随着现代科学技术的发展，预测科学广泛地吸收应用数学、信息科学、数理统计、管理科学等多个领域的成果，预测的方法也得到迅速发展。据统计，目前预测方法有三百多种，其中多数是在各种预测实践中演变和改进的方法，经常使用的基本预测方法大约有十几种。市场预测方法基本上可分为定性预测和定量预测两大类，有的学者根据预测的因素派生出定性预测、定量预测、定时预测和概率预测，这是由于预测对象的发展变化既有质的方面也有量的方面。市场预测方法可总结如图 4-1 所示。

（一）定性预测方法

定性预测方法又称为质的分析预测方法，是从事物的质的规定性方面去分析判断，做出预测。质的分析预测方法，也称为判断分析预测法。它是由预测者根据已有的历史资料和现实资料，依靠个人判断和综合分析能力，对市场未来变化趋势做出判断，再以判断为依据做出量的测算。质的分析预测方法很多，主要有以下四种。

（1）高级经理意见法。高级经理意见法是根据销售经理（以经营者和销售管理者为中心）或其他高级经理的经验与直觉，通过一个人或所有参与者的平均意见求出销售预测值的方法。

（2）销售人员意见法。销售人员意见法是指销售人员对未来销售进行预测，有时是由每个销售人员单独做出这些预测，有时则与销售经理共同讨论而做出这些预测。预测结果以地区或行政区划分后汇总，最后得出企业的销售预测结果。

（3）购买者期望法。这种预测方法是通过征询顾客或客户的潜在需求或未来购买商品计划的情况，了解顾客购买商品的活动、变化及特征等，然后在收集消费者意见的基础上分析市场变化，预测未来市场需求。

（4）专家调查法。专家调查法又称德尔菲法，是指以不记名方式根据专家意见做出销售预测的方法。

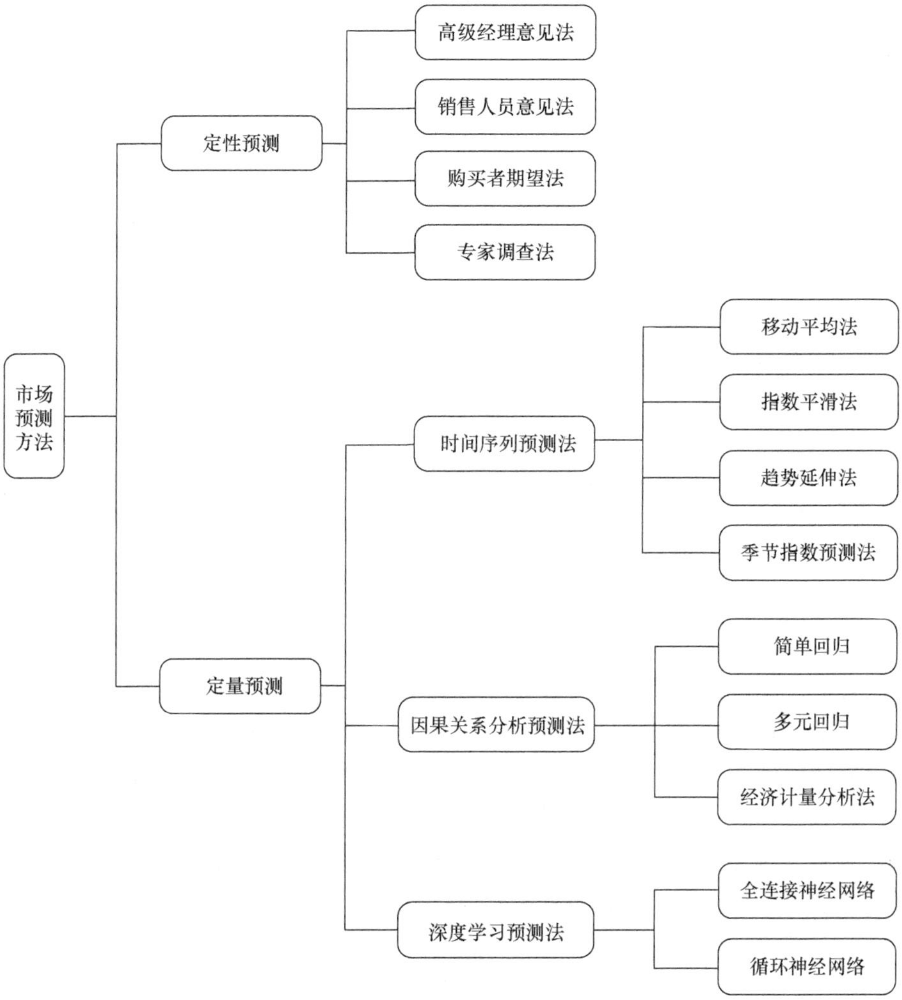

图 4-1　市场预测方法总结

运用这些方法不需要高深的数学知识，且可以充分利用专家的经验、判断能力、想象力，能节省时间、节约费用，便于普及和推广。但这些方法又使预测结果带有主观片面性或数量不明确的缺点。所以，这类方法的使用要建立在广泛的市场调查和研究的基础上，并结合定量预测方法。

（二）定量预测方法

定量预测方法又称为量的分析预测方法，是在认识事物发展规律的基础上，依据数据资料建立数学模型并做出预测。定量预测方法又分为时间序列预测法、因果关系分析预测法和深度学习预测法。因果关系分析预测法是从事物变化的因果关系出发，寻找市场发展变化的原因，分析原因与结果之间的联系结构，建立数学模型并据其预测市场未来的发展变化趋势及可能水平。因果关系分析预测法需要的数据资料比较完整、系统，建立模型要求具有一定的数学统计知识，在理论上和计算上都比时间序列预测法复杂。因果关系分析预测法最常用的有回归分析预测法和经济计量分析法。

时间序列预测法是根据历史资料和数据，按照时间序列所反映的经济现象的发展过程、方向和趋势，将时间序列外推或延伸，以预测经济现象未来可能达到的水平。随着计算机的广泛应用，时间序列预测法已成为世界各国进行市场预测的基本方法。常用的时间序列预测法详见二维码。

随着人工智能的大力发展，深度学习也逐渐被应用于市场预测。深度学习方法是一种机器学习方法，它根据输入的数据进行分类和回归，是一种利用更深的网络挖掘数据信息的方法。深度学习最大的特点是端到端的学习，这一特性，可以直接从原始数据中找到有用的信息，在预测时只使用对预测目标有用的内容，从而使其拥有更强的预测能力，增强了预测结果的稳定性。下面将简单介绍两种常用的深度学习预测法。

1. 全连接神经网络

全连接神经网络（fully connected neural network），又称为多层感知机，是一种经典的深度学习模型，具有广泛的应用和重要意义。它是深度学习中最基础的神经网络模型之一，可以解决许多分类和回归问题。在全连接神经网络中，每个神经元与前一层的所有神经元都相连，并进行权重矩阵的乘法操作，以便传递信息和进行学习。

全连接神经网络由输入层、隐藏层和输出层组成（图 4-2），其中输入层负责接收外部输入的数据，隐藏层通过非线性变换对数据进行编码，输出层则对数据进行解码并输出结果。其中，每个神经元与上一层的所有神经元相连，具有与连接相关的权重和一个偏置向量参数，通过加权求和并经过激活函数计算得到该神经元的输出值。在前向传播过程中，输入数据经过输入层进入第一层隐藏层，经过该层的计算得到第一层隐藏层的输出值，再将该输出值传递到下一层，经过多次传递最终得到输出层的输出值。每层之间的计算都要更新权重矩阵和偏置向量。

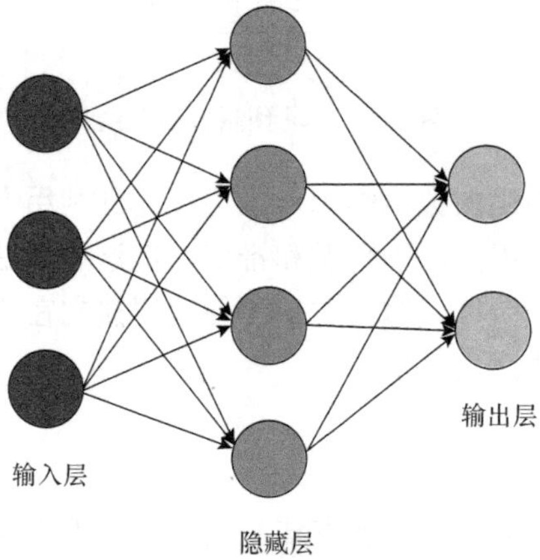

图 4-2　全连接神经网络拓扑结构

在全连接神经网络中，每个神经元都采用相同的计算方式，即对输入数据进行线性加权求和，再经过激活函数得到输出值。激活函数可以采用 sigmoid、ReLU、tanh 等常见函数，用于增加模型的非线性。

当使用全连接神经网络进行回归预测时，需要先设置一个假设函数（用数学的方法描述自变量和因变量之间的关系，它们之间可以是一个线性函数或非线性函数），例如：$Y' = Wx+b$，其中，Y'表示模型的预测结果，用来和真实的 Y 区分。模型要学习的参数是权重矩阵 W 和偏置向量 b。在建立模型后，我们需要给模型一个优化目标，使得学到的参数能够让预测值 Y'尽可能地接近真实值 Y。不同问题场景下采用不同的损失函数（即假设函数的预测结果和真实值之间的误差）。神经网络的训练就是调整权重（参数）使得损失函数值尽可能的小。在训练过程中，将损失函数值逐渐收敛，得到一组使得神经网络拟合真实模型的权重（参数）。

【例 4-1】 选取一个数据集，数据集是某公司 22 个月的每日洗发水销售量，其部分数据如表 4-1 所示，用其中的前 17 个月的数据作训练样本，来预测第 18 个月的数据，然后利用前 18 个月的数据来预测第 19 个月的数据，以此来预测全部月份的数据。

表 4-1 某公司每日洗发水销售量部分数据

月份	销售量/瓶	月份	销售量/瓶
1	124	12	102
2	117	13	102
3	108	14	105
4	102	15	106
5	99	16	99
6	98	17	103
7	100	18	113
8	100	19	116
9	99	20	117
10	101	21	117
11	104	22	115

将数据导入后，使用 Python 运行代码，进行模型训练和预测后，可以得出第 18～22 个月的每月洗发水总销售量预测值，如表 4-2 所示。第 18～22 个月的每月总销售量的真实值与预测值之间的对比，如图 4-3 所示。

表 4-2 某公司第 18～22 个月的每月洗发水总销售量预测值

月份	销售量预测值/瓶
18	3395
19	3491
20	3513
21	3518
22	3464

2. 循环神经网络

循环神经网络（recurrent neural network，RNN）是一类以序列数据为输入，在序列的演进方向进行递归且所有节点（循环单元）按链式连接的递归神经网络。循环神经网络拓扑结构如图 4-4 所示。

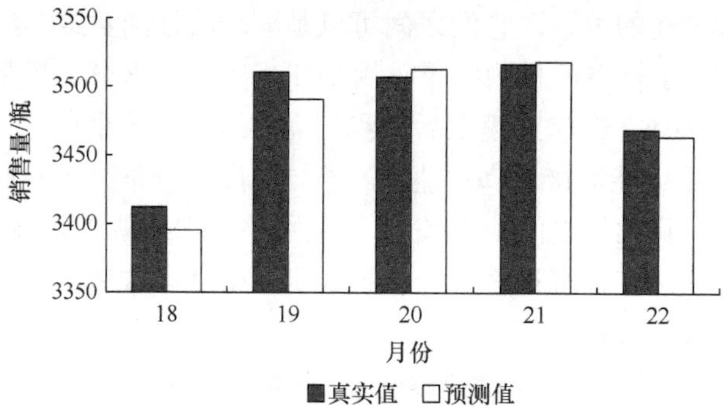

图 4-3 第 18～22 个月的每月总销售量的真实值与预测值之间的对比图

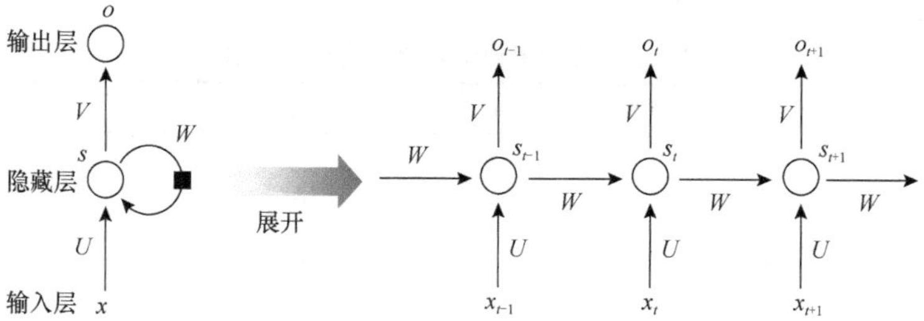

图 4-4 循环神经网络拓扑结构

图 4-4 中，x 是一个向量，它表示输入层的值；s 是一个向量，它表示隐藏层的值；U 是输入层到隐藏层的权重矩阵；o 也是一个向量，它表示输出层的值；V 是隐藏层到输出层的权重矩阵。循环神经网络的隐藏层的值 s 不仅仅取决于当前这次的输入 x，还取决于上一次隐藏层的值 s。权重矩阵 W 就是隐藏层上一次的值作为这一次的输入的权重。

在输出层，通常使用 softmax 函数对数据进行归一化处理，即 $o_n = \mathrm{softmax}(s_n)$

在隐藏层，常用 tanh 作为激活函数。tanh 是双曲正切函数，在特征相差明显时的效果很好，在循环过程中会不断扩大特征效果。循环神经网络可以根据过去的时间序列数据预测未来的趋势，对于具有时序依赖的数据具有一定的优势。

【例 4-2】 选取一个数据集是某公司 48 个月的每日牙刷销售量，其部分数据如表 4-3 所示，用其中前 38 个月的数据作训练样本，来预测第 39 个月的数据，然后利用前 39 个月的数据来预测第 40 个月的数据，以此来预测全部月份的数据，并最终给出真实值与预测值之间的对比图。

表 4-3 某公司每日牙刷销售量部分数据

月份	销售量/支	月份	销售量/支
1	1857	7	1832
2	1875	8	1859
3	1840	9	1868
4	1799	10	1831
5	1810	11	1850
6	1822	12	1890

续表

月份	销售量/支	月份	销售量/支
13	1879	22	1858
14	1877	23	1841
15	1875	24	1839
16	1887.6	25	1833
17	1943.2	26	1834
18	1940.35	27	1856
19	1931.95	28	1843
20	1862.9	29	1853
21	1841	30	1833

将数据导入后，使用 Python 运行代码，进行模型训练和预测后，可以得出第 39～48 个月的每月牙刷总销售量预测值，如表 4-4 所示。第 39～48 个月的每月总销售量的真实值与预测值之间的对比，如图 4-5 所示。

表 4-4 某公司第 39～48 个月的每月牙刷销售量预测值

月份	销售量预测值/支
39	56 182
40	55 632
41	55 203
42	55 530
43	56 181
44	56 193
45	56 598
46	57 324
47	54 912
48	55 659

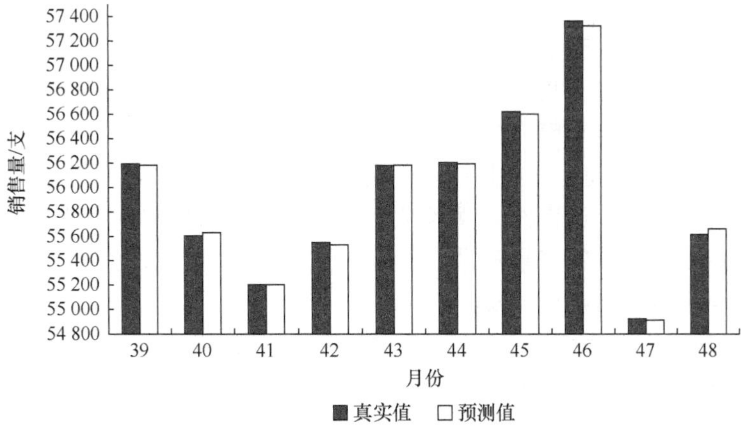

图 4-5 真实值与预测值之间的对比图

第三节 销售管理

销售是企业经营活动的中心，是实现企业生产经营成果的过程，是企业的价值来源。销售管理是对销售活动的规划、执行和控制，销售工作的成败与企业的成败有着直接联系。本节主要介绍销售管理的业务流程、销售管理系统的功能及销售管理系统和其他系统的关系等。

一、销售管理的业务流程

尽管企业的销售业务类型不同，但销售管理的内容基本相同。销售管理的主要业务流程包括以下几个方面。

（1）制订销售计划和进行产品报价。

（2）开拓市场。根据客户的信息进行分类管理，针对不同客户制定不同的价格政策并建立长期稳定的销售渠道。

（3）进行市场销售预测。市场预测指根据市场需求，分析与预测产品的销售情况。其过程是通过分析历史的、现在的销售数据，并结合市场调查的统计结果，对未来的市场情况及发展趋势做出推测，指导企业进行专门设计和组织生产。

（4）编制销售计划。销售计划的编制是综合考虑客户订单、市场预测情况和企业生产情况，对某一段时期内企业的销售品种类型及品种的数量和价格做出安排。企业的销售计划通常按月制订，或采用连续几个月的滚动计划方式。企业也可以制订针对某个地区的销售计划。

（5）根据客户需求信息、交货信息、产品的相关信息及其他注意事项制定销售订单，并通过对企业生产可供货情况及产品定价情况和客户信誉情况的考量来确认销售订单。然后，销售部门将销售订单信息传递给生产计划人员，同时对订单进行跟踪与管理。销售订单是企业生产、销售发货和销售货款结算的依据。对销售订单的管理是销售工作的核心。

（6）按销售订单的交货期组织货源并发货，然后将发货情况转给财务部门。销售发货管理的内容包括对已到交货期的销售订单进行库存分配，下达提货单。在工厂内交货的订单由用户持提货单到仓库提货；厂外交货的则按提货单出库并组织交运。

（7）开出销售发票向客户催收销售货款，并将发票转给财务部门记账。如果客户退货则可以开红字发票冲抵销售收入。财务部门根据销售发票的销售货款来结算销售账款。将用户来款分配到未收款的销售发票上。对于拖欠货款的客户，销售人员要做好收款计划，同时要配合财务人员积极催款。

（8）对客户提供各种相关的服务，为进一步稳固市场与开拓市场奠定基础。销售服务是企业对客户提供售前、售中和售后服务并进行跟踪。销售部门在售前解答客户对产品的技术咨询，跟踪合同、了解订单的交货情况及客户对产品质量、产品维护和产品维修的要求等，并向质量部门和技术部门提供产品的售后质量记录。

（9）进行销售与市场分析。销售统计分析是对各种销售信息进行汇总统计分析。

二、销售管理系统的功能

在 ERP 系统中，销售管理业务包括企业从客户处获得订单，将信息传递给计划、采购、生产和仓库等部门，并从仓库中获得所需货物，销售给客户，及时收回货款，办完财务手续，并进行销售业务统计分析等。ERP 中的销售管理系统用以帮助企业的销售及市场部门在对现有客户的需求提供服务与支持的同时，帮助企业发展新的客户及新的业务。销售管理系统可以有效控制和跟踪企业销售管理的整个流程，全方位、系统化管理企业销售流程。

销售管理系统主要提供销售报价、销售订单、销售发货、销售发票、销售计划和销售服务等功能。同时根据业务及职能管理的不同需要，分别提供相应的业务管理报告和业务分析资料。ERP 中的销售管理系统大致包括以下几个功能。

1. 销售报价管理

销售报价是在客户询价的基础上，销售部门根据企业本身的产品价格及客户对于产品的需求为客户提供产品报价，经上级审核后提供给客户。产品价格是根据客户级别、业务类型、产品数量、交货方式及交货期等综合考虑而定的。对于同一产品，不同的客户也会有不同的报价。销售报价单是销售报价管理所产生的业务单据。销售报价单为销售订单提供基本价格信息，是价格资料管理的组成部分。在 ERP 系统中，报价管理模块协助营销部门处理报价单的输入、跟踪和审核作业，为营销部门提供相关信息，并使其掌握报价，控制报价的审核过程，及时有效地监督客户并跟进业务的进程，主动跟踪已经报价的客户信息情况。报价管理系统流程如图 4-6 所示。

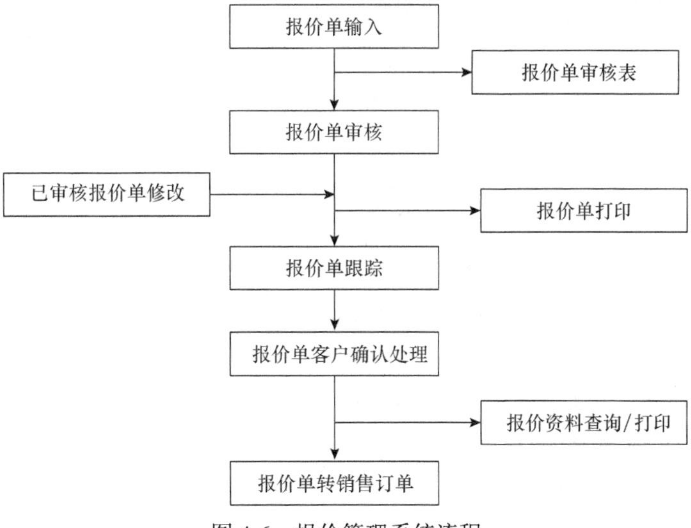

图 4-6 报价管理系统流程

报价单生成后，经过审核可以人工或自动转到销售订单子系统。需要注意的几方面是：①影响价格的因素，大致包括币种、日期、数量、付款条件、客户级别、区域、国家；②价格变更的程序，一是直接更改价格表，通过单据审查变更并留下历史记录，二是依据单据自动产生价格变更的数据；③最低单价控制，对于不同级别的人员有设置不同单价的权限；④依客户查询价格，可提供包括历史交易价格、最近交易价等价格查询业务；⑤多种售价，可根据不同的客户设定不同的价格。

2. 销售订单管理

销售订单是企业与客户之间签订的一种销售协议，是企业生产、销售发货和销售货款结算的依据，它可以是企业销售订单中关于货物的明细内容，也可以是一种订货协议，销售订单的制定可以参照销售报价单。销售订单管理是销售工作的核心，销售订单实现企业与客户之间的沟通，是客户对企业货物的一种需求，同时是企业对客户的一种销售承诺。实现订单的有效管理，有助于实现企业和客户的共同利益最大化与促进双方合作。

销售订单系统协助企业管理用户销售订单资料输入和销售订单履行周期的全过程，包括销售订单输入、审核、信用额度控制、出货状况追踪和关闭等，并提供与整个过程相关的管理信息。具体的销售订单系统作业流程如图 4-7 所示。

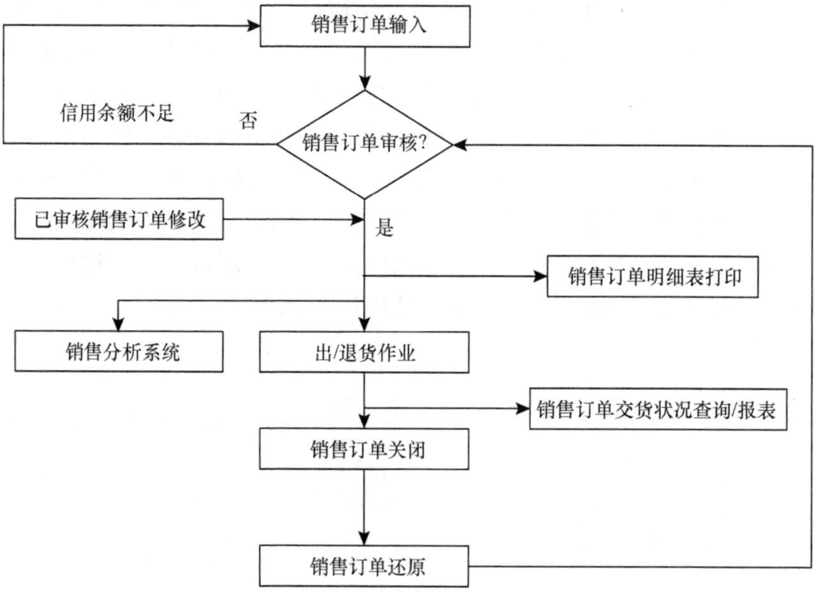

图 4-7　销售订单系统作业流程

订单管理提供了有关订单的输入、修改和跟踪等信息，自动进行订单处理、信用检查、库存查询、开具票据、客户档案维护等。具体如下。

（1）订单处理。在订单的处理中，应当先输入完整的订单数据，包括货物发货日期、发货地点、可发货及承诺的发货量、发运方式、运输公司、批号、有关人员等。企业可以随时修改订单信息，也可以根据需要随时跟踪订单，并查询订单处理的进度，以及未结订单的情况。

（2）信用检查。在订单处理中，应当对客户信用进行审核。可以按照应收账款的大小来审核客户的信用情况、信用额度等。如果客户货款总额超过了信用额度，系统会自动将订单放入信用管制之中，并通知客户因为他存在未付清款项所以此次订单未被分配。

（3）库存查询。库存查询可以使仓库管理者迅速地了解仓库中库存的情况，以便更有效地进行作业的分配，决定发货的策略，提高发货的效率。

（4）开具票据。订单管理中涉及的主要票据是发货单及发票。企业按照订单的要求开出货单，作为给发货部门的工作指令。发货单可以按照仓库、发货路径、发货日期进行发放。开发票的途径有两条：一是将 ERP 系统中的发票数据传送至税务软件中，进行发票的打印；二是按照税票套打的方式，将发票数据直接输出打印在我国已印好的税票栏目上。发票登录及打印之后，将会自动产生应收账款的登录及过账。

（5）客户档案维护。建立客户档案不仅仅是为了审核客户信用，也为了让企业更好地了解客户各方面的情况，特别是客户的需求，方便企业与客户联系，并按照客户个性来开展各项销售活动。

客户档案包括以下两个方面：①客户基本资料，包括客户名称、地址、电话、联系人等；②客户特征资料，包括使用货币、银行账号、付款方式、信用额度、折扣、交货地点等。

3. 销售发货管理

销售发货管理是销售业务的执行阶段，企业按销售订单的信息组织发货任务。然后，将发货情况转给财务部门。销售发货内容包括根据销售订单中已到交货期的订单进行库存分配，下达提货单，在工厂内交货的订单由用户持提货单到仓库提货，厂外交货的则按照提货单出库并组织发运。发货单是销售部门在确定销售订单后，向仓库部门发出的发货通知，发货单是参照销售订单制定的。在 ERP 系统中，销售发货单产生的方式同样有两种，一种是手工输入生成，另一种是参照销售订单生成。销售发货单同样具有修改、删除、审核、关闭等功能。在 ERP 系统中，销售发货单可自动生成销售出库单，库存部门按照销售出库单执行货物出库行为。

4. 销售发票管理

销售发票管理是指销售部门开出销售发票，向客户收取销售货款，并将现金或支票转给财务部门的业务过程。销售账款结算是财务部门根据销售发票收取销售货款。对于拖欠货款的客户，销售人员要做好收款计划，同时要配合财务人员积极催款。销售发票的填写可参考销售发货单。销售人员先要复核销售发票，然后通知财务部门核算应收账款，并审核登记应收明细账，制单生成凭证。发票所标志的营业收入是企业现金流入量的主要来源，是补偿经营活动中成本费用和形成利润的有效保障。在 ERP 系统中，销售发票必须参照销售订单或销售发货单生成。

5. 销售计划管理

销售计划是企业销售管理工作的首要环节，是按照客户订单、市场预测情况和企业资源情况，对某一段时期内企业的产品品种、产品价格及产品量做出预测。企业的销售计划通常按月制订，也可以根据某个地区、某类客户、某个销售部门制订企业年度计划、季度计划及月计划的销售金额和销售定额。企业在 ERP 系统中还可以查询销售计划的执行情况。销售计划的主要内容有：①部门计划的编制对象——销售部门；②部门每个季度的销售计划金额——季度计划额；③部门每个季度必须完成的销售定额——季度销售定额；④部门各月的销售计划金额——月计划额；⑤部门各月至少完成的销售计划金额——月销售定额。

6. 销售服务管理

销售服务管理的主要功能是为客户提供服务以提高客户的满意度，包括提供售前、售中、售后服务并进行追踪，实现客户资源的企业化管理，使客户能够得到企业整体的支持和服务。销售部门解答售前客户对产品的技术咨询，了解订单的完成情况及客户对本企业产品的满意程度，提供售后服务支持，如产品安装维修等，并向质量部门和技术部门提供产品的售后质量记录。

随着物质产品供给趋于充足，消费者需求升级，人们对产品个性化要求不断提高。每个人都希望在商品中体现自己的想法和设计，这对企业提出了“个性化+规模化”的定制要求。

将大规模个性化定制功能融入销售服务管理系统，可以基于精准的用户画像数据，通过个性化推荐来激发用户需求，大幅提升营销成功率。在智能时代，企业研发与用户反馈形成闭环，利用智能技术分析产品的运行数据和用户的需求数据，建立融入用户反馈的销售服务模式，将显著提升智能制造产品的质量和用户满意度。三一重工通过工业互联网将 4 万台设备连接起来，通过数据孪生技术变革传统生产制造企业的客户服务模式，利用智能技术打造出服务优势，走出应对工程机械国际产业竞争的新途径。大规模定制功能有助于企业运营前后端的无缝衔接，有助于制造业实现由需求端到研发生产端的拉动式生产，减轻传统库存积压问题。

三、销售管理系统和其他系统的关系

销售管理系统与物料信息管理系统、财务管理系统、成本管理系统、库存管理系统、主生产计划系统是紧密相连的，各系统之间的关系如图 4-8 所示。

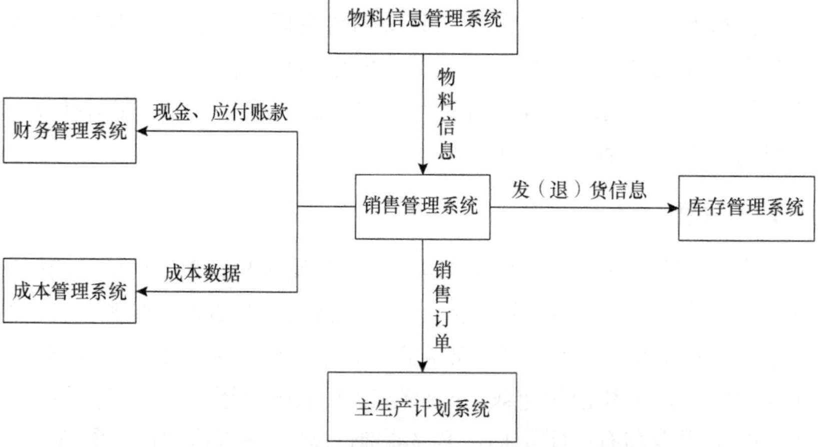

图 4-8　销售管理系统与其他相关系统的关系图

1. 销售管理系统与物料信息管理系统的关系

在销售管理系统中生成生产销售报价单及销售订单时，需要调用物料信息管理系统中的物料信息，如销售报价单表体中的物料名称、规格型号、计量单位等都是从物料档案转换过来的。

2. 销售管理系统与财务管理系统的关系

销售管理中产生的销售发票可以传送到财务管理系统中，进行现金管理和应收账款的管理。

3. 销售管理系统与成本管理系统的关系

在销售订单生成后，可以将相关的成本数据传送到成本管理系统中，执行利润分析及提前预测订单所能带来的利润。

4. 销售管理系统与库存管理系统的关系

销售的产品出库及退货入库都要由库存管理系统完成，同时修改库存台账。

5. 销售管理系统与主生产计划系统的关系

在销售订单生成后，客户所需要的物料在系统中会被立即转换成销售需求，并且转换到主生产计划中。

第四节 销售分析

销售分析是通过对销售计划、销售产品、销售地区、销售客户的各种信息统计，进一步对销售数量、金额、利润、绩效等做出全面的分析。销售分析的目的有以下两个方面：一是通过监督销售员在销售过程中所获利润的效率和效果，提高产品销售的透明度，便于分析完成或没有完成销售目标的原因；二是了解销售业绩和各种资源的利用状况，找出与现实最大利润目标之间的差距，从而进一步通过提高企业管理水平来提高经济效率。

常见的销售分析工作包括以下内容。

1. 库销比分析

库存总量与销售总量的比值称为库销比，通常根据商品的销售周期来进行测算。库销比的合理性随着产品的销售生命周期进行相应调整。新品上市时，库销比相对较大。季末促销时，库销比相对较小。店铺之间合理的库销比与货品调配能有效提升总仓的物流管理能力及各店销售水平与库存管理能力。企业也可通过某一时间段内所选定的店铺之间的库销比分析表格来对多店之间的货品销售数据进行分析管理。

2. 顾客分析

顾客分析即老顾客贡献率分析。营销学中有一个著名的法则叫作二八法则，在顾客管理理论中指的是20%的顾客贡献了80%的销售额，而这20%的顾客则是我们的老顾客。因此，对于老顾客的管理是店铺管理中最重要的项目之一。提高顾客的满意度和顾客的忠诚度对于提高老顾客的贡献率尤为重要。

3. 能力分析

能力分析包括个人销售业绩分析和品牌的市场定位分析。个人销售业绩分析包括两个方面：一是每月个人销售业绩，二是分时间段个人销售业绩。通过每月的个人销售业绩分析，不仅可以看出个人的销售水平和工作积极性，还可以判断团队是否具有团结意识、协作意识，以及店长的团队协调及管理水平如何。品牌的市场定位分析主要是关于企业的城市定位分析。不同的品牌所适合的城市是不一样的，企业可以根据区域或者地理位置将市场划分成不同类别，然后按全年计算出分类别后的不同市场的投资回报比，这样就可以找出最适合本企业的市场，把最适合的市场作为重点开拓对象，对企业的长远扩张和稳定发展都非常有益。

思考与练习

1. 简述市场预测的步骤。
2. 简述时间序列的分类。
3. ERP 系统的销售管理包括哪些内容？
4. 简述销售分析工作内容。

拓展阅读

第五章　生产计划管理

生产计划管理是制造企业供应链管理中的一个重要环节。ERP 中的生产计划管理旨在确保供给与需求之间在数量和时间方面的平衡，以实现公司各种资源的最大化利用。在本章您将学习到生产计划管理的基本概念，了解主生产计划、MRP 和能力需求计划的编制过程等。

学习目标

- 理解 ERP 的计划层次
- 掌握主生产计划的编制过程
- 理解 MRP 的基本原理
- 掌握能力计划的类型
- 掌握能力需求计划的编制过程

知识结构图

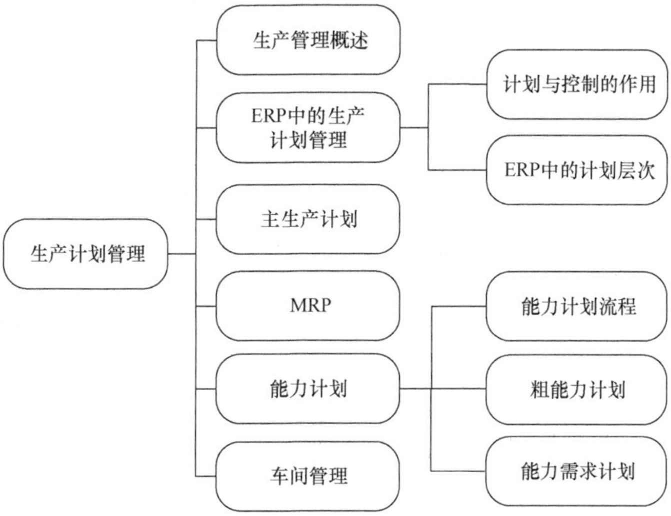

第一节　生产管理概述

一、生产管理的基本定义

生产是创造产品或提供服务的行为，是一切社会组织将其投入的生产要素转化为有形或无形的产出的过程。过去生产管理领域几乎完全集中在制造管理方面，强调的是工厂使用的方法和技术，而服务业的兴起使得生产的概念得到延伸和扩展。在西方管理学界，一般把有形产品的生产称作“production”，把提供劳务的活动（生产无形产品）称为“operation”；现在将两者均称为“operations”，从而把生产的概念扩大到非制造领域。在中国，不少学者将“production”和“operations”均译为生产。有的学者为了区分制造业生产与非制造业生产，分别将其译为“生产”和“运作”。

从一般意义上讲，我们可以给生产运作下这样一个定义：生产运作是一切社会组织将输入转化、增值为输出的过程（图 5-1）。

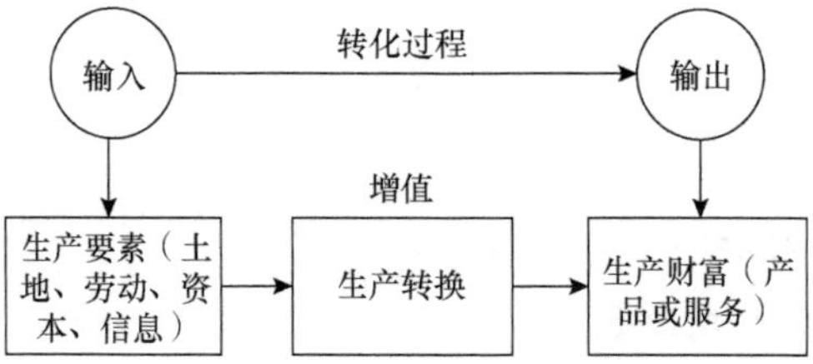

图 5-1　生产运作的概念

生产管理是指对企业生产活动的全过程进行综合性的、系统的管理。其研究对象是企业的整个生产系统，包括输入、生产制造、输出和反馈四个环节，研究企业产品或服务的形成过程。表 5-1 列出了几种典型的社会组织的输入、转化和输出的内容。

表 5-1　各组织的输入、转化和输出

社会组织	主要输入	转化内容	主要输出
工厂	原材料	加工制造	产品
运输公司	产地物资	位移	销售地域物资
修理站	损坏的机器	修理	修复的机器
医院	病人	诊断、治疗	恢复健康的人
大学	高中毕业生	教学	高级专门人才
咨询服务组织	情况、问题	咨询	建议、办法、方案

生产系统的输入，是指将要用于企业生产的劳动、设备、材料、燃料等物质要素和生产计划、技术图纸、工艺规程、操作方法等信息要素。

生产制造过程，是指劳动者运用设备、工具等劳动资料，按照规定的生产流程和计划，对劳动对象进行筛选、整理、加工，完成产品的制造过程。这是生产系统运行的主要环节。

生产系统的输出是生产系统转化的结果，它包括物质输出和信息输出两个方面。

生产系统的反馈，是指把生产系统输出的有关产量、质量、成本、技术、进度、消耗等信息再输入生产系统，它有利于发现差异、纠正错误，保证预定目标的实现。

现代企业生产管理关注的两大问题主要包括产品和服务是如何生产出来的、如何降低产品生产过程中的资源消耗等。生产管理的目标可以概括为以下四点：①确保最小的制造成本；②对于顾客，在适当的时期提供所需的最佳产品或服务的数量；③保证供给最佳服务的存货量降到最低；④合理分配生产任务，组织均衡生产。

二、生产管理的职能

生产管理的职能包括计划、组织、分析和控制四个方面。计划工作着眼未来，是对生产工作各个方面、各个阶段的总体安排；组织工作围绕生产过程，保证生产计划的完成；分析工作重视现在，是对生产活动所进行的详细的诊断和评价；控制工作立足现在，参照过去，根据分析得出的生产信息，对未来的生产过程进行纠偏和监督，使各生产环节之间紧密结合，保证按品种、质量、交货期完成生产任务。

（一）计划职能

通过对市场需求的预测，生产管理根据用户与市场的要求，以按品种、质量、数量、交货期完成生产任务为目的，编制各种生产计划。生产计划主要是指生产计划工作及生产作业计划工作，具体规定企业在计划期内生产什么、生产多少、怎样生产及安排生产进度等。

（二）组织职能

生产管理需要对参与企业生产的原材料、机器、设备、劳动力、信息等各要素及生产过程各个工艺阶段等各个方面进行合理的组织和协调，保证生产活动并按计划完成任务，如原材料采购的组织与协调、生产前技术准备的组织与管理、劳动力的组织与调度等。

（三）分析职能

根据生产计划的组织执行情况，生产管理要经常进行分析工作。一方面，分析工作对生产过程进行诊断和评价，综合反映生产的各个阶段、各个方面完成生产计划的情况；另一方面，分析工作可以给以后的计划工作反馈信息，提高计划的科学性和可执行性。同时，可以根据分析发现生产中出现的偏差，及时采取各种措施，改进生产组织，实现优质、高效的生产。

（四）控制职能

在企业的生产管理实践中，为了保证计划能够顺利完成，必须对分析工作得出的有关生产过程的信息及时反馈，与生产计划相对比，纠正偏差，这就是生产控制工作。生产控制工作的主要内容包括质量控制、库存控制、在制品控制、原材料消耗控制、能源使用控制、工期控制等。

三、生产管理的原则

生产管理的具体运作方式，虽因生产种类不同而互不相同，但也有共同的一般原则。

（一）追求经济效益

追求经济效益，是指要用最小的劳动占用和劳动消耗，生产出尽可能多的适销对路的产品。讲求经济效益是企业作为一个独立的经济实体，为了获得生存和发展的机会，所必须考虑的首要问题。追求经济效益，体现在生产管理目标上，就是尽量做到数量多、质量好、品种齐、成本低、交货准时。

（二）坚持以销定产

以销定产，是指企业的管理工作以市场为龙头，生产什么、生产多少、如何生产等全部由市场状况决定。坚持以销定产，是市场经济条件下企业生产应遵循的基本原则。

（三）实行科学管理

实行科学管理，要求生产管理对生产过程的组织和管理必须符合社会化大生产的客观规律的要求。市场经济条件下的社会化大生产，规模大、环节多、分工细、关系复杂，有其内在的客观规律。生产管理必须遵循客观规律实行科学管理。

（四）实现简单化、标准化和专业化生产

简单化（simplification），是指化复杂为简单，化错综为单纯。就工业生产而言，简单化的结果就是减少产品的种类、样式或大小，使企业能够集中精力于少数种类、式样和尺寸的产品制造，其结果往往能促成大量生产。简单化的优点是能够大量生产，降低成本，且工人能快速熟练工作，从而可缩短生产时间以便能够尽早交货，生产计划也容易制订，同时因原料、半成品、成品、设备等种类少，可以减少资本的固定化。

标准化（standardization），是将产品限制于一定的样式、大小和特质，使制造程序、原料及时间均可相同，为产品从原材料到制成的各环节确定一个规范，低于这个规范者，不予通过。标准化的优点是能够降低生产成本，便于组织大量生产，可以提高工作效率。

专业化（specialization），主要包括四种类型：①个人分工，因专业不同而分工；②职业分工，因职业不同而分工；③产品分工，即一种产品分成若干零件，分别制造；④机器分工，现代工业一般规模较大，一种机器只能做少数特殊工作，因而生产率较高。专业化的优点表现在产量高、工作效率高、质量精良均一、原料节省等方面，但容易引起工人工作的枯燥感，各部门间的工人也不易调遣。

现代企业生产管理的新趋势以二维码展示。

第二节　ERP 中的生产计划管理

ERP 是计划主导型的生产计划与控制系统。ERP 中的生产计划管理是一种以计划为导向的先进生产管理方法。ERP 的计划管理中包括两个方面的计划，分别是需求计划和供给计划。两方面计划相辅相成，从而实现企业对整个生产经营活动的计划与控制。

一、计划与控制的作用

计划是企业管理的首要职能。只有具备强有力的计划功能，企业的各项生产经营活动才能顺利进行。当前企业所面临的市场竞争越来越激烈，企业若要生存和发展，就必须着力提升产业链供应链韧性和安全水平，面对市场计划自己的资源和各项生产经营活动。通过对世界级企业的观察和分析，我们会发现一个显著特点：它们都有一个以计算机为工具的有效的生产计划管理系统。可以肯定地说，一个以计算机为工具的有效的生产计划管理系统是现代企业生存和发展的必要条件。而 ERP 就是这样一个生产计划管理系统。

下面用简化事例进一步说明 ERP 中生产计划管理的作用。如果缺乏 ERP 生产计划管理，经常会出现以下情况：在企业高层领导会议上，对于所讨论的产品和生产线竟然没有一个人能够掌握必需的和足够的信息与数据。采购人员按月制订采购作业计划，但他们不知道本月有多少物料已经收到或已从供应商那里发出。采购部门需要生产部门向他们提供准确的需求信息，以便向供应商发放采购订单。企业的某个重要客户从今天开始在一周内连续发运某种产品 300 件，企业已经对客户做出了承诺，答应按时发货，但是没有人保证一定能做到。每个人都有自己的一套数据来为自己的工作辩护，而把责任推向别人或别的部门，甚至抱怨客户或供应商。企业高层领导在这样的环境中指挥企业的生产运作如同盲人骑瞎马，而企业合作客户也常常抱怨交货期得不到保障。

计划的实质是如何使企业通过制造和销售产品获取利润，它的作用是使企业的产出（包括产品和服务）满足市场的需求；有效地利用企业的各种资源，合理组织各类产品生产，使投入能以最经济的方式转换为产出。控制的作用是使计划执行的结果不超出允许的偏差。这个允许的偏差是指在数量和时间上客户或市场能够接受的偏差。

二、ERP 中的计划层次

ERP 中的计划主要包括五个层次，即企业经营规划、生产规划、主生产计划和粗能力计划、MRP 和能力需求计划及车间作业与采购作业计划（图 5-2）。这五个层次的计划

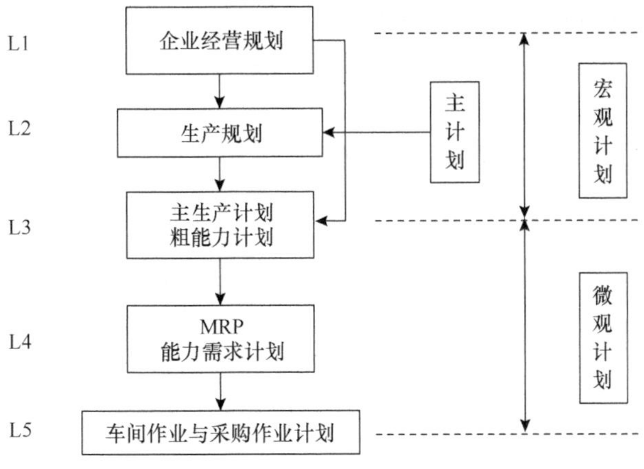

图 5-2 ERP 中的计划层次

实现了由宏观到微观，由战略到战术，由粗到细的深化过程。越接近顶层的计划，对需求的预测成分越大，计划内容也越粗略、概括，计划展望期也越长；越接近底层的计划，计划的内容也就越具体详细，计划展望期也就越短。在 ERP 系统中，上层计划是下层计划的依据，下层计划不能偏离上层计划的目标，从而使整个企业遵循一个统一的计划。

在五个计划层次中，企业经营规划和生产规划具有宏观规划的性质；主生产计划是由宏观向微观的过渡性计划，粗能力计划帮助验证和调整主生产计划；MRP 是主生产计划的具体化，能力需求计划把物料需求转化为能力需求；而车间作业与采购作业计划则是 MRP 和能力需求计划的执行阶段。

企业经营规划又称企业战略规划，该计划是企业总目标的具体体现，是企业的高层决策。企业根据市场调查和需求分析、国家有关政策、企业资源能力和历史状况、同行竞争对手的情况等有关信息，制订企业经营规划。它包括在未来 3～5 年本企业生产的产品品种及其在市场上应占有的份额、产品的年销售额、年利润额和生产率等。经营规划的制订要考虑企业现有的资源情况和企业的市场情况，以及未来可以获得的资源情况，其中包含较大的预测成分。经营规划是以下各层计划的基础，其准确性由预测的方法、信息的来源及信息的可靠性所决定。

生产规划也称销售与运作规划（sales and operations planning，S&OP），是为了体现企业经营规划而制定的产品系列生产大纲，用以协调满足经营规划所需求的产量与可用资源之间的差距。生产规划的任务是根据经营规划的目标，确定企业的每一类产品在未来的 1～3 年，每年或每月生产多少、需要哪些资源。生产规划总是与资源需求计划密切相关。

主生产计划以生产规划为依据，计划企业应生产的最终产品的数量和交货期，并在生产需求与可用资源之间做出平衡。它是对企业生产大纲的细化，确定每一个具体产品在每一个具体时间段的生产计划。

MRP 即根据主生产计划对应的最终产品的需求数量和交货期，推导出构成产品的零部件及原材料的需求数量与需求日期，再推导出自制零部件的制造订单下达日期和采购件的采购订单发放日期，并进行需求资源和可用能力之间的平衡。

车间作业与采购作业计划处于 ERP 计划的最底层，也是基础层。它根据 MRP 生成的制造订单和采购订单来编制工序排产计划和采购作业计划。

供需矛盾是企业最基本的矛盾，ERP 系统正是紧紧抓住这个最基本的矛盾，用模拟的手段进行计划和调整，充分利用信息反馈，实现供需平衡。每一层计划都要考虑如下三个问题：①确定生产目标；②确定生产（或制造）资源；③协调需求和能力之间的差距。

关于需求与能力的协调策略或措施，其通用方法一般是增减产量或增减可用资源。例如，材料短缺，可考虑增加材料购买、减少生产总量、用其他供给源和用替换材料等策略；劳动力短缺，可考虑安排加班、增加班次、雇用新员工、转包、减少生产总量和重排生产等策略；机器短缺，可考虑购买新的机器、升级现有机器、转包作业、采用不同的工艺过程和减少生产总量等策略。

第三节　主生产计划

一、主生产计划概述

主生产计划是计划系统的一个部分，其实质是保证生产规划中的需求（需求什么、需求多少和什么时候需求）与所使用的资源取得一致。它着眼于销售什么和能够制造什么，这就能为车间制订一个合适的主生产进度计划，并且考虑负荷平衡。

主生产计划回答了企业生产什么、生产多少及何时完成等问题，但是没有回答需要什么、需要多少及何时需要等问题。一般认为，主生产计划的对象往往是独立需求物料，但由于不同的生产类型，其对象也可以是相关需求物料。主生产计划是联系生产销售和生产制造的环节，将订单转换为生产制造部门的任务来源。

主生产计划在 ERP 系统中是一个上下内外交叉的枢纽，地位十分重要。在运行主生产计划时相伴运行粗能力计划，只有经过按时段平衡了供应与需求后的主生产计划，才能作为下一个计划层次——MRP 的输入信息。主生产计划必须是现实可行的，其需求量和需求时间都必须是符合实际的。主生产计划编制和控制是否得当，在很大程度上关系到 ERP 系统的成败。要掌握主生产计划的基本原理，要先理解时段、时区和时界的概念。

1. 时段

时段又称为时间段落、间隔、时间跨度等。划分时段只是为了说明各个时间跨度的计划量、产出量、需求量，以固定时间段的间隔汇总计划量、产出量、需求量，便于对比计划，从而可以区分出计划需求的优先级别。时段划分得越细，越能体现各个计划批次的优先级，便于控制计划，同时有效地利用企业的资源。企业可以以月、季、年或天等作为计划的时段。如果主生产计划以月为时段，则主生产计划的输出报表就按各个月进行汇总，计算库存、需求、计划及产出的数量；如果以天为时段则称为无时段。

2. 时区和时界

时区用于描述某个时刻某个产品在其计划展望期中所处的位置。一般情况下，时区可以分为时区 1、时区 2 和时区 3。

（1）时区 1 被称为需求时区。时区 1 中的订单是下达订单，该订单中的产品已经开始制造，这些产品的计划不能轻易调整。

（2）时区 2 被称为计划时区。时区 2 中的订单是确认订单，表示该订单中的产品数量和时段不能由 ERP 系统自动调整，只有主生产计划员和厂领导才可以修改。

（3）时区 3 称为预测时区。时区 3 中的订单是计划订单，这种订单中的数据在情况发生变化时可以由 ERP 系统自动调整。

在主生产计划中，有两个时界点，即需求时界和计划时界。需求时界是时区 1 与时区 2 的分界点，计划时界是时区 2 与时区 3 的分界点。时区和时界的关系可以通过产品多订单生产计划时区时界图（图 5-3）来理解。

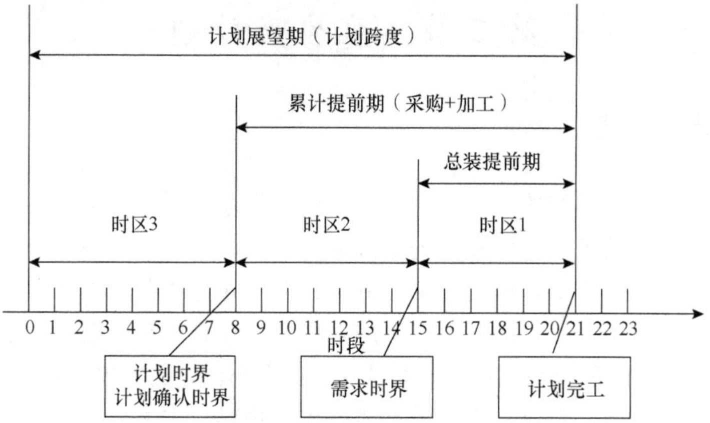

图 5-3　产品多订单生产计划时区时界图

在理解主生产计划中的各个计划所处的时间段时，一般都从产品多订单生产计划的角度出发。通过时区时界的设置，可以清楚地分析它们对计划的影响（表 5-2）。

表 5-2　时区和时界对计划的影响

时区	需求依据	订单状况	计划变动代价	计划变动条件
时区 1	订单量	下达执行	代价极大	产品投入生产，装配正在进行，尽量避免更改，由厂领导决定
时区 2	订单量与预测量两者的最大值	确认下达	代价大，系统不能自动变动更改，由人工干预	主生产计划员只有更改完工日期的权限，数量由厂领导修改
时区 3	预测量为主，或取两者的最大值	计划	无代价，允许变动	系统可自行更改，计划员如有权可进行更改

二、主生产计划的约束条件

编制主生产计划时要确定每一个具体的最终产品在每一个具体时间段内的生产数量。它所需要满足的约束条件如下。

（1）主生产计划所确定的生产总量必须等于总体计划确定的生产总量。该约束条件包括两个方面：一是每个月某种产品各个型号的产量之和等于总体计划确定的该种产品的月生产总量；二是总体计划所确定的某种产品在某时间段内的生产总量（也就是需求总量）应该以一种有效的方式分配在该时间段内的不同时间生产。

当然，这种分配应该是基于多方面考虑的，如需求的历史数据、对未来市场的预测、订单及企业经营方面的其他考虑。此外，主生产计划既可以周为单位，也可以日、旬或月为单位。当选定以周为单位后，必须根据周来考虑生产批量的大小，其中重要的考虑因素是作业交换成本和库存成本。

（2）在决定产品批量和生产时间时必须考虑资源的约束。与生产量有关的资源约束有若干种，如设备能力、人员能力、库存能力（仓储空间的大小）、流动资金总量等。在制订主生产计划时，必须首先清楚地了解这些约束条件，根据产品的轻重缓急来分配资源，将关键资源用于关键产品。

（3）考虑销售环境和生产类型的约束。在不同的订单响应策略下，如按库存生产、按订单生产、按订单装配下，主生产计划的不同之处在于其定位是不同的。图 5-4 所示为主生产计划的定位约束。

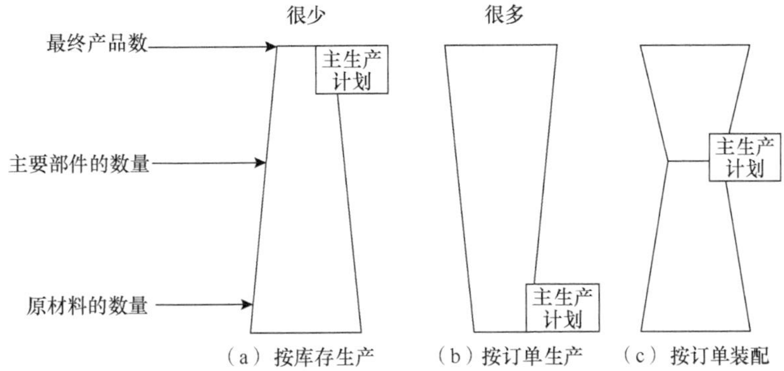

图 5-4 主生产计划的定位约束

图 5-4 中用较短的线条表示较少的产品。在按照库存生产的策略下，库存较少的最终产品能够支持客户服务，主生产计划围绕这些最终产品来制订。在按订单生产的产品中，如定制化的服装，原材料比最终产品少。在按订单装配的企业里，如汽车、飞机制造厂，主生产计划是针对主要部件层次的产品制订的。在这里，主生产计划的约束主要来自原材料的用途及生产类型。

三、批量规则

批量规则表示设计主生产计划时，计算物品的计划下达数量所使用的规则。不同的批量规则下，计划下达量具有不同的取值方法，系统可依据批量规则计算需求量。批量规则可以分为静态批量规则和动态批量规则两种。使用静态批量规则时，每一批的批量都不变，大小相同；使用动态批量规则时，允许每批下达的批量都可以不同。ERP 系统中常用的批量规则如下。

（1）最大批量。当计划下达数量大于此批量时，系统取此批量作为计划下达量。

（2）最小批量。当计划下达数量小于此批量时，系统取此批量作为计划下达量。

（3）固定批量。每次订货计划数量按一个固定值下达，一般用于订货费用较大的物品。

（4）直接批量。完全根据计划（或实际）需求量决定的订货量。

（5）固定周期批量。固定周期批量是指每次订货（或加工）的间隔周期相同，但批量数不一定相同，只是按照定义的批量周期合并净需求作为计划下达量。

（6）周期批量。周期批量是由固定周期批量演变的一种订货方法，是指根据经济订货量（economic order quantity，EOQ）计算间隔期（周期），决定每年订货次数。间隔期内的订货批量随需求量的变动而变动，由于订货次数是根据 EOQ 推算的，因此是一个比较合理的次数。在一个订货周期内，系统取各时间段中物品净需求不为零的记录，将其净需求量进行汇总，产生的计划量下达在这一订货周期内的第一个时间段上。

（7）倍数批量。倍数批量是指如果需求量小于批量则按批量计算；如果需求量大于批量，则按批量的倍数计算。

四、主生产计划计算过程

主生产计划计算过程中，需要先确定系统设置的内容。系统设置包括整个主生产计划计算需要的数据环境。例如，需要明确编制主生产计划的日期，划分时段、时区，确定需求时界、计划时界、生产批量、批量增量、安全库存量和提前期等。主生产计划计算过程如图 5-5 所示。

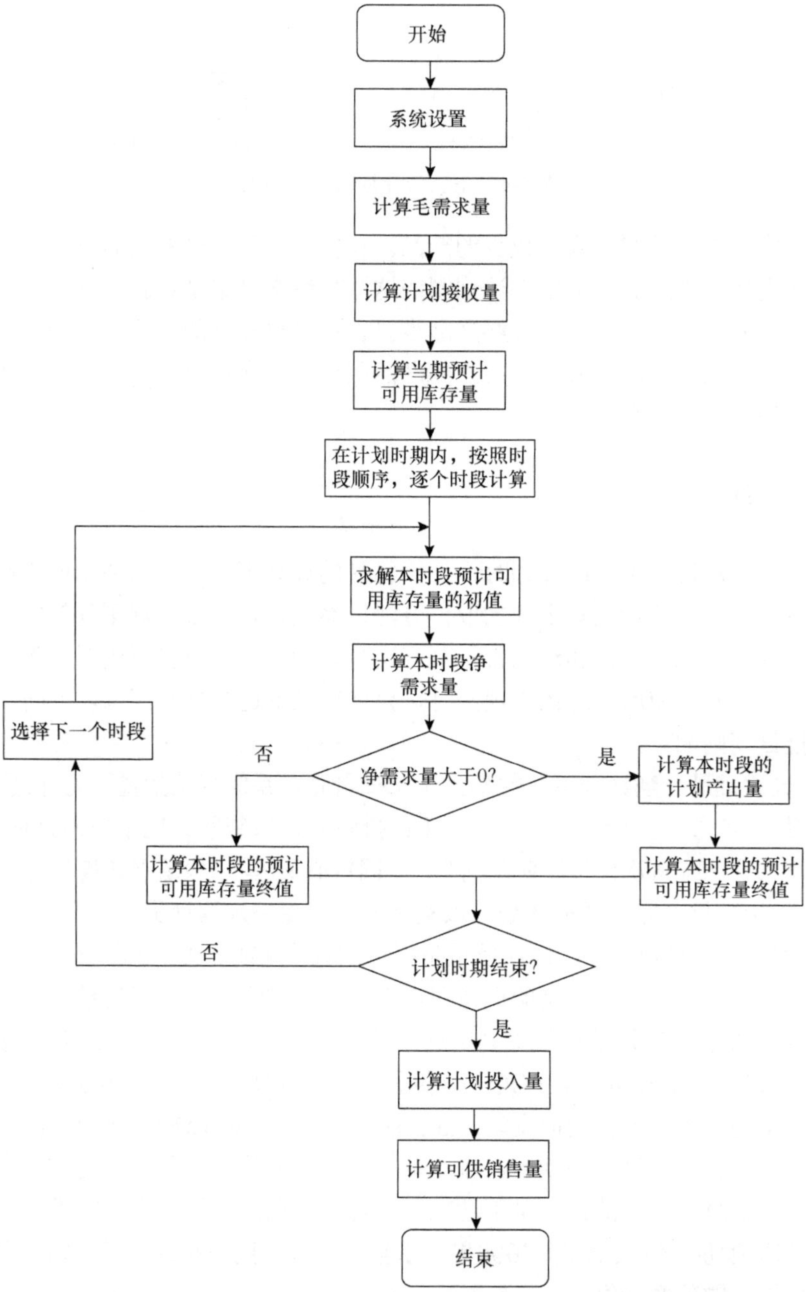

图 5-5　主生产计划的计算过程

（1）计算毛需求量。毛需求量是根据预测量和订单量计算得到的初步需求量。其中，预测量是企业生产计划部门根据企业的经营计划或销售计划，采用合适的预测方法预测的最终将要生产的产品数量。订单量是企业已经明确得到的、将要为客户提供的最终产品的数量，它是企业明确的生产目标。预测量和订单量是企业组织生产管理活动的核心目标。

如何根据预测量和订单量得到毛需求量，取决于企业的类型、时区和生产政策。一般来说，在预测时区，毛需求量等于预测量；在计划时区，毛需求量等于预测量和订单量两者的最大值；在需求时区，毛需求量等于订单量。

（2）计算计划接收量。计划接收量是指正在执行的生产订单量。在制订主生产计划时，往往把制订计划日期之前已经发出的、将要在本计划期内达到的产品数量作为计划接收量来处理。如果希望手工修改主生产计划，也可以把手工添加的接收量作为计划接收量处理。在 ERP 系统中可以由系统自动确认。

（3）计算预计可用库存量初值。预计可用库存量是指现有库存中扣除了预留给其他用途的已分配量之后，可以用于需求计算的那部分库存量，计算公式如下：

$$\text{预计可用库存量初值} = \text{前一时段末的预计可用库存量} + \text{本时段计划接收量} - \text{本时段毛需求量}$$

（4）计算本时段的净需求量。净需求量是根据毛需求量、安全库存量、本期计划产出量和期初结余计算得到的数量，如果预计可用库存量初值大于或等于安全库存量，表示不需要补充，因此净需求量为 0；如果预计可用库存量初值小于安全库存量，则需要补充库存，这时净需求量为安全库存量减去预计可用库存量初值。计算公式如下：

$$\text{净需求量} = \text{安全库存量} - \text{预计可用库存量初值}$$

（5）计算计划产出量。计算计划产出量需要依据企业的批量规则。计划产出量的计算公式如下：

$$\text{计划产出量} = N \times \text{生产批量}$$

$$N = \text{净需求量}/\text{生产批量}$$

式中，N 表示大于或等于 1 的整数，向上取整得到。

（6）计算预计可用库存量终值。这时要考虑计划产出量的影响。预计可用库存量终值等于预计可用库存量初值加上本时段的计划产出量。

计算预计可用库存量终值之后，需要判断计划期中的各个时段是否已全部计算完毕。如果没有全部计算完毕，需要计算下一个时段的数据，重复进行计算。计划期循环完毕之后，可以计算计划投入量和可供销售量。

（7）计算计划投入量。计划投入量是根据计划产出量、提前期及生产合格率等数据计算得到的计划投入数量。

（8）计算可供销售量。可供销售量是指销售部门可以销售的产品数量，计算公式如下：

$$\text{可供销售量} = \text{本时段计划产出量} + \text{本时段计划接收量} - \text{下一次出现计划产出量之前各时段订单量之和}$$

五、主生产计划报表及其应用

（一）主生产计划的输入输出信息

主生产计划主要以出厂产品（独立需求件）为计划对象，按每种产品分别提供计划报表。报表的输入信息均来自各个子系统，以体现信息集成。

（1）需求信息。需求信息包括销售子系统的预测和订单信息、厂际订单、备品备件订单、内部破坏试验订单、分销需求计划子系统的补库订单等。安全库存虽然参与净需求量计算，但是它不属于独立需求件的“毛需求”，只是一种对不确定因素的缓冲措施。

（2）物料信息。物料信息是指物料主文件中与计划管理和物料管理有关的信息（如提前期、需求时界、计划时界、计划员代码及批量、批量增量、安全库存量等）。

（3）库存信息。库存信息是指库存子系统的独立需求件库存量信息。经过运算，输出信息是每一种产品在未来各时段的需求量与库存量、计划产出量和投入量、可供销售量等。

这样的报表集成了销售、计划、库存和生产等各项业务的信息，因此它不是计划部门单独使用的报表，而是各个相关部门共享的重要计划报表。

（二）主生产计划报表

主生产计划报表主要说明需求和供给及库存量的计算过程，报表分表头和表体两部分，在表头中，除“现有库存量”会随时间变动，属动态信息外，其余都是静态信息。这些信息由系统集成自物料主文件，便于直接清晰地看到关键的数据和参数。

在表体部分，预测量与订单量信息来自销售管理子系统，这是运算主生产计划首先要输入的动态信息，根据设定的预测或订单取舍规则显示毛需求量。系统运算后生成的中间信息有净需求量、预计可用库存量、计划接收量、计划产出量、计划投入量及可供销售量。对于同样的信息，可按管理需要设置显示时段，得到不同的显示效果。

在横式报表上可以看出需求计算、库存状态、净需求、计划投入和产出的数量、可供销售量等信息及其运算关系。表 5-3 作为计算举例仅显示了 11 个按“周”划分的时段，可能仅是电脑显示屏上的一页（一个屏幕），整个计划期的完整计划可以分成多页显示，远期可采用较长时段，减少显示页数。

表 5-3　主生产计划典型报表格式（横式报表）

物料号：100001	计量单位：件	计划日期：2017-01-04
物料名称：X	安全库存量：5	计划员：WX
提前期：1 周	批量：10	需求时界：3
现有库存量：8	批量增量：10	计划时界：8

各时段计算量	当期	需求时区			计划时区					预测时区		
时段/周		1	2	3	4	5	6	7	8	9	10	11
预测量		5	5	5	5	5	5	5	5	5	5	5
订单量		12	8	0	2	7	6	0	13	5		2
毛需求量		**12**	**8**	**0**	**5**	**7**	**6**	**5**	**13**	**5**	**5**	**5**

续表

各时段计算量	当期	需求时区			计划时区					预测时区		
计划接收量		10										
预计可用库存量初值		**6**	**−2**	**8**	**3**	**6**	**0**	**5**	**−8**	**7**	**2**	**7**
净需求量		**0**	**7**	**0**	**2**	**0**	**5**	**0**	**13**	**0**	**3**	**0**
计划产出量			**10**		**10**		**10**		**20**		**10**	
预计可用库存量终值	8	**6**	**8**	**8**	**13**	**6**	**10**	**5**	**12**	**7**	**12**	**7**
计划投入量		**10**		**10**	**0**	**10**	**0**	**20**	**0**	**10**	**0**	**0**
可供销售量			**2**		**1**		**4**		**2**		**8**	

注：加粗的数字为经过上述计算过程得到的结果

此时，预测只是针对供应周期长、价格较低、使用概率较大、作为储备之用的原材料。

预测和订单之间的取舍，可以有多种组合。表 5-3 所示的例子中取二者之大值，表示企业对预测有信心，虽然暂时没有拿到订单，但是相信随着时间的推移，迟早会拿到订单。如果对预测把握不大，可以只取订单值。如果已经拿到的订单不是来自预期客户群（属于一种过去未涉及的市场），而对预测（一般依据历史资料或以往的市场定位）还有把握，这类情况可以取二者之和。

总之，主生产计划运算的核心是解决毛需求量，包括：①依据预测与订单取舍，确定毛需求量；②依据毛需求量、库存量（包括预计接收量）和相关参数，确定净需求量和计划投入量。

第四节 MRP

一、独立需求与相关需求

MRP 是指根据产品结构各层次物料的从属和数量关系，以每个物料为计划对象，以完工时期为时间基准倒排计划，按提前期长短区别各个物料下达计划时间的先后顺序，它是一种工业制造企业内物料计划管理模式。MRP 是根据产品的主生产计划，基于产品结构层次及各层次物料的库存状况，计算所需物资的需求量和需求时间，从而确定材料的车间作业计划和采购作业计划。

在 MRP 系统中，“物料”是一个广义的概念，它打破了产品品种台套之间的界限，将企业生产过程中所涉及的所有产品、零部件、原材料、中间件等，在逻辑上都视为物料。把所有物料按照需求类型的不同分成独立需求物料和相关需求物料两种类型。

（1）独立需求物料。物料的需求与其他产品或零部件的需求无关，其需求量和需求时间由企业外部的需求来决定，如客户订购的产品、售后用的备品备件等。其需求数据一般通过预测和订单来确定，可按订货点方法处理。

（2）相关需求物料，又称非独立需求物料。物料的需求若取决于对另一些项目的需求，它发生在制造过程中，可以通过计算得到，如原材料、毛坯、零件、部件的需求来自制造过程，是相关需求。在汽车的产品组成结构中，汽车产品的零部件与原材料就是相关需求物料，因为任意时刻所需零部件与原材料的总量都是汽车生产量的函数。相反地，产成品汽车的需求则是独立性需求，因为汽车并非其他任何东西的组成元件。

MRP 软件将企业生产过程中可能使用到的原料、半成品、产品等看作物料，并将物料按照结构和需求关系分解为物料清单，根据物料清单计算各种物料的最迟需求时间和半成品的最迟生产时间。

二、MRP 的输入、输出及更新

（一）MRP 的输入

制订 MRP 前必须具备以下的基本数据。

第一项数据是主生产计划，它指明企业在某一计划时间段内应生产出的各种产品和设备件，包括何时需要、多少数量等。它是 MRP 制订的一个最重要的数据来源。主生产计划将计划期间分割成了一系列可以用月、周、日等时间粒度表示的时期。

第二项数据是物料清单，它指明了物料之间的结构关系，以及每种物料需求的数量，它是 MRP 系统中最基础的数据。

第三项数据是库存记录，它把每个物料品目的现有库存量和计划接收量的实际状态反映出来，按照时间存储各个细项的状态信息，包括需求总额、预收货量、安全库存量等，甚至还可以包含各个细项的其他细节，如供应商、生产提前期、订货方法、订货批量等。像物料清单一样，库存的记录也必须非常准确，当现有库存值不正确，期望送货时间不恰当时，这些关于需求或提前期的错误信息都会对 MRP 产生非常大的有害影响，对企业生产经营的损失是无法估量的。

第四项数据是提前期，它决定着每种物料何时开工、何时完工。在 ERP 系统内，提前期也是 MRP 需求时间计算的一个重要数据来源。提前期是一个从作业开始到作业结束所需要的阶段性时间的概念，它是设计生产装配件工艺路线和制订生产计划的重要基础数据之一。如果仅仅以产品在生产或采购中所需的时间段来说明提前期，是非常简单的。但是如果要以产品在生产中，如装配、零部件、材料等不同状态期间所需的时间来体现它，则相对比较困难。因为多个零部件组装成的产品，其各个零部件的制造、装配及其材料的采购都有一定的提前期。所以，整个产品的提前期并非零部件提前期的简单加总，而是与产品构成、组装制造顺序、生产能力等诸多因素相关的复杂逻辑运算。

（二）MRP 的输出

MRP 可以提供多种不同内容与形式的输出，主要是各种生产和库存控制用的计划和报告。现将主要输出列举如下。

（1）零部件投入出产计划。零部件投入出产计划规定了每个零部件的投入数量和投入时间、出产数量和出产时间。如果一个零件要经过几个车间加工，则要将零部件投入出产计划分解成分车间零部件投入出产计划。分车间零部件投入出产计划规定了每个车间一定时间内投入零件的种类、数量及时间，出产零件的种类、数量及时间。

（2）原材料需求计划。原材料需求计划规定了每个零件所需的原材料的种类、数量及时间，并按原材料品种、型号、规格汇总，以便供应部门组织供料。

（3）互转件计划。互转件计划规定了互转零件的种类、数量、转出车间和转出时间，以及转入车间和转入时间。

（4）库存状态记录。库存状态记录提供各种零部件、外购件及原材料的库存状态数据，供随时查询。

（5）工艺装备/机器设备的需求计划。工艺装备/机器设备的需求计划提供每种零件不同工序所需的工艺装备和机器设备的编号、种类、数量及需要时间等。

（三）MRP 的系统更新

MRP 的系统更新主要有两种方式，分别是再生式系统更新与净改变式系统更新。

再生式系统更新方式就是定期更新。根据这种方式，系统要从最初始层次的产品需求开始，依次对各个层次的每项物料重新进行计算。更新的间隔期可以是固定时间间隔，如周或月。更新采用批处理方式，这意味着在两次批处理之间发生的所有变化，如主生产进度计划的变化、产品结构的变化、计划因素的变化等都要积攒起来，等到下次批处理时一起处理。再生式系统更新方式工作量是非常大的，不可能进行即时的更新。因此，一般经过一定的时间间隔对数据进行更新。由于它具有这种特点，比较适合于生产条件稳定和变动不大的生产情况。再生式系统更新方式的明显缺点是，在得知信息与实际操作改变信息之间，有明显的时滞。但是，再生式系统处理成本相对较低，特定时期内的各项变化最终可能相互抵消，从而避免了对计划的反复修改。

净改变式系统更新方式就是即时更新。企业平常的生产系统和生产环境往往很不稳定（如客户订货变化、主生产计划经常修改、产品设计经常改动等），系统必须有较强的适应变化的能力，再生式系统更新方式由于工作量大而需要研究新的更新方法。为了能在较短周期内更新计划，该方法发展出新的净改变式系统更新方式。

净改变式系统更新方式并不对所有的物料需求都重新进行计算，而只对那些有变化的项目进行重新计算，做新的计划安排。这就使计划的工作量大大减少，计划更新的频率加快，因而增强了系统的适应能力。

净改变式系统更新方式的重要特点是，更新计划与文件的维护融为一体，也就是说，数据资料在进行更新的时候，生产的计划也进行了更新，这使得整个计划不再是固定不变的，而是随着系统的变化进行动态的变化，这个系统能够随着计划的实施对物料的状态自动进行平衡。

三、MRP 的计算过程

MRP 系统要正确计算出物料需求的时间和数量。首先要使系统能够明确企业所制造的产品结构和需使用到的物料；其次打破产品品种台套之间的界限，把企业生产过程中涉及的所有产品、零部件、原材料、中间件等，在逻辑上视为相同的物料；最后根据产品的需求时间和需求数量进行展开，按照时间段来确定不同时期各物料的需求。产品结构列出构成成品或装配件的所有部件、组件、零件等的组成、装配关系和数量要求等，它是 MRP 产品拆零的基础。建立物料清单从建立一个个反映“单层结构”的单层物料单开始，MRP 系统会根据单层结构中母件与子件的相互关系，自动地将所有相关的单层结构串起来，形成一个完整的产品结构树。

进行 MRP 处理的关键是找出上层元件（父项）和下层元件（子项）之间的联系。这种联系就是按父项的计划投入量来计算子项的毛需求量，并在时间上保持一致。要提高 MRP 的处理效率，可采用自上向下、逐层处理的方法。按照这种方法，先处理所有产品的 0 层，然后处理第 1 层，一直到最底层。这样做的好处是每一个项目只需检索处理一次，效率较高。为此，需要对每个元素编一个底层码，这有助于逐层处理。MRP 的计算过程与主生产计划的类似，只是其中一些变量的含义略有不同。

（1）计算毛需求量。独立需求物料的毛需求由外部市场预测和订单得到，相关需求物料的毛需求由它的父项的物料计划投入量和物料清单结构关系确定，同时加上市场对其本身的独立需求量，即毛需求量=物料的独立需求量+父项产生的相关需求量。

（2）计算计划接收量。计划接收量指本计划时段之前已经下达的生产订单或采购订单，预计在本计划时段到货的量。

（3）计算预计可用库存量初值。预计可用库存量是指现有库存中扣除了预留给其他用途的已分配量之后，可以用于需求计算的那部分库存量。此处的已分配量指物料还在仓库中，但已分配给某一订单。预计可用库存量初值的计算公式如下：

$$\text{预计可用库存量初值} = \text{前一时段末的预计可用库存量} + \text{本时段计划接收量} - \text{本时段毛需求量}$$

（4）计算本时段的净需求量。与主生产计划中的概念相同，计算公式如下：

$$\text{净需求量} = \text{安全库存量} - \text{预计可用库存量初值}$$

（5）计算计划产出量，又称计划完工量，指按照计划订单，物料采购或加工完毕的数量和时间。计算计划产出量需要依据企业的批量规则。计划产出量的计算公式如下：

$$\text{计划产出量} = N \times \text{生产批量}$$

$$N = \text{净需求量}/\text{生产批量}$$

式中，N 表示大于或等于 1 的整数，向上取整得到。

（6）计算预计可用库存量终值。这时要考虑计划产出量的影响。预计可用库存量终值等于预计可用库存量初值加上本时段的计划产出量。

同样，计算预计可用库存量终值之后，需要判断计划期中的各个时段是否已全部计算完毕。如果没有全部计算完毕，需要计算下一个时段的数据，重复进行计算。计划期循环完毕之后，可以计算计划投入量和可供销售量。

（7）计算计划投入量。计划投入量是根据计划产出量、提前期及生产合格率等数据计算得到的计划投入数量。

为了具体说明 MRP 的计算过程，现举例如下。

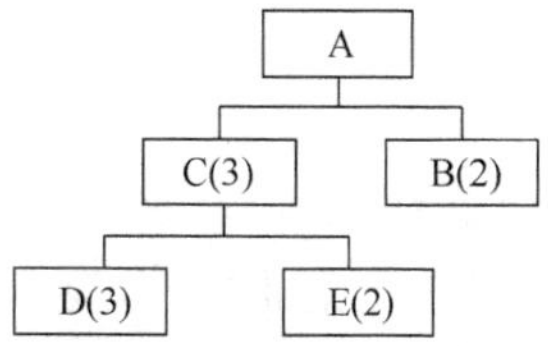

图 5-6　产品 A 的结构组成

【例 5-1】　以产品 A 为例，A 的产品结构树如图 5-6 所示。已知产品 A 的生产提前期为 2 周，毛需求量如表 5-4 所示，生产批量为固定批量 10，部件 C 处于 1 层，采购提前期为 3 周，固定批量为 60，均不考虑安全库存。计算 A 和 C 的 MRP。

表 5-4 物料 A 和 C 的 MRP 计算过程

产品项目	提前期/周	项目	时段/周						
			当前	1	2	3	4	5	6
A（0 层）	2	毛需求量		20	10		30	30	10
		计划接收量		0		40			
		预计可用库存量初值		20	10	50	20	−10	−10
		净需求量						10	10
		计划产出量						10	10
		预计可用库存量终值	40	20	10	50	20	0	0
		计划投入量		0		10	10		0
C（1 层，1A=3C）	3	毛需求量				30	30		
		计划接收量							
		预计可用库存量初值		50	50	20	−10	50	50
		净需求量					10		
		计划产出量					60		
		预计可用库存量终值	50	50	50	20	50	50	50
		计划投入量		60					

在多个产品的情况下，有的元件为几个产品或几个上层元件所共有，有的元件直接提供给顾客（如维修需要的备件）。这样，同一个元件就有多个需求源。在计算该元件的总需要量时就必须考虑多个需求源，如图 5-7 所示。

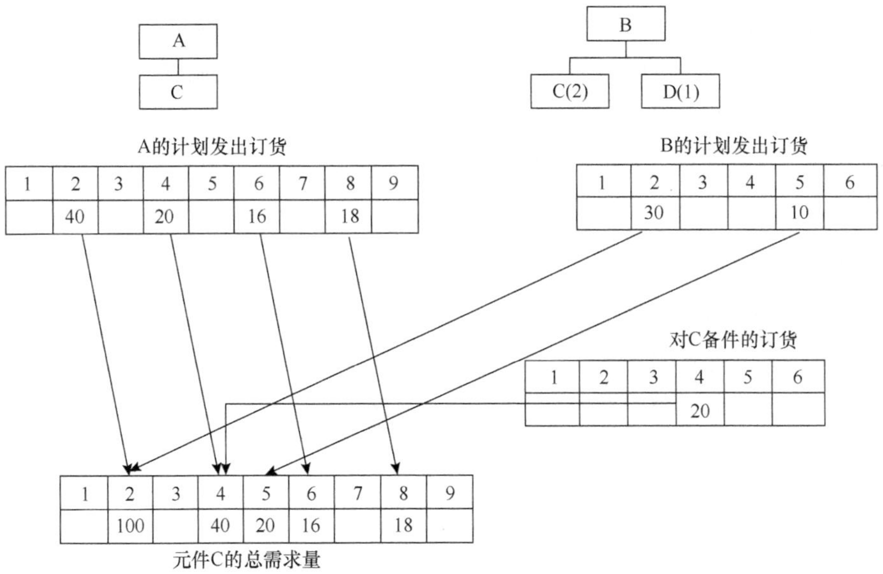

图 5-7 多个需求源下元件 C 总需求量的计算

第五节　能力计划

一、能力计划流程

在 ERP 系统中，能力计划主要是针对企业内部的产能计划，包括生产设备和人员等为完成不同时段物料计划的能力资源；对应物料计划的层次，能力计划同样是一个由宏观到微观、由粗到细、由远到近的分阶段运行流程。

（一）远期能力计划

在生产规划阶段，远期能力计划指与之相伴运行的资源需求计划。资源需求计划所指的资源是关键资源，可以是关键工作中心的工时、关键原材料（受市场供应能力或供应商生产能力限制）、资金等少量关键因素。用每一种产品系列消耗关键资源的综合平均指标，如单台产品的平均消耗指标或单位产品重量的平均消耗指标来衡量。

ERP 的计划系统是一种分时段的计划，计算资源需求量必须同生产规划阶段采用的时间段一致，因为按全年笼统计算似乎可以平衡，但是细分时段后会暴露出更多的问题。只有经过按时段平衡了供应与需求后的生产规划，才能作为下一个计划层次——主生产计划的输入信息。资源需求计划是一种平衡需求的极其粗略的能力计划，主要是对比关键的资源消耗指标，不涉及工艺路线。本节主要讨论后两种能力计划。

（二）中期能力计划

中期能力计划指与主生产计划相伴运行的粗能力计划。粗能力计划是一种计算量较小且比较简单、粗略、快速的能力核定方法，通常只考虑关键工作中心及相关的工艺路线。由于粗能力计划是一种中期能力计划，为了简化计算，一般只考虑计划订单和确认订单，而忽略在近期正在执行的和未完成的订单，也不考虑在制品库存。

对某些特殊行业，如回收零部件（变速箱）修复，有时称为反向或再制造逆向供应链，由于修复的部件磨损情况差别很大，修复的工作量很难估计，这种情况也只做粗能力计划。

（三）近期能力计划

近期能力计划指与 MRP 相伴运行的能力需求计划。根据准备下达、已下达和未结订单的任务负荷，按时段核查所有相关工作中心的能力、有无超负荷或任务不足及能否满足需求计划。各期能力计划的区别如表 5-5 所示。表 5-5 中，MRP 计划订单依据主生产计划下达。

表 5-5　不同层次的能力计划

对比项	资源需求计划	粗能力计划	能力需求计划
计划时期	远期	中期	近期
计划阶段	生产规划	主生产计划	MRP

续表

对比项	资源需求计划	粗能力计划	能力需求计划
需求信息	产量	独立需求件	相关需求件
能力资源	关键资源	关键工作中心	全部工作中心
能力计算	消耗指标	资源清单	工艺路线
时段	月	周/日	日
订单		主生产计划/确认订单	MRP 计划订单/未结订单
考虑现有库存		不考虑	考虑
提前期		偏置天数	开始/完成日期
批量		因需定量	批量规则
工作日历		通用日历	工作中心日历

二、粗能力计划

在 ERP 系统中，粗能力计划是判定主生产计划是否可行的工具。粗能力计划的作用是把主生产计划中计划对象的生产计划转变成对工作中心的能力需求。主生产计划中的生产计划是生产负荷，关键工作中心能力是生产能力。如果生产能力大于或等于生产负荷，则主生产计划是可行的；否则，主生产计划是不可行的。没有经过粗能力计划判定的主生产计划是不可靠的，因为企业可能无法完成主生产计划中的计划任务。

（一）粗能力计划的制订方法

粗能力计划是针对主生产计划进行产能验证，用于确认是否有足够的关键资源支持主生产计划中的生产活动。其中的关键资源包括瓶颈工位、劳动力和关键物料等。在执行粗能力计划的过程中，首先需要将主生产计划转换为产能需求，其次计算可用产能，最后将两者进行对比，从而得出当前产能是否可以满足主生产计划的需求。

粗能力计划的制订一般有三种方法。

（1）全面因素产能规划法。该方法使用全面因素进行产能规划，是实现粗能力计划的最简单的方法。全面因素产能规划法的信息源于主生产计划中的产品数量和产品的标准数据或历史数据。用主生产计划中的产品数量乘以生产每个产品所需的总时间，得到总产能需求时间，就可以估算出总人工或设备的产能需求。通过这种方法，将每周期的总需求产能粗略地分配给各个工作中心，再将每个周期的数据相加，得出各个工作中心的总产能需求。并以此来判断关键工作中心（瓶颈）的产能是否能支持主生产计划的需求。该方法计算速度快，但对产品组合变化的敏感度不如其他方法。

（2）工时清单法。该方法根据工艺路线中每个步骤所需工作中心的人员类型、工作内容和工作量等信息，详细列出具体的工种和所需工时，快速计算出劳动力需求，并与当前可用劳动力进行比较，从而确定供需是否匹配。例如，做一道墨西哥牛肉酱需要经过三个步骤，每个步骤经过一个独立的工作中心。通过工时清单法就可以计算出完成这道菜共需要多少工时。该方法可以探测到产品组合的变化，从而计算出更接近产品组合的产能需求，尤其适用于劳动力资源紧缺型企业。

（3）资源清单法。该方法根据物料清单、工艺路线和标准时间（即每小时产出数量）来计算产能需求。其特点是将负荷转换为标准小时数，再根据不同时段分配资源。它与工时清单法不同的是考虑了交货期（即计划周期），可以提供分时段的产能需求预测。

（二）资源清单法

目前常用的粗能力计划的编制方法是资源清单法，包括以下步骤。

第一步：建立关键中心资源清单。

第二步：判定各时段能力负荷。

第三步：生成粗能力计划。

粗能力计划 = 工作中心资源清单 + 时段负荷情况

第四步：分析各时段负荷原因。

随着粗能力计划的生成，各时段工作中心的负荷量也已尽收眼底，此时管理者关心的是各时段造成工作中心超负荷的起因。起因中包含了引起超负荷的产品及其部件编号和名称、该部件在物料清单中所处的位置，以及部件加工时所占用资源情况的详细信息等，这些信息将帮助计划制订者在物料需求和生产能力间寻求平衡。

第五步：调整生产能力和需求计划。粗能力计划过程的尾部环节将会对生产能力和物料需求进行初步的平衡性调整。原则上的调整方法有减轻负荷和增加能力两种，具体做法有延长交货期、取消部分订单或加班加点、增加设备等。

在制订粗能力计划时，应当灵活机动、粗中有细。此外，粗能力计划的制订应是容易理解的且较为直观的。如果粗能力计划表明主生产计划所产生的能力需求存在短缺，则必须在生产实施或资源投入过程来临之前解决这一问题。

三、能力需求计划

能力需求计划是对 MRP 所需能力进行核算的一种计划管理方法。具体地讲，能力需求计划就是对各生产阶段和各工作中心所需的各种资源进行精确计算，得出人力负荷、设备负荷等资源负荷情况，并做好生产能力负荷的平衡工作。

（一）与粗能力计划的区别

粗能力计划是指在设定完主生产计划后，通过对关键工作中心生产能力和计划生产量的对比，判断主生产计划是否可行。能力需求计划是指在闭环 MRP 中通过 MRP 运算得出对各种物料的需求量后，计算各时段分配给工作中心的工作量，以此判断是否超出该工作中心的最大工作能力并做出调整。两者的区别如表 5-6 所示。

表 5-6　粗能力计划与能力需求计划的比较

项目	粗能力计划	能力需求计划
计划阶段	主生产计划制订阶段	MRP 制订阶段
能力计划对象	关键工作中心	MRP 物料涉及的所有工作中心
计算依据	资源清单	工艺路线

续表

项目	粗能力计划	能力需求计划
负荷计算对象	最终产品和独立需求件	相关需求件
计划的订单类型	计划和确认的订单	计划和确认订单，已经下达的订单
计划提前期考虑	以计划周期为最小单位	物料的开始与完工时间，精确到天或小时

能力需求计划系统的能力平衡一般分为两种：有限能力计划和无限能力计划。两者在是否考虑能力需求计划方面是一样的，其主要区别在于处理负荷时采取的方式不一样。

有限能力计划认为工作中心的能力是不变的，由于考虑了能力限制，某个工作中心的负荷工时是不会超过该工作中心能力工时的。计划的安排按照优先级进行。先把能力分配给优先级高的物料，当工作中心负荷已满时，优先级别低的物料被推迟加工，即订单被推迟。该方法计算出的计划可以不再进行负荷与能力的平衡，优先级计划反映了市场和客户的需求状况，因此具有较大的应用价值。

无限能力计划是指在编制 MRP 时不考虑生产能力的限制，而对各个工作中心的能力和负荷进行计算，得出工作中心的负荷情况，产生能力报告。当负荷大于能力时，对超负荷的工作中心进行负荷调整，采用的措施主要有加班、转移负荷工作中心、替代加工级别、替代工序、外协加工或直接购买等。若这些措施无效，则只能延长交货期或取消订单。无限能力计划只是暂时不考虑能力的约束，尽量去平衡调度能力，发挥最大能力或者进行能力扩充，其目的是满足市场的需求。现行大多数 ERP 系统采用的都是这种方式，这也体现了企业以市场为中心的战略思想。

（二）能力需求计划的计算

计算能力需求计划时要把 MRP 的物料需求量转换为负荷，即把物料需求转换为对能力的需求。工作中心加工物料的负荷计算方法如下：

负荷 = 该物料产量 × 占用该工作中心的标准工时（或台时）

如果能力≥负荷，则表明工作中心满足加工要求，能力富余或刚好合适；如果能力<负荷，则表明工作中心不能满足加工要求，能力不足。

一般来说，编制能力需求计划的步骤是：首先，将 MRP 计划的各时间段内需要加工的所有制造件通过工艺路线文件进行编制，得到所需要的各工作中心的负荷；其次，同各工作中心的额定能力进行比较，提出按时段划分的各工作中心的负荷报告；最后，由企业根据报告提供的负荷情况及订单的优先级因素加以调整和平衡。能力需求计划计算示例如表 5-7～表 5-11 所示。

表 5-7　工作中心 W001 的 MRP 已下达及确认的计划

物料	时段/周				
	1	2	3	4	5
A	10		7	9	
B		8	5		6

表 5-8 工作中心 W001 的 MRP 待下达的计划

物料	时段/周				
	1	2	3	4	5
A	2		8		
B		7		8	

表 5-9 工艺路线

工作中心	物料	类别	能力	单位
W001	A	工时	10	小时
W001	B	工时	5	小时

表 5-10 能力数据

工作中心	能力类别	能力数据	能力单位
W001	工时	100	小时/周

表 5-11 工作中心 W001 负荷——能力计算

负荷能力	时段/周				
	1	2	3	4	5
确认负荷	100	40	95	90	30
计划负荷	20	35	80	40	
总负荷	120	75	175	130	30
平均能力	100	100	100	100	100
余/欠能力	–20	25	–75	–30	70
累计余/欠能力	–20	5	–70	–100	–30

1. 收集数据

能力需求计划要计算的数据量相当大，需要收集的数据包括任务单数据、工作中心数据、工艺路线数据及工作日历等。在具体计算时，可根据 MRP 下达的计划订单中的数量及需求时间段，乘以各自的工艺路线中的定额工时时间，转换为需求资源清单，加上车间中尚未完成的订单的工作中心工时，得出总需求资源，再根据实际能力建立起工作中心可用能力清单。

2. 计算与分析负荷

首先将所有的任务单分派到有关的工作中心，其次确定有关工作中心的负荷，再次从任务单的工艺路线记录中计算出每个有关工作中心的负荷，最后分析每个工作的负荷情况，确认导致各种具体问题产生的原因，以便正确地解决问题。

3. 能力和负荷调整

能力需求计划中包含能力和负荷两个要素。在解决负荷过小或超负荷的能力问题时，应根据具体情况对能力与负荷进行调整：增加或降低能力、增加或降低负荷、两者同时调整。调整能力的方法有加班、增加人员与设备、提高工作效率、更改工艺路线、增加外协处理等。调整负荷的方法有修改计划、调整生产批量、推迟交货期、撤销订单、交叉作业等。

4. 确认能力需求计划

在经过分析和调整后，将已修改的数据重新输入相关的文件记录中，通过多次调整，在能力和负荷达到平衡时，确认能力需求计划，正式下达任务单。

第六节　车间管理

一、车间管理概述

（一）车间管理的定义

车间是企业内直接从事生产活动的场所，是企业组织生产的基本经济单位、行政管理和经济核算单位，是执行层的管理组织机构。车间管理就是车间根据厂部制定的目标、计划、指令、命令和各项规章制度，运用车间拥有的资源条件和管理权限，对车间的经济活动进行计划、组织、指挥、控制、调度和考核，包括对职工进行激励、教育和生活福利管理工作。

按照管理层次的划分，企业管理位于管理的最高层，车间管理位于管理的中间层，班组管理位于管理的作业层。对于最高管理层来说，车间管理属于执行型；对于作业管理层来说，车间管理又属于指令型。车间既要执行厂部下达的指令，并且为厂部提供信息，又要对工段、班组下达指令，以便协调整个车间的生产活动。

车间管理是企业整体管理的基础，是生产第一线的管理工作，是执行性的效率管理。搞好车间管理，保证企业有正常的生产秩序，才能全面完成企业计划，实现企业目标。

（二）车间管理的内容

车间管理的目标是按 MRP 的要求，按时、按质、按量完成加工制造任务，并且花费最低劳动成本。车间管理的具体任务是根据 MRP、制造工艺路线与各工序的能力数据，编排工序加工计划，下达车间生产任务单，并控制计划进度，最终完工入库。

车间管理的基本内容包括根据 MRP 或主生产计划生成车间任务，生成各工作中心的加工任务并进行作业排序，下达生产指令，进行生产调度、生产进度控制与生产作业控制、能力的投入产出控制和在制品管理，登记加工信息和统计分析等。

二、车间作业计划

车间作业计划是车间生产管理中的一种重要形式，主要针对那些生产多种产品、小批量、多工序的制造环境而开展的计划活动。在车间作业计划中，各种设备和工人需要灵活地适应不同的生产任务，因此，有效的车间作业计划对于提高生产效率和满足客户需求至关重要。

车间作业计划是指在生产过程中，根据生产任务的需求和资源的可用性，对各项作业进行排序和时间安排的过程。它的主要目标是确保生产任务能够按时完成，满足客户的需求，同时优化设备和员工的利用率，减少等待时间和闲置时间，管理紧急情况和优先事项，提高生产效率并降低生产成本。车间作业计划主要涉及不同工序和设备上的生产活动安排。它需要考虑多个生产线和工作站之间的协调，以确保生产过程的顺畅进行。

有效的车间作业计划需要考虑以下几个关键要素：作业优先级、资源分配、时间安排、排队理论和订单排序等。作业优先级是根据紧急程度、截止日期或其他标准为作业设定优先级；资源分配是合理分配人员、设备及物料资源以执行作业；时间安排是计算完成每项作业所需的时间并安排具体的开始和结束时间；排队理论是应用排队模型来最小化等待时间和提高流程效率；订单排序是确定生产订单的最优顺序以减少切换成本和生产延误。

车间作业计划过程通常包括收集信息、确定作业优先级、资源分配、编制时间表和监控与调整等五个步骤。首先，需要获取所有相关作业的详细信息，包括工艺流程、所需资源、处理时间等；然后，基于交付日期、重要性或其他标准为作业排序；接着，为每项作业分配必要的人力和设备资源；再创建详细的作业时间表，明确每项作业的开始和结束时间；最后，实时监控生产过程，并在必要时调整时间表以应对变化或突发事件。

为了提高车间作业计划的效率，通常会利用各种技术和工具，如调度软件、甘特图、优化算法和仿真模拟工具等。调度软件可以自动化规划整个生产过程，甘特图提供作业时间表的直观展示，优化算法运用数学模型和算法来优化作业顺序和资源分配，仿真模拟工具则利用计算机模拟来预测和分析调度方案的性能。

通过综合考虑这些要素和步骤，车间作业计划能够确保生产过程顺利进行，并及时响应任何可能的变化或干扰。在实际操作中，需要根据具体情况灵活调整车间作业计划策略，以适应不断变化的生产环境和市场需求。同时，不断学习和探索新的调度方法和工具，以提高车间作业计划的效率和效果，为企业创造更大的价值。

三、车间生产制造技术

现代企业进行生产活动时除了采用精益生产、柔性生产等传统的生产制造技术外（详见二维码），还发展了智能制造、绿色制造、云制造、协同制造模式等先进制造技术。

（一）智能制造

智能制造是一种由智能机器和人类专家共同组成的人机一体化智能系统，它在制造过程中能进行智能活动，如分析、推理、判断、构思和决策等。通过人与智能机器的合作共事，去扩大、延伸和部分地取代人类专家在制造过程中的脑力劳动。它将制造自动化的概念更新，并扩展到柔性化、智能化和高度集成化。

从广义概念上来理解，计算机集成制造系统、敏捷制造等都可以看作智能自动化的例子。的确，除了制造过程本身可以实现智能化外，还可以逐步实现智能设计、智能管理等，再加上信息集成，全局优化，最终建立智能制造系统。这可能是实现智能制造的一种可行途径。

智能制造的运作过程包括：①任一网络用户都可以通过访问该系统的主页获得该系统的相关信息，还可通过填写和提交系统主页所提供的用户订单登记表来向该系统发出订单；②如果接到并接受网络用户的订单，Agent（代理）就将其存入全局数据库，任务规划节点可以从中取出该订单，进行任务规划，将该任务分解成若干子任务，并将这些任务分配给系统上获得权限的节点；③产品设计子任务被分配给设计节点，该节点通过良好的人机交互完成产品设计子任务，生成相应的CAD/CAPP数据和文档及数控代码，并将这些数据和文档存入全局数据库，最后向任务规划节点提交该子任务；④加工子任务被分配给生产者，一旦该子任务被生产者节点接受，机床Agent将被允许从全局数据库读取必要的数据，并将这些数据传给加工中心，加工中心则根据这些数据和命令完成加工子任务，并将运行状态信息传送给机床Agent，机床Agent向任务规划节点返回结果，提交该子任务；⑤在系统的整个运行期间，系统Agent会记录各个节点之间的交互活动，如消息的收发，对全局数据库进行数据的读写，查询各节点的名字、类型、地址、能力及任务完成情况等；⑥网络客户可以了解订单执行的结果。

（二）绿色制造

绿色制造也称为环境意识制造、面向环境的制造等，是一个综合考虑环境影响和资源效益的现代化制造模式。绿色制造的目标就是使产品在设计、制造、包装、运输、使用到报废处理的整个产品生命周期中，对环境的影响（负作用）最小、资源利用率最高，并使企业经济效益和社会效益协调优化。企业要加快节能降碳先进技术的研发和推广应用，形成绿色低碳的生产方式。

绿色制造是指在保证产品的功能、质量、成本的前提下，综合考虑环境影响和资源效率的现代制造模式。它使产品在设计、制造、使用到报废的整个产品生命周期中不产生环境污染或环境污染最小化，符合环境保护要求，对生态环境无害或危害极少，节约资源和能源，使资源利用率最高，能源消耗最低。

绿色制造模式是一个闭环系统，也是一种低熵的生产制造模式，即原料—工业生产—产品使用—报废—二次原料资源，从设计、制造、使用一直到产品报废回收的整个生命周期对环境影响最小，资源效率最高，也就是说要在产品整个生命周期内，以系统集成的观点考虑产品环境属性，改变了原来末端处理的环境保护办法，对环境保护从源头抓起，并考虑产品的基本属性，使产品在满足环境目标要求的同时，保证产品应有的基本性能、使用寿命、质量等。

（三）云制造

云制造是借鉴了云计算思想发展起来的一个新概念。它是先进的信息技术、制造技术以及新兴物联网技术等技术交叉融合的结果，是“制造即服务”理念的体现。

云制造融合现有的信息化制造、云计算、物联网、语义Web、高性能计算等技术，通过对现有网络化制造与服务技术进行延伸和变革，将各类制造资源虚拟化、服务化，并进行统一的、集中的智能化管理和经营，实现智能化、多方共赢、普适化和高效的共享与协同，通过网络为制造全生命周期过程提供可随时获取的、按需使用的、安全可靠的、优质廉价的服务。

云制造基于云计算的思想，利用信息技术实现制造资源的高度共享。建立共享制造资源的公共服务平台，将巨大的社会制造资源池连接在一起，提供各种制造服务，实现制造资源与服务的开放协作、社会资源高度共享。企业用户无需再投入高昂的成本购买加工设备等资源，而是通过咨询并利用公共平台租赁制造能力。在理想情况下，云制造将实现对产品开发、生产、销售、使用等全生命周期的相关资源的整合，提供标准、规范、可共享的制造服务模式。这种制造模式可以使制造业用户像用水、电、煤气一样便捷地使用各种制造服务。

云制造通过网络整合各种制造资源并实现共享，它能根据用户的需求提供定制化制造服务。不同地区的企业和机构可通过云制造平台协作，借此快速响应市场变化，提高生产效率与灵活性，降低企业采购、运营和维护成本。此外，还可利用云平台上的设计软件和工具进行产品设计，将加工任务分配到最合适的生产设备上进行远程加工，通过虚拟仿真技术对制造过程进行模拟和优化，与供应商、合作伙伴等实现协同管理，利用大数据分析技术优化生产过程，根据任务需求和资源状况进行智能调度，以及将部分制造任务外包给其他企业或机构，最后在云平台上共享制造知识和经验。

（四）协同制造

协同制造具有快速响应市场、优化资源配置、提升产品质量、增强创新能力和加强供应链管理等特点和优势。其意味着制造企业能够迅速调整生产过程、产品设计或供应链，以满足不断变化的市场条件，强调不同部门、企业乃至整个产业链之间的紧密合作和协同工作。在制造过程中，关注设计、生产、物流等各个环节。要实现协同制造，需要具备先进的信息技术，以支持各方之间的实时沟通和数据共享；拥有开放的合作文化，鼓励不同企业合作与信息共享；具备高效的供应链管理，确保产业链协同运作；建立灵活的组织架构，提高决策效率；拥有高素质的员工队伍，使其具备适应变化和协同工作的能力。

在企业内部管理方面，传统的工业化思维以层级结构管理企业的内部运行，以串联结构与上下游企业共同形成产业链条，强调管理组织等级分明以及企业业务“大而全”，难以适应市场和产品的多样化需求。而当前的互联网思维强调开放、协作与分享，要求减少企业管理的内部层级结构，在产业分工中注重专业化与精细化，使企业的生产组织更富有柔性和创造性。例如，海尔集团通过不断合并业务单元、削减边缘业务等方法来实现企业运作的扁平化，将 8 万多名员工变成 2000 多个自主经营体的“小海尔”模式，最小的自主经营体仅有 7 人，形成了以销定产的敏捷供应链。在企业资源配置方面，受信息技术影响，制造业全球化的步伐加快，生产和流通方式、贸易领域发生了巨大变化，企业通过网络将价值链与生产过程分解到不同国家和地区，技术研发、生产及销售的多地区协作日趋加强。以宝马集团为例，2014 年其在全球建设了 35 个大型采购仓储中心，并由 1900 多家供应商为其提供零部件和相关服务，从而形成了相互协作、相互依存的利益共同体。

思考与练习

1. 生产管理的职能是什么？

2. 简要介绍能力需求计划和粗能力计划的主要区别。

3. 试分析 ERP 的计划层次有哪些？各自的作用是什么？

4. 某公司产品编号 11101 的激光打印机的相关信息如表 5-12 所示，试编制该产品的主生产计划方案。

表 5-12　激光打印机信息

物料编号：11101　前期可用库存：100 台　计划员编号：Y011
物料名称：激光打印机　安全库存量：10 台　计划展望期：10 周
提前期：2 周　需求时界：第 3 周　计划时界：第 7 周
批量规则：倍数批量 30 台　计量单位：台

计算量	时段/周									
	1	2	3	4	5	6	7	8	9	10
预测量	80	50	40	40	10	40	90	50	50	10
订单量	40	50	40	50	10	60	90	50	40	10
毛需求量										
计划接收量	30									
预计可用库存量初值										
净需求量										
计划产出量										
预计可用库存量终值										
计划投入量										

拓展阅读

第六章　库 存 管 理

库存管理是企业生产经营过程中不可缺少的重要组成部分，是实现供应链降本增效的重要环节。库存管理就是要研究如何合理地降低整个企业的库存量，以获得最优的订货策略，合理地配置企业资源，达到最低占用资金和取得最大收益的目的。在本章中您将了解库存管理的含义、作用和库存的分类，掌握四种库存控制模型和四种库存控制策略，理解安全库存的计算方法。

学习目标

- 掌握四种库存控制模型
- 掌握四种库存控制策略
- 理解安全库存的计算方法

知识结构图

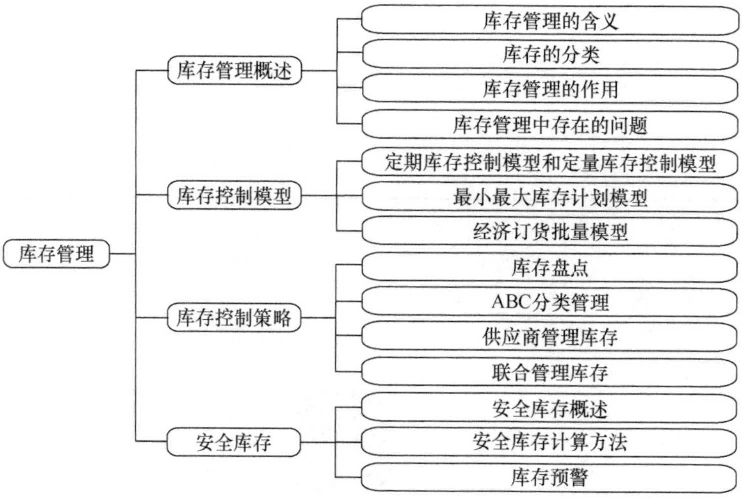

第一节　库存管理概述

一、库存管理的含义

库存也称为存货，主要是指企业为满足未来需求而提前购置的闲置资源，其主要目的在于满足未来的需求。在任何时期，只要社会上存在物质生产活动，库存就是一项必需产物。其存在的原因就在于，任何时期的商品都会存在生产数量、价格与出售时间之间的矛盾。库存管理通常被认为是对库存物品的数量管理，甚至往往认为其主要内容就是保持一定的库存数量。但是，就库存管理所包含的内容来说，数量管理仅是其中较为重要的一项，并不是库存管理的全部内容。

当今社会信息网络十分发达，只有及时、准确地掌握信息，才能使企业不被竞争激烈的市场所淘汰。库存物品应是良品，假如是过时的、陈旧的物品，这一信息便会迅速传到相关单位，降低企业的信誉。因此，企业必须实行及时、有效的库存管理。另外，即使库存是良品，若存放数量过多，也会积压资金，影响资金周转，还要花费更多的人力、财力去保管。反之，若库存物品数量过少，外界又会怀疑企业实力不够雄厚，也会影响企业发展。

库存系统是指用来控制库存水平、决定补货时间及订货批量大小的制度和控制手段。在制造业和仓储保管中，库存系统分析的目的是规范以下两个问题：①什么时候进行订货；②订购量是多少。正如我们日常所见，许多公司都努力与供应商建立长期供需关系，以便供应商能为企业全年的需求提供稳定、及时的服务。

库存管理工作应该力争做到供需双方互相协调满意，企业或管理人员之间应该保证彼此融洽的合作关系，相互信任。这是因为库存管理工作的使命是降低存货成本、避免货物过度呆滞而影响销量、减少因库存过少而产生的过度投资、避免难以及时满足市场需求而导致缺货和延货情况的出现。

二、库存的分类

根据库存品的需求是否重复可将库存分为单周期库存和多周期库存；根据库存品的需求是否相关可以将产品的库存分为独立需求库存和相关需求库存；根据产品的存储状态可以将库存分为在库库存和在途库存。

（一）单周期库存和多周期库存

库存周期是指在一定范围内，库存物品从入库到出库的平均时间。根据库存是单周期需求还是多周期需求，把库存分为单周期库存和多周期库存两类。对单周期需求物品的库存控制问题称为单周期库存问题，对多周期需求物品的库存控制问题称为多周期库存问题。

单周期库存的物品只是在一段特定的时间内有需求，当特定时间过去之后，物品就没有原来的价值。单周期需求会出现下面两种情况：①某种物品偶尔发生的需求；②经常发生的某种生命周期短的物品的不定量的需求。前一种需求如一年一度的中秋月饼，因为人们不会在八月十六订月饼；后一种需求如周期性的报纸期刊，因为很少有人会买过期的报纸期刊来看。

多周期库存物品的需求是重复和连续的需求，其库存需要不断地补充。例如，生产汤圆、水饺的生产商，需要保持一定量的库存，以备市场的突发性需求，当库存低于这个数量，生产计划就会安排生产，库存不断得到补充。在现实中，这种物品需求更为常见。

（二）独立需求库存和相关需求库存

独立需求库存指某种库存物品的需求与其他种类的库存物品无关，表现出这种库存物品需求的独立性。从库存管理的角度来说，独立需求库存是指那些随机的、企业自身不能控制而是由市场所决定的需求，这种需求与企业对其他库存产品所做的生产决策没有关系，如客户对企业最终产成品、维修备件等的需求。独立需求库存无论在数量上还是时间上都有很大的不确定性，但可以通过预测方法粗略地估算。

相关需求库存是指其需求水平与另一物料的生产有直接联系的库存。相关需求库存比一般的库存影响程度更大，而且管理难度也较大。管理好相关需求库存，对于企业更加重要，应该受到高度重视。

（三）在库库存和在途库存

在库库存是指存储在企业仓库中的库存，是存货的主要形式。

在途库存是尚未到达目的地、正处于运输状态或等待运输而储备在运输工具中的库存，如在航空、铁路、公路、管道等运输线上的物资，装配线上的在制品等。一方面，随着整体运输速度的提升，运输时间缩短，在途库存的数量有所减少；另一方面，货物跟踪技术、车辆定位技术等相关技术的发展，可以为企业更好、更充分地以在途库存替代部分在库库存提供可能，越来越多的企业在衡量库存水平时将在途库存计算在内，减少库存总量。

三、库存管理的作用

库存的作用是保证企业生产和销售的正常运行，这是库存管理第一个需要考虑的问题。生产与库存相伴而生，库存管理对市场、企业的正常运作与发展起到了非常重要的作用。主要表现在以下几个方面。

（一）维持销售产品的稳定

在激烈的市场竞争中，企业的销售预期要求对销售产品必须保持一定数量的库存，其目的是应对市场的销售变化。这种方式下，企业预先并不知道市场的真正需求，只是按对市场需求的预测进行生产，因而产生一定数量的库存是不可避免的。但随着 ERP 系统的广泛应用和企业供应链体系的形成，这种库存得到最大限度的控制。通过 ERP 系统提高管理水平和信息化沟通能力有望达到零库存。

（二）维持生产的稳定

企业按销售订单与销售预测安排生产计划，并制订采购作业计划，下达采购订单。采购的物品需要一定的提前期，这个提前期是根据统计数据或者是在供应商生产稳定的前提下制定的，存在一定的风险，有可能会拖后而延迟交货，最终影响企业的正常生产，造成生产的不稳定，为了降低这种风险，企业会增加材料的库存量，优先保证生产。

（三）平衡企业物流

库存在企业采购材料、生产用料、在制品及销售物品的物流环节中，起着重要的平衡作用。对于采购材料，企业会根据库存能力，协调来料收货入库，对于生产部门的领料，企业应考虑库存能力、生产线物流情况以平衡物料发放，并协调在制品的库存管理。另外，对销售产品的物品库存也要视情况进行协调。

（四）平衡流通资金的占用

库存的材料、在制品及成品是企业流通资金的主要占用部分，因而库存量的控制实际上也是进行流通资金的平衡。例如，加大订货批量能降低企业的订货费用，保持一定量的在制品库存与材料能节省生产交换次数，提高工作效率，但这两方面都要寻找最佳控制点，既能实现库存控制的目的，又能够把库存资金占用降到最低。

四、库存管理中存在的问题

库存是把“双刃剑”，有利有弊，库存平滑了生产过程，满足了顾客需求，确保了企业顺利运作，但库存也给企业带来了沉重的资金负担，掩盖了经营与管理中存在的产品质量与工作中的失误等问题。库存数量的确定必须合理。过多，会造成物资积压，影响物资周转，增加库存成本；过少，又会发生停工待料或缺货等丢失销售机会的现象。这些情况都不利于企业的生产经营，影响企业的经济效益。

传统的库存理论本来已经发展到比较成熟的阶段，但经济的发展和环境的变化对现有的库存理论又提出了诸多挑战。经济的全球化、顾客需求的个性化、迅速变化的市场需求使库存管理变得越来越复杂。对当前库存管理系统进行分析可以发现，库存管理主要存在五个问题：缺少供应链的整体观念、对用户服务的理解不恰当、信息传递的准确性问题、库存控制策略简单化、缺乏有效的协调机制。

（一）缺少供应链的整体观念

虽然供应链管理的整体绩效取决于各个供应链节点企业的绩效，但是供应链上各个节点企业都是相互独立的市场主体，都有其各自独立的目标与使命，有些目标和供应链的整体目标是不相干的，有些可能是冲突的。因此，缺少供应链的整体观念必然导致供应链整体绩效的降低。另外，一般的供应链系统都没有针对全局供应链的绩效评价指标，供应链上某个节点企业可能采用某一种绩效指标，而另一个节点企业却有可能采用其他的绩效指标，这是普遍存在的问题。因此，供应链节点企业都应该把降低库存成本，提高用户满意度作为供应链库存管理的重要绩效评价指标。

（二）对用户服务的理解不恰当

供应链管理的绩效好坏最终应该由用户来评价。但各个企业对用户服务的理解与定义不相同，导致用户服务水平也存在差异。许多企业采用订货满足率来评价用户服务水平的高低，但用户满足率并不等于用户满意度。企业的经营目标是较高的用户满意度，即使企业能够达到95%的订货满足率，某些用户也不一定满意。因此，企业需要根据用户的不同要求确定相应的服务水平。另外，传统的订货满足率评价指标也不能评价订货的延迟水平。同样具有90%的订货满足率的供应链企业，在如何补给余下的10%的订货要求方面存在较大差别，且其他的服务指标也常常被忽略。

（三）信息传递的准确性问题

当用户下了订单后，他们总是想知道供应商什么时候能交货，在等待交货的过程中，也可能会对订单交货状态进行修改，特别是当交货延迟以后。我们并不否认一次性交货的重要性，但必须看到，许多企业并没有及时、准确地向用户更新推迟订单的交货信息，这必然引起用户的不满和对企业信任的丧失，最终导致用户满意度的降低。

（四）库存控制策略简单化

无论是生产性企业还是物流企业，库存控制的目的都是保证企业生产运作的连续性和应对不确定性的需求。这就要求企业首先要了解和跟踪影响企业生产经营的不确定性因素，然后利用掌握的信息去制定相应的库存控制策略，这是一个动态的过程，因为不确定性也在不断地变化。另外，企业的库存控制策略除了要能够应对外界不确定性的影响以外，还要考虑企业自身的影响，发挥自身的优势，以实现有效的库存管理。在传统的库存控制策略中，多数是面向单个企业的，采用的信息基本上来自企业内部，其库存控制没有体现供应链管理的思想。因此，如何建立有效的库存控制策略，并体现供应链管理的思想，是供应链库存管理的重要内容。

（五）缺乏有效的协调机制

供应链是一个整体，需要协调各方活动才能取得最佳的整体绩效。协调的目的是使满足一定服务质量要求的信息可以无缝地、流畅地在供应链中传递，从而使整个供应链能够根据用户的要求形成更为合理的供需关系，适应复杂多变的市场环境。如果企业间缺乏协调与合作，就会导致交货期的延迟和服务水平的下降，同时库存水平也会因此而增加。为了应对不确定性，供应链上各个节点企业都设有一定的安全库存，这是企业采取的一种应急措施。但在多厂商特别是全球化的供应链中，组织的协调涉及很多利益群体，相互之间的信息透明度不高，这就使企业不得不维持一个较高的安全库存。各企业互不相同的目标和绩效评价尺度，使库存控制变得更加困难。供应链上各个节点企业要实现有效的协调，各个节点企业之间就要有一种有效的激励机制。在企业内部，一般有各种各样的协调激励机制用以加强部门之间的合作，但当扩大到企业之间的协调激励时，困难就很大。因此，供应链上各节点企业之间缺乏有效的监督和激励机制是供应链企业之间合作不稳固的重要原因。

第二节　库存控制模型

在库存管理中，库存控制是一个核心内容，企业要编制需求预测，通过库存将市场需求转化为企业的生产需求，库存控制是非常关键的因素。库存控制对于企业其实是一大难题，其基本问题是确定各个产品补货时间、补货数量，这是管理人员及业务人员面临的具有极高难度的决策问题。因为企业的品种有上百种甚至上千种，且每个品种有不同的历史数据、订单提前期、补货间隔期。很多企业有的是用经验模型来进行这项工作，有的是直接依据人的经验。经验模型纯粹是靠人的经验来掌握，在品种数量很多的情况下可能不会达到预想结果，难以做出科学的决策。

几十年来，随着社会经济与科学技术的发展，库存控制的内涵和外延不断得到丰富和拓展，经过许多研究者的大量理论研究与实证分析，库存控制理论不断获得扩展和更新，并持续地用于指导库存控制实践。对以上问题的研究，提出了以下几种库存控制模型来解决。

一、定期库存控制模型和定量库存控制模型

（一）定期库存控制模型

定期库存控制模型是预先设定订货周期，并周期性地检查库存状况，到订货时间后，按照库存盘点值与期望库存值的差值来补充库存。在一定时间内，提前预设期望库存量，采购周期保持恒定，标准订货量按实际库存与期望库存量的差来确定。需要注意的是，由于受到季节、市场等不确定因素的影响，每个周期内盘点得到的库存量是不同的，每次的订货量也会随之变化。定期库存控制模型计划性强，可实现库存循环控制管理，但库存监控周期长，对安全库存预测精准度要求高，易造成库存超量或短期缺货、断货。

定期库存控制模型如图 6-1 所示，其中定期库存控制模型的周期包括两个部分：订货周期 T 和提前期 LT。M 为最大库存量（期望库存量），S 为安全库存量，单位时间内的库存需求为 D。由图 6-1 可得定期库存控制模型的订货量：

$$建议订货量 = 最大库存量 - 现有可用库存 - 在途库存$$

$$实际订货量 = 调节系数 \times 建议订货量$$

$$最大库存量 = 库存需求 \times（订货周期 + 提前期）+ 安全库存量$$

式中，调节系数包括季节因素调节、长（大）件调节、高价值调节等。

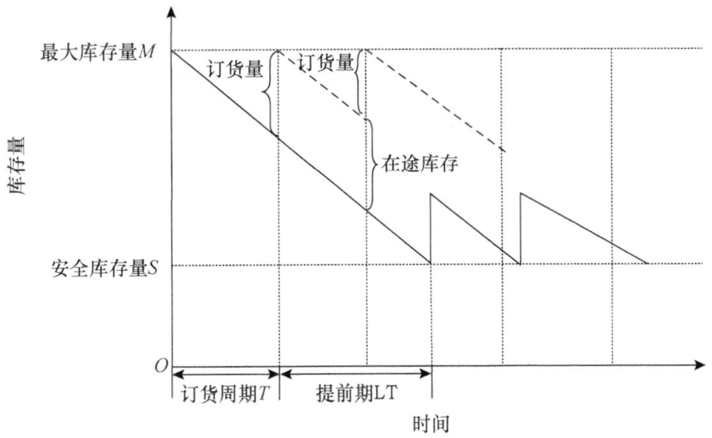

图 6-1　定期库存控制模型

（二）定量库存控制模型

定量库存控制模型，在一定时间内，最大库存量、标准订货量、安全库存量都提前预设完成，采取定量补货，同时对多种配件进行库存量的控制，可实现库存最小化控制，但订货时间点和订货周期随机变动，需随时监控库存，控制标准不灵活，对供应速度、质量要求高，易造成库存缺货、断货。

定量库存控制模型持续监控库存数量。预先设定某一补货基准，当库存数量降低到这一基准值时，按标准订货量下达补货计划。其基本思想是，对库存进行连续检查，当库存降低到订货点水平 R 时，即进行一次订货，每次订货的数量保持不变，都为固定值 Q。该策略常用于需求量大、需求波动高，缺货损失大的情形。定量库存控制模型如图 6-2 所示，其中 R 为订货点，Q 为订货批量，LT 为提前期。当库存值降至订货点 R 时，下达批量为 Q 的补货计划，并确保在提前期 LT 内收到，以保证库存的及时供应。

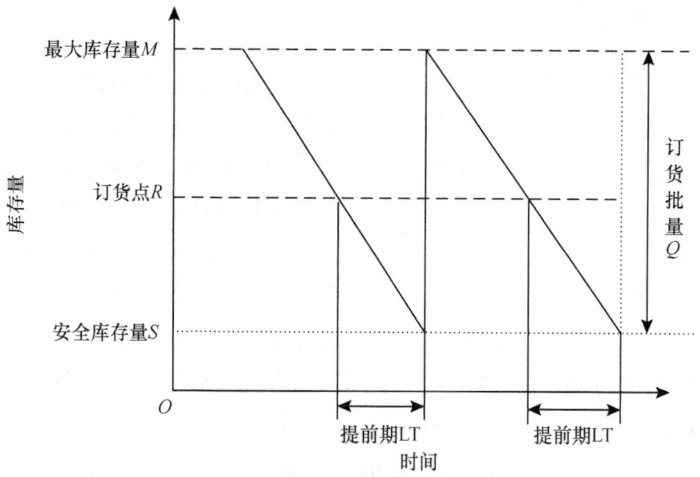

图 6-2　定量库存控制模型

（三）定量库存控制模型与定期库存控制模型的比较

对两种库存控制模型进行比较，比较结果如表 6-1 所示。

表 6-1　定量库存控制模型与定期库存控制模型比较

序号	项目	定量库存控制模型	定期库存控制模型
1	订货量	固定，每次订货量相同	变化，每次订货量不同
2	订货时间	随机，库存量降到订货点	定期，订货间隔期相同
3	库存量大小	小，安全库存也小	大，安全库存也大
4	库存记录	每次出入库都需记录	只在盘点期记录
5	库存控制要求	宽松	严格
6	库存控制品种数	同时控制多种物料	较少
7	适用范围	需求波动高，经常出库的货物	需求稳定的货物

依据比较的结果，可以得出两类库存控制模型各自的特点和适用范围，对库存控制模型进行总结，如表 6-2 所示。

表 6-2 定量库存控制模型与定期库存控制模型评价

常用储备模型	策略评价
定量库存控制模型	决策思路：当库存量下降到预定的最低库存量（订货点）时，按规定数量（一般以订货批量为标准）进行订货补充 适用范围：品种数量少、平均占用资金大、需重点管理的产品 缺点：需要实时进行检查和盘点，工作量大、耗时长，实际操作时订货批量比较难确定
定期库存控制模型	决策思路：每隔一个固定的时间周期检查库存项目的储备量，根据盘点结果与预定的目标库存水平的差额确定每次订购批量 适用范围：品种数量大、平均占用资金少的产品 缺点：订货量波动较大

通过对比，无论是定量库存控制模型还是定期库存控制模型都不可能完全解决库存管理问题，这就要求我们综合运用以上两种方法，尽可能实现供需平衡。

二、最小最大库存计划模型

最小最大库存计划模型是一种比较传统的库存控制方法，它是用库存的最小数量和最大数量来控制物料。它是一种解决独立需求中需求不确定、消耗随机问题的有效方法。在企业中，特别是在制造业中，物料的需求和消耗有不同的特点，应该根据物料需求和消耗的特点采用不同的库存控制模型。在过去，由于没有利用信息技术，最小最大库存计划无法全面考虑到企业物料的需求和企业已发出的订单及已有的需求，利用信息技术后，可以确定在指定日期内的低于最小库存的物料和超过最大库存的物料，提供事前预警，提早采取措施，保证合理库存。最小最大库存计划模型如图 6-3 所示。最大库存和最小库存是库存控制的上下限，保证所需物料在合理的范围内。

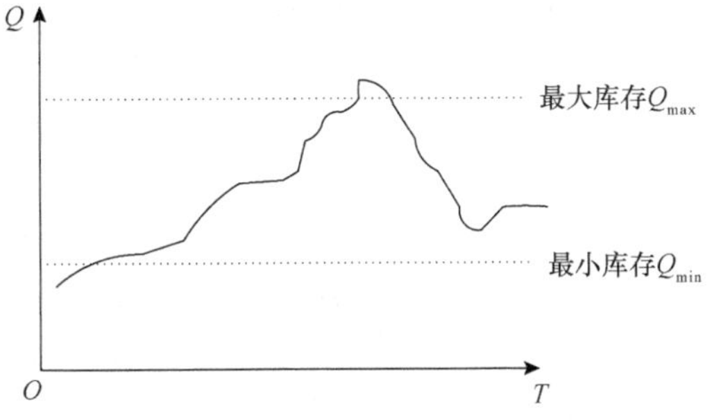

图 6-3 最小最大库存计划模型

在最小最大库存计划模型中，当库存数量满足条件，即现有库存数量+订货数量<最小库存数量时，需要发起订货请求；而订货数量根据“订货数量=最大数量−（现有数量+已订货数量）”这一条件来确定。

三、经济订货批量模型

经济订货批量，是用来确定企业在一次订货过程中的最优订货数量。使用经济订货批量的订货原则，企业可实现订货成本和存储成本之和的最小化。经济订货批量模型是现阶段各大企业在库存管理过程中应用最广泛的订货模型。

订货成本对库存成本起着决定性作用，订货批量就是对这个作用的平衡。无特殊情况，库存量趋近于订货批量的 50%。订货批量增加，库存量就随之增加，进而导致库存管理维护成本的增大。但是，订货批量的增加使各周期内的订货次数减少，订货总成本降低。通过建立经济订货批量模型将订货批量公式化，就可以得到精确的数量，从而实现订货成本和库存成本之和最低的目的。相关公式与案例详见二维码。

第三节　库存控制策略

一、库存盘点

（一）库存盘点的概念

库存盘点是为了精确地计算当年或当月的营运状况，制定公司仓储收发作业准则，以年/月为周期，清点公司内的成品和原材料，以便对仓储货品的收发结存等活动进行有效控制，保证仓储货品完好无损、账物相符，确保生产正常进行，规范公司物料的盘点作业。在库存管理软件没有全面应用于企业之时，所有的库存盘点都通过手工记录，而随着软件行业的发展，越来越多具有库存管理功能的软件（如 ERP）被应用到现代化工业中，这大大提高了现代工业的生产效率。

（二）库存盘点工具

库存盘点工具能帮助使用者更高效率地完成库存盘点工作。通过合理使用盘点工具，达成对库存产品的收发、盘点及位置信息的准确定位，以帮助企业对仓储、物流精准快速决策，为企业节省人力及硬件成本、建立精细化货位管理、降低库存损失。市面上的盘点工具众多，本章主要列举了手机扫描器、RFID 盘点机和盘点机器人三种工具。

1. 手机扫描器

手机扫描器，又称盘点机、手持数据采集器。手机扫描器是一种便携式的电子设备，通常用于读取条形码、二维码或其他形式的标识符。它是将条码扫描装置、RFID 技术与数据终端一体化，带有电池可离线操作的终端电脑设备，具备实时采集、自动存储、即时显示、即时反馈、自动处理、自动传输功能。为现场数据的真实性、有效性、实时性、可用性提供了保证。其具有一体性、机动性、体积小、重量轻、高性能，并适于手持等特点。

2. RFID 盘点机

RFID 是一种非接触式的自动识别技术，它通过射频信号自动识别目标对象，可快速地进行物品追踪和数据交换。识别工作无须人工干预，可工作于各种恶劣环境。RFID 技术可识别高速运动物体并可同时识别多个标签，操作快捷方便。RFID 技术诞生于第二次世界大战期间，它是传统条码技术的继承者，又称为“电子标签”或“射频标签”。RFID 盘点机具有工业级手持设备标志性的耐用设计和优异性能，配备了先进的高效能 RFID

读取器引擎，可实现更快的读取速度和更大的吞吐量。迟钝性天线是一种特殊的 RFID 天线设计，也是一种重要的创新方向。它能够在多个方向上接收和发送信号，从而提高设备的灵活性和识别能力。

3. 盘点机器人

盘点机器人集自主导航、准确定位、自动充电、智能盘点等功能于一体，融合应用视觉识别、RFID 等技术，实现仓库物资无人化、自动化盘点，赋能仓库数字化管理。它具备智能导航机器人、视觉避障机器人的一些特点，能够自动读取物料托盘数据，是一种复合型机器人。它能自动扫描识别仓库货物，实时更新库存数据，减少人工盘点成本，提供准确的库存信息；还可扫描识别生产线原材料和成品，及时反映情况，提高生产计划的准确性和效率。

（三）库存盘点的方法

在 ERP 系统中，除了通常采用的期末盘点方法以外，还可以采用循环盘点和动态盘点方法。

1. 期末盘点

期末盘点，又称为年终盘点或期末库存清查，是指在会计年度结束时对企业的存货、固定资产等进行清点、核实和评估的过程。这是企业内部管理和外部审计的重要环节，旨在确保企业财务报告的准确性和完整性。期末盘点通常包括以下几个方面。

（1）盘点前的准备工作：在开始盘点之前，企业需要对存货、固定资产等进行分类、编号和登记，以便在盘点过程中能够快速找到相应的物品。此外，还需要制订详细的盘点计划，包括盘点的时间、地点、人员等。

（2）盘点过程：在盘点过程中，企业需要对所有存货、固定资产等进行实物清点，核对数量、规格、型号等信息是否与账面记录一致。对于有差异的情况，需要进行调查和核实，找出原因并及时进行调整。

（3）盘点结果的汇总和分析：在盘点结束后，企业需要将盘点结果进行汇总和分析，对比实际库存与账面库存的差异，评估企业的库存管理水平。对于发现的问题和差异，需要进行进一步的调查和处理，以确保财务报告的准确性。

（4）调整和改进：根据盘点结果，企业需要对财务报告进行必要的调整，如修正存货、固定资产的账面价值等。同时，还需要对库存管理、资产管理等方面进行改进，提高企业的运营效率。

总之，期末盘点是企业在会计年度结束时进行的一项重要工作，通过对存货、固定资产等进行实物清点和核实，可以确保企业财务报告的准确性和完整性，为企业的持续发展提供有力的支持。

2. 循环盘点

循环盘点是一种周期性的库存管理方法，旨在通过持续监控来确保库存记录的准确性。循环盘点通常将库存项目分为不同的类别或区域，并按照预定的周期（如每日、每周）进行分批盘点。这种方法允许企业逐区或逐类地检查库存，而不是一次性检查所有库存。循环盘点的优势在于它可以减少单次大规模盘点所需的人力和时间，同时及时发现并解决问题。由于盘点是定期且持续进行的，它可以减轻工作压力，避免因一次性全面盘点而造成运营中断。

循环盘点与期末盘点不同，后者通常在年终或期末进行，需要关闭仓库或工厂，对所有物品进行一次性清点。循环盘点则不需要关闭操作，可以持续进行，减少了对企业日常运营的影响。循环盘点的频率和范围的选择取决于多种因素，包括公司的特定情况、存货的种类和价值等。一些企业可能会选择每天随机盘点一定数量的物资，而在一个月内覆盖全部库存。

此外，循环盘点法特别适用于价值高且需要严格控制的 A 类物料。通过这种方法，企业可以保持对关键库存项的紧密跟踪，同时减少工作量和盘点压力。总的来说，循环盘点是一种有效的库存管理策略，它通过分散盘点工作，提高了盘点效率，同时确保了库存数据的准确性和及时性。

3. 动态盘点

动态盘点是一种实时盘点的仓库管理方法，是指在物料入库、出库的同时进行实时的数据采集和记录。当物料进入仓库时，通过扫描条形码或 RFID 等技术手段，将物料的详细信息与系统数据进行比对，确保数据的准确性和一致性。在物料出库时，系统会根据出库单据自动更新库存数据，实现实时的库存更新和查询。

动态盘点能够实时反映库存情况，便于管理人员及时掌握库存动态；通过采用扫描条形码或 RFID 等技术手段，可以大大提高数据采集的准确性，实现快速、高效的库存管理，减少人工干预和错误。然而，动态盘点需要购买相应的硬件设备和软件系统，成本较高；需要建立相应的 IT 系统支持动态盘点的运行和管理，对技术支持的要求较高。

二、ABC 分类管理

任何企业均存在多种不同种类的库存，且库存数量和品种价值均有所区别。受企业内部资源和成本限制因素的影响，为了更高效地对物资进行管理，同时对企业内部人力、物力、资金等进行整合，应对内部库存物资进行适当分类，针对性采取不同管理方式。ABC 分类法主要是依据某类库存占总库存的比例将其分为 A、B、C 三级，是一种方便、有效又能高效利用资金和费用的方法，如图 6-4 所示。

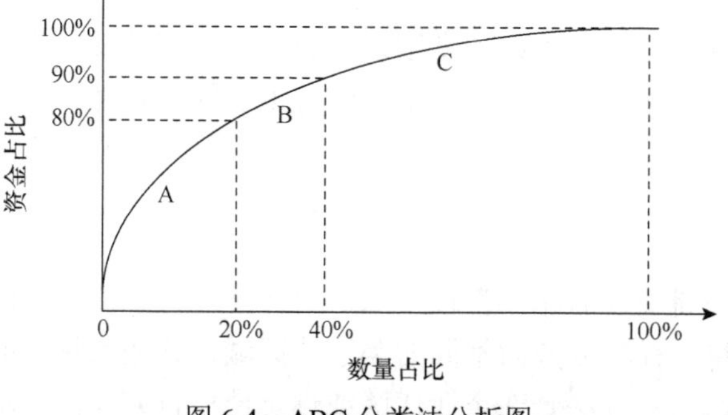

图 6-4 ABC 分类法分析图

一般情况下，对不同类别产品进行管理应注意以下要点，如表 6-3 所示。

表 6-3 A、B、C 类不同的库存管理策略

库存类型	特点（按货币量占用）	管理方法
A	占总品种数的 15%～20%，年消耗金额占总库存金额的 75%～80%	进行重点管理，需严格把握其储备量、订货量和订货时间，严格进行现场管理，定期检查和盘点，以进行更准确的预测
B	占总品种数的 20%～25%，年消耗金额占总库存金额的 10%～15%	进行次重点管理，相对于 A 类来说，各种级别形式都会弱些，如检查和盘点周期更长，现场管理严格程度较低，预测、准确度要求低等
C	占总品种数的 60%～65%，年消耗金额占总库存金额的 5%～10%	进行一般管理，粗放型的现场管理，定期进行库存检查和盘点，但周期可以比 B 类长一些

（1）针对 A 类货物：在对 A 类货物进行管理时应尽可能采取更加精准的方式使用库存控制模型和方法进行控制。A 类货物是企业库存中最为重要的一类，应尽可能将订货周期缩短、避免库存量波动过大，促进货物和商品的按时提交。

（2）针对 B 类货物：B 类货物介于 A 类和 C 类之间，应结合实际情况采取比 C 类管理更加严格，但比 A 类货物相对宽松的管理策略。

（3）针对 C 类货物：C 类货物相对于 A 类和 B 类货物来说价值较低，可不必每日清点和管理。但是为了避免缺货情况的出现，企业可将安全库存量的额度加大，避免订货次数过多而产生不必要的费用。

三、供应商管理库存

（一）概述

传统管理方式下，库存是由库存拥有者管理的。因为无法确切知道用户需求与供应的匹配状态，所以需要库存，库存设置与管理是由同一组织完成的。这种库存管理模式并不总是最优的。一个供应商用库存来应付不可预测的或某一用户的不稳定需求，用户也设立库存来应付不稳定的内部需求或供应链的不确定性。虽然供应链中每一个组织独立地寻求并保护其各自所在供应链的利益不受意外干扰是可以理解的，但这样做会影响供应链的优化运行。供应链的各个不同组织根据各自的需求独立运行，导致重复建立库存，无法达到供应链全局的最低成本，整个供应链系统的库存会随着供应链长度的延长而快速增加。

供应商管理库存（vendor managed inventory，VMI）模式能够突破传统条块分割的库存管理模式，以系统的、集成的管理思想进行库存管理，使供应链系统能够获得同步化的运营。供应商管理库存是一种以用户和供应商双方都获得最低成本为目的，在一个共同的协议下由供应商管理库存，并不断监督协议执行情况和修正协议内容，使库存管理得到持续改进的合作性策略。

供应商管理库存模式将某种存货的管理委托给其供应商负责，并将公司内部该存货的库存、销售、生产等信息与供货商共享，由供货商协助公司更好地降低存货的成本，进而提高公司的利润。由于供应商更了解自己商品的情况、供应能力、促销计划、新品计划、季节变化等，配合使用先进的电子技术，可以更好地帮供应商管理订单和库存。

这种技术可以提高供应链管理的效率，降低双方的库存，减少商品缺货率，减少运作成本，提高对市场变化的反应速度，更好地满足消费者的需求。

（二）供应商管理库存的实施原则

供应商管理库存在实施过程中需要遵循以下原则。

1. 合作性原则

在实施该策略时，供应商和用户（零售商）之间的相互信任与信息透明是非常重要的，要有较好的合作精神，才能够相互保持较好的合作。首先，实施供应商管理库存模式，供应商必须向下游客户证明，它有管理整个供应链的能力；其次，实施供应商管理库存，下游客户必须确信，为多个竞争客户服务的供应商能够为客户的商品销售信息保密。同样，供应商也必须确信，与多个从事同样产品类别的供应商进行交易的客户，能够正确处理各个供应商的信息保密问题。

2. 互惠互利原则

通过该策略，使双方的成本都得到减少，形成互惠互利的格局。

3. 目标一致性原则

双方都明白各自的责任，并在观念上达成一致的目标，如库存存放地点、支付条款、管理费用等问题都要体现在框架协议中。

4. 持续改进原则

供应商管理库存的主要思想是供应商在用户的允许下设立库存，确定库存水平和补给策略，拥有库存控制权。供应商管理库存系统，不仅可以降低供应链的库存水平、降低成本。而且，用户还可获得较高水平的服务，改善资金流，与供应商共享需求变化的透明性和获得更高的用户信任度，使供需双方能共享利益和消除浪费。

（三）供应商管理库存的实施方法

1. 建立顾客情报信息系统

通过建立顾客的信息库，供应商能够掌握需求变化的有关情况，把由分销商进行的需求预测与分析功能集成到供应商的系统中来。

2. 建立销售网络管理系统

供应商须建立起完善的销售网络管理系统以便管理库存，保证自己的产品需求信息和物流畅通。因此，需做到以下三点：保证自己产品条码的可读性和唯一性；保证产品分类、编码的标准化；保证商品储存运输过程中的可识别性。

3. 建立供应商与分销商的合作框架协议

双方企业达成共识后，要各自组成一支由有关部门组成的跨部门团队，并共同成立一个联合团队，分别就物流、信息管理系统、销售、财务规定等方面进行全面讨论与沟通。在此阶段中还需制定出双方希望通过实施供应商管理库存系统要达成的目标，如物流中心库存天数、商品的供应效率、订货前置时间、订单修正率、物流作业的成本率等衡量指标。此阶段应形成一个包含供应商管理库存系统建设、物流运作、订单确认及数据传输和确认等各方面问题的合作协议。此合作协议具有法律效力，它的签订有利于规范双方的行为，防止一方做出有损于另一方的不负责任的行为。因此，它是顺利实施供应商管理库存的重要保证。

供应商管理库存策略改变了供应商的组织模式，过去一般由会计经理处理与用户有关的事情，引入供应商管理库存策略后，订货部门产生了一个新的职能，负责用户库存的控制、补给。然而，在正式实施时仍然可能产生各种意想不到的问题，因此在供应商管理库存的运行过程中，仍然需要密切观察，并定期对系统进行修正和完善。

四、联合管理库存

（一）概述

联合管理库存（jointly managed inventory，JMI）是一种新的供应链库存管理方法。它的核心思想是将供应链上的各个环节紧密结合起来，通过共享信息和资源，共同管理库存。与供应商管理库存相比，联合管理库存更加注重供应链中各节点企业之间的合作与协调。在供应商管理库存模式中，虽然供应商会负责管理客户的库存，但库存成本、运输费用和意外损失通常由供应商承担，这增加了供应商的风险。联合管理库存的出现旨在平衡这些风险，并提高整个供应链的效率和响应速度。

联合管理库存的实施可以简化供应链库存管理。通过整合传统的多级别、多库存点的管理模式，转变为对核心制造企业的库存管理，从而简化了运作程序。联合管理库存减少了物流环节，优化了运输路线，从而降低了物流成本。通过协调中心的建立，联合管理库存提高了供应链的整体工作效率，消除了需求放大现象，即牛鞭效应。联合管理库存强调供应链节点企业同时参与、共同制订库存计划，确保需求预测的一致性，从而提高供应链的同步化程度。

总的来说，联合管理库存是供应商管理库存的一种升级版，它不仅继承了供应商管理库存的优点，还通过更加紧密的协作关系和风险共担机制，实现了供应链管理的优化。这种模式鼓励供应链上的企业超越传统的独立运作模式，实现信息共享和资源整合，共同应对市场变化，从而实现整个供应链的高效运作。

（二）联合管理库存的实施

联合管理库存在实施过程中需要遵循信息共享、风险共担和协调性等三大原则。供需双方只有共享需求信息，才能提高供应链的稳定性。联合管理库存是一种在供应商管理库存的基础上发展起来的上游企业和下游企业权利责任平衡和风险共担的库存管理模式。联合管理库存强调供应链中各个节点同时参与，共同制订库存计划，使供应链过程中的每个库存管理者都从相互之间的协调性考虑。

联合管理库存的实施过程中，建立供需协调管理机制是重要保障。没有一个合理的机制做保障，就不可能进行有效的联合管理库存。可以从共同目标、协调控制方法、信息沟通渠道和利益分配等四个方面建立一个供需协调等管理机制。第一，要建立共同的合作目标，理解供需双方在市场目标中的共同点和冲突点，协商一致后形成共同目标。第二，联合库存的协调控制方法要明确，如最大库存、最小库存、安全库存水平的确定，需求的预测，以及库存在多个需求商之间的分配等。第三，要建立一种信息沟通渠道或系统，充分利用条形码技术、扫描技术和互联网技术等，保证需求信息在供应链中传递的及时性和准确性。第四，要建立一种公平的利益分配制度，对参与联合管理库存的各个企业，包括供应商、制造商、分销商等进行有效激励，增加协作性和协调性。

此外，在供应链库存管理中应充分利用目前比较成熟的两种资源管理系统，原材料的库存协调管理中心采用制造资源计划系统 MRP Ⅱ，产品联合库存协调管理中心则采用分销资源计划（distribution resource planning）。同时，快速响应系统和第三方物流系统也是常见的供应链联合管理库存的策略，目的在于减少供应链中从原材料到用户过程的时间和库存，最大限度地提高供应链的运作效率。

第四节　安 全 库 存

一、安全库存概述

安全库存，又称缓冲库存，是指为了防止临时用量增加或交货误期等特殊原因而预计的保险储备量，或者是为了应对不确定性因素而准备的缓冲库存。这些不确定因素包括很多种情况，如大量突发性订货、交货期突然延期、不稳定的顾客需求、不确定的物流运输环境、生产或物流作业的失误情况、随机事件等。安全库存为这些情况提供了保障，降低了延迟交货和意外需求增加造成的缺货风险。安全库存会增加企业的库存成本，但可以将缺货时给企业带来的损失降到最低。因此，提高安全库存水平一方面能提高顾客对产品的满意度，增加来自顾客的边际效益，缩短顾客需求的响应时间；另一方面，提高安全库存水平的同时，增加了供应链中的库存持有成本，这一点对于产品寿命周期短、需求不确定的高科技产业尤为重要。较高的安全库存可抵消需求不确定性的影响，但也会产生副作用，如随着新产品的上市，对老产品的需求降低，现有库存可能成为过时产品。因此，供应链成功运作的关键是要预测合适的安全库存满足顾客对产品的需求。

安全库存量预测目的是解决储存什么物料、维持多少量才是最合理的问题。安全库存的确定和控制应遵循的原则是：确保生产的需要，按时、配套供应；在确保物料实现配套供应的前提下，将库存水平降到最低。理想的库存模型就是在需求稳定、前置期不变的情况下发生的。而在实际情况中，可能发生在前置期内突发需求量增大，安全库存不足以满足需求，引起缺货的情况；或者在前置期内的需求量小于期望值，在到达安全库存以前就收到补货的情况；或者在前置期内需求量大于期望值，但安全库存足以满足生产要求，在安全库存量用完前，收到补货的情况；或者前置期发生变动，在补货到达前，安全库存满足生产需要的情况。为了满足企业不同管理层次的需要，研究人员在ERP中也引进了安全库存的概念，又称保险储备。安全库存在正常情况下是不动用的，只有在库存量过量使用或者送货延迟时才使用。因此，安全库存的设置是至关重要的，安全库存的量过少起不到应有的作用，量过多又会占用较多的库存资金。在以往的应用中，库存管理者一般是通过经验来总结，但是这样误差会比较大，常常会造成企业资金的不合理利用和资源的浪费。因此，库存管理者要考虑的是，当安全库存为多少时，安全库存的储存成本与缺货成本之和最小，也就是我们所说的最优的安全库存。

ERP 中的安全库存模型是建立在经济订货批量模型基础上的，它可以帮助企业找出安全库存的最佳量。其基本思想是：企业根据历史经验，总结出了在交货期内的存货需要量及概率分布。假设安全库存的数量一定，则其储存成本也就确定了，那么只要计算出缺货成本，就可以找到最小值。ERP 软件把这种思想转化为计算机能接受的模型，即一一算出每种安全库存的成本，然后再取最小数，此时对应的安全库存即最合理的安全库存。这样就无须人为地计算，为该模型的应用推广提供了可能性。目前，ERP 中安全库存模型已被广泛应用到各行各业的库存管理中。

二、安全库存计算方法

确定安全库存的过程就是在安全库存的持有成本和由安全库存不足而造成的缺货损失之间进行权衡。两个因素对安全库存有着至关重要的影响：一个是供给或需求的不确定性；一个是理想的产品供给水平。所以，安全库存量可以表示为与提前期内产品供给水平和需求量标准差的函数关系。其中，需求量的变动是由提前期变化或者提前期内需求变化引起的，通常用每个时期的市场平均需求量和标准差表示。

（一）边际分析法

在实际中需要考虑成本最优化，于是人们用经济学原理中边际分析法去研究安全库存量。在经济学原理中，当边际成本等于边际收益时，企业能够在生产或销售过程中，实现利润最大化或是成本最小化。利用这条原理来确定安全库存量。

边际成本：$\mathrm{MC}=\dfrac{\Delta C}{\Delta Q}$，即企业单位安全库存量增加（减少）带来的单位存储成本的增加（减少）。边际收益：$\mathrm{MR}=\dfrac{\Delta R}{\Delta Q}$，即企业单位安全库存量增加（减少）带来的单位缺货损失减少（增加）。式中，C 表示库存存储成本；Q 表示安全库存量；R 表示缺货成本。

当 MC=MR 时可以得到最优安全库存量，表示当边际成本等于边际收益，即当边际安全库存存储成本等于边际缺货损失费时的安全库存水平就是我们需要确定的最优安全库存量。

（二）数理统计方法

使用数理统计理论知识和得到的数据特点对安全库存进行预测，一些常用的方法如下。

在连续的 m 个时间段内，预测所产生的误差为：$\Delta_1,\Delta_2,\Delta_3,\Delta_4,\cdots,\Delta_m$，我们采用标准差对误差进行处理，可以得到安全库存 S：

$$S=\sqrt{\frac{\Delta_1^{\ 2}+\Delta_2^{\ 2}+\cdots+\Delta_m^{\ 2}}{m}}$$

或者采用概率方法来确定安全库存量。在以往数据基础上，得到其期望值和标准差，在确定期望不缺货时间的比例后，根据正态分布理论可以得到安全库存值。例如，如果要满足 90%的时间不缺货，根据正态分布理论（均值为 U，标准差为 δ）：

$$P(U-1.65\delta\leqslant X\leqslant U+1.65\delta)=0.9$$

需要建立 1.65δ 的安全库存。

如果要满足 95%的时间不缺货，根据正态分布理论：

$$P(U-1.96\delta\leqslant X\leqslant U+1.96\delta)=0.95$$

需要建立 1.96δ 的安全库存。

如果要满足 99%的时间不缺货，则根据正态分布理论：

$$P(U-2.18\delta\leqslant X\leqslant U+2.18\delta)=0.99$$

需要建立 2.18δ 的安全库存。

（三）效用值法

按决策者对风险的不同态度可以把决策者分为三种类型：风险型、中间型和保守型。在决策科学里面，决策者对风险的三种不同态度可以用三种不同的效益曲线来描述。由于风险型决策者常常富于冒险精神，而保守型决策者往往害怕承担风险，因而在确定安全库存量时，前者一般主张少一点，后者则主张多一些。也就是说，不同实力的企业、不同类型的决策者对确定安全库存量所持的态度是各不相同的。决策者的这种态度在决策科学上是用效用值来进行定量描述的。

在利用效用值法确定安全库存量的过程中，主要的工作步骤如下。

（1）按决策者的效用曲线，将各个方案考察的安全库存量在各种可能出现的缺货量下的损益值（缺货费用、存储费用）转化为效用值 $U(S)$。

（2）用效用值替代损益值，计算各方案的期望效用值 $\mathrm{EU}(S)$。

（3）按期望效用值的大小确定最优方案（收益型指标取 $\max\{\mathrm{EU}(S)\}$，费用型指标取 $\min\{\mathrm{EU}(S)\}$）。

上面几种方法是在总结经验的基础上，运用数理统计知识或经济学原理来确定安全库存，它们都是前人在实践中的总结或者进行学术研究的成果。在很长的一段时间中，这几种方法对安全库存的确定起了很重要的作用，它们的原理简单、计算不复杂，很多库存管理软件也参考了这些原理。

三、库存预警

（一）库存预警的概念

企业如果具有稳定的库存，就相当于创造出了巨大的经济价值。库存的稳定包含两个对立层面的内容。一方面，稳定的库存可以帮助企业抵御一些可能的风险，供应链的风险无处不在，稳定的库存可以抵御一些小风险，即使遇到比较大的风险时，稳定的库存也可以通过一定的预警和调整，把风险的损失控制在最低，使企业从中获得较大的相对收益；另一方面，稳定的库存需要一个非常快速的反应，如果对突发事件的反应相对迟缓的话，那么损失将是巨大的。相反，如果应对正确、迅速，那么可以将突发事件的损失降到最低，甚至产生收益。做到这一点的关键就在于库存预警。

库存预警是指从库存生产、流通、市场、消费等全产业链数据获取出发，通过信息特征提取，信息流量流向追踪，风险因子和异常变化识别，信息规律挖掘、揭示和模拟，信息公开和预期管理，实现决策概率化表达，进而防范化解库存风险的过程。

在库存预警方面，宝洁公司堪称成功的典范。例如，2002 年“非典”刚刚在广东出现时，宝洁公司的风险预警体系已经发出警告，并迅速制订预警方案。当时宝洁公司的风险分析人员对整个疫情事件预警采取的步骤分为两步：第一步，风险估计，估计疫情的性质以及“非典”事件产生后果的大小。宝洁公司分析认为，一旦疫情扩散，人们对于清洁用品的需求会迅速增长，公司必须保证不缺货，之后就是个人清洁用品市场受到“非典”的影响，需求会出现大幅上涨，于是宝洁公司适当调高了一些城市的安全库存线，以适应正在上升的需求；第二步，风险处理，启动供应链的紧急反应系统，这样做的结果是一旦市场对“舒肤佳”等产品的需求增加到一个数值，该系统启动，宝洁公司的整个生产线就可以根据计划满负荷生产，到时候上游供应商的材料准备、宝洁生产线的人员和设备只需要一天就可以达到这个要求。同年 4 月，疫情大规模暴发，宝洁公司的供应链应急反应系统启动，“舒肤佳”等产品在北京等疫情重点地区没有断货。借助风险预警体系，在其他公司业务严重受损的情况下，宝洁公司在“非典”期间不仅没有受到损失，反而盈利。对于企业来说，库存预警决策系统的建立将给企业带来一个稳定的供应链，从而保障企业的正常运行，所以对库存预警决策技术的研究与开发具有非常深远的意义。

（二）库存预警的功能

要预防库存风险，就要采取相应的措施来规避，企业通常会构建一个库存预警系统来实现该目标，这个系统主要包括以下几个功能。

1. 监测功能

对库存进行预警管理是基于各种实时信息，并依据相关原则使信息量化，与制定出的库存预警系统设定的预警值做比较，从而给出判断结果并选择合适的预警措施。

2. 诊断功能

在实现了及时监测的目的后，需要运用现代库存管理方法，这里最好采用定量的分析方法，以便对监测的结果有更准确的判断，特别是在超过系统所设定的预警值时能准确地诊断出事件起因，提出有针对性的防范机制。

3. 矫正功能

通过监测的数据给出正确的判断结果，最终能及时地提出针对性的风险防范机制，同时结合库存的结构特性找出易受风险事件侵袭的节点并及时给出合理建议，从而避免库存风险转化为库存危机。

（三）库存预警管理流程

库存预警管理流程是一项较为复杂的流程，特别是采用定量预警法时，需要收集大量信息进行量化处理，再根据计算结果选择相应的预警机制。具体来说，库存预警管理流程主要可以分为以下几个步骤。

（1）收集库存风险信息，如通过市场调查或统计历史数据来获取准确且有用的信息，从而确定需要实时关注的风险因素及其动态变化，保持实时更新并将信息量化处理。

（2）根据库存风险管理中辨识出的各风险因素，构建库存风险预警指标体系，同时成立专家小组为各风险预警指标赋值。

（3）建立预警决策模型，根据模型计算出风险预警指标的风险值，与设定的风险临界值做比较从而判断出风险信息与预警范围的关系，按照不同的结果采取相应的预警机制。

具体的框架流程如图 6-5 所示。

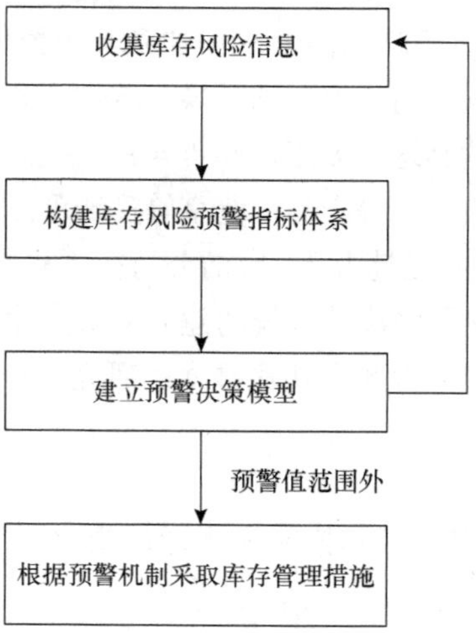

图 6-5　库存预警管理流程

思考与练习

1. 什么是库存？它有哪些作用？
2. 结合现实中的企业经营，说一说库存的利和弊。

3. 库存控制模型有哪些？

4. 库存控制策略有哪些？

拓展阅读

第七章　采购管理

从企业经营管理的角度看，采购业务的物流（即采购入库引起的实物变化），以及由物流驱动的价值流（即存货成本的变化）和资金流（即采购付款引起的资金变化）无缝连接，形成一个完整的采购业务管理系统。本章将从采购管理概述、现代采购模式、供应商管理和委外加工管理四个方面来介绍采购管理的相关知识。

学习目标

- 掌握采购管理的基本内容
- 掌握现代采购模式
- 掌握供应商管理的基本内容
- 理解委外加工的具体流程

知识结构图

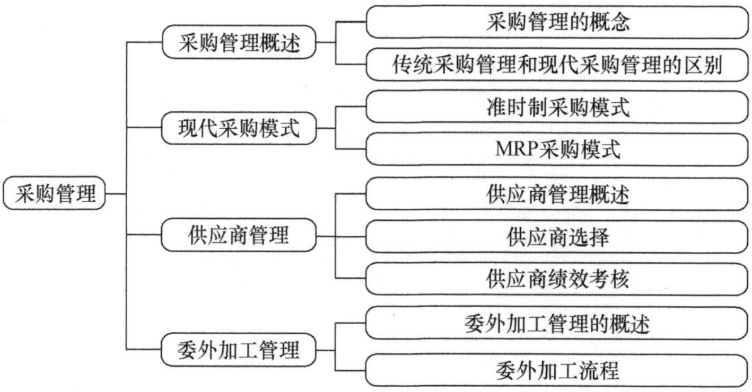

第一节　采购管理概述

一、采购管理的概念

采购管理是指为了保障整个企业物资供应，而对企业采购活动进行的管理。它要求对采购计划下达、采购单生成、采购单执行、到货接收、检验入库、采购发票的收集和采购结算的各个环节状态进行严密的跟踪、监督，以实现对企业采购活动过程的科学管理。

采购管理通常包括以下四项职能：①采购决策，即根据物料需求量的测定和生产的计划安排，在考虑各种影响因素的条件下，对采购活动涉及的各个方面做出科学的选择；

②采购计划，是对采购活动做出的细致的安排和规划，是采购活动的指导性文件；③采购组织，是指建立采购组织并根据计划进行采购活动；④采购控制，是指为了达到采购目标，对采购活动制定定额、规章制度、工作程序、采购标准、验货条件及涉及采购过程的考核、监督、评价和反馈等。

采购管理是企业管理工作中的一个重要方面。采购和采购管理不完全相同，两者之间既有区别又有联系，如表 7-1 所示。

表 7-1 采购和采购管理的区别与联系

关系	采购	采购管理
区别	具体的采购活动是作业活动； 只涉及采购员个人； 只能调动采购科长分配的有限资源	对整个企业采购活动的计划、组织、指挥、协调和控制活动，是管理活动 面向整个企业； 可以调动整个企业资源
联系	采购本身也有具体管理工作，它属于采购管理；采购管理本身可以直接管到具体的采购业务的每一个步骤、每一个环节、每一名采购员	

二、传统采购管理和现代采购管理的区别

采购管理经历了从传统采购向现代采购的发展，传统采购主要有比价采购、询价采购、招标采购等。现代采购主要有战略采购、供应链采购等。传统采购的重点放在如何和供应商进行商业交易的活动上，特点是比较重视交易过程中供应商提供的价格，通过供应商的多头竞争，从中选择价格最低的作为合作者。虽然质量、交货期也是采购过程中的重要考虑因素，但在传统的采购方式下，质量、交货期等都是通过事后把关的办法进行控制，如到货验收等，交易过程的重点放在价格的谈判上。因此，采购部门与供应商之间经常要进行报价、询价、还价等来回的谈判，并且多头进行，最后从多个供应商中选择一个价格最低的供应商签订合同，订单才能确定下来。传统采购模式的主要特点表现在如下几个方面。

1. 传统采购过程是典型的非信息对称博弈过程

选择供应商在传统的采购活动中是一个首要的任务。在采购过程中，采购方为了能够从多个竞争性的供应商中选择一个最佳的供应商，往往会保留私有信息，因为给供应商提供的信息越多，供应商的竞争筹码就越大，这样对采购方越不利。与此同时，供应商也在和其他供应商的竞争中隐瞒自己的信息。这样，采购与供应双方都不进行有效的信息沟通，这就是非信息对称的博弈过程。

2. 验收检查是采购部门一个重要的事后把关工作，质量控制难度大

质量与交货期是采购方要考虑的另外两个重要因素，但是在传统的采购模式下，要有效控制质量和交货期只能通过事后把关的办法。因为采购方很难参与供应商的生产组织过程和有关质量控制活动，相互的工作是不透明的。因此，需要通过各种有关标准（如国际标准、国家标准等）进行检查验收。缺乏合作的质量控制会导致采购部门对采购物品质量控制的难度增加。

3. 供需关系是临时的或短期的合作关系，而且竞争多于合作

在传统的采购模式中，供应与需求之间的关系是临时性的，或者短时性的合作，而且竞争多于合作。由于缺乏合作与协调，采购过程中出现的问题比较多，很多时间消耗在解决日常问题上，没有更多的时间做长期性预测与计划工作。同时，供应与需求之间这种缺乏合作的气氛增加了运作中的不确定性。

4. 响应用户需求迟钝

由于供应与采购双方在信息的沟通方面缺乏及时的信息反馈，在市场需求发生变化的情况下，采购方也不能改变供应商已有的订货合同，因此采购方在需求减少时库存增加，而在需求增加时，出现供不应求。重新订货需要增加谈判过程，因此供需之间对用户需求的响应未能同步，缺乏应对需求变化的能力。

传统采购管理与现代采购管理的主要区别如表 7-2 所示。

表 7-2　传统采购管理与现代采购管理的主要区别

类别	传统采购管理	现代采购管理
供应商/买方关系	相互对立	合作伙伴
合作关系	可变的	长期
合同期限	短	长
采购数量	大批量	小批量
运输策略	单一品种整车发送	多品种整车发送
质量问题	检验/再检验	无须入库检验
与供应商的信息沟通	采购订单	网络
信息沟通频率	离散的	连续的
对库存的认识	资产	祸害
供应商数量	多，越多越好	少，甚至一个
设计流程	先设计产品后询价	供应商参与产品设计
产量	大量	少量
交货安排	每月	每周或每天
供应商地理分布	很广的区域	尽可能靠近
仓库	大、自动化	小、灵活

采购管理的相关内容详见二维码。

第二节　现代采购模式

采购在现代社会已经有了很大的发展，仅凭原有的观念和知识来采购是远远不够的。现代采购的模式主要有：准时制采购、MRP 采购和供应链采购三种，不同的采购模式有其各自不同的特点。

一、准时制采购模式

（一）准时制采购的含义

准时制采购是由日本丰田汽车公司提出的准时制生产管理思想演变而来的。其基本思路是：在恰当的时间、恰当的地点，以恰当的数量、恰当的质量提供恰当的物品。准时制采购大大地精简了采购作业流程，因此消除了这些浪费，极大地提高了工作效率。

准时制采购极大地降低了企业的采购成本和经营成本，提高了企业的竞争力，正是因为准时制采购对于提高企业经济效益有着显著的效果，20 世纪 80 年代以来，西方发达国家非常重视对准时制采购的研究与应用。截至 20 世纪末，绝大多数的美国企业已经开始全部或局部应用准时制采购方法，并取得了良好的应用效果。

由于实施准时制采购对企业的基础工作、人员素质、管理水平等要求较高，在中国实施准时制采购方法的企业数量还不太多，主要集中在如汽车、电子等行业，应用水平也有待进一步提高。准时制采购作为一种先进的物资采购模式和管理方法，在各种行业的应用可以说是大势所趋。因此，有必要对准时制采购模式的原理、特点和实施过程进行深入了解，以便能够结合企业实际，尽早采用，从而提高整个行业参与全球化竞争的能力，促进企业长足发展。

（二）准时制采购模式的原理

准时制生产方式是丰田汽车公司的大野耐一在美国参观超级市场时受超级市场的供货方式启发而萌生的想法，它实际上是超级市场模式。它也是一种采购供应的模式，有一个供应商、一个用户，双方形成了一个供需节点，需方是采购方，供方是供应商，供方按照需方的要求给需方准时供货，它们之间的采购供应关系就是一种准时制采购模式，如图 7-1 所示。

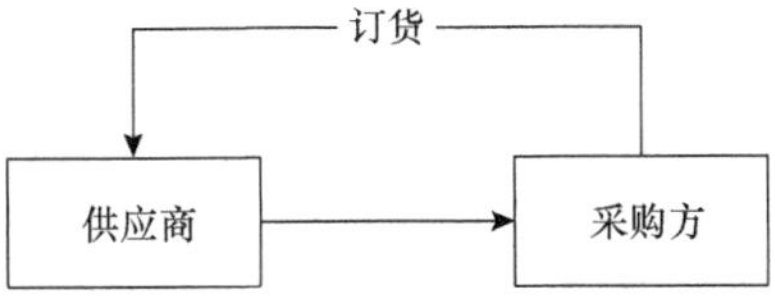

图 7-1 准时制采购模式

准时制采购的主要原理主要表现在以下几个方面：①与传统采购基于库存不同，准时制采购是一种直接面向需求的采购模式，它的采购送货是直接送到需求点上；②用户需要什么，就送什么，品种规格符合客户需要；③用户需要什么质量，就送什么质量，品种质量符合客户需要，拒绝次品和废品；④用户需要多少就送多少，不少送，也不多送；⑤用户什么时候需要，就什么时候送货，不晚送，也不早送，非常准时；⑥用户在什么地方需要，就送到什么地点。以上几条，即是准时制采购的原理，它既做到了最大限度地满足企业对物资的需求，又使企业的库存量最小，只要在生产线边有一点临时的存放，经过一天的工作，这些临时存放就消失了，库存完全为零。依据准时制采购的原理，一个企业中的所有活动只有当需要进行的时候接受服务，才是最合算的。

（三）准时制采购的特点

准时制采购和准时制生产一样，它不但能更好地满足用户需要，而且可以最大限度地消除库存、消除浪费，从而降低企业的采购成本和经营成本。

传统采购是基于库存的采购模式，而准时制采购却是一种直接面向需求的采购模式——直接把货送到需求者面前。

（1）单源供应。单源供应指的是某一种原材料或外购件只从一个供应商那里采购；或者说，对某一种原材料或外购件的需求，仅由一个供应商供货。准时制采购认为，最理想的供应商的数目是每一种原材料或外购件只有一个供应商。因此，单源供应是准时制采购的基本特征之一。

（2）小批量采购。小批量采购是准时制采购的又一基本特征。由于企业生产对物料的需求是不确定的，而准时制采购又旨在消除物料库存，为了保证及时、按质按量供应所需的物料，采购必然是小批量的。

（3）合理选择供应商。准时制采购采用单源供应，因而对供应商的合理选择就显得尤其重要。可以说，选择合格的供应商是准时制采购能否成功实施的关键。合格的供应商应具有较好的技术、设备条件和较高的管理水平，可以保障采购物料的质量，保证及时按量供货。

（4）从根源上保障采购质量。实施准时制采购后，企业的物料库存很少，甚至为零。因此，为了保障企业生产经营的顺利进行，采购物料的质量必须从根源上抓起。也就是说，购买的物料质量保证应由供应商负责，而不是企业的物料采购部门。

（5）可靠的送货和特定的包装要求。可靠的送货是实施准时制采购的前提条件。良好的包装不仅能提高运输效率，也能保证交货的准确性。

（6）有效的信息交换。只有供需双方进行可靠而快速的双向信息交流，才能保证所需物料的及时按量供应。信息交换的手段包括电报、电传、电话、信函和卫星通信等。现代信息技术的发展，如电子数据交换、邮箱等，为信息交换提供了强有力的支持。

（四）准时制采购的主要优点

传统的采购是一种基于库存的采购，采购的目的都是填充库存，并以一定的库存来应对企业需求，为了保证企业生产经营的正常进行和应对物资采购过程中的各种不确定性（如市场变化、物资短缺、运输条件约束等），常常产生大量的原材料和外购件库存。虽然传统采购方式也在极力进行库存控制，极力压缩库存，但是由于机制问题，其压缩库存的能力是有限的。特别是在需求急剧变化的情况下，常常出现既有高库存又有某些物资缺货的局面。高库存增加了成本，缺货则直接影响生产。而准时制采购作为一种先进的采购模式。不但可以有效克服传统采购的缺陷，提高物资采购的效率和质量，还可以有效提升企业的管理水平，为企业带来巨大的经济效益。主要优点包括以下几个方面。

1. 有利于暴露生产过程中隐藏的问题，从深层次提高生产效率

过高的库存不仅增加了库存的成本，而且还将许多生产上、管理上的矛盾掩盖起来，使问题得不到及时解决，日积月累，小问题就可能积累成大问题，严重地影响企业的生

产效率。而准时制采购是一种理想的物资采购方式，它设置了一个最高标准、一个极限目标，即原材料和外购件的库存为零，质量缺陷为零。同时，为了尽可能地实现这样的目标，准时制采购提供了一个不断改进的有效途径，即降低原材料和外购件库存—暴露物资采购问题—采取措施解决问题—降低原材料和外购件库存。准时制采购通过不断减少外购件和原材料的库存来暴露生产过程中隐藏的问题，从解决深层次的问题上来提高生产效率。

2. 消除了生产过程中的不增值过程，提高了生产效率

在企业采购中，存在大量不增加产品价值的活动，如订货、修改订货、收货、装卸、开票、质量检查、点数、入库及运转等，把大量时间、精力、资金花费在这些活动上是一种浪费。准时制采购模式大大精简了采购作业流程，从而消除了这些浪费，因此能极大地提高工作效率。

3. 进一步减少并最终消除了原材料和外购件库存

降低企业原材料库存不仅取决于企业内部，而且取决于供应商的管理水平。准时制采购模式不仅对企业内部的科学管理提出了严格的要求，而且对供应商的管理水平提出了更高、更严格的要求。准时制采购不仅是一种采购方式，也是一种科学的管理模式，准时制采购模式的运作，在客观上将在用户企业和供应商企业中铸造一种新的科学管理模式，这将大大提高用户企业和供应商企业的科学管理水平。根据国外一些实施准时制采购策略企业的测算，准时制采购可以使原材料和外购件库存降低 40%～85%。原材料和外购件库存的降低，有利于减少流动资金的占用，加速流动资金的周转，也有利于节省原材料和外购件库存的空间，从而大大降低库存成本。

4. 使企业真正实现柔性生产

准时制采购使企业实现了需要什么物资就能供给什么样的物资，什么时间要就能什么时间供应，需要多少就能供给多少，从而使原材料和外购件库存降到最低水平。从这个意义上讲，准时制采购最能适应市场需求变化，使企业能够具有真正的柔性。

5. 有利于提高采购物资的质量

一般来说，实施准时制采购模式，可以使购买的原材料和外购件的质量提高 2～3 倍。而且原材料和外购件质量的提高，又会使质量成本降低。据估计，推行准时制采购可使质量成本减少 26%～63%。

6. 有利于降低原材料和外购件的采购价格

供应商和制造商的密切合作及内部规模效益与长期订货，再加上消除了采购过程的一些环节（如订货手续、装卸环节、检验手续等），使得购买的原料和外购件的价格得以降低。以美国施乐公司为例，通过实施准时制采购策略，其采购物料的价格下降 40%～50%，经济效益显著提高。

（五）准时制采购与传统采购的区别

传统的采购，包括前面所说的订货点采购，都是一种基于库存的采购，采购的目的都是为了填充库存，以一定的库存来应对用户的需求。虽然这种采购也极力进行库存控制，想方设法地压缩库存，但是由于机制问题，其压缩库存的能力是有限的。特别是在需求急剧变化的情况下，它常常出现既有高库存又有缺货的局面。准时制采购与传统采购的区别如表 7-3 所示。

表 7-3　准时制采购与传统采购的区别

项目	准时制采购	传统采购
采购批量	小批量、送货频率高	大批量、送货频率低
供应商选择	长期合作、单源供应	短期合作、多源供应
供应商评价	质量、交货期、价格	质量、价格、交货期
检查工作	逐渐减少，最后消除	收货、检货、质量验收
协商内容	长期合作关系、质量和合理价格	获得最低价格
运输	准时送货、买方负责安排	较低成本，卖方安排
文书工作	文书工作少，重要的是有能力改变交货时间和质量	文书工作量大，改变交货期和质量的采购单多
产品说明	供应商革新，强调性能宽松要求	买方关心设计，供应商没有创新
包装	小包装，标准化容器	普通包装，无特别说明
信息交流	快速可靠	一般要求

二、MRP 采购模式

订货点方法用于处理独立需求的问题，但在解决生产系统内发生的相关需求问题方面不佳，而且也不适用于按订单生产的企业。于是，人们提出了 MRP。MRP 采购将采购管理从手工采购计划的时代带到计算机生成采购计划的时代，使得企业采购计划与生产计划的制订能同时考虑库存管理和销售策略。它可以精准地确定对组件的需求数量与时间，消除了盲目性，实现了低库存与高服务水平的并存。

（一）MRP 采购的概述

MRP 采购模式自 20 世纪 60 年代产生之日起就以计算机软件的形式出现，它作为一种数据处理系统，有着自身的输入、处理、输出对象。MRP 采购把所有存货的生产计划和供应计划一次同时完成，避免了冗余工作和差错，体现了信息集成的优势。一个完整的 MRP 程序大约包括 20 个模块，这些模块控制着整个系统：从订货录入到作业计划、存货管理、财务、会计、应付账款等。

MRP 这种采购模式主要适用于制造型企业，它主要是企业采用 MRP 系统，事前输入产品的主生产计划和产品物料结构清单及所需零部件的库存数量，从而由系统自动计算出在一定期限内的生产所需要的零部件数量、需要的时间、采购订单应该下达给供应商的时间、采购订单应该下达的数量等，由采购部根据系统生成的物料采购计划进行采购。MRP 这种采购模式同样是以满足库存为最终目的，但事先在计划上做得比较细致，所以相较于传统采购模式和订货点采购模式，在对市场的响应程度和库存水平的控制上都有了极大进步，很多制造型企业都是采用这种方式进行采购的。

MRP 采购模式在应用中需要有三项基本数据的输入：主生产计划、物料清单及库存信息。主生产计划是针对最终产品的生产计划，包括生产数量和完成时间；物料清单是描述产品结构的文件，表示完成某一最终产品所需的各种原材料的数量；库存信息则包含了原材料的库位和原材料消耗量、剩余量及订单数量等。MRP 的输出项主要是采购计划和加工生产计划，其中的核心工作是计算原材料净需求量。

MRP 采购方法的基本流程是：企业根据需求预测确定主生产计划，利用经济订货批量法，并结合原材料清单、库存量记录、采购提前期、安全库存等影响因素，确定需要采购的原材料数量，并根据原材料需求时间及订货周期确定发出订单的时间。MRP 采购模式是依靠库存管理推动采购管理的推式系统。MRP 的采购流程主要如下。

（1）建立供应商档案并认证。企业主要考察供应商的七个方面，即信誉、技术、质量、成本、服务、位置、沟通。供应商认证包括分析、论证、筛选。确定“首先供应商”，建立供应商档案，系统只向建立了文档的供应商执行采购作业。对一些“一次性”采购可以建立临时供应商档案，简化信息量。

（2）生成请购单。MRP 运算生成的建议采购单，可以直接下达，也可以进入请购状态，以便在采购订单下达前进行种种核定，如采购提前期是否足够和有效，核对物料号、数量、批量，可否动用安全库存，是否有需要人工添加的采购件等，还要确认采购的必要性和采购条件的合理性，根据库存费用、运输和价格优惠政策等因素合并某个时期内同一物料的采购量。

（3）询价及洽谈。该过程是落实采购订单的采购供应商。采购业务人员向搜索到的供应商询价，了解各种可能的优惠条件，建立报价、供货条款等记录，对各供应商进行比较。

（4）生成采购计划。根据 MRP 及库存子系统生成物料需求，并综合考虑物料的订货批量、采购提前期、库存量、运输方式及计划外的物料申请，系统自动进行物料合并，也可以人工干预和修改。另外，有些原材料的采购提前期很长（有的进口件要半年以上的采购周期），因此有可能超过原生产计划周期。这类采购的采购计划应经过销售、财务与计划等部门的综合讨论与评估来确定所需的数量和时间，然后制订材料的中期或长期采购计划。

（5）审批。一般来说，各采购员负责的采购物料和金额有一定范围，必要时采购员应定期轮换。采购员应当编码，以便查询和维护他所负责的物料主文件及物料的库存状况。每一位采购员的采购物料和采购金额是预先设定的，系统会自动检查，合乎权限规定，无须审批，流程将自动进行下去。超过权限时，系统也会生成请购单提出报批，按照设定的审批顺序，自动逐级提交给审批人（系统会自动向审批人发出处理提示）。经过确认审批通过后，再形成正式的采购单下达。

（6）下达采购单。与供方签订协议，确定规格数量、价格、交货批次、运输装卸方式、交货地点、验收条件与付款条件等。同供应商物料代码的对应关系，需要在这个阶段明确。为了避免可能出现的不确定因素，对采购件往往采用安全提前期，即合同协议上的交货时间要早于需求时间，适当提前。

（7）采购单跟踪。如果双方都实施了 ERP 系统，可以按照权限，进入对方系统查询采购物料的加工进展情况，或通过电子数据交换控制进度，并做好运输安排。

（8）验收。核对采购单、到货量和发票的一致性，进行库存事务处理，在出现不合格品时，要及时采取补救措施。

（9）入库。对验收合格的产品进行入库处理。

（10）退货处理。当发现有不合格品时，可以有不同的退货处理流程，如未付款退货、退货退款、补齐、返修、撤销合同等，要根据企业的需求而定。

（11）结清。进行付款结算，分析采购费差异（采购与财务部门协同进行）、评价供应商业绩、维护采购提前期和批量规则数据的合理准确。

MRP 采购流程如图 7-2 所示。

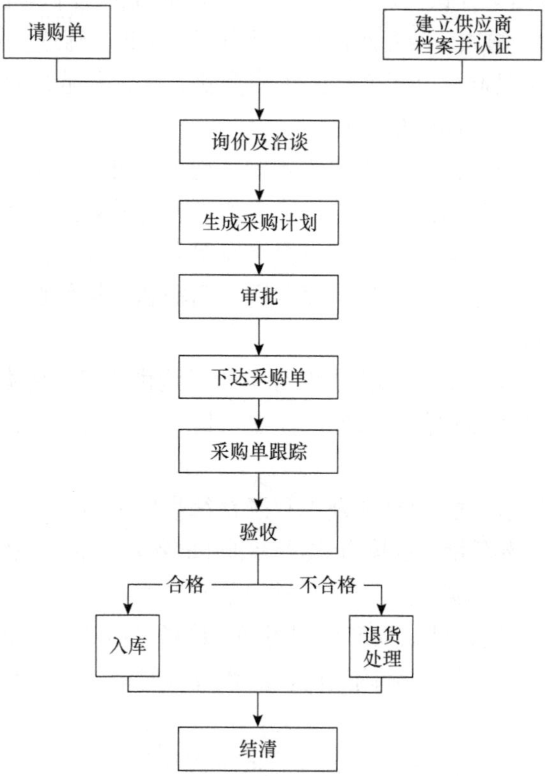

图 7-2　MRP 采购流程图

（二）MRP 采购的特点

1. 需求的确定性

MRP 采购计划是根据主生产进度计划、主产品的结构文件、库存文件和各种零部件的生产时间或订货进货时间精确计算出来的，其需要的时间、数量都是确切规定好的，不能改变。

2. 需求的相关性

同订货点方法不同，MRP 采购是针对具有相关性需求物资的采购方法，不但需求本身之间相关，而且需求和资源也相关，需求的品种数量也相关，需求时间也相关。

3. 计划的精细性

MRP 采购计划有充分的依据，从主产品到零部件，从需求数量到需求时间，从出产先后到装配关系都做了明确的规定，无一遗漏或偏差。不折不扣地按照这个计划进行，能够保证主产品出产计划的如期实现。

4. 计算的复杂性

MRP 采购计划要根据主产品出产计划、主产品结构文件、库存文件、生产时间和采购时间把主产品的所有零部件的需要数量、需要时间、先后关系等准确计算出来，其计算量是非常庞大的。特别是当主产品复杂、零部件数量特别多时，人工计算的方式难以满足需求。借助计算机，使这个工作有了可以进行的可能性。

MRP 采购的优越性是很显著的，由于进行了精确的计划和计算，因此所有需要采购的物资能够按时按量到达需要它的地方，一般不会产生超量的原材料库存。事实上，对于采购品，从经济订货批量考虑，没有必要一定要追求零库存，这样可以大大节约订货费用和各种手续费用，从而降低生产成本。对使用 MRP 采购模式的企业调查显示，这些企业库存水平平均降低了 20%～40%，与此同时减少零部件缺货 80%；改进了对用户的服务，服务水平可以达到 95%。这就很好地解决了库存量与服务水平这两者之间的矛盾，改变了以往两者不可兼得的局面。

（三）MRP 采购的优点

MRP 系统的主要目标是控制企业的库存水平，确定产品的生产优先顺序，满足交货期的要求，使生产运行的效率达到最高。具体可归纳为以下几点：①采购适当数量和品种的零部件，选择恰当的时间订货，尽可能维持最低的库存水平；②及时取得生产所需的各种原材料及零部件，保证按时供应用户所需产品；③保持计划系统负荷的均衡；④确保准确的制造活动、采购活动及产品的交货日期。

其他类型的现代采购模式，如供应链采购，详见二维码。

第三节　供应商管理

一、供应商管理概述

供应链是围绕核心企业，通过对信息流、实物流和资金流的控制，从采购原材料，制成中间产品及最终产品，到最后由销售网络把产品送到消费者手中（商流过程），将供应商、制造商、分销商、零售商直到最终用户连成一个整体的功能网链结构模式。供应链发展的一个十分重要的环节就是供应商管理。

（一）传统的供应商管理

传统采购比较重视交易过程中供应商的价格比较，采购方通过利用供应商的多头竞争，选择价格最低的作为合作者。虽然质量、交货期也是采购过程中的重要考虑因素，但这些因素大多是采用事后把关的方法进行控制。采购部门与多个供应商之间要进行报价、询价、还价等来回的谈判，最后与价格最低的供应商签订合同。在这种采购模式下，采购方为了能够从多个竞争性的供应商中选择最佳的供应商，往往会保留私有信息；而供应商在竞争中为了保证自己的优势，也常常隐瞒自己的信息。这就造成供需双方不能有效地沟通，双方的合作是短期的或临时性的。企业与供应商的沟通仅限于采购部门与供应商的销售部门之间，而且信息的交流也仅限于订货、收货信息。供应商对用户采购部门的要求不能得到实时响应。产品质量的控制只能事后把关，不能实时控制。上面这些因素造成了企业采购成本的居高不下，难以面对激烈的市场竞争形成规范、高效的采购管理。

（二）供应链环境下的供应商管理

在供应链环境下，制造商选择供应商时不再只考虑价格，而是更注重能在优质服务、技术革新、产品设计等方面进行良好合作的供应商。供应商管理的最终目的是更加有效地解决供求矛盾。为了实现这一目标，供应商管理的内容已经转变为与供应商建立战略合作伙伴关系；有正式的供应商认证体系；对关键供应商进行账户管理；制定正式的服务协议和行为规范；系统地评估和反馈供应商履约情况；与供应商同步双向沟通；理解供应商成本构成；并与供应商一起优化供应链。

供应商关系管理的内容详见二维码。

二、供应商选择

（一）供应商选择的基本内容

供应商的选择和管理包括供应商资格认证、供应商绩效评估、与供应商战略合作伙伴关系的建立。对供应商绩效的评估指标主要包括产品质量、价格、供应能力、柔性、实力、售后服务、稳定性，根据资格认证和绩效评估结果选择供应商。

选择合适的对象（企业）作为供应链中的合作伙伴，是加强供应链管理最重要的一个基础。如果企业选择合作伙伴不当，不仅会降低企业的利润，还会使企业失去与其他企业合作的机会，降低企业的市场竞争力。在传统的采购模式中，企业偏好选择多家供应商，一方面有利于保证公司稳定的货源供应；另一方面，从供应商的相互竞争中企业可以获得更多的利益，如可以把采购价格压得较低。然而，现代供应链战略倾向精简和整合供应商，以价值链的分解和整合为基础建立相对稳定的战略利益同盟，这就需要逐渐减少供应商的数量，集中选择更有优势、更有效率的供应商。

（二）供应商选择过程

供应商选择过程被分为四个阶段：识别、评估、批复和监控。

（1）识别。识别包括列出有潜力的供应商的名单，采购者可以了解企业的采购数据库或目录。

（2）评估。评估包括供应商选择标准的确定及收集可以评估和比较供应商的绩效信息，经常使用的标准包括质量、价格、配送的可靠性、潜力及财务状况等。

（3）批复。批复是指确定可以接受订单的符合条件的供应商，批复单上所列的供应商的数目取决于要采购的项目的特点。

（4）监控。监控可以保证高水平的绩效，平衡计分卡经常被用来评估一个供应商的绩效等级。

供应链管理下供应商的选择与评估流程如图 7-3 所示。

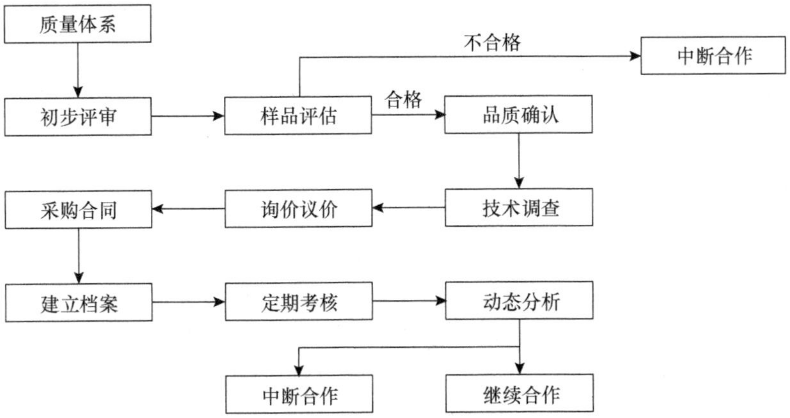

图 7-3 供应商选择与评估流程

按照图 7-3 所示的流程对供应商进行选择和评估，第一步要对供应商的质量体系进行全面、深入、认真的调研。第二步是进行初步评审。按照企业的发展状况，需要什么样的质量支撑，供应商对质量体系进行初步评审。评审完成以后，第三步是对合格品进行样品评估。评估结果可能产生两种情况：一是若产品不合格，应中断合作；二是若产品合格，应进一步进行品质确认。品质确认在实践操作中要特别注意封样管理制度，在封口上还可以实行签名制度。接下来要到供应商生产场地进行技术调查，调查样品是不是该供应商生产出来的，其工艺是否可靠。在此基础上，就可以询价议价了。谈价格要有技巧，首先要了解市场的平均价格，然后要了解其成本组成和利润水平。价格谈好以后，就进入采购合同阶段。为了减少纠纷，合同一定要详尽，具体的合作过程、细节问题在合同里写得越清楚越好，最好有中文和英文两份合同。因为英文是一种解释性语言，能够把问题写得很清楚。合同签好以后，要建立档案，并进行专门的保管。ISO9000[①]的 1994 年版和 2000 年版都有严格的规定，档案要保存 5 年到 15 年。每年对供应商进行定期考核。每次考核的结果都应归档。

① ISO9000 是国际标准化组织（International Organization for Standardization，ISO）在 1994 年提出的，指由国际标准化组织所属的质量管理和质量保证技术委员会制定的国际标准。

（三）供应商选择方法

供应商选择是个多目标问题，可以从定性的角度考虑，也可以从定量的角度分析。定性方法主要根据以往的经验，凭借以前的合作关系来选择供应商，其对问题的分析比较周全；而定量方法是通过对选择过程中评价指标的数据进行分析来选择合适的供应商，对问题的分析比较准确可靠。

1. 定性方法

（1）直观判断法。直观判断法是根据征询和调查所得资料并结合企业的分析判断，对供应商进行评价的方法。

（2）招标法。通过招标法选择供应商，首先由企业提出招标条件，其次各供应商进行竞标，再次由企业决标，最后与提出最优条件的供应商签订合同。

（3）协商选择法。协商选择法即由企业选出供应条件较为有利的几个供应商，同它们分别进行协商，再确定适当的供应商。

2. 定量方法

（1）层次分析法。层次分析法是美国著名运筹学家 Saaty（萨提蒂）于 20 世纪 70 年代提出的。它可以把许多复杂问题分解成各种因素，并形成有序层次结构，然后通过两两比较的方法确定决策方案的相对重要性。这种方法的特点是思路简单明了。它将决策者的思维过程条理化、数量化，便于计算，容易被人们所接受；所需要的定量数据较少，但能清楚分析问题的本质、包含的因素及其内在关系；可用于复杂的非结构化的问题，以及多目标、多准则、多时段等各种类型问题的决策分析，具有较广泛的实用性。

（2）模糊综合评价方法。模糊性是在人类认识客观事物的活动中产生的，它表征的是人类对客观世界的认识过程中形成的客观关系和客观特征。模糊综合评价方法就是以模糊数学为基础，应用模糊关系合成的原理，将边界不清、不易定量的因素定量化，对问题进行综合评价的一种方法。当评价对象选定以后，首先要对评价目标进行分析，并对评价对象所涉及的影响因素进行科学、合理的分类和分层，建立可测性、完备性和可行性相结合的评价指标体系。其次，各个单因素在总评定因素中所起的作用不同，因此要设定各评价指标在其评价向量中所占的权重比例。对于采集到的评语集合，还要确定各评定等级的值，即评定等级的隶属度，从而得到量化的评语论域。再次，按照评价目标的要求选择恰当的模糊算子，建立模糊综合的运算公式，即评价的数学模型。最后，就可以按照评价指标体系设计评语样本采集表，进行样本的采集和数据的处理，代入运算公式，得到评价结果。

三、供应商绩效考核

绩效考核是指建立有效的评价指标体系，以正确反映企业供应链的健康状况。对于供应链管理而言，供应商是管理与控制的关键环节。如果供应商管理出现问题，则下游的各环节将无法做到最优。因此，对于下游企业，如果将订单交给评估绩效好的供应商，可以确保产品质量可靠，也能争取到好的价格；对于供应商而言，可以从整条供应链的绩效考核中获得收益。供应商绩效考核中有如下几个关键性的指标。

（一）采购成本控制

供应链主体企业在采购成本控制环节，应先明确最终产品在市场中的定位，在比较同类型竞争性产品的基础上，确定最终产品在市场中的合理价位。并在此基础上，逐级向上游反馈，对供应商的产品提出成本要求，可依此设定一个参数指标，对供应商进行评估和考核。

（二）供货及时性

供应链主体企业根据顾客需求时间进行推算，通过逐级分解，计算出产品生产加工时间及原材料供应时间。因此，在选择供应商时，就有了一个可量化的考核指标，即要求供应商必须按照供应链主体企业生产要求及时供应。

（三）产品质量合适

评价供应商产品的质量，不仅要从产品检验入手，而且要从供应企业内部去考察，如企业内部质量检验系统的完善性是否通过国际质量体系认证等。

（四）整体服务水平

供应商的整体服务水平是指供应商内部各作业环节，能够配合购买者的能力和态度。评价供应商整体服务水平的主要指标有安装服务、培训服务、维修服务、技术服务等。

（五）信誉能力

企业要充分考虑供应商履行合同规定的信誉能力，如处理订单的时间、是否具备自行研发产品的能力。

接下来，供应链主体企业需要选择一套绩效指标体系，既要对业务流程的关键绩效进行评估，以支持业务目标，还需要逐层细化绩效指标，对职能部门的绩效进行评估，包括交货可预测性、缺货力、订单周期等，其中供应链成本可进一步分解为物料成本、管理费用和期间费用。

第四节　委外加工管理

委外加工是指由于本企业生产能力不足，或有特殊工艺要求，或自制成本高于委外成本，或因其他原因，需要由企业提供加工委外件的材料，由委外供应商收到料后负责完成委外件的生产，之后结算相应加工费用的一种加工运作模式。委外加工管理系统以委外生产任务单为核心，支持严格按照委外生产任务单进行收发料、开具委外加工费发票的业务处理。

ERP 的委外加工管理系统以委外生产任务单为依据，对委外加工业务的全部流程进行管理，提供委外生产任务单下达、委外加工材料出库、委外加工完工入库、委外材料存货核算、委外加工费用结算、委外生产任务单结案等完整的委外业务流程管理。根据委外加工的标的是产品还是某一产品制造过程中的一道工序，可以分为产品委外和工序委外。这里主要介绍产品委外加工管理中出入库、核算及相应的报表。

一、委外加工管理的概述

（一）委外加工方式

制造企业为了保证产品的质量和交货期，大多数企业都存在着将部分零部件委托给其他企业加工的业务。委外加工是企业在产能有限或企业不具备相应资源、技术等情况下，将产品的部分工序或半成品外发加工的一种方式。

根据委外加工件材料的提供单位不同，可以将委外加工方式分为物料委外和工序委外两种方式。委外加工件回收也可以分为回仓库和回车间两种情况，回仓库时一般对应的物料设置有物料编码，回车间时物料往往需要在车间继续加工后才形成需要的零件。对于从仓库发料，委外加工完成后依然回仓库，也就是生产此物料的所有工序都由委外加工商进行处理的情况，一般将其称为物料委外；而对于部分工序在企业车间进行生产的，称其为工序委外。根据发出物料和回收物料有无编码，委外加工可以归纳为如表 7-4 所示的几种情况。

表 7-4　委外加工的几种情况

序号	发出物料有无编码	发出部门	回收物料有无编码	回收部门	类别	备注
1	有	仓库	有	仓库	物料委外加工	
2	有	仓库	无	车间	工序委外加工	
3	无	车间	无	车间	工序委外加工	
4	无	车间	有	仓库	工序委外加工	
5			无	车间	工序委外加工	无发出物料，提供技术资料和技术指导
6			有	仓库	物料委外加工	无发出物料，提供技术资料和技术指导

1. 工序委外加工

工序委外加工，即企业将部分工序外发给加工商进行加工处理。外发的工序较难固定，视企业的生产计划而定，通常直接由生产线外发生产，不需要经过仓库发料及半成品入库处理，其间不改变物料的产品代码，也称此为工序委外。工序委外一般由于产能有限，部分工序需要委外加工，同时该委外加工工序较难固定，会根据生产计划而发生变动。另外，此委外加工工序直接由生产线发委外生产，不需要像半成品入库那样经过半成品仓库，并且没有很长的停留时间；对成品加工进行生产订单管理，委外加工原料作为订单组件维护；加工过程作为生产订单中的一道工序进行管理，直接触发加工服务的采购，生成采购申请。原料发加工商对应于生产订单投料，加工费按加工服务采购合同单独进行结算，并计入生产订单成本；成品加工完成后对生产订单收货。

有些工序委外加工的主要原因是企业本身不具备相应的机器设备、工人、技术，委外加工工序相对固定，如金属的电镀，一般机械加工厂没有经济实力，也没有必要去购买电镀设备，“电镀”工序必然要委外加工。

2. 物料委外加工

物料委外加工，为原料或半成品的委外加工处理，通常是企业提供原材料或半成品给加工商，加工商自行采购一些辅料或材料加工成半成品或产品，企业外发材料及接收委外加工品均需要通过仓储部门进行管理，发出的物料及加工后的物料通常不为同一物料代码。在企业中委外作业通常由采购部门进行归口管理。

委外加工管理系统主要处理物料委外加工模式，以委外加工订单为核心，对委外加工业务的全部流程进行管理，提供委外加工订单生成、投料、委外加工材料出库及委外收料、送检、委外加工入库、委外材料存货核算、委外加工费用结算等完整的委外业务流程的管理。

委外加工管理系统是为中小型加工企业专门设计的，符合常规的业务处理流程，能够满足大多数中小企业的业务需要。系统中以委外加工订单为核心，提供了委外加工采购建议、委外加工发料、委外加工产品入库、委外加工费用、委外加工成本核算等功能，并通过形象化、导航式的界面协助企业处理日常业务，具有使用简便、功能实用等特性。

（二）委外加工管理系统主要功能

1. 委外加工生产任务管理

委外加工管理系统提供全面的委外加工生产任务管理功能，支持批量手工录入、手工分割、根据销售订单建立委外加工生产任务、主生产计划投放、MRP 投放等多种生产任务单产生模式，提供确认、下达、挂起、结案等多种任务状态，对委外加工任务执行的不同状态及阶段进行管理，为制造企业的委外生产管理部门提供业务处理和生产管理的工具。

2. 委外加工生产任务变更管理

委外加工管理系统提供委外加工生产任务变更功能，帮助企业委外生产管理部门对计划生产数量、计划开工/完工时间等信息进行变更，满足企业在生产执行过程中，由外部原因（如客户销售订单变更、中止等）或内部原因（如质量问题等）而对生产任务进行变更的需求。

3. 生产投料管理

委外加工管理系统提供高度灵活的生产投料管理功能，帮助企业委外生产管理部门快速、方便、准确地进行委外材料投放。

4. 模拟发料

委外加工管理系统提供模拟发料功能，可以查询委外生产任务对应产品子项物料的模拟发料占用量、缺料量和物料齐备率等信息，进行模拟发料运算追踪，帮助企业委外管理人员进行委外生产任务中物料缺料的跟催和发料调整。

5. 委外出入库管理

委外加工管理系统提供合并领料、分仓领料、配套领料、倒冲领料等多种灵活的委外加工材料发出方式，同时提供灵活的委外加工完工入库管理的功能，适应不同行业不同形式的领料、产品入库作业需求，帮助企业根据自身的情况运用不同的领料和产品入库方式，提高委外出入库业务管理效率。

6. 委外加工物料报废管理

委外加工管理系统提供物料报废的功能，可对生产过程中的物料报废进行记录、统计与分析，帮助企业控制委外供应商补料。厘清报废责任，有效降低物料报废损失。

7. 委外加工任务全程跟踪

委外加工管理系统提供委外加工任务全程跟踪功能，可以对委外加工生产任务的任务变更、投料、出库、物料报废、检验、入库情况进行全程跟踪；可以追溯委外加工任务上游的需求信息；可以调出业务单据，进行查询修改；可以设置委外加工任务全程跟踪的业务单据，帮助企业加强任务进度和质量监控，便于及时发现问题，采取措施，保证委外加工任务按期完成。

（三）ERP 委外加工管理策略

专业化分工成为社会生产的一种必然趋势。自 20 世纪 90 年代以来，国际流行的“敏捷制造”就是强调企业要充分加强自己的核心竞争能力，将可以外包的部分外包出去，进行企业间的动态联盟。企业充分高效地利用委外加工管理策略，能让企业将主要精力放在自己擅长的部件或工序上，可以有效提高产品的质量，提高企业的按时交货率，降低制造成本，从而提高企业在市场上的竞争力，提高企业的效益。

1. 委外加工价格的确定

委外加工不同于采购，采购在市面上有公开的报价，但委外加工涉及的很多都是非标件。委外加工价格难以确定，因为委外加工商不同、委托的工序不同、物料不同、是否带料等造成价格和成本有一定的差异。例如，同是对相同的物料和工序委外，但由于要求的交货日期较紧，委外商需要做出生产调整，加工价格要求可能不同，如这次可能给某个委外加工商加工一道工序，部分物料可能由于企业自身下一道工序的生产能力不足，需要委托加工两道工序，造成委外加工价格的差异。ERP 系统应支持根据这些因素的不同录入不同的报价，企业应建立委外加工价格审批流程，对委外加工价格进行审批，只有通过审批才能形成正式的委外加工合同。

2. 委外加工物料的回收

企业为了保证委外加工件质量的稳定，对于相同的零件一般都是长期委托一家或几家固定的加工企业来完成。但也正是这个原因，不断地往委外加工企业发材料，然后又不断进行回收，生产加工期间也不可避免地存在损耗问题，到底委外加工企业还剩下多少在制品、废品数量是多少成为不少企业的疑团。针对这个问题，ERP系统应当支持整个物料进出核销的处理，业务人员通过ERP系统应准确弄清发出材料数量、回收合格数量、工废数量和料废数量，在具体执行回收业务时，先由质量检查人员确定合格品与废品数量，同时进一步确定废品产生的原因，厘清这些数量之间的关系，从而对于在制数量及加工费用结算有一个正确合理的依据。

委外加工在进行财务处理时，由于实际发生的费用与合格品数量和料废、工废件数量有关，因此在委外加工合同签订的时候，应当明确料废件数量及其加工费用的核算、工废件数量及其加工费用的核算。一般对于料废件，加工企业会收取加工费用；但对于工废件，加工企业应当承担一定的材料损失费用，然后根据合同的约定，将废品回收，进行回炉或其他类似处理。在ERP系统中，应根据回收的实际合格数量、工废数量和料废数量及不同的结算单价，统计出对应的费用来，形成应付款，从而进行付款核算处理。

二、委外加工流程

（一）ERP系统委外加工管理的业务流程

委外加工管理的主要业务流程包括以下几步：①委外加工生产任务单的建立，在ERP系统中可以由主生产计划和MRP的计划订单投放而自动生成，也可以由人工新增；②委外加工投料单查询，当确认委外加工任务单后，系统会自动生成相应的投料单，需进行查询和审核；③委外加工材料出库单，对于需要进行倒冲领料的情况，要办理材料调拨单；④委外加工成品入库单，对于已调拨的材料，要根据入库单办理倒冲领料单，冲减掉一部分已调拨的材料；⑤对材料出库单与成品入库单进行数量核销；⑥委外加工费用结算、开票；⑦将委外加工的入库单与发票设置成关联单据；⑧委外加工费用付款、核销；⑨委外加工出、入库存货核算；⑩委外加工分析报表。

（二）委外加工管理系统与ERP其他子系统的集成

从整个ERP的系统可见，委外加工管理系统涉及企业的财务管理、销售管理、仓存管理、存货核算、采购管理，必要时还有质量管理模块。委外加工管理系统与ERP其他子系统存在着密切集成的关系。

（1）与财务管理系统集成。委外加工费用单用于记录委外加工费的情况，并能形成应付账款，可作为付款单的源单进行核销，并可以在应付账款汇总表及明细表中进行查询。

（2）与销售管理系统集成。销售系统的销售订单也是销售系统中的一种重要单据，委外加工管理系统中的委外加工单可以通过销售订单来下达生产，另外也可以根据销售订单生成采购建议。

（3）与仓存管理系统集成。在委外加工管理系统中可以下推委外加工出库单、调拨单、委外加工入库单并更新仓存系统中的库存数据。

（4）与存货核算系统集成。委外加工管理系统需要在存货核算管理系统中处理委外加工材料成本的核算。

（5）与采购管理系统集成。委外加工单生成采购建议后，可以生成采购订单，并且委外加工管理的费用结算在采购管理系统进行。

（6）与质量管理系统集成。对于设置为全检或抽检的物料，必须在质量管理系统中进行检验，根据质检结果办理入库手续。

思考与练习

1. 根据采购管理发展的趋势，结合你所了解的实际，谈谈我国企业在采购方面所面临的问题。

2. 现代采购模式与传统采购模式的区别分别有哪些？

3. 如何与供应商建立长期的合作伙伴关系？

4. 哪些企业需要选择委外加工，在委外加工管理过程中应该注意哪些问题？

拓展阅读

第八章 财务管理

ERP 财务管理实现了财务与采购、生产、销售等其他子模块的无缝集成，避免了数据的重复输入和重复存储，实现了物流、资金流、信息流的高度统一。在本章中，您将学习会计核算的基本知识，理解集成化的财务管理，掌握采购、生产、销售等模块的账务处理和财务报表分析的基本方法，了解财务共享与财务智能化等前沿理念。

学习目标

- 理解并掌握会计要素和会计循环
- 理解集成化的财务管理
- 理解并掌握财务与采购、生产、销售等模块的集成
- 了解财务共享、财务智能化

知识结构图

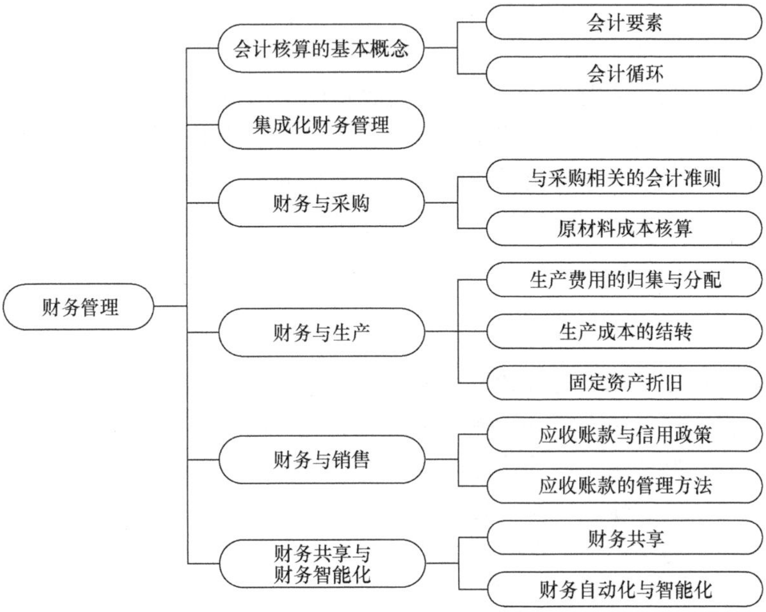

第一节　会计核算的基本概念

一、会计要素

会计要素是会计工作的具体对象，是会计用以反映财务状况、确定经营成果的因素。我国《企业会计准则》分列六个会计要素，分别是资产、负债、所有者权益、收入、费用、利润，主要反映企业财务状况和经营成果方面的信息。

由于会计的最终成果是以报表的形式向有关方面提供信息，而编制财务报表的依据是企业的日常会计核算资料，这就要求企业财务报表所反映的内容及基本分类，应与日常会计核算保持一致。同时，日常会计核算对经济活动内容的分类，应该满足编制财务报表的要求。因此，会计要素既是会计核算内容的具体分类，也是财务报表的基本构成要素。

（一）反映财务状况的会计要素

企业在一定日期的资产、负债和所有者权益，集合起来反映企业在特定日期（如月末、季末、年末等）的财务状况。

1. 资产

资产是指企业过去的交易或者事项形成的、由企业拥有或者控制，预期会给企业带来经济利益的资源。任何企业要进行正常的经营活动，都必须拥有一定数量和结构的资产。为了正确反映企业的财务状况，通常将企业的全部资产按其流动性，划分为流动资产与非流动资产两大类。流动资产是指可以在一年（或长于一年的一个营业周期）内变现或者耗用的资产，主要包括货币资金、交易性金融资产、应收票据、应收账款、预付账款、应收利息、应收股利、其他应收款、存货、一年内到期的非流动资产等。除流动资产以外的其他资产统称为非流动资产。

2. 负债

负债是指企业过去的交易或者事项形成的、预期会导致经济利益流出企业的现时义务。负债按其偿还期的长短可分为流动负债与非流动负债。流动负债是指将在一年或超过一年的一个营业周期内偿还的债务，它包括短期借款、交易性金融负债、应付票据、应付账款、应付职工薪酬、应交税费、应付利息、应付股利及预收账款等。非流动负债又称为长期负债，是指偿还期在一年或超过一年的一个营业周期以上的债务，它包括长期借款、应付债券、长期应付款等。

为了正确反映企业的财务状况，在确定一项负债应否列为流动负债时，需进一步考虑它与流动资产之间的关系。而非流动负债一般具有数额大、偿还期限长的特点。企业举借长期贷款，主要是为了扩大经营规模，满足增加各种固定资产的需要。为了不致企业丧失投资时机，保持投资者控制企业的权力并增加盈余，适量的非流动负债是可取的。但也应看到非流动负债不利的一面，即固定利息费用较高。如果企业经营不善、发展不顺利，将会成为财务上的沉重负担。因此，是否要举借长期借款及如何筹集长期借款，是企业的一项重要财务决策。

3. 所有者权益

所有者权益，是指所有者在企业资产中享有的剩余权益，是资产减去负债后的余额。所有者权益按其来源主要包括所有者投入的资本、直接计入所有者权益的利得和损失、留存收益等。其中，所有者投入的资本是指所有者投入企业的资本部分，它既包括构成企业注册资本或者股本部分的金额，也包括投入资本超过注册资本或者股本部分的金额，即资本溢价或者股本溢价，在我国企业会计准则体系中被计入了资本公积。留存收益，是企业历年实现的净利润留存于企业的部分，主要包括计提的盈余公积和未分配利润。

负债与所有者权益虽同属于权益，但是负债是债权人的权益，而所有者权益是所有者对企业净资产的权益。此外，从偿还责任来看，企业对债权人的负债必须到期还本付息，而所有者权益，除非企业清算解散，不存在偿还本金的负担。

（二）反映经营成果的会计要素

反映经营成果的会计要素包括收入、费用、利润。按照我国《企业会计准则》的规定，具体分述如下。

1. 收入

收入是指企业在日常活动中形成的、会导致所有者权益增加的、与所有者投入资本无关的经济利益的总流入。收入按企业经营业务的主次不同分为主营业务收入和其他业务收入，不包括为第三方或者客户代收的款项。主营业务收入是指企业为完成其经营目标而从事的经常性活动所实现的收入；其他业务收入是指企业为完成其经营目标从事的与经常性活动相关的活动实现的收入。

企业在发出商品、提供劳务，同时收到价款或者取得索取价款的凭据时，确认主营业务收入。在确认收入的同时，也要确认资产的增加或负债的减少。例如，企业销售商品，确认销售收入增加，同时要确认库存现金或银行存款或应收账款等资产项目的增加；如果现在销售的商品，原来已经预收货款，则在确认收入增加的同时，还要确认预收货款这项负债的减少。另外，在销售过程中发生的销售折扣和销售退回，应作为营业收入的抵减项目记账。

2. 费用

费用是指企业在日常活动中发生的、会导致所有者权益减少的、与向所有者分配利润无关的经济利益的总流出。费用是企业在生产经营过程中发生的各项耗费，也就是一个企业为获得营业收入而发生的耗费。费用与成本密切相关，费用中予以对象化的部分就是成本。简要地说，成本是针对一定成本计算对象（如某产品、某类产品、某批产品、某生产步骤等）而言的，费用则是针对一定的期间而言的。

3. 利润

企业以获取利润为其主要目的，利润是评价企业经营业绩的重要指标。利润是指企业在一定会计期间的经营成果，包括营业利润、营业外收支净额、投资收益等。

营业利润是企业经营成果的主要部分。营业收入减去营业成本、税金及附加、销售费用、管理费用和财务费用、资产减值损失，加上公允价值变动损益、投资收益，即为营业利润。上述扣减项目不论是否有助于产生营业收入，都必须从相应的收入中作为费用（成本）来扣减。从总额上来说，扣除项目的金额之和必须低于该期的营业收入才会有利润。否则，这一会计期间的经营成果就反映为营业亏损。

营业外收支净额是指与企业生产经营没有直接关系的各种营业外收入减营业外支出后的余额。我国《企业会计准则》规定，将营业外收入和营业外支出分别作为两个独立的会计科目，对营业利润进行调整。这样的划分认为营业外收入与营业外支出，都有相当的左右最终成果的重要性，需要单独予以披露。

投资收益是企业对外投资收入减去投资损失后的余额。企业对外投资分得的利润或者股利为投资收入，而企业收回的对外投资与其投出时的账面价值的差额，做投资收益或投资损失处理。

二、会计循环

会计循环是指企业在一个会计期间内，必须根据原始凭证编制记账凭证，根据记账凭证登记账簿并进行试算平衡，经过调整结清各账户，最后编制出财务报表的程序。之所以称为循环，是因为每个会计期间都重复这些步骤，即会计核算总是按照这个基本程序有步骤地、连续不断地、周而复始地进行。

（一）记账凭证的编制

记账凭证的编制是会计循环中的第一步，也是最重要的一步。因为后续的步骤多半由计算机自动完成，记账凭证的正确与否直接关系到后面各项信息的正确性。记账凭证的编制需要两个步骤，即审核原始凭证和根据原始凭证编制会计分录并形成记账凭证。

1. 审核原始凭证

会计工作的重要特点之一，就是重凭证，一切款项物资的收付和财务处理都必须以凭证为依据。因此，每发生一笔交易或事项，必须取得能够证明该项交易或事项实际情况的书面说明，即原始凭证。采购业务中的购货发票、出差发生的各类火车票、汽车票、出租车票等，都可以作为原始凭证。当然，不是所有的书面文件都可以作为原始凭证使用，一般来说，只有具备法律效力并有货币计量价值的书面文件才能作为原始凭证使用，自制的原始凭证除外。例如，收据虽然也能说明购销交易的发生，但一般的收据（除行政事业单位收款、收据外）都不具备法律效力，因此不能作为原始凭证进行记账工作。

原始凭证根据来源不同可分为自制凭证和外来凭证两类。自制凭证如单位自行编制的领料单或报销许可签字单等；外来凭证的来源很多，如增值税专用发票、飞机票、火车票、行政事业单位收据等。

2. 记账凭证的编制和审核

记账凭证是会计人员根据审核无误后的原始凭证或汇总原始凭证，确定会计分录并编制的、直接作为登账依据的凭证。记账凭证因单位交易或事项不同，格式各异。但基本内容一般应包含以下几方面：①凭证的名称；②编制凭证的日期和编号；③交易或事项的内容摘要；④应借、应贷会计科目的名称和金额，包括一级科目、二级科目和明细科目的名称与金额；⑤所附原始凭证的张数；⑥制证、审核、记账等有关人员签名或盖章；⑦记账备注。

为确保账簿记录的正确性，必须对记账凭证进行审核。审核的主要内容有：①是否附有原始凭证，所附原始凭证的内容与张数是否与记账凭证相符；②应借、应贷的账户名称和金额是否正确，账户对应关系是否清晰；③有关项目是否填写齐全、有关人员是否签名或盖章。总之，记账凭证是根据审核后的合法的原始凭证编制的，也是登记账簿的依据。

（二）登记账簿

会计账簿是由具有一定格式、互相联系的账页组成的，是用来序时、分类记录和反映各交易或事项的会计簿籍。设置和登记账簿是会计核算工作的一个重要环节，同时是使会计核算资料系统化而广泛采用的一种方法。

账簿最基本的划分标准即按用途分，分为序时账簿、分类账簿和备查账簿三种。

1）序时账簿

序时账簿是按照交易或事项发生或完成的先后顺序，逐日、连续登记的账簿，也称日记账。实际工作中常用的日记账是现金日记账和银行存款日记账。日记账的作用，主要是作为交易或事项的原始记录，便于查阅某一天、某一时期或某一笔交易或事项的发生或完成情况。日记账在防止凭证的散失和抽换、保护会计凭证的完整性和严肃性方面具有重要作用。

2）分类账簿

分类账簿是分类别登记交易或事项，包括总分类账簿和明细分类账簿两种。两者登记的交易或事项内容相同，仅详简程度不同。总分类账也称总账，它是根据总账科目或总分类科目、一级科目开设的会计账簿；而明细分类账是根据某个总账科目所属的二级科目或明细科目开设的账簿，它是用来分类、连续地记录有关交易或事项的详细资料。因此，在设置总分类账的基础上，还应设置若干必要的明细分类账。分类账的各账户总括地反映了各会计要素具体内容的增减变动和变动结果。编制财务报表就是以这些分类账所提供的资料为依据的。

3）备查账簿

备查账簿又称辅助登记簿，是对不属于上述两种账簿登记范围的某些备查事项进行补充记载的一种账簿，如租入固定资产登记账簿等。

除此之外，账簿还可以按其外表形式分类，分为订本式账簿、活页式账簿和卡片式账簿。一般来说日记账、总账都采用订本式账簿，而活页式账簿、卡片式账簿一般适用于明细分类账。

（三）试算平衡

把一定时期（如一个月）的会计分录全部过入分类账后，就可以根据分类账的资料，结计本期利润，编制财务报表。然而，会计人员总要对各分类账登记的正确性有所把握，才能着手下一步的结计本期利润，编制财务报表。那么，怎样才能把握各分类账的正确性呢？

根据借贷记账法“有借必有贷，借贷必相等”的平衡原理，任何一笔会计分录都要有等额的借项与贷项，这必然形成了全部总分类账户借贷两方的本期发生额及借贷两方余额的平衡关系。所以，两者相等，便可认为各账户的登记基本正确。检查分类账的借方余额与贷方余额是否相等，通常是通过编制试算表来实现的。如果试算表中借方余额和贷方余额不相等，则说明肯定存在错误，应当予以查明纠正。

（四）期末结账和编制财务报表

由于企业的日常经营活动是连续不断的，为了总括反映一定时期内企业财务状况和经营成果，在每个会计期末，必须对有关账户进行结账，也就是把一定时期内发生的交易或事项全部登记入账，结出每个账户的本期发生额和期末余额。结账后进行财务报表的编制。

至此，一个会计循环结束。但会计处理工作是周而复始的，下一个会计循环又在此循环的基础上继续进行。于是，这个会计期末编制的资产负债表，也就成为下一个会计期间开设总分类账户的依据。由此可见，会计循环是一个相对简单的会计程序。

第二节　集成化财务管理

一、财务管理概述

财务管理，是组织企业财务活动、处理财务关系的一项经济管理工作。

企业财务活动是以现金收支为主的企业资金收支活动的总称。企业的运营过程必然伴随着资金的流入和流出。企业财务活动可分为筹资引起的财务活动、投资引起的财务活动、经营引起的财务活动和分配引起的财务活动四个方面。

（一）企业筹资引起的财务活动

企业从事筹资活动，最主要是解决通过什么方式、在什么时间、筹集多少资金的问题。在整个筹资过程中，企业通过吸收直接投资、银行贷款、发行股票、发行债券等方式筹集资金，表现为资金流入；而企业支付股利、分红、偿还借款、支付利息及付出各种筹资费用等，则表现为资金流出。这种因为资金筹集而产生的资金收支，便是由企业筹资引起的财务活动。

从事筹资活动时，财务人员首先要合理预测企业资金缺口的规模和期限；其次决策筹资方式，是进行股权筹资还是债权筹资，是吸收直接投资、发行股票还是银行贷款、发行债券、其他借贷方式，抑或是股权、债权两类筹资方式兼而有之。不同的筹资方式会对企业的财务报表、经营成本和未来的现金流量产生不同的影响。科学、合理、有效的筹资活动是财务管理的重要方面。财务人员在进行筹资决策时，一方面要保证筹集的资金能满足企业经营与投资的需要；另一方面还要掌控筹资风险，不至由无法偿还债务而陷入破产。

（二）企业投资引起的财务活动

企业筹资的目的是把资金用于生产经营活动以获得盈利，不断增加企业价值。企业将资金用于维持现有正常生产经营活动、更新设备、改进工艺、培训员工、开发新产品、创新生产工艺和技术、扩建或增加厂房等，形成企业的对内投资；企业将资金用于购买金融市场上各类金融资产（有价证券），或收购其他企业等，形成企业的对外投资。企业无论是对内投资还是对外投资，都有资金流出。当企业变卖其对内投资的各种资产或收回对外投资时，就会产生资金流入。这种因企业投资而产生的资金收支，便是由投资引起的财务活动。

由于企业的资金是有限的，投资活动需要建立在科学决策的基础上，遵循一定的投资原则和程序，基于货币的时间价值采用一定的投资评价方法，科学预测投资项目的现金流量，以谋求最大报酬。此外，投资活动都是有风险的，各种宏观、微观不确定性因素都可能导致投资损失的发生。财务人员在进行投资活动时，需要运用一定的项目风险评估方法对这些风险因素进行评估，从而判断选择哪个方案，放弃哪个方案，或者将哪些方案进行组合。

（三）企业经营引起的财务活动

企业维持日常经营，会产生一系列资金收支。采购原材料或商品、支付工资和其他营业费用会产生资金流出；将产品、商品或材料出售，会产生资金流入。此外，对应收账款和存货进行规划、控制和管理，都会对经营资金产生重要影响。如果现有资金不能满足企业经营需要，还需要采取短期借款方式来筹措所需资金。上述资金收支，属于企业经营引起的财务活动。

企业经营引起的财务活动，主要涉及流动资产与流动负债的管理问题。流动资产与流动负债具有短期性、易变现、波动性和多样性等特点，因此企业经营引起的财务活动需要遵循满足资金需求、保持足够的短期偿债能力、提高资金使用效率和节约资金使用成本等原则。其中，流动资金的周转与生产经营周期具有一致性，在一定时期内，资金周转快，就可以利用相同数量的资金生产更多产品，取得更多收入，获得更多报酬。因此，如何加速资金周转、提高资金的利用效率，是财务人员在这类财务活动中需要考虑的主要问题。

（四）企业分配引起的财务活动

企业在经营过程中会产生利润，也可能会因对外投资而分得利润。企业实现的利润总额，要按国家财务制度规定的分配形式和分配顺序在国家、企业所有者和企业之间进行分配，形成国家所得税收入、投资者的投资报酬和企业的留存收益等不同项目。这种因利润分配而产生的资金收支便属于分配引起的财务活动。利润分配的过程与结果，关乎所有者合法权益保护、企业长期稳定发展，企业必须加强利润分配的管理。

在分配活动中，财务人员需要确定股利支付方式，包括现金股利、股票股利、财产股利等多种形式。不同的股利支付形式，会对公司的股票价格、现金流量及未来发展产生不同的影响。此外，财务人员还要确定股利支付率的高低，即给投资人支付多大比例的税后利润。过高的股利支付率，会产生较多的资金流出，影响企业再投资的能力；而过低的股利支付率，又可能引起投资人的不满，对于上市公司而言，可能会导致股价下跌、公司价值下降。因此，财务人员要根据公司自身的具体情况确定最佳分配政策。

上述四类财务活动并非相互割裂、互不相关，而是相互依存构成了完整的企业财务活动。这四个方面也正是财务管理的基本内容，包括企业筹资管理、投资管理、营运资本管理、利润及其分配管理。

二、ERP 财务管理的主要功能

会计和财务管理的对象是企业资金流，是企业运营效果和效率的直观表现，因而财务信息系统一直是企业实施 ERP 系统时关注的重点。在 ERP 系统中，财务管理始终是核心应用模块之一。国内外主要的 ERP 供应商，如 SAP、Oracle、用友公司、金蝶公司等，都提供了功能强大、集成性好的财务应用系统并在许多国内外著名企业中获得了广泛应用。

ERP 系统中的财务管理与一般的财务软件不同。作为 ERP 系统中的一部分，它和系统中其他模块能够相互集成，如它可将生产活动、采购活动产生的信息自动计入财务模块，生成总账、财务报表，取消了输入凭证的烦琐过程，几乎完全替代以往传统的会计手工操作。

ERP 系统的财务管理一般分为会计核算与财务管理两大功能。会计核算主要负责记账凭证的编制、登记账簿和编制财务报表等，反映企业经营过程和经营成果，为财务管理服务。财务管理工作则贯穿企业生产经营活动的全过程，基于会计核算数据，结合其他生产、经营、环境、政策等因素，确定企业的筹资决策、投资决策和利润分配决策，它侧重于财务的计划、分析和报表管理。

三、财务管理与其他模块的集成

财务集成是指在采购、生产、销售等业务的处理过程中，系统自动采集业务数据，自动选择会计科目，自动生成记账凭证。ERP 的财务管理系统不仅与内部各模块充分集成，还能与供应链和生产制造系统达到无缝集成，如物流、制造管理子系统的业务数据可直接转入财务管理子系统。ERP 系统的财务集成性集中体现在与采购、销售、库存和生产等业务的集成上。

ERP 财务管理与其他模块的集成，避免了数据的重复输入和重复存储，提高了数据的准确性和一致性，实现了物流、资金流、信息流的统一，使企业各项经营业务的财务信息能及时准确地得到反映，加强了企业对资金流的全局管控；更全面地提供财务管理信息，为战略决策和各业务操作提供依据。

财务管理子系统与 ERP 其他子系统或模块的集成如图 8-1 所示。

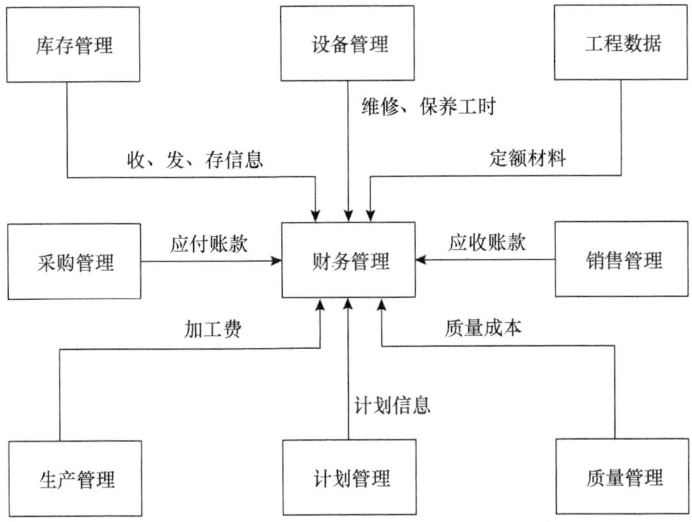

图 8-1 财务管理子系统与 ERP 其他各相关子系统关系

（一）财务与采购集成

ERP 环境中，采购订单在 MRP 中由系统自动生成。企业的采购业务可能是先收到商品，也可能是先收到发票，或者两者同时到达。不论哪一种情况，采购业务均分两步被记录。

（1）在采购物料入库时，系统自动生成物料入库记账凭证，记录存货增加。在打印退货单时，系统自动生成红字记账凭证（用负数表示红字）。

（2）收到采购发票后，进行采购发票登记，经审核后，系统自动生成记账凭证，记录应付账款。

（二）财务与生产集成

ERP 环境中，财务与生产集成的会计业务包括生产领料、工序成本核算及产品完工入库业务。生产领料时，系统按材料的实际领用数量和材料的标准成本计算领料成本，自动生成记账凭证。在报告工序完工时，系统自动计算工序成本，自动生成记账凭证，工序成本包括直接人工费用和制造费用两部分。在产品完工入库时，系统按产品的标准成本结转生产成本，并结转生产成本差异。

在集成环境下，其他子系统的数据，如物料清单、人工费率、物料数量、工时等直接影响财务管理子系统数据的准确性。

（三）财务与销售集成

ERP 环境中，在销售订单的处理过程中自动生成记账凭证。在销售交货并下达产品出库通知单时，系统自动生成结转产品销售成本的记账凭证，产品销售成本按标准成本结转。在打印销售发票时，系统会自动生成记账凭证，确认应收账款和销售收入。应收账款和销售收入的金额根据销售订单金额和税率进行计算。

第三节　财务与采购

一、与采购相关的会计准则

企业要进行正常的产品生产经营活动，就必须购买和储备一定品种及数量的原材料。原材料是制造企业生产产品不可缺少的物质要素。在生产过程中，原材料经过加工而改变其原来的物质形态，构成产品实体的一部分，或者实物消失而有助于产品的生产。因此，制造企业要有计划地采购材料，既要保证及时、按质、按量满足生产需要，又要避免储备过多，占用资金。

原材料通常都是向外单位采购而得。一方面，企业从供应单位购进各种材料，计算材料的采购成本；另一方面，企业要按经济合同或约定的结算办法支付材料的买价和各种采购费用，与供应单位发生货款结算关系。此外，还涉及增值税进项税额的计算与会计处理。为完成材料采购业务的核算，需要设置一系列账户。

《企业会计准则第 1 号——存货》中规定，存货应当按照成本进行初始计量。存货成本包括采购成本、加工成本和其他成本。其中，存货的采购成本是指在采购过程中所发生的支出，包括购买价款、相关税费、运输费、装卸费、保险费及其他可归属于存货采购成本的费用。

材料采购过程中发生的物资损毁、短缺等合理损耗部分应当作为材料采购费用计入材料采购成本，其他损耗不得计入。从供应单位、外部运输机构等收回的物资短缺、毁损赔款应冲减材料采购成本。

按照我国会计准则的规定，企业的原材料既可以按照实际成本计价组织收发核算，也可以按照计划成本计价组织收发核算。这里仅介绍实际成本的核算方法，让大家初步了解财务与采购的关系。

二、原材料成本核算

当企业经营规模较小，原材料种类不多，且原材料收发业务不是很频繁的情况下，企业可以按照实际成本计价方法组织原材料的收发核算。

购入材料的实际采购成本 = 实际买价 + 采购费用

原材料按实际成本计价组织收发核算时应设置以下几个账户。

（1）“在途物资”账户。该账户的性质属于资产类，用来核算企业外购材料的买价和各种采购费用，以确定购入材料的实际采购成本。其借方登记购入材料的买价和采购费用（实际采购成本），贷方登记采购过程完成、验收入库材料的实际采购成本，期末余额在借方，表示尚未运达企业或者已经运达企业但尚未验收入库的在途材料的成本。

（2）“原材料”账户。该账户的性质属于资产类，用来核算企业库存材料实际成本的增减变动及其结存情况。其借方登记已验收入库材料实际成本的增加，贷方登记发出材料的实际成本，期末余额在借方，表示库存材料实际成本的期末结余额。“原材料”账户应按照材料的保管地点、材料的种类或类别设置明细账户，进行明细分类核算。

（3）“应付账款”账户。该账户的性质属于负债类，用来核算企业因购买原材料、商品和接受劳务供应等经营活动应支付的款项。其贷方登记应付供应单位款项（买价、税金和代垫运杂费等）的增加，借方登记应付供应单位款项的减少（即偿还）。期末余额一般在贷方，表示尚未偿还的应付款的结余额。该账户应按照供应单位的名称设置明细账户，进行明细分类核算。

（4）“预付账款”账户。该账户的性质属于资产类，用来核算企业按照合同规定向供应单位预付购料款而与供应单位发生的结算债权的增减变动及其结余情况。其借方登记预付款的增加，贷方登记收到供应单位提供的材料物资而应冲销的预付款，即预付款的减少。期末余额一般在借方，表示尚未结算的预付款的结余额，如果该账户期末余额出现在贷方，则表示企业尚未补付的款项。该账户应按照供应单位的名称设置明细账户，进行明细分类核算。

（5）“应付票据”账户。该账户的性质属于负债类，用来核算企业采用商业汇票结算方式购买材料物资而开出的商业汇票的增减变动及其结余情况。其贷方登记企业开出、承兑商业汇票的增加，借方登记到期商业汇票的减少。期末余额在贷方，表示尚未到期的商业汇票的期末结余额。该账户应按照债权人设置明细账户，进行明细分类核算。

（6）“应交税费”账户。该账户的性质属于负债类，用来核算企业按税法规定应缴纳的各种税费（印花税等不需要预计税额的税种除外）的计算与实际缴纳情况。在材料采购业务中设置“应交税费”账户主要是为了核算增值税。

增值税是对在中华人民共和国境内销售货物或者提供加工、修理修配劳务及进口货物的单位和个人，就其应税销售额计算税款，并实行税款抵扣制的一种流转税。由于增值税是对商品生产或流通各个环节的新增价值或商品附加值进行征税，所以称之为增值税。采取两段征收法，分为增值税进项税额和销项税额。

$$当期应纳税额 = 当期销项税额 - 当期进项税额$$

式中，销项税额是指纳税人销售货物或提供应税劳务，按照销售额和规定的税率计算并向购买方收取的增值税税额。

$$销项税额 = 销售货物或提供应税劳务价款 \times 增值税税率$$

进项税额是指纳税人购进货物或接受应税劳务所支付或负担的增值税税额。

$$进项税额 = 购进货物或接受应税劳务价款 \times 增值税税率$$

增值税的进项税额与销项税额是相对应的，销售方的销项税额就是购买方的进项税额。

第四节 财务与生产

一、生产费用的归集与分配

企业的主要经济活动是生产符合社会需要的产品，产品的生产过程也是生产的耗费过程。生产耗费包括生产资料中的劳动手段（如机器设备）和劳动对象（如原材料）的耗费。用货币形式表现就叫作生产费用。这些费用最终都要归集、分配到一定种类的产品上去，从而形成各种产品的成本。由此可见，费用与成本有着密切的联系。但是，费用与成本也有一定的区别，费用的发生与生产期间直接相关，即费用强调“期间”，而成本则是为生产某一产品或提供某一劳务所消耗的费用，即成本强调“对象”。

生产费用按其计入产品成本方式的不同，可以分为直接费用和间接费用。直接费用是指企业生产产品过程中实际消耗的直接材料费用和直接人工费用；间接费用是指企业为生产产品和提供劳务而发生的各项间接支出，通常称为制造费用。在会计上，具体分述如下。

直接材料费用，是指企业在生产产品和提供劳务的过程中所消耗的、直接用于产品生产，构成产品实体的各种原材料、主要材料、外购半成品及有助于产品形成的辅助材料等。

直接人工费用，是指企业在生产产品和提供劳务的过程中，直接从事产品生产的工人工资、津贴、补贴和福利费等。

制造费用，是指企业为生产产品和提供劳务而发生的各项间接费用，其构成内容比较复杂，包括间接的职工薪酬、折旧费、修理费、办公费、水电费、机物料消耗、季节性停工损失等。

生产费用的发生、归集和分配及产品成本的形成，构成了产品生产业务核算的主要内容。生产费用包括材料费用、人工费用、制造费用等内容。

（一）材料费用的归集与分配

生产产品及其他方面领用原材料时，就形成了材料费用。完整意义上的材料费用包括消耗的原材料、主要材料和辅助材料等。在确定材料费用时，应根据领料凭证区分车间、部门和不同用途，按照确定的结果将发出材料的成本分别记入“生产成本”“制造费用”“管理费用”等账户和产品生产成本明细账。

对于直接用于某种产品生产的材料费用，应直接计入该产品生产成本明细账中的直接材料费项目；对于由几种产品共同耗用、应由这些产品共同负担的材料费用，应选择适当的标准在各产品之间进行分配，并计入各有关成本计算对象；对于为创造生产条件而间接消耗的各种材料费用，应先在“制造费用”账户中进行归集，然后再同其他间接费用一起分配，并计入有关产品成本中。总而言之，材料是构成产品实体的一个重要组成部分，对材料费用的归集与分配是生产过程核算的一项重要内容。

为正确反映、监督生产过程中各项材料费用的发生、归集和分配，应设置以下账户。

1. “生产成本”账户

该账户的性质属于成本类，用来归集和分配企业进行工业性生产所发生的各项费用，进而根据该账户可以正确计算产品生产成本。借方登记应计入产品生产成本的各项费用，包括直接计入产品生产成本的直接材料费用、直接人工费用和期末按照一定方法分配计入产品生产成本的制造费用；贷方登记结转完工入库产成品的生产成本，期末如有余额在借方，表示尚未完工产品（在产品）的成本。该账户应按产品种类或类别设置明细账户，进行明细分类核算。

2. “制造费用”账户

该账户的性质属于成本类，用来归集和分配企业生产车间（基本生产车间和辅助生产车间）范围内，为组织和管理生产活动而发生的各项间接生产费用，包括车间范围内发生的管理人员的薪酬、折旧费、修理费、办公费、水电费、机物料消耗、季节性停工损失等。借方登记实际发生的各项制造费用，贷方登记期末经分配转入“生产成本”账户借方的制造费用额。该账户在期末经过费用的分配结转后一般没有余额（季节性生产企业除外）。该账户应按不同车间设置明细账，按费用项目设置专栏进行明细分类核算。

（二）人工费用的归集与分配

《企业会计准则第 9 号——职工薪酬》将职工薪酬界定为“企业为获得职工提供的服务或解除劳动关系而给予的各种形式的报酬或补偿”。职工薪酬，作为一种耗费构成人工成本。在对职工薪酬进行核算时，应根据工资结算汇总表或按月编制的“职工薪酬分配表”的内容登记有关的总分类账户和明细分类账户。

生产产品、提供劳务的直接生产人员和直接提供劳务人员发生的职工薪酬，计入生产成本；应由在建工程、无形资产负担的职工薪酬，计入建造固定资产或无形资产成本；除直接生产人员、直接提供劳务人员、建造固定资产人员、开发无形资产人员以外的职工，包括公司总部管理人员、董事会成员、监事会成员等人员的职工薪酬，因难以确定直接受益对象，在发生时确认为当期损益。

为了核算职工薪酬的发生和分配，需要设置“应付职工薪酬”账户。“应付职工薪酬”账户的性质是负债类，用来核算企业应付给职工各种薪酬总额与实际发放情况，并反映和监督企业与职工的薪酬结算情况。该账户贷方登记本月计算出来的应付职工薪酬总额，包括各种工资、奖金、津贴和福利费等，同时该项费用按其经济用途分配计入有关的成本、费用账户；借方登记本月实际支付的职工薪酬数。月末如为贷方余额，表示应付未付的职工薪酬。“应付职工薪酬”账户可以按照“工资”“职工福利”“社会保险费”“住房公积金”等进行明细分类核算。

（三）制造费用的归集与分配

制造费用是指企业为了生产产品和提供劳务而发生的各种间接费用，其主要内容是企业的生产部门（包括基本生产车间和辅助生产车间）为组织和管理生产活动及为生产活动服务而发生的费用，如车间管理人员的工资及福利费，车间生产使用的照明费、取暖费、运输费、劳动保护费等。在生产多种产品的企业里，一些生产费用由于无法直接判定其归属的成本核算对象，无法直接计入产品成本中，必须将其按照发生的不同空间范围在“制造费用”账户中予以归集、汇总，然后选用一定的标准（如生产工人工资、生产工时等），在各产品之间进行合理分配，以便于准确确定各产品应负担的制造费用额。

制造费用包括的具体内容又可以分为三部分。

第一部分是间接用于产品生产的费用，如机物料消耗费用，车间生产用固定资产的折旧费、修理费、保险费，车间生产用的照明费、劳动保护费等。

第二部分是直接用于产品生产，但管理上不要求或者不便于单独核算，因而没有单独设置成本项目进行核算的某些费用，如生产工具的摊销费、设计制图费、试验费及生产工艺用的动力费等。

第三部分是车间用于组织和管理生产的费用，如车间管理人员的工资及福利费，车间管理用的固定资产折旧费、修理费，车间管理用具的摊销费，车间管理用的水电费、办公费、差旅费等。

为了归集和分配各种间接费用，需要设置以下几个与间接费用的发生有关的账户。

1. “长期待摊费用”账户

长期待摊费用是指企业已经支出但应由本期和以后各期分别负担，且分摊期在 1 年以上的各项费用。为了符合权责发生制核算基础的要求，核算这些先付款后摊销的费用，设置了“长期待摊费用”账户。该账户的性质属于资产类，借方登记预先支付的各种款项，如预付的房租、开办费、设备大修理费等，贷方登记应摊销计入本期成本或损益的各种费用。期末余额在借方，表示已经支出但尚未摊销的费用。该账户应按照费用的种类设置明细账户，进行明细分类核算。

2. “累计折旧”账户

固定资产因损耗而减少的价值就是固定资产的折旧。固定资产折旧应作为折旧费用计入产品成本和期间费用，这样做主要是为了实现期间收入与费用的正确配比。计提固定资产折旧，通常是根据期初固定资产的原价和规定的折旧率按月计算提取，并专门设置一个用来反映固定资产损耗价值（即折旧额）的账户，即“累计折旧”账户。该账户的性质是资产类，用来核算企业固定资产已提折旧的累计情况。其贷方登记按月提取的折旧额，即累计折旧的增加，借方登记因减少固定资产而减少的累计折旧。期末余额在贷方，表示已提折旧的累计额。该账户只进行总分类核算，不进行明细分类核算。

二、生产成本的结转

在将制造费用分配给各产品之后，“生产成本”账户的借方归集了各种产品所发生的直接材料费用、直接工资、其他直接支出和制造费用的全部内容。在此基础上就可以进行产品成本的计算了。计算产品生产成本既为入库产成品提供了计价依据，又满足了确定各会计期间盈亏的需要。

企业生产的产品经过了各道工序的加工生产之后，就成为企业的完工产成品。产成品是指已经完成全部生产过程并已验收入库、符合标准规格和技术条件，可以按照合同规定的条件送交订货单位，或可以作为商品对外销售的产品。为了核算完工产品成本结转及其库存商品成本情况，需要设置“库存商品”账户。该账户的性质是资产类，其借方登记验收入库商品成本的增加，包括外购、自产、委外加工等；贷方登记库存商品成本的减少（发出）。期末余额在借方，表示库存商品成本的期末结余额。“库存商品”账户应按照商品的种类、品种和规格等设置明细账，进行明细分类核算。

三、固定资产折旧

固定资产，是指同时具有下列特征的有形资产：①为生产商品、提供劳务、出租或经营管理而持有的；②使用寿命超过一个会计年度。固定资产是企业重要的生产要素之一。

固定资产折旧是指对尚在使用寿命内的固定资产，按规定方法对其价值损耗进行的系统分摊。其实质可以理解为固定资产价值的转销过程。

（一）影响折旧的因素

影响折旧的因素主要包括四个方面。

（1）固定资产原值。计提折旧时，应当先考虑固定资产的入账价值，即取得固定资产的成本。

（2）固定资产使用寿命。固定资产使用寿命即企业预计使用固定资产的时间长度，企业应结合固定资产的生产能力、耗损及法律法规约束等多方面，合理确定固定资产的使用年限。另外，固定资产的使用寿命一旦确定，不得随意调整。

（3）固定资产预计净残值。固定资产预计净残值是指固定资产在达到预期使用寿命，报废清理时，处置资产获取的收入减去清理费用后的净额。

（4）固定资产减值准备。当固定资产发生损坏或由技术陈旧导致其可收回金额低于账面价值时，确认固定资产发生了减值，要计提固定资产减值准备，计入当期损益，从而调整固定资产的账面价值，使之能够真实客观地反映该资产在当前市场上的实际价值。

（二）固定资产折旧方法

除已提足折旧仍继续使用的固定资产和单独计价入账的土地外，企业应对所有固定资产计提折旧。可使用的折旧方法有很多，但不同的折旧方法对成本、费用、收入及税收会造成不同的影响，所以企业应合理选择折旧方法。目前我国可选的折旧方法有平均年限法、工作量法、双倍余额递减法及年数总和法。折旧方法一经选定，不得随意变更，如需变更，应在财务报表附注中予以说明。具体折旧方法详见二维码。

第五节　财务与销售

一、应收账款与信用政策

应收账款是指企业因对外赊销产品、材料、供应劳务及其他原因，应向购货单位或接受劳务的单位收取的款项。它代表企业获得未来经济利益的权利。

企业发生应收账款的主要原因是为了扩大销售、增强竞争力，其管理目标就是求得利润最大化。因此，企业要制定科学合理的应收账款信用政策，权衡信用政策增加带来的销售盈利和要担负的成本。应收账款产生的原因主要有以下两种。

（1）市场竞争。在市场经济条件下，存在着激烈的市场竞争。市场竞争迫使企业采用各种手段扩大销售。企业除了依靠产品质量、价格、服务等促销手段外，赊销也是重要手段。在同等质量的产品、相同价格、一样的售后服务情况下，企业实行赊销策略相对于现金销售来说，对客户更有吸引力，有利于增加销售收入。对于购货方来说，赊购产品相当于得到一笔无息或低息贷款，有利于企业节约资金。

（2）销售与收款时间差。货款结算需要时间，导致销售时间与收到货款的时间不一致。随着社会经济和技术的发展，结算手段日益高效，结算所需时间越来越短，因销售和收款的时间差所造成的应收账款也会越来越少。

企业要想管理好应收账款，就要事先制定合理的信用政策，主要包括信用期限、信用标准和现金折扣政策三个方面。

1. 信用期限

信用期限是指企业给予客户的最长付款时间。信用期限的确定，主要是分析改变现行信用期对收入和成本的影响。信用期的延长会增加销售额，但也会带来应收账款、收账费用和坏账损失的增加。企业的财务决策者就是要权衡有利因素和不利因素，确定最佳信用期限。

2. 信用标准

信用标准是指顾客获得企业交易信用所应具备的条件。如果顾客达不到信用标准，就不能享受企业的信用优惠或只能享受较低的信用优惠。企业在设定信用标准时，应对申请赊购的客户进行信用状况分析。这可以通过“5C”系统来进行。“5C”系统是指评估顾客信用品质的五个方面，即品质、能力、资本、抵押、条件。

“品质”（character）：申请人的诚信品质。诚信品质反映了个人或企业在过去的还款中所体现的还款意图和愿望，这是“5C”中最主要的因素。

“能力”（capacity）：顾客偿还债务的能力，通常考虑两个因素，一是申请者流动资产数量和质量及与流动负债的比例；二是申请者生产经营能力及获利情况、管理制度是否健全、管理手段是否先进、产品生产销售是否正常、在市场上有无竞争力、经营规模和经营实力等。

“资本”（capital）：顾客的财务实力和财务状况，在一定程度上可以表明顾客偿还债务的实力。信用分析必须调查企业的资本规模和负债比率，以反映企业资产或资本对于负债的保障程度。

“抵押”（collateral）：企业可以用作债务担保的资产或其他担保物。信用分析必须确认担保抵押手续是否齐备、抵押品的估值和出售有无问题、担保人的信誉是否可靠等。

“条件”（condition）：影响申请者还款能力和还款意愿的经济环境。信用分析必须对企业的经济环境，包括企业发展前景、行业发展趋势、市场需求变化等进行分析，预测其对企业经营效益的影响。

获取这些信息的主要来源可以是：与客户单位直接接触问询；企业自身的经验积累；从顾客的财务报表中提取信息；向客户的往来银行申请调查；向客户的其他供应商咨询；通过信息咨询机构获取信息等。

3. 现金折扣政策

现金折扣是指企业为了鼓励客户在一定期限内早日还款而给予客户的折扣优惠。提供现金折扣的主要目的是吸引顾客为享受优惠而提前付款，缩短企业的平均收款期。

企业采用何种现金折扣政策，要与信用期限结合起来考虑。例如，现金折扣政策为5/10、3/20、*N*/30，表示信用期限为 30 天，若 10 天内付款，只需支付原价的 95%，即获得 5%的现金折扣；若 11～20 天付款，需支付原价的 97%，获得 3%的现金折扣；若21～30 天付款，则无现金折扣。企业给予顾客某种现金折扣时，应当考虑折扣所能带来的收益与成本孰高孰低，权衡利弊，进行决策。

二、应收账款的管理方法

应收账款发生后，企业应当采取各种方法，以求按期收回，避免形成坏账，从而给企业造成损失。企业可采取的措施主要包括对应收账款监控以事先准备坏账损失、制定合理的收账政策。

1. 对应收账款的监控

企业已经发生的应收账款在时间上有长有短，有的尚未超过收款期，有的则超过了。一般来说，拖欠时间越长，款项收回的可能性就越小，形成坏账的可能性就越大。对此，企业可通过编制账龄分析表对应收账款实施严密监控。

账龄分析表是以账龄为序将应收账款分类列示的表格，能较为全面地显示应收账款的分布情况，如表 8-1 所示。

表 8-1 账龄分析表

账龄	账户数量/个	金额/万元	金额占比
信用期内	20	80	40%
超过信用期 1～20 天	15	40	20%
超过信用期 21～40 天	10	20	10%
超过信用期 41～60 天	8	20	10%
超过信用期 61～80 天	5	20	10%

续表

账龄	账户数量/个	金额/万元	金额占比
超过信用期 81～100 天	4	10	5%
超过信用期 100 天以上	2	10	5%
合计	64	200	100%

通过账龄分析表，企业可以清楚地看到有多少欠款处在信用期内。对于这些欠款不需要采取催收措施，但监控必不可少。对于表中超出信用期的欠款，拖欠时间越长，收回的可能性越小，因此企业可根据拖欠的实际情况采取不同的催账方式。对可能发生的坏账损失，应提前做好坏账准备。

2. 收账政策的制定

不同催账方式的成本有较大差别，企业在制定收账政策时，应当权衡收账费用和可减少的坏账损失，以达到应收账款总成本最小化目标。例如，对于拖欠时间较短的客户，其归还欠款的可能性很大，可以仅通过写信催款的方式；对于拖欠时间较长的客户，就应该采取电话催询、个人拜访或交由专门收款机构负责，必要时还需要提起仲裁或诉讼。

对企业财务报表进行分析，可以为管理层提供经济决策方面的相关信息。财务报表分析方法详见二维码。

第六节　财务共享与财务智能化

一、财务共享

（一）财务共享的概念

共享经济的概念已为众人所熟知，它是通过互联网整合分散化资源并共享，以提高资源利用率。共享经济不仅包括物品的共享，如充电宝、单车、按摩椅等，还包括服务、技能、知识等的共享。财务共享也属于共享经济的范畴。

财务共享的产生源自大型集团公司所面临的一系列分散化管理问题，如管控难度大、机构人员冗余、管理成本居高不下、规模不经济等。财务共享，又称财务共享服务（financial shared service，FSS），是一种创新的管理模式，区别于传统的或集中或分散的管理模式，依托互联网等新一代信息技术，将企业中分散的、重复性高、易于标准化的财务会计业务进行流程再造和标准化，交由财务共享服务中心统一处理，达到降低成本、提高业务处理效率等目的。

财务共享服务能有效解决大型企业集团所面临的资源整合、加强分子公司控制、提高协同效率、控制管理成本等诸多问题，自诞生以来就深受大型集团公司的青睐。1981年，美国福特汽车公司建立了世界上第一个财务共享服务中心。随后，杜邦、通用电气、壳牌、戴尔等相继成立了财务共享服务中心。至2005年，财务共享服务中心在欧洲的普及率已达 80%。在国内，自 2000 年起，中兴、平安、海尔、金蝶、万科等大型企业集团纷纷建立财务共享服务中心。

（二）财务共享服务中心

财务共享服务中心（financial shared service center，FSSC），是指提供财务共享服务的组织。在建立财务共享服务中心时，企业需要明确财务共享服务中心在集团整体架构中的定位和财务共享服务中心的内部组织架构，即财务共享服务中心的组织定位和内部架构。

1. 组织定位

通常，财务共享服务中心的组织定位由企业的管理需求和财务共享服务中心的发展阶段决定，主要包含以下三种模式。

模式一：财务共享服务中心隶属于总部财务部门，如图 8-2（a）所示。财务共享服务中心由总部财务部门管理，负责各业务单位的财务核算和资金管理等工作。它与业务单位的财务部门一样，向总部财务部门进行汇报。这种模式的优点是总部财务部门能统一管理和协调，增强权威性和协作效率，政策推行力度强。缺点是财务共享服务中心管理层次低、职责简单、决策权弱，限制未来业务拓展。

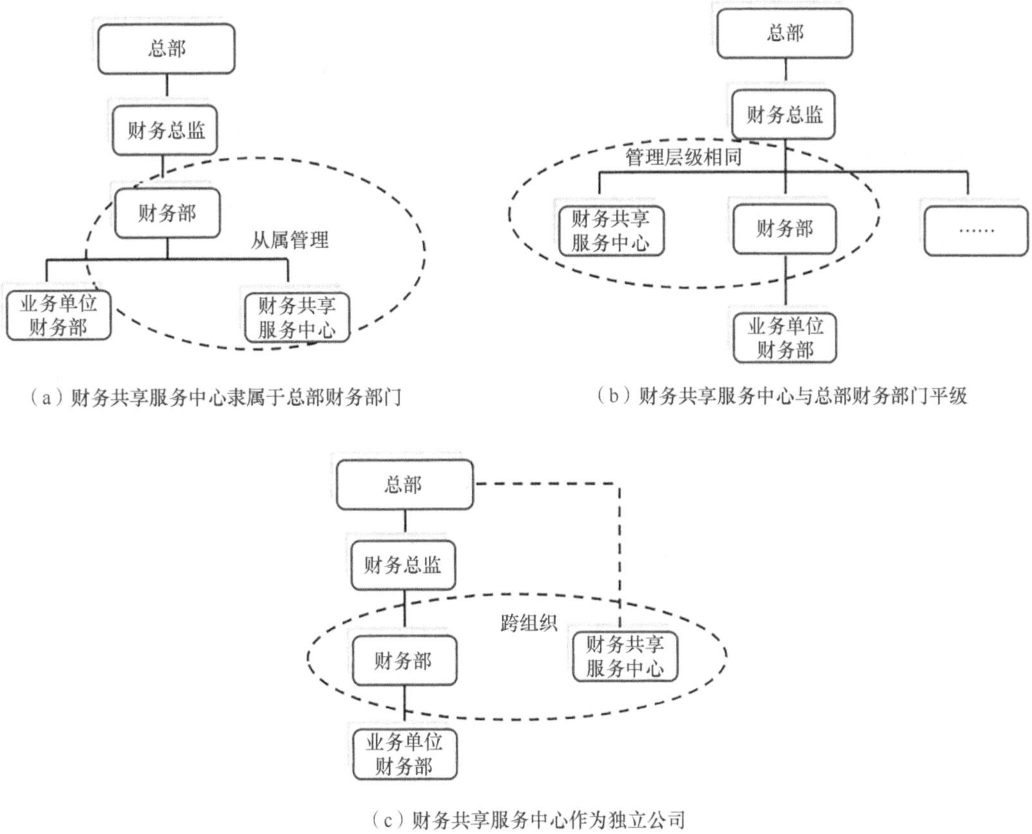

图 8-2　财务共享服务中心的三种组织定位模式

模式二：财务共享服务中心与总部财务部门平级，如图 8-2（b）所示。财务共享服务中心独立于总部财务部门，与总部财务部门平级，都归属总部财务总监领导。与模式一相比，财务共享服务中心的定位提升，具备独立的决策权和管理权。这要求财务共享服务中心管理团队具备较高的管理和业务运营能力，有利于未来业务拓展。但由于与总部财务部门同级，跨部门协作和政策执行的沟通成本较高，政策推行难度和复杂性较大。

模式三：财务共享服务中心作为独立公司，如图 8-2（c）所示。该模式下，财务共享服务中心具有广阔的自主发展空间，为了实现经营目标或确保未来可持续发展，财务共享服务中心的管理者有动力提升服务水平。这种模式的优势在于：作为独立法人，财务共享服务中心与服务对象签订正式协议，收费标准、服务关系和职责界面更明确，双方约束力强。劣势在于跨法人协作导致业务灵活性低，执行和反馈速度较慢，初期运营压力大。

2. 内部架构

财务共享服务中心的内部架构，根据不同的划分方法主要有以下三种。

第一种是基于职能划分的内部架构，如图 8-3（a）所示。财务共享服务中心根据不同岗位的具体工作职能划分，由收付核算、总账报表、资金结算、运营维护等部门构成。这种方式标准化程度较高，能够减少重复任务从而提升效率，同时可以简化培训工作，但容易使人员过度局限于自身职能，从而加大了组织间的协调难度。

第二种是基于区域/板块划分的内部架构，如图 8-3（b）所示。财务共享服务中心根据服务对象的业务区域或板块划分，这种方式便于中心人员更好地掌握不同区域、板块的业务情况，迎合特定客户需求，但往往对人员要求较高，流程标准化程度低，并且存在资源配置问题。

第三种是基于混合模式划分的内部架构，如图 8-3（c）所示。财务共享服务中心同时考虑不同区域客户的业务特殊性和岗位职能的专业程度，通过各业务区域核算部、资金结算部、单据档案部、运营维护部等部门的共同协作完成任务。这种方式可以极大提高处理效率，但不同区域核算部之间存在职能重复的问题。

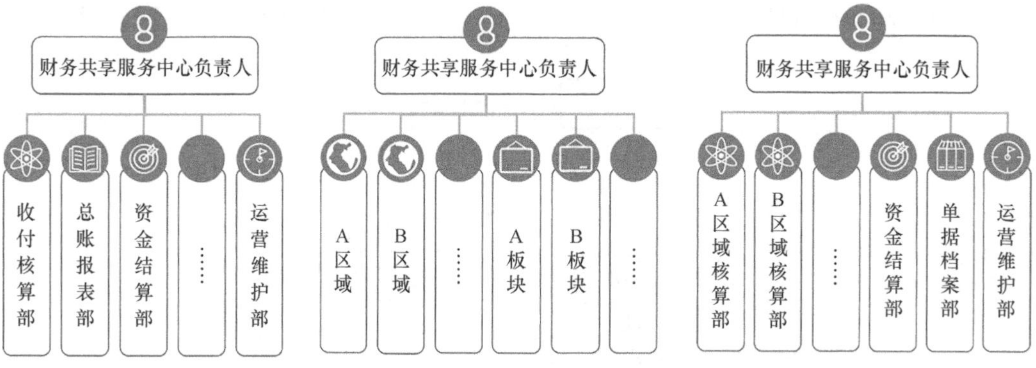

（a）基于职能划分的组织模型　（b）基于区域/板块划分的组织模型　（c）基于混合模式划分的组织模型

图 8-3　财务共享服务中心的三种内部架构

（三）财务共享信息系统

财务共享信息系统是财务共享服务中心高效运行的关键支撑。信息系统为财务共享服务提供了必要的技术支持和基础设施，确保数据的集中管理和实时处理。在信息系统的支持下，财务共享服务中心能够克服地理限制，向全球各地的服务对象提供及时、持续、可靠、内容广泛的财务服务。

财务共享信息系统一般包括财务核算系统、费用报销系统、银企互联系统、影像管理系统、移动终端应用等，如图 8-4 所示。这些系统相互关联，共同完成财务共享服务的各项业务。

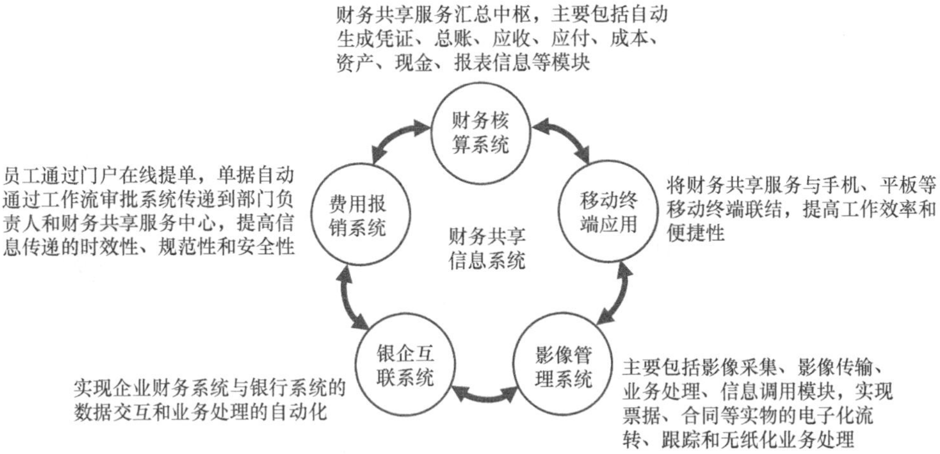

图 8-4 财务共享服务中心的信息系统

财务核算系统是财务共享服务业务处理的汇总中枢，主要包括自动生成凭证、总账、应收、应付、成本、资产、现金、报表信息等模块。

费用报销系统解决了报账过程的信息化处理问题，员工通过信息门户在线提单，单据自动通过工作流审批系统传递到部门负责人和财务共享服务中心，提高信息传递的时效性、规范性和安全性。

银企互联系统协同财务核算系统和费用报销系统，实现企业财务系统与银行系统的数据交互和业务处理的自动化，提升了企业的财务管理效率和透明度。通过银企互联系统，企业可以在线完成多项金融业务操作，如资金支付、账户查询、对账处理、资金调拨等，从而提高资金管理效率，降低人工操作风险，并及时掌握资金动态。

影像管理系统为各子系统提供影像技术支持，主要包括影像采集、影像传输、业务处理、信息调用等模块，通过拍照、扫描等方式将票据实物、合同等纸质文件转换为电子文档，实现票据、合同等实物的电子化流转、跟踪和无纸化业务处理。

移动终端应用方便用户随时随地进行财务共享信息系统操作，将财务共享服务的应用程序与手机、平板等移动终端联结，将报销填单、工作流程审批、资金交易、财务报表查看等应用延伸到移动设备上，提高工作效率和便捷性。

（四）财务共享服务中心的发展阶段

随着时代变迁，财务共享服务中心经历了不同的发展阶段。按照建设模式和价值目标的不同，我们大致将财务共享服务中心概括为以下四个发展阶段，如图 8-5 所示。

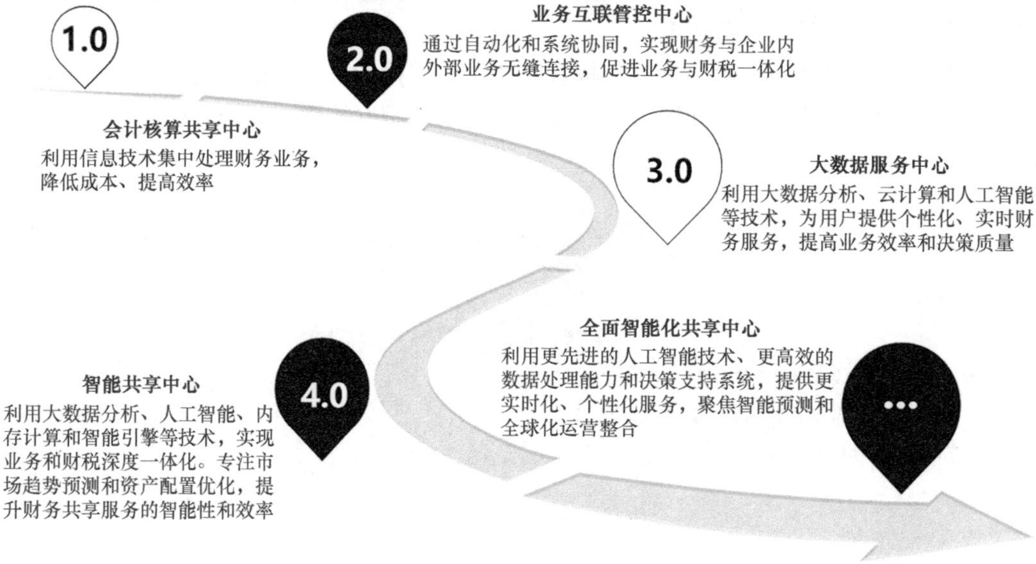

图 8-5　财务共享服务中心的发展阶段

1.0 阶段——会计核算共享中心，依托信息技术实现了财务业务的集中处理和流程优化，其核心价值在于“共享”，通过统一处理来降低成本、提高效率，并关注会计核算和财务报告的制定。

2.0 阶段——业务互联管控中心，通过自动化和系统协同，将财务与企业内部业务系统以及外部商旅、税务平台连接起来，推动了业务与财税的一体化。其核心转变为“互联”，强调财务与其他业务领域的集成和协同，提供增值服务，关注流程优化和风险控制。

3.0 阶段——大数据服务中心，利用大数据分析、云计算和人工智能等新一代信息技术，为用户提供个性化和实时服务。其核心价值在于“大数据”，意味着财务共享服务更加个性化，专注于提供决策支持和有效的财务分析。

4.0 阶段——智能共享中心，利用大数据分析、人工智能、内存计算和智能引擎等先进技术，实现业务和财税深度一体化。该阶段的核心是“智能”，使财务共享服务更加智能化和高效，专注于市场趋势预测和优化资产配置。

展望未来，随着技术的进一步革新和深化，财务共享服务中心将朝着全面智能化方向发展。这可能包括更加先进的人工智能技术、更加高效的数据处理能力和决策支持系统。重点可能会放在实时性、个性化服务、智能预测和全球化运营的整合上，进一步推动企业在全球市场的竞争力和效率。

二、财务自动化与智能化

在财务管理和财务共享服务领域，企业正在使用或未来希望应用越来越多的新兴技术，使财务更加自动化、智能化。财务自动化是采用机器替代了大量基础的重复性人工劳动，减少人为错误并提高处理速度；而财务智能化进一步引入人工智能和机器学习技术，实现更高层次的财务数据分析和决策支持。财务自动化和智能化能够显著提升财务管理的整体效能与精准度。

（一）财务自动化

财务机器人是RPA技术在财务领域的具体应用。由于财务领域面临大量数据处理的需求，存在大量重复性高、规则性强的任务和流程，因此，这些特点使得自动化技术在企业财务部门不断得到应用，快速、有效地实现业务优化和成本效益。在成熟运营的财务共享服务中心，业务标准化程度更高，流程、业务模块分工更加明确。因此，财务共享服务中心为财务机器人提供了更为广阔的施展空间。财务共享服务中心有巨大动力去规划RPA技术在共享服务中心的应用和推广。

财务机器人在费用报销、采购付款、销售收款、资产管理、成本核算、资金结算、税务核算、总账报表八大场景中展现出强大的应用价值，如图8-6所示。在费用报销方面，财务机器人能够实现智能提单与审核，自动付款并进行账务处理，同时生成费用分析；在采购付款过程中，财务机器人能够有效地进行发票校验与处理，执行付款，处理账期并进一步生成相关报告；在销售收款环节，财务机器人能自动完成开票、对账与核销、用户信用管理等；在资产管理方面，财务机器人能够批量进行资产卡片管理、资产转移、折旧和报废等工作；在成本核算场景中，财务机器人承担成本指标录入与费用分摊工作，并形成成本分析报告；在资金结算方面，财务机器人可以实现银企对账、现金管理、收付款处理、银行回单管理等功能；在税务核算流程中，财务机器人能够进行包括发票开具、纳税底稿编制和税务申报在内的一系列相关工作；在总账报表方面，财务机器人可以自动处理周期性凭证、关联交易和薪酬核算，并最终生成报表。

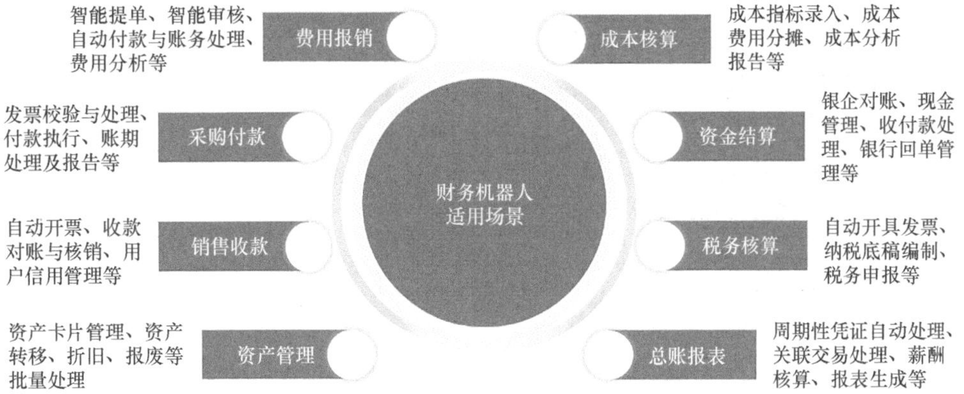

图8-6 财务机器人适用场景

（二）财务智能化

智能化与自动化的关系，或者说人工智能与RPA的关系，类似于人的大脑和手脚，人工智能用于发出指令，RPA根据指令去执行。没有智能化的自动化只能帮助人类处理那些附加值低、重复度高、规则明确的任务、流程，一旦智能化与自动化结合，自动化将被赋予更强的学习能力和判断能力，能够处理更复杂的任务，从而进一步释放人类的生产力。智能化水平决定了自动化的深度。

随着人工智能技术的发展和成熟，智能化开始受到广泛关注和应用。智能化是指应用人工智能技术，使智能化对象具有感知能力、记忆能力、学习能力、自适应能力以及行为决策能力。人工智能技术主要包括传统的机器学习、深度学习等方法，用于处理海量、复杂的输入数据，如图像、语音和文本等数据，实现自然语言处理、计算机视觉分析、知识图谱生成等任务。财务领域天然的数据属性以及为应对日益复杂多变的商业环境所衍生的数据挖掘分析、决策支持、预测分析等智能化需求，为人工智能技术提供了广阔的应用空间。

机器学习让计算机从数据中获得学习能力，是人工智能技术的核心。机器学习通过学习历史数据（包括财务数据）进行模型训练，帮助企业预测财务风险（如信用风险、市场风险），帮助企业预测市场趋势和业务规划，自动识别和防范可能存在的欺诈行为。

深度学习是机器学习的一个更为深入的子领域，它通过人工神经网络结构来学习和表示数据的复杂特征，在处理复杂、高维度数据时更加高效和准确。深度学习通过分析和理解包括财务报告、合同文件、新闻、研究报告等文本、图像、语音数据，执行自然语言处理、计算机视觉分析、知识图谱生成等任务，从而实现提取关键信息用于决策支持、票据识别与管理、资产盘点与管理、建立基于财务数据的知识图谱从而便于识别管理关系、精准营销、潜在风险预警等。

思考与练习

1. 会计要素有哪些？
2. 一个会计循环包含哪些过程？
3. 如何理解集成化财务管理？
4. 应收账款信用政策如何制定？
5. 什么是财务共享？为什么要学习财务共享？
6. 财务自动化与智能化的关系是什么样的？

拓展阅读

第九章　成 本 管 理

成本管理是指企业生产经营过程中各项成本核算、成本分析、成本决策和成本控制等一系列科学管理行为的总称。它对于促进增产节支、加强经济核算、改善企业管理、提高企业整体管理水平具有重大意义。本章首先介绍了成本管理的发展阶段，并对成本进行了分类，随后介绍了成本计算的方法。

学习目标

- 了解成本管理的发展阶段
- 熟悉企业成本的构成
- 掌握产品成本的计算方法
- 掌握作业成本法的基本原理

知识结构图

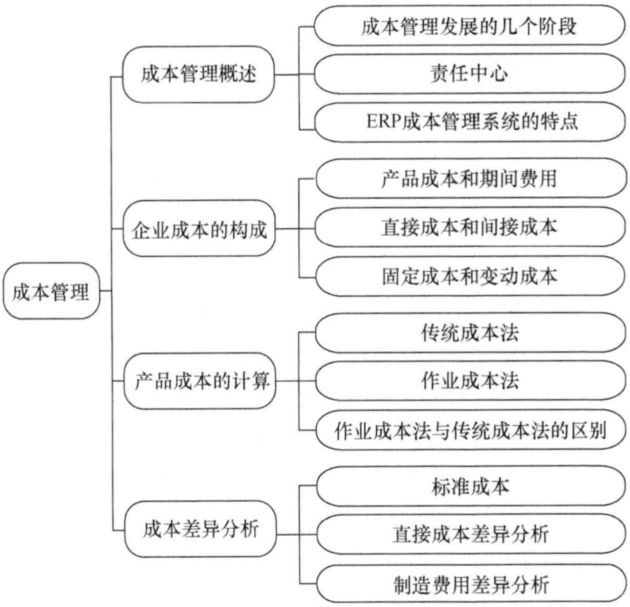

第一节　成本管理概述

成本管理属于管理会计的一部分。管理会计是从传统的会计系统中分离出来的，它与财务会计并列，着重为企业进行最优化决策，改善企业的经营管理，提高企业经济效益。在 ERP 系统中，财务会计和管理会计相互支持、相互补充。由于 ERP 系统的集成性，它将财务、生产、采购、销售、库存、质量管理、设备管理、人力资源等业务流程都完全集成起来，依据产品结构、工艺路线、薪酬管理体系等信息进行产品的成本计算。

成本管理理论就是运用管理学和会计学的理论、方法，对企业资源的耗费和使用情况进行预算及控制的理论、程序与方法的总称。它源于一定的社会经济环境，并且由当时社会生产力的发展状况所决定。

一、成本管理发展的几个阶段

成本管理的发展经历了萌芽期、形成期、发展期和拓展期四个阶段。

（一）萌芽期

人们一般认为，在 15 世纪中叶作为成本管理中的基础——成本核算，就已经出现。它最初是由人们需要核算销售的损益而产生的。在英国工业革命时期，出现了真正意义上的成本会计。越来越复杂的机器生产和竞争使得实业家对成本信息产生了迫切需求。他们需要控制存货和原材料，需要对成本进行估价来制定合理的决策。1887 年，埃米尔·加克（Emile Garcke）与约翰·M. 费尔斯（John M. Fells）合著的《工厂会计》被认为是成本会计建立的标志，该书提出了在总账中设立“生产”“产成品”“营业成本”等账户来结转产品成本。1889 年，英国会计师诺顿在《纺织工业簿记》一书中主张将成本分为主要成本和间接费用两大部分，并设计出了制造成本法的模式。这一时期，成本管理主要体现在事后对企业各项实际成本进行相互比较上，核心思想尚在酝酿之中。

（二）形成期

1911 年，美国工程师泰勒出版了著名的《科学管理原理》一书，首次将科学引进了管理领域，并提出了“以计件工资和标准化工作原理来控制工人生产效率”的思想。随后，美国会计师卡特·哈里逊第一次设计出一套完整的标准成本会计制度，从此标准成本脱离实验进入了实施阶段。与以往不同的是，标准成本法要求预先制定作为规范的标准数值，在生产经营过程中随着生产耗费的发生，将实际资金的耗费与标准成本值相比较，从而揭示实际耗费脱离标准的差异，以便及时采取相应的措施予以调整。标准成本会计的形成，标志着成本会计进入了一个新的发展阶段。1913 年，斯科维尔提出，按间接费用分配率计算固定成本，这一方法的提出导致本量利分析、弹性预算和直接成本计算的产生。进入 20 世纪 30 年代后，标准成本的现实性又进一步增加，人们逐渐以现行标准成本代替理想标准成本。

（三）发展期

20 世纪 40 年代，企业规模的不断扩大和市场竞争的日益激烈，促使各个企业广泛推行职能管理和行为科学管理。1947 年，美国通用电气公司工程师麦尔斯首先提出“价值工程”的概念。价值工程的实践，使产品成本得到大幅下降，同时扩展了成本控制的空间范围，完善了成本管理的方法。1952 年，希琴斯倡导责任成本会计，将成本目标进一步分解为各级责任单位的责任成本，进行责任成本核算，使成本控制更为有效。1954年，美国管理学家德鲁克提出了目标管理理论，这一理论进一步推动了成本管理思想的发展，并最终形成了目标成本管理理论体系。20 世纪 50 年代后期，随着资本主义市场由卖方市场向买方市场的转变，传统的成本法提供的会计信息已不能满足成本预测、决策的需要，于是产生了“变动成本法”的成本核算方法。

（四）拓展期

第二次世界大战以后，工业发展十分迅速，激烈的市场竞争使实业家的经营理念发生了巨大变化，由原先的生产导向型逐渐转变为顾客导向型，这一观念的转变对企业家的生产目的、生产流程、管理方法等都产生了巨大影响，也使成本会计发生了巨大的变革。这一时期主要有以下几种成本管理理论产生。①适时制。这种制度的特点是以需求来带动生产。根据这种理论，零部件在生产需要时才购进，产品在顾客有需要时才生产，从而使存货保持在最低水平。企业从购进原材料到产品制成耗用的时间大幅缩短，期末存货量也变得很小，这样就产生了倒推成本法。②全面质量管理。全面质量管理是 20 世纪 60 年代从传统质量管理逐步发展起来的，是一种由顾客的需要和期望驱动的持续改进产品质量的管理科学，全面质量管理促使质量会计产生。③战略成本管理。战略成本管理从宏观的角度将影响成本的因素扩展到了生产系统以外，着眼于企业长期性、根本性问题的解决。战略成本管理就是立足于对企业发展有长期性、根本性影响的问题，以此为依据运用成本数据和信息制定政策，以便在市场中取得竞争优势，确保公司目标实现。战略成本管理所包括的范围一般有三个方面：①价值链分析；②战略定位分析；③成本动因分析。

21 世纪以来经营环境的变化使得传统的成本管理模式面临挑战，成本管理的重心也由事中的成本控制向前进一步扩展到事前的成本预测、计划阶段，并与企业发展战略相匹配，形成了一种新型的成本管理模式——战略成本管理，它标志着成本管理日趋成熟。

二、责任中心

ERP 系统中的成本管理是按照管理会计的原理，对企业的生产成本进行预测、计划、决策、控制、分析和考核的过程。管理会计的主要内容之一是建立责任会计制，而建立责任中心是体现责任会计制的主要内容。责任中心是指企业内部负有特定管理责任的部门或单位。根据所负责任和控制范围的不同，责任中心又可分为成本中心、利润中心和投资中心。

（一）成本中心

成本中心是指只对成本或费用负责的责任中心。成本中心的范围最广，只要有成本费用发生的地方，都可以建立成本中心，从而在企业形成逐级控制、层层负责的成本中心体系。一般来说，成本中心包括产品生产部门、劳务提供部门或给予一定费用指标的企业管理科室。

成本中心可以分为基本成本中心和复合成本中心，前者没有下属的成本中心，如一个工段是一个成本中心，后者有若干个下属的成本中心。基本成本中心对其可控成本向上一级责任中心负责，也可以分为技术性成本中心和酌量性成本中心。技术性成本是指发生的数额通过技术分析可以相对可靠地估算出来的成本，如产品生产过程中发生的直接材料费用、直接人工费用、间接制造费用等，技术性成本在投入量与产出量之间有着密切联系，可以通过弹性预算予以控制；而酌量性成本是否发生及发生数额的多少是由管理人员的决策所决定的，主要包括各种管理费用和某些间接成本项目，如研究开发费用、广告宣传费用、职工培训费等，酌量性成本在投入量与产出量之间没有直接关系，其控制的重点在于预算总额的审批上。

（二）利润中心

利润中心是指拥有产品或劳务的生产经营决策权，既对成本承担责任又对收入和利润承担责任的企业所属单位。从战略和组织角度看，利润中心又被称为战略经营单位或事业部。在公司内部，利润中心视同一个独立的经营个体，在原材料采购、产品开发、制造、销售、人事管理、流动资金使用等经营上享有很高的独立性和自主权，能够编制独立的利润表，并以其盈亏金额来评估其经营绩效。利润中心制度又称目标责任中心制度，是指以利润中心概念为基础实施的利润中心制度。这种制度不仅仅是一种公司组织形式的简单再造，更是一种管理制度的再造。利润中心制度是在公司内部划分若干个不同的利润中心的组织形式及其相关的管理制度安排。

利润中心按其收入是否为外部市场直接取得，可以划分为自然的和人为的利润中心。自然的利润中心是指在外界市场上销售产品或提供劳务取得实际收入、给公司带来实际利润的利润中心；而人为的利润中心主要是指在公司内部各利润中心之间进行销售，需要按照“内部转移价格”在公司内部实行等价交换，取得的收入也是内部销售收入。

（三）投资中心

投资中心是指既要对成本、利润负责，又对投资效果负责的责任中心，它是比利润中心更高层次的责任中心。投资中心是利润中心的一般形式，其获利能力与其所使用的创造利润的资产相联系。投资中心的经理不仅能控制除了分摊的管理费用以外的所有成本和收入，还能控制占用的资产。因而，对于投资中心来说，我们不仅要衡量它的利润，还要衡量该项资产的投资回报率。典型投资中心的业绩计量标准是投资报酬率和经济附加值。但是，试图使投资报酬率指标扩大的管理者有可能会拒绝那些投资报酬率低于部门目前投资报酬率但高于部门资本成本的投资机会。这个问题可以通过经济附加值来克服，经济附加值通过从部门净收益中减除部门平均投资的资本成本而得到。

三、ERP 成本管理系统的特点

ERP 成本管理系统能够对企业全部的生产经营活动进行成本核算和成本控制。所有的管理人员在 ERP 平台上面对的都是来自同一数据源而且勾稽关系准确的数据，对成本和收入的监控贯穿于所有部门。ERP 成本管理的特点主要体现为以下两点。

1. 管理会计的原则和思想是 ERP 成本管理的核心

从系统本身看，ERP 实现了财务系统和生产系统的同步，资金流和物流、信息流达到了三流合一；从管理方法看，ERP 系统强调标准成本的预先确定、业务发生后的成本差异分析等。这些都是管理会计的重要内容。

2. 采用标准成本体系实现事前计划、事中控制和事后反馈的统一

ERP 中的标准成本体系是按照标准成本制度的思想和原理进行设计的。标准成本制度是 20 世纪早期产生的一种成本管理制度，是用来控制企业成本开支、评价实际成本、衡量成本控制绩效的依据。在成本发生前，制定出各种生产条件处于正常状态下的标准成本，起到成本的事前计划作用；在生产过程中，将成本的实际消耗和标准消耗进行对比，及时发现和分析差异，起到事中控制的作用；事后对成本差异进行全面综合分析、总结经验、制定有效措施，从而避免损失的再次发生。

第二节　企业成本的构成

在财务会计中，成本是根据财务报表的需要进行定义的，即成本是指取得资产或劳务的支出，它们由会计准则或会计制度来规范，因此可以称之为“报表成本”、“制度成本”或“法定成本”，又由于成本的度量往往是根据历史成本确定的，也称为“历史成本”。现代西方财务会计学认为，成本是企业为了获取某项资产或达到一定目的而发生的可以用货币计量的价值牺牲。成本的形成既可以通过直接牺牲一项资产来实现，也可以通过产生某项负债而导致未来付出价值牺牲的方式来实现。而我国一般把成本概括为在一定条件下，企业为生产一定产品所发生的各种耗费的货币表现。

一、产品成本和期间费用

在制造业，人们依据发生费用与产品的关系将总成本划分为产品成本和期间费用两大类，如图 9-1 所示。其中，产品成本是指为生产产品或提供劳务而发生的成本，可根据其具体的经济用途分为料、工、费三大项目。

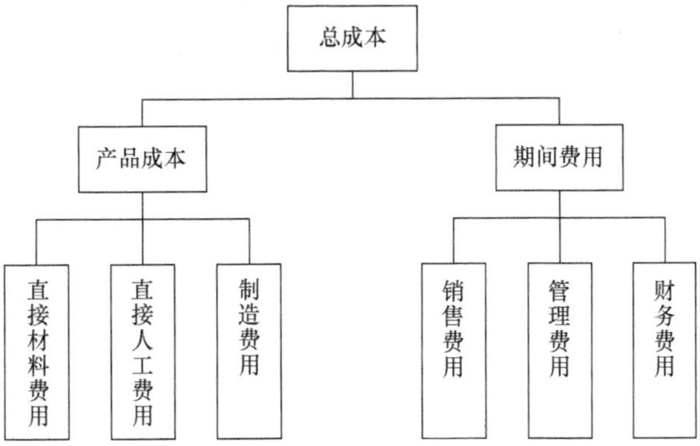

图 9-1　产品成本和期间费用构成

（1）直接材料费用，指在生产中直接用来构成产品主要实体的材料成本。

（2）直接人工费用，指在生产中直接改变原材料的性质或形态所耗用的人工成本。

（3）制造费用，指在生产过程发生的不能归入直接材料费用和直接人工费用两个成本项目的所有其他成本支出。制造费用也称工厂间接费用，其包括的内容繁杂，可以进一步细分为：①间接材料费用，指在生产中耗用，但不易归属于某一特定产品的材料成本，如各种机物料消耗等；②间接人工费用，指为生产服务而不直接进行产品生产的人工成本，如车间管理人员、技术人员、维修人员等的工资；③其他制造费用，指不属于上述两种的其他间接生产费用，如车间固定资产折旧费、保险费、办公费、差旅费等。

期间费用是企业经营过程中所发生的主要与该会计期间的销售、经营和管理相关的成本。它包括销售费用、管理费用和财务费用。这些费用与制造产品和提供劳务没有直接关系，因此不计入产品成本，而是作为当期费用，在计算当期收益时扣除。

（1）销售费用，指企业为推销产品所发生的一切费用，一般包括广告费、展览费、推销费、运输费、销售人员的差旅费和工资等费用。

（2）管理费用，指除了制造成本和销售费用以外的由企业管理当局或各职能科室在进行企业经营管理时所发生的一切费用，一般包括行政管理部门和职能科室的办公费、邮电费、水电费、管理人员薪金等。

（3）财务费用，指企业为筹集资金而发生的各项费用，如利息净支出、汇兑净损失、调剂外汇手续费、金融机构手续费等。

二、直接成本和间接成本

当成本核算的目的是计算某种产品或劳务成本的时候，必须先明确一个重要的成本术语——成本对象，就是成本所计入的对象，如产品、生产线、网上零售商的货运部门等。按与特定成本对象之间是否具有明显的关系，可将总成本分为直接成本和间接成本两种。

直接成本，也称可追溯成本，是指与特定成本对象相关，且能经济而方便地追溯到各个成本对象的成本，一般来说，直接材料费用和直接人工费用是直接成本。

间接成本，也称共同成本，是指不能直接归集到某一成本对象而是由多个成本对象共同分担的资源成本。一般来说，生产经营过程中耗用的制造费用属于间接成本。但是，也有例外的情况，例如如果生产产品所耗费的制造费用仅仅是为了生产一种定制产品，那么这种制造费用就属于直接成本而不是间接成本。

三、固定成本和变动成本

按照总成本的变动对业务量的依存关系，可以将成本分为固定成本和变动成本。成本对业务量的这种依存性，又被称为成本特性或成本形态。理解和掌握成本特性可以辅助管理层预测企业利润，并根据成本信息做出正确的决策。

固定成本是指在相关范围内成本总额不受产量变动的影响的成本，通常包括厂房折旧、厂房保险费等。

变动成本是指总成本随着成本动因量的变动在一定范围内按比例发生变动的成本。成本动因就是指影响成本的因素，如产品产量、销售量等。假设销售人员的佣金是销售额的 30%，则佣金成本就是关于销售额的变动成本。

第三节　产品成本的计算

产品成本是指企业为了生产产品而发生的各种耗费，可以指一定时期内为生产一定数量产品而发生的成本总额，也可以指一定时期内生产产品的单位成本。在日益激烈的市场竞争中，企业非常重视产品的成本信息。当企业的生产制造是劳动密集型或机械密集型的连续加工的生产作业时，大部分的生产成本都体现为直接成本，间接成本的比重较小，企业按照人工工时或机器工时来分配间接成本，这就是传统的制造成本法。随着企业生产过程的日益自动化，生产制造从连续的大批量生产转向小规模、客户化的生产方式，从而产生了大量的间接成本，包括生产计划成本、质量控制成本等。这些间接成本都不是与工时和产量直接相关的，这样就出现了与现代的制造环境相适应的作业成本法。目前，世界上许多先进的公司都已经实施作业成本法来改善原有的会计核算方法，以增强企业竞争力。

一、传统成本法

在传统的成本计算法中，生产成本归集分配应按成本计算对象开设并登记基本生产成本明细账，选择成本计算方法，计算各种产品的总成本和单位成本。

（一）产品成本核算方法

产品成本核算的基本方法有品种法、分批法和分步法三种。

1. 品种法

产品成本计算的品种法是以产品品种为产品成本计算对象，归集和分配生产费用的方法。它适用于大量大批的单步骤生产的企业。在这种类型的生产中，企业或车间的规模较小，或者车间是封闭式的，也就是从原材料投入到产品产出的全部生产过程都是在一个车间内进行的，或者生产是按流水线组织的，产品的生产技术过程不能从技术上划分为步骤，或者管理上不要求按照生产步骤计算产品成本，而是按品种法计算产品成本。

该方法以产品品种作为成本计算对象。如果企业（或车间）只生产一种产品，成本计算对象就是该种产品。计算产品成本时，只需为该产品开设成本明细账，按成本项目设置专栏。在这种情况下，发生的生产费用全部都是直接费用，可以直接计入产品成本明细账，而不存在各成本计算对象之间分配费用的问题。如果企业生产两种或两种以上的产品，就需要按照产品的品种分别开设产品成本明细账，发生的直接费用应直接计入各产品成本明细账。凡是无法直接计入某一种产品的间接费用，都要采用适当的分配方法，分配计入各产品成本明细账。

2. 分批法

产品成本计算的分批法，是按照产品批次或订单来归集生产费用、计算产品成本的方法。它主要适用于单件小批类型的生产，如造船业、重型机器设备制造业等，也可用于一般企业中的新产品试制或试验的生产、在建工程及设备修理作业等。在小批单件组织生产的企业中，根据订货单位的订单签发工作号来组织生产，按产品批次计算产品成本，往往与按订单计算产品成本相一致。因此，这种方法又称订单法。

成本计算对象是产品的批次。由于产品的批次大多是根据销货订单确定的，产品成本的计算与生产任务通知单的签发和生产任务的完成是紧密配合的，因此产品成本计算是不定期的。成本计算期与产品生产周期基本一致，而与核算报告期不一致。

成本计算期与产品的生产周期基本一致，因而在计算月末产品成本时，一般不存在完工产品与在产品之间分配费用的问题。但是，有时会出现同一批次产品跨月陆续完工的情况，为了提供月末完工产品成本，企业需要将归集的生产费用分配计入完工产品和期末在制品。

3. 分步法

产品成本计算的分步法，是按照产品的生产步骤归集生产费用、计算产品成本的一种方法。它主要适用于大量、大批的多步骤生产，对那些通过一系列连续的、规范的生产步骤生产的、相同的产品进行核算。它用于化工业、纺织业、冶金业、电子计算机装配业等行业，因为在这些行业的企业中，产品生产都是以多个生产步骤进行组织的，如冶金企业的生产可分为炼铁、炼钢、轧钢等步骤，纺织企业的生产可分为纺纱、织布等步骤，机器制造企业的生产可分为铸造、加工、装配等步骤。

产品生产是分步骤进行的，上一步骤生产的半成品是下一步骤的加工对象。因此，为了计算各种产品的产成品成本，还需要按照产品品种，结转各步骤成本。也就是说，与其他成本计算方法不同，在采用分步法计算产品成本时，在各步骤之间还有个成本结转问题。这是分步法的一个重要特点。

由于各个企业生产工艺过程的特点和成本管理对各步骤成本资料的要求不同（如要不要计算半成品成本），各生产步骤成本的计算和结转采用两种不同的方法：逐步结转和平行结转。因而，产品成本计算的分步法也就相应地分为逐步结转分步法和平行结转分步法两种。

1）逐步结转分步法

逐步结转分步法是按照产品加工的顺序，逐步计算并结转半成品成本，直到最后加工步骤完成才能计算产成品成本的方法。它是按照产品加工顺序先计算第一个加工步骤的半成品成本，然后结转给第二个加工步骤，这时，第二个步骤把第一个步骤转来的半成品成本加上本步骤耗用的材料和加工费用，即可求得第二个加工步骤的半成品成本，如此顺序逐步转移累计，直到最后一个加工步骤才能计算出产成品成本。逐步结转分步法是为了分步计算半成品成本而采用的一种分步法，也称计算半成品成本分步法。

2）平行结转分步法

平行结转分步法指各生产步骤不计算也不结转本步骤完工半成品成本，只归集本步骤自身发生的费用和计算这些费用中应由最终完工产成品成本负担的部分，也即应计入最终完工产成品成本的“份额”。最后，将这些“份额”进行平行结转、汇总，以计算产品成本的方法。

（二）产品成本核算过程

传统成本法下的产品成本核算过程比较简单，直接成本可以直接归属到产品或服务上，间接成本则按照单一的成本分配比率，分配至不同的产品或服务上。产品成本的核算过程主要包括成本计算对象的确定、成本计算期的确定、直接成本的计算、间接成本的分配等过程。

1. 成本计算对象的确定

成本计算对象也称为费用归集的对象或成本归属的对象，是生产活动取得的直接成果，如工厂生产的产品、农场生产的粮食、文艺组织拍摄的电影和学校培养的学生等。

2. 成本计算期的确定

成本计算期就是每次计算产品成本的期间，一般以一个月作为一个成本计算期。从理论上来说，产品成本计算期与产品的生产周期相一致较好，但这种情况仅适用于单件小批量生产的情况。在大批量生产情况下，由于产品生产的不间断性，每个月都有一部分产品完工、一部分产品在生产中，为了及时计算完工产品的成本，按期计算销售产品的盈利信息，就需要按月计算产品成本。

3. 直接成本的计算

确定能够直接归属到产品的成本，包括直接材料费用和直接人工费用。直接材料费用计算的依据是产品的物料清单，即从产品物料清单的最底层原材料开始，计算材料采购价格与采购间接费用（包括能够直接归属到某产品的材料运输费、保管费和采购部门管理费等）。直接材料费用的计算是一个累加过程。

直接人工费用是指生产过程中直接改变材料性质和形态所耗用的人工成本，也就是生产工人的奖金和各种津贴，以及按比例提取的福利费等。在产品生产过程中，各层制造件的加工与组装会产生加工成本，能够直接归属到产品的部分即直接人工费用。直接人工费用的计算也是一个累加过程，它利用产品的物料清单和工艺路线文件，从底层向高层累加。

4. 间接成本的分配

在传统的制造成本法中，产品的间接费用一般只核算到车间一级。如果一个车间包含多个工作中心，则根据间接费用分配率进行分配。间接费用的分配方法由下列步骤组成。

（1）确定间接成本的分配基准。根据间接成本的构成情况，确定间接成本的分配依据。例如，某个生产汽车尾灯镜的上海电器公司，其间接成本主要由检测人员和支持部门的员工工资组成，因此该公司可选用直接人工小时数作为分配间接成本的基准。

（2）计算成本分配率。间接成本最终都会分配到各个产品。根据间接成本总额和成本分配基准，可以计算出成本分配率，计算公式如下：

成本分配率 = 间接成本总额/成本分配基准

（三）传统成本法的不足

由于间接费用的分配比率主要以直接人工费用、直接材料费用或直接工时为基准进行计算，就容易导致成本高估或成本低估，从而可能带来企业成本核算和决策上的失误。

成本高估或低估是指产品实际耗费的资源量超过或者低于核算的产品成本。产品成本的高估或低估都容易影响企业决策。例如，产品的成本低估会造成高利润率的假象，使企业扩大该产品的生产，而过高估计产品成本可能会使企业放弃高收益的产品，或者为该产品制定较高的价格，从而失去市场竞争力。

解决成本高估或低估的最好办法就是按照产品实际的耗费量来计算相应的成本。然而，由于产品和成本耗费之间的关系比较复杂，尤其当间接成本占产品总成本的比例较大时，如何进行间接成本的分摊成为企业面临的一个较大难题。

二、作业成本法

（一）作业成本法的概述

1. 作业成本法的起源

作业成本法由美国著名教授埃里克·科勒（Eric Kohler）提出并逐步发展起来。自第一次工业革命以来，机器大生产中大量的劳动力投入和原料消耗一直是成本的主体，直接成本在总成本中所占的比重很高。20 世纪末，科勒发现在水力发电生产过程中，存在直接成本比重很低、间接成本比重很高的现象，这就从根本上冲击了传统的会计成本核算方法，即按照工时比例分配间接费用的方法。同时，由于计算机为主导的生产自动化、智能化程度日益提高，直接人工费用普遍减少，间接成本相对增加，明显突破了传统成本法中“直接成本比例较大”的假定，导致了作业成本法研究的全面兴起，代表者是哈佛大学的罗伯特·S. 卡普兰教授（Robert S. Kaplan），他被认为是作业成本法的集大成者。其理论观点有以下两方面。

（1）产品成本是制造和运输产品所需全部作业的成本总和，成本计算的最基本对象是作业，作业成本法的理论基础可以简单概括为产品消耗作业，作业消耗资源并导致成本的发生。

（2）作业成本法的本质就是以作业作为确定间接费用分配的基础，引导管理人员将注意力集中在成本发生的原因及成本动因上，而不仅仅是关注成本计算结果本身。通过对作业成本的计算和有效控制，可以较好地克服传统制造成本法中间接费用责任不清的缺点，并且使以往一些不可控的间接费用在作业成本法系统中变为可控。所以，作业成本法不仅仅是一种成本计算方法，更是一种成本控制和企业管理手段。在其基础上进行的企业成本控制和管理，称为作业管理法。

2. 作业成本法的定义

作业成本法指以作业为核算对象，通过成本动因来确认和计算作业量，进而以作业量为基础分配间接费用到产品或服务（即成本标的）上的成本计算方法。资源、作业和成本标的三者之间的关系如图 9-2 所示。

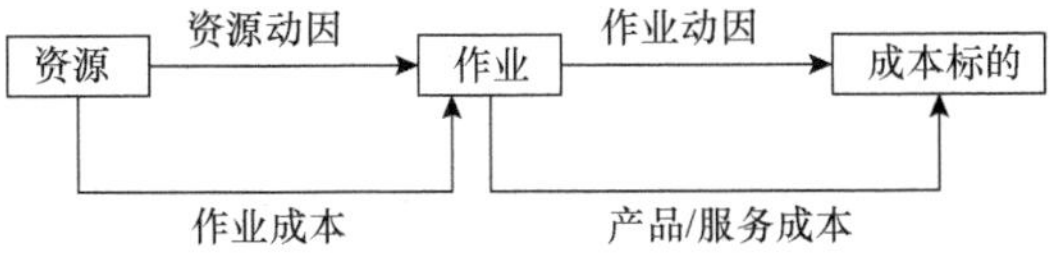

图 9-2 作业成本法基本原理图

资源是指企业生产经营过程中，消耗的人力、物力、财力。就制造业而言，资源包括货币资源、材料资源、人力资源、动力资源等几大类。

作业是企业提供产品或服务过程中的各个工作程序或工作环节，即组织内为了某种目的所进行的消耗人力、技术、原材料、方法和环境等资源的活动。为了简化成本计算，可以将相关作业归属为一个作业中心。

成本动因是指诱导成本发生的原因，可分为资源动因和作业动因两类，是联系成本标的、作业和资源的中介因素。资源动因是资源被各种作业消耗的方式和原因，它反映作业中心对资源的消耗情况，是资源成本分配到作业中心的标准。作业动因是各项作业被最终产品或劳务消耗的方式和原因，它反映产品消耗作业的情况，是作业中心（即作业成本库）的成本分配到产品中的标准。

成本标的，是企业成本计算的对象，是成本归集的最终点。作业成本法下产品成本的计算对象根据企业生产过程的不同需要而定，一般为产品或服务。

（二）作业成本法的核算程序

作业成本法的核算程序包含三个步骤，如图 9-3 所示。

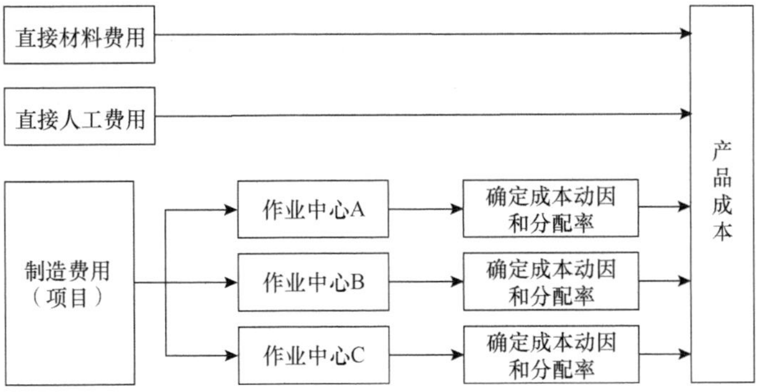

图 9-3 作业成本法下的产品成本核算

1. 确认作业和作业中心

实施作业成本法的基础是确认作业，即对企业生产经营的全过程进行作业分析，找出生产经营中的各项作业。作业的区分，理论上是越细越好，但基于成本–效益的考虑，公司常根据重要性原则确认其主要作业，然后以主要作业为主体，将同质作业合并建立作业中心。

2. 确定成本动因

由作业成本法的原理可知，资源动因揭示了资源分配给不同作业的基础，是建立作业成本库或明细账的依据，故可根据资源动因，将所有间接成本归集到所确认的成本中心上，从而建立作业成本库。因此，作业中心又称“成本库”，是一系列相关作业的集合，它能提供每项作业的成本信息、每项作业所耗费资源的信息和作业执行状态的信息。其中，需要注意的是，在建立作业成本库时，应保证库内所归集的成本的同质性，即库内所归集成本的变动可由共同的成本动因来解释。

3. 计算产品成本

从作业成本库中选择出恰当的动因作为该作业中心的代表成本动因，计算成本动因分配率，从而计算出各种产品或劳务的价值。

（三）作业成本法举例

【例 9-1】 某企业生产 A、B 两种产品，有关年产销量、批次、成本、工时等资料见表 9-1。该企业当年制造费用项目与金额见表 9-2。

表 9-1 产销量及直接成本等资料表

项目	A 产品	B 产品
产销量/件	200 000	40 000
生产次数/次	4	10
订购次数/次	4	10
每次订购量/件	25 000	2 000
直接材料成本/元	24 000 000	2 000 000
直接人工成本/元	3 000 000	600 000
机器制造工时/小时	400 000	160 000

表 9-2 制造费用明细表

项目	金额/元
材料验收成本	300 000
产品检验成本	470 000
燃料与水电成本	402 000
开工成本	220 000
职工福利支出	190 000
设备折旧	300 000
厂房折旧	230 000
材料储存成本	140 000
经营者薪金	100 000
合计	2 352 000

1. 传统成本计算法下的成本计算

按照传统成本计算法，制造费用可按照机器制造工时进行分配：

$$制造费用分配率=\frac{2\ 352\ 000}{400\ 000+160\ 000}=4.2（元/小时）$$

$$A 产品应分摊的制造费用=400\ 000\times4.2=1\ 680\ 000（元）$$

$$B 产品应分摊的制造费用=160\ 000\times4.2=672\ 000（元）$$

根据上述分析和计算可编制产品成本计算表，见表 9-3。

表 9-3　传统成本计算法下的产品成本

项目	A 产品	B 产品
直接材料成本/元	24 000 000	2 000 000
直接人工成本/元	3 000 000	600 000
制造费用/元	1 680 000	672 000
总成本/元	28 680 000	3 272 000
产销量/件	200 000	40 000
单位产品成本/（元/件）	143.4	81.8

2. 作业成本计算法下的成本计算

作业成本计算法的关键在于对制造费用的处理。根据作业中心与成本动因，确定各类作业中心的制造费用的分配标准。

（1）对于材料验收成本、产品检验成本和开工成本，其成本动因是生产与订购次数，以此作为这三项制造费用的分配标准。其分配率分别为

$$材料验收成本分配率=\frac{300\ 000}{10+4}\approx21\ 428.57（元/次）$$

$$产品检验成本分配率=\frac{470\ 000}{10+4}\approx33\ 571.43（元/次）$$

$$开工成本分配率=\frac{220\ 000}{10+4}\approx15\ 714.29（元/次）$$

（2）对于设备折旧、燃料与水电成本，其成本动因是机器制造工时，以机器制造工时作为这两项费用的分配标准。其分配率分别为

$$设备折旧分配率=\frac{300\ 000}{400\ 000+160\ 000}\approx0.54（元/小时）$$

$$燃料与水电成本分配率=\frac{402\ 000}{400\ 000+160\ 000}\approx0.72（元/小时）$$

（3）对于职工福利支出，其成本动因是直接人工成本，以直接人工成本作为职工福利支出的分配标准。其分配率为

$$职工福利支出分配率=\frac{190\ 000}{3\ 000\ 000+600\ 000}\approx0.05$$

（4）对于厂房折旧和经营者薪金，其成本动因是产品的产销量，厂房折旧和经营者薪金可以此为分配标准。其分配率分别为

$$厂房折旧分配率=\frac{230\,000}{200\,000+40\,000}\approx 0.96（元/件）$$

$$经营者薪金分配率=\frac{100\,000}{200\,000+40\,000}\approx 0.42（元/件）$$

（5）对于材料储存成本，其成本动因是直接材料的数量或成本，以此为标准分配材料储存成本。其分配率为

$$材料储存成本分配率=\frac{140\,000}{24\,000\,000+2\,000\,000}\approx 0.01$$

根据上述计算的费用分配率，将各项制造费用在 A 产品和 B 产品之间分配，其分配结果见表 9-4。

表 9-4 制造费用分配明细表

项目	金额/元	作业中心	成本动因	分配率	A 产品/元	B 产品/元
材料验收成本	300 000	作业中心 A	生产与订购次数	21 428.57 元/次	85 714	214 286
产品检验成本	470 000			33 571.43 元/次	134 286	335 714
开工成本	220 000			15 714.29 元/次	62 857	157 143
燃料与水电成本	402 000	作业中心 B	机器制造工时	0.72 元/小时	287 143	114 857
设备折旧	300 000			0.54 元/小时	214 286	85 714
职工福利支出	190 000	作业中心 C	直接人工成本	0.05	158 333	31 667
厂房折旧	230 000	作业中心 D	产销量	0.96 元/件	191 667	38 333
经营者薪金	100 000			0.42 元/件	83 333	16 667
材料储存成本	140 000	作业中心 E	直接材料成本	0.01	129 231	10 769
总计	2 352 000				1 346 850	1 005 150

根据上述分析与计算可编制作业成本计算表，见表 9-5。

表 9-5 作业成本计算法下成本计算表

项目	A 产品	B 产品
直接材料成本/元	24 000 000	2 000 000
直接人工成本/元	3 000 000	600 000
制造费用/元	1 346 850	1 005 150
总成本/元	28 346 850	3 605 150
产销量/件	200 000	40 000
单位产品成本/（元/件）	141.73	90.13

比较表 9-3 和表 9-5 可以知道，按作业成本计算法，A 产品单位产品成本由传统成本计算法下的 143.4 元/件下降为 141.73 元/件，B 产品单位成本由传统成本计算法下的 81.8 元/件提高到 90.13 元/件。产生差异的原因主要是传统成本计算对制造费用只采用单

一的分配标准，而忽视了不同作业之间的成本动因不同。显然，作业成本法计算的结果更准确和科学。

（四）作业成本法的优缺点

（1）作业成本法的优点：①提供相对准确的成本信息；②使产品定价及策略建立在科学的基础上；③帮助企业做出正确的决策，提高企业的效益；④有助于提高预算制定的科学性；⑤有助于降低成本、加强成本控制。

（2）作业成本法的缺点。①作业成本法不符合对外财务报告的需要。采用作业成本法的企业，为了使对外财务报表符合会计准则的要求，需要重新调整成本数据。这种调整不仅工作量大，而且技术难度大，有可能出现混乱。②开发和维护费用较高。作业成本法的成本动因多于完全成本法，成本动因的数量越大，开发和维护费用越高。③不利于管理控制。作业成本系统的成本库与企业的组织结构不一致，不利于提供管理控制的信息。④确定成本动因比较困难。并不是所有的间接成本都和特定的成本动因相关联。

（3）作业成本法适用条件：①企业自动化程度高，技术先进，反映在制造费用占总成本的比例大；②企业规模大，产品种类繁多，品种之间数量差异大；③品种之间成本差异大，各个产品需要技术服务的程度不同，即技术层次不同；④现有成本管理模式不适应企业管理要求，现行成本信息的准确性受到质疑；⑤企业面临竞争激烈的市场，越是竞争的产业越需要有正确的价格策略，而正确的成本信息，是制定价格政策所不可缺少的；⑥企业的成本分析出现盲点，需要利用作业成本法来确立正确的成本；⑦一定的信息化水平，便于数据采集与分析。

三、作业成本法与传统成本法的区别

与作业成本法比较，传统成本法采用单一分配标准进行制造费用的分配，忽视了各种产品生产的复杂性和技术含量的不同及相联系的作业量不同。相比之下，传统成本法计算相关性较弱，而作业成本法计算考虑了引起制造费用发生的具有代表性的各种成本动因，并以此为基础分配制造费用，因而它能较客观、合理地反映高新技术环境下各种产品的成本。两者的区别主要体现在适用条件、成本计算对象、理论基础、间接费用的界限等多个方面。

1. 适用条件不同

传统成本法适用于产品结构单一、制造费用的数额相对较小，且其发生与直接人工成本有事实上相关的劳动密集型企业；作业成本法一般适用于间接费用所占比重较大、产品品种繁多、产品生产工艺复杂多变、生产经营活动十分复杂、较好地实施了适时生产系统和全面质量管理体系、管理层对传统成本计算系统提供信息的准确度不满意的技术密集型企业、资金密集型企业。

2. 成本计算对象不同

传统成本法的成本对象主要局限于“产品”层次，而且往往是最终产品，而作业成本法更关注产品形成过程和成本形成的前因及后果，成本计算对象具有多层次性，资源、作业、最终产品等都是成本计算的对象。作业既是成本形成的载体，又是成本计算的对象，企业每完成一项作业，就会有一定量的资源被消耗，同时有一定价值量的产出转移到下一项作业，照此逐步结转下去，直到最终把产品提供给顾客。资源、作业、最终产品之间是通过成本动因有机联系在一起的。作业成本法可以对资源、作业、产品、原材料、客户、销售市场、销售渠道等不同层次的成本对象提供相应的成本信息，提供的信息量较为丰富。作业成本法相对于传统成本法，成本概念得到了延伸。传统成本法的成本概念只局限于产品的生产制造过程。作业成本法立足于全程的成本进行管理，将成本视野向前延伸到产品的市场需求阶段，分析相关技术的发展态势，向后延伸到顾客的使用、维修及处置阶段。

3. 理论基础不同

传统成本法的理论基础是企业所生产的产品按照其耗费的生产时间或按照其产量线性地消耗各项间接费用。因此，间接费用以一定的标准平均地分摊到各种产品的成本中。这种方法，没有考虑实际生产中产品消耗与费用的配比问题，只能算是一种近似的分配方法。作业成本法的理论基础是“成本驱动因素论”。这种理论认为，企业的产品成本和价值并不是孤立产生的，产品成本的形成与各种资源的消耗密切相关，因此分配间接费用应着眼于费用、成本的来源，将间接费用的分配与产生这些费用的原因联系起来——产品消耗作业、作业消耗资源并导致成本的发生。作业成本法在成本核算上突破产品这个界限，使成本核算深入到资源、作业层次，它从资源的消耗入手，以多种资源动因为标准按作业中心收集成本，并把各作业中心的成本按不同的作业动因分配到各种产品中。作业成本法通过选择多样化的成本动因进行间接费用分配，使费用分配和成本计算过程明细化，并将按人为标准分配间接费用、计算产品成本的比重缩减到最低限度，从而提高成本信息的准确性。

4. 间接费用界限的差异

在传统成本法下，间接费用指制造成本，就经济内容来看，只包括与生产产品直接、间接相关的费用，而将用于管理和组织全厂生产、销售产品和筹集生产资金的支出作为期间费用。在作业成本法下，产品成本则是完全成本，所有费用只要合理有效，都是对最终企业价值有益的支出，都应计入生产成本。它强调的是费用支出的合理有效，而不论其是否与生产直接、间接相关。在这种情况下，期间费用归集的是所有不合理的、无效的支出。

第四节　成本差异分析

ERP 系统采用标准成本体系，把成本计算和成本控制分析相结合，构成一个完整的成本控制系统。标准成本法是成本控制的一种主要方法，它是将实际发生的成本与标准成本进行比较，核算和分析成本差异的一种成本管理方法。成本差异是指实际成本与标准成本之间的差额，也称标准差异。成本差异分析是以成本预算为依据，将实际成本同标准成本相比较，找出差异并对其进行分析，以便查清问题，及时采取措施降低成本。成本差异分析又称重点管理法，它引导管理人员把精力重点放在差异较大的问题上。

成本差异按成本的构成可以分为直接成本差异和制造费用差异。其中，直接成本差异分为直接材料成本差异和直接人工成本差异，制造费用差异按其形成的原因和分析方法的不同又可分为变动制造费用差异和固定制造费用差异两部分。

一、标准成本

（一）标准成本的概念

标准成本是通过事先仔细测定、以每单位产品为基础表述的应有成本，即预算中直接材料费用、直接人工费用、制造费用的预算数，这些预算数也是成本管理的目标值，在正常生产经营条件下应该实现的，可以作为控制成本开支，评价实际成本，衡量工作效率的依据和尺度的目标成本。

标准成本和预算成本很相似，主要区别在于标准成本是一种单位的概念，它与单位产品相联系；而预算成本是一种总额的概念，它与一定的业务量相联系。例如，生产一把剪刀的直接材料的标准成本是 20 元，如果需要生产 100 把剪刀，则直接材料的预算成本就是 2000 元。

标准成本法是指通过制定标准成本，将标准成本与实际成本进行比较获得成本差异，并对成本差异进行因素分析，据以加强成本控制的一种会计信息系统和成本控制系统。

（二）标准成本的种类

根据制定标准成本时依据的生产技术和经营水平，可以将标准成本分为理想标准成本、正常标准成本和现实标准成本三类。

1. 理想标准成本

理想标准成本是在最佳工作状态下可以达到的成本水平，它排除了一切失误、浪费、机器的闲置等因素，是根据理论上的耗用量、价格及最高的生产能力制定的标准成本。这种标准成本要求较高，通常会因达不到而影响工人的积极性，同时让管理层感到在任何时候都没有改进的余地。

2. 正常标准成本

正常标准成本是在正常生产经营条件下应该达到的成本水平，它是根据正常的耗用水平、正常的价格和正常的生产经营能力利用程度制定的标准成本。这种标准成本通常反映了过去一段时期实际成本水平的平均值，反映了该行业价格的平均水平、平均的生产能力和技术能力，在生产技术和经营管理条件变动不大的情况下，它是一种可以较长时间采用的标准成本。

3. 现实标准成本

现实标准成本是在现有的生产条件下应该达到的成本水平，它是根据现在所采用的价格水平、生产耗用量及生产经营能力利用程度而制定的标准成本。这种标准成本最接近实际成本，最切实可行，通常认为它能激励工人努力达到所制定的标准并为管理层提供衡量的标准。

它与正常标准成本不同的是，需要根据现实情况的变化不断进行修改，而正常标准成本则可以保持较长一段时间而固定不变。

（三）标准成本的制定

采用标准成本法的前提和关键是标准成本的制定。为了便于进行成本控制、成本核算和成本差异分析工作，标准成本可以按车间、分产品、成本项目分别反映。标准成本的成本项目与会计日常核算所使用的成本项目应当一致，直接材料费用可以按材料的不同种类或规格详细列出标准，直接人工费用可以按不同工种列出标准，制造费用应按固定制造费用和变动制造费用分项列出标准，将各个成本项目的标准成本加总，即构成产品标准成本。

各个成本项目的标准成本，通常是由数量标准和价格标准两个因素决定的，即

某成本项目的标准成本 = 数量标准 × 价格标准

（1）直接材料费用标准制定中，数量标准表现为材料消耗定额，价格标准表现为材料的计划单价。

（2）直接人工费用标准制定中，数量标准表现为工时定额，价格标准表现为计划小时工资率。

（3）制造费用标准制定中，数量标准是指工时定额，价格标准是指制造费用的分配率。其中，制造费用分配率一般以制造费用预算数除以按计划产量计算的定额工时来确定，即

制造费用分配率 = 制造费用预算数/（工时定额×计划产量）

制造费用预算数一般根据固定制造费用和变动制造费用分别确定，固定制造费用的预算数只能按总额来确定，所以：

制造费用分配率 = 单位变动制造费用 + 单位固定制造费用

二、直接成本差异分析

（一）直接材料成本差异分析

直接材料成本差异是指一定产量产品的直接材料实际成本与直接材料标准成本之间的差异。

直接材料成本差异 = 直接材料实际成本–直接材料标准成本

直接材料实际成本 = 实际价格×实际用量

直接材料标准成本 = 标准价格×标准用量

实际用量 = 直接材料单位实际耗用量×实际产量

标准用量 = 直接材料耗用标准×实际产量

直接材料成本是变动成本，其成本差异形成的原因包括价格差异和数量差异。其中，价格差异是实际价格脱离标准价格所产生的差异，其计算公式为

材料价格差异 =（实际价格–标准价格）× 实际用量

=（实际价格–标准价格）× 实际产量×材料单位实际耗用量

材料数量差异是单位实际材料耗用量脱离单位标准材料耗用量所产生的差异，其计算公式为

材料数量差异 =（单位实际材料耗用量–单位标准材料耗用量）×标准价格

综合如图 9-4 所示。

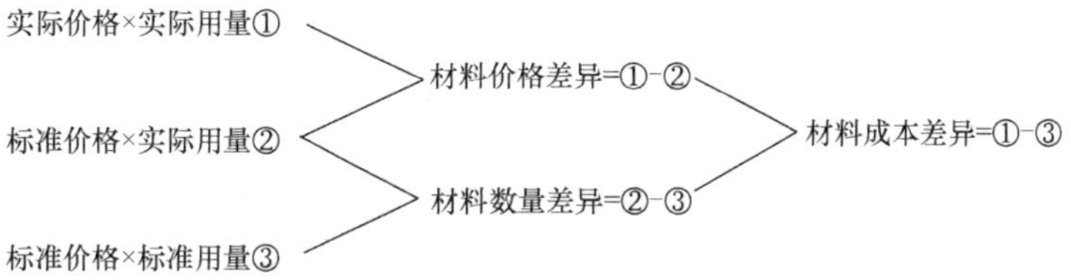

图 9-4 直接材料成本差异分析

（二）直接人工成本差异分析

直接人工成本差异是指一定产量产品的直接人工实际成本与直接人工标准成本之间的差额。

直接人工成本差异 = 直接人工实际成本–直接人工标准成本

直接人工标准成本 = 标准工资率×标准工时

标准工时 = 单位产品工时耗用标准×实际工时

直接人工实际成本等于直接人工工资率乘以直接人工工时耗用量，属于变动成本，其成本差异包括直接人工工资率差异和直接人工工时耗用量差异。

直接人工工资率差异也称直接人工价格差异，类似材料价格差异；直接人工工时耗用量差异类似材料数量差异。所以，直接人工成本差异的分析方法类似材料成本差异的分析方法。直接人工工资率差异是指实际工资率脱离标准工资率所产生的差异，其计算公式为

直接人工工资率差异 =（实际工资率–标准工资率）×实际工时

直接人工工时耗用量差异是指单位实际人工工时耗用量脱离单位标准人工工时耗用量所产生的差异，其计算公式为

直接人工工时耗用量差异 =（实际工时–标准工时）×标准工资率

综合如图 9-5 所示。

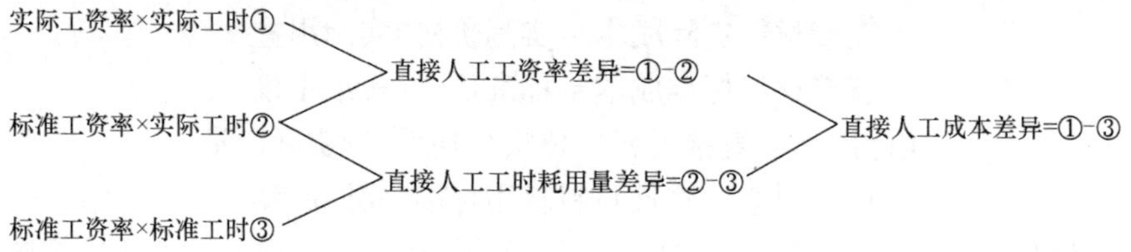

图 9-5　直接人工成本差异分析

三、制造费用差异分析

（一）变动制造费用成本差异分析

变动制造费用是指与直接成本呈正比例增减变化的制造费用。变动制造费用成本差异是指一定产量产品的实际变动制造费用与标准变动制造费用之间的差额。

$$\text{变动制造费用成本差异} = \text{实际变动制造费用} - \text{标准变动制造费用}$$

$$\text{实际变动制造费用} = \text{实际分配率} \times \text{实际工时}$$

$$\text{标准变动制造费用} = \text{标准分配率} \times \text{标准工时}$$

$$\text{实际分配率} = \frac{\text{实际变动制造费用}}{\text{实际工时}}$$

变动制造费用是变动制造费用分配率与直接人工工时相乘之积，因此变动制造费用差异包括变动制造费用分配率差异和变动制造费用效率差异。其计算公式为

$$\text{变动制造费用分配率差异} = （\text{实际分配率} - \text{标准分配率}）\times \text{实际工时}$$

$$\text{变动制造费用效率差异} = \text{标准分配率} \times （\text{实际工时} - \text{标准工时}）$$

$$\begin{aligned}\text{变动制造费用差异} &= \text{实际变动制造费用} - \text{标准变动制造费用}\\ &= \text{变动制造费用分配率差异} + \text{变动制造费用效率差异}\end{aligned}$$

综合如图 9-6 所示。

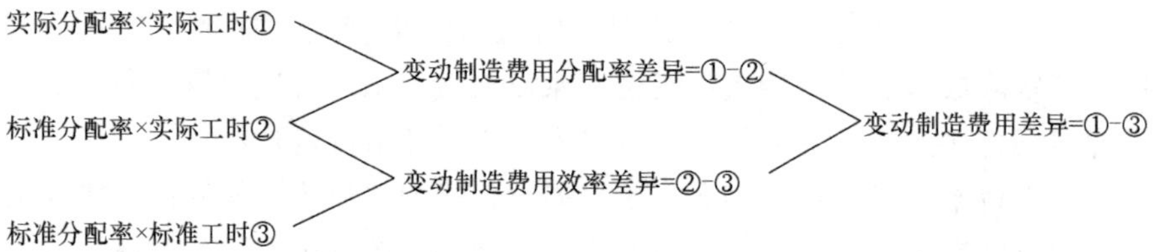

图 9-6　变动制造费用成本差异分析

（二）固定制造费用成本差异分析

固定制造费用是指在较长时期内，在产量的相关范围内保持不变的费用。固定制造费用成本差异是指一定产量产品的实际固定制造费用与标准固定制造费用之间的差额。固定制造费用的差异分析与各项变动成本差异分析不同，其分析方法有“二因素分析法”和“三因素分析法”两种。

1. 二因素分析法

二因素分析法，是将固定制造费用差异分为耗费差异和能量差异。

耗费差异是指固定制造费用的实际金额与固定制造费用预算金额之间的差额。固定费用与变动费用不同，不因业务量而变，故差异分析有别于变动费用。在考核时不考虑业务量的变动，以原来的预算数作为标准，实际数超过预算数即视为耗费过多。其计算公式为

固定制造费用耗费差异＝固定制造费用实际数–固定制造费用预算数

能量差异是指固定制造费用预算与固定制造费用标准成本的差额，或者说是实际产量的标准工时与生产能量的差额用标准分配率计算的金额。它反映实际产量标准工时未能达到生产能量而造成的损失。其计算公式为

固定制造费用能量差异＝固定制造费用预算数–固定制造费用标准成本

＝固定制造费用标准分配率×生产能量–固定制造费用标准分配率×实际产量标准工时

＝（生产能量–实际产量标准工时）×固定制造费用标准分配率

2. 三因素分析法

三因素分析法，是将固定制造费用成本差异分为耗费差异、效率差异和闲置能量差异三部分。耗费差异的计算与二因素分析法相同。不同的是要将二因素分析法中的“能量差异”进一步分为两部分：一部分是实际工时未达到生产能量而形成的闲置能量差异；另一部分是实际工时脱离标准工时而形成的效率差异。其计算公式为

固定制造费用闲置能量差异＝固定制造费用预算数–实际工时×固定制造费用标准分配率

＝（生产能量–实际工时）×固定制造费用标准分配率

固定制造费用效率差异＝实际工时×固定制造费用标准分配率–实际产量标准工时×固定制造费用标准分配率

＝（实际工时–实际产量标准工时）×固定制造费用标准分配率

综合如图 9-7 所示。

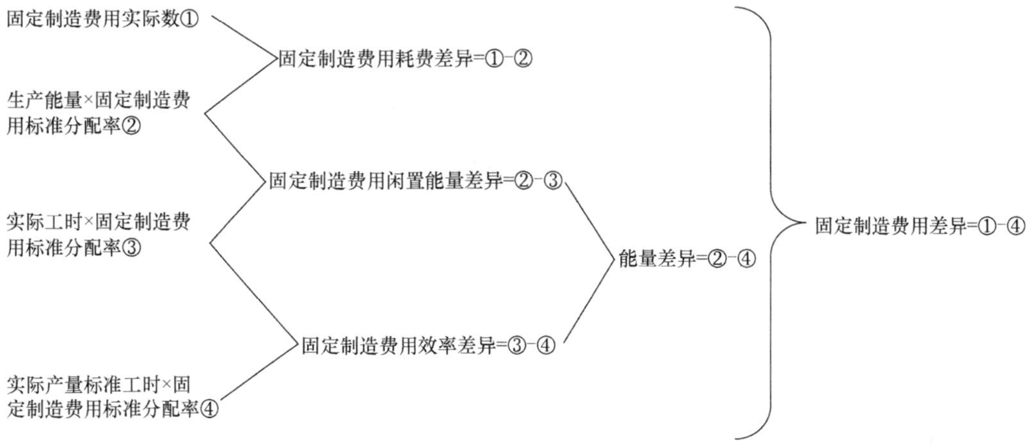

图 9-7 固定制造费用成本差异分析

思考与练习

1. 什么是成本管理？
2. 产品成本有哪几种计算方法？各自有什么特点。
3. 简述作业成本法的优缺点及适用条件。
4. 练习题

美声公司是一家小规模的公司，其业务是安装小轿车的音响。所有的音响配件都是按相同价格购入，所有音响的安装时间和预算也是一样的。10 月份是一年中的营业旺季，美声公司将按较大的生产能力运作，即当月安装 500 套音响。公司的标准成本是根据这个基础制定的，制造费用分配基础为人工工时。10 月份公司的实际业绩和标准成本资料如下。

安装一套音响的标准成本：

买入配件的价格　160 元
人工：2 小时，每小时 32 元　64 元
变动制造费用：2 小时，每小时 20 元　40 元
固定制造费用：2 小时，每小时 48 元　96 元
单位标准成本　360 元

10 月份的实际业绩：

安装：540 套音响
材料：550 套配件（已使用）　83 600 元
人工：1000 小时　34 000 元
变动制造费用　20 400 元
固定制造费用　56 000 元

要求：

（1）计算每个成本项目的成本差异和分解后的各项差异；

（2）指出重大的差异，并说明应在哪些方面取得进一步的信息。

拓展阅读

第十章　ERP 项目管理

ERP 项目是一类典型的企业信息系统建设项目，ERP 项目所具有的复杂性、不确定性和时限性等特点，决定了 ERP 项目的实施必须要在项目管理理论与方法的指导下，按照项目管理思维才有可能取得成功。本章重点介绍 ERP 项目的特点、ERP 项目管理的概念与内容、业务流程重组的实施过程及 ERP 项目实施评价的原则、方法及内容等。

学习目标

- 掌握 ERP 项目管理的内容
- 理解业务流程重组的概念和实施过程
- 掌握 ERP 项目四个阶段的主要内容
- 掌握 ERP 项目的风险管理过程
- 掌握 ERP 项目实施评价

知识结构图

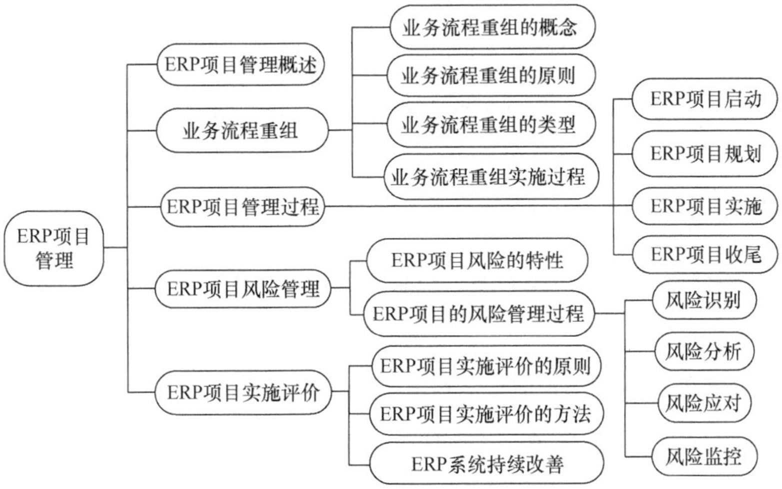

第一节　ERP 项目管理概述

一、ERP 项目的特点

国际项目管理协会（International Project Management Association，IPMA）对项目的定义为：项目是一个特殊的、将被完成的有限任务，它是在一定时间内，满足一系列特定目标的多项相关工作的总称。项目具有独特性、不确定性、临时性和一次性等特点。ERP 系统实施、网络系统集成、建造一座大楼、新产品开发等都可以视为项目。

ERP 项目是指企业从项目设立到成功导入 ERP 软件，规范和优化企业管理运作体系和流程、提高工作效率的整个过程。ERP 项目是一个企业管理信息化项目，是一项系统工程。ERP 项目的发起人通常是企业最高层领导，项目发起人期望通过 ERP 系统的实施提升企业管理水平，实现企业战略目标。由项目发起人授权的高层经理担任项目经理。ERP 项目经理是整个项目的负责人，全面负责 ERP 项目实施进展，推动企业各职能部门负责人对软件供应商的配合。ERP 项目实施的关键是企业高层领导的大力支持及关键业务部门和核心业务人员的积极参与。

ERP 项目除了具备一般项目的特点之外，还具有明显的特殊性。

（1）目标的不确定性。ERP 项目作为提高企业管理水平的应用系统项目，它的目标必须与企业的经营管理目标联系起来，这个目标不是独立存在的，是和企业经营管理目标密切相关，并且随着企业经营目标的改变而改变的。

（2）需求的不确定性。ERP 项目的创新性特点和高技术特征，加之信息的不对称，使 ERP 项目的需求者与系统的开发者对 ERP 项目需求的理解和实现存在很多的分歧和不确定因素。需求的不确定性引起需求的不断变更，给项目的实施带来非常不利的影响。

（3）项目的时限性。ERP 项目的紧迫性决定了其历时有限，而且项目的超时将严重影响项目的协调和实际应用价值。随着信息技术的快速发展，ERP 项目的生命周期越来越短，需求也越来越迫切，时间甚至会成为影响项目成败的关键因素。

二、ERP 项目管理的概念

ERP 项目管理是一种有意识地按照信息化项目的特点和规律，对项目进行统筹、组织管理的重要活动。ERP 项目从本质上讲是一个管理改进项目，而不是计算机系统开发项目。ERP 项目管理的本质是识别企业真正的管理需求，然后建立一套基于 ERP 应用系统的管理体系，以满足这些管理需求。

ERP 项目管理作为一种管理手段在企业中应用，具有其自身独有的特点，具体包括以下几个方面。

1. ERP 项目管理目标与企业经营目标具有一致性

ERP 项目作为信息管理手段，对企业项目管理水平的提高有重要作用，而 ERP 项目管理达到预期目标，就必须保持其目标与企业经营管理目标的一致性。所以，ERP 项目在企业项目整体目标的基础上确立管理目标，从而开展符合企业实际情况的管理工作，有利于企业经营管理目标的达成。

2. ERP 项目管理注重团队建设

ERP 项目是一类复杂的信息技术项目，ERP 项目的管理体制是以项目经理为责任人的团队负责制，项目经理是项目团队的领导者，他们所肩负的责任就是领导团队准时、优质地完成全部工作，在不超出预算的情况下实现项目目标。项目经理的工作是对项目进行计划、组织和控制，从而为项目团队完成项目目标提供领导决策。同时他们应当激励项目团队，以赢得顾客的信任。ERP 项目管理的成功离不开项目经理的作用。成熟的 ERP 项目经理应具备以下素质：①一定的背景和经验；②相关的领导才能与决策艺术；③对项目的技术领域有深入了解；④具备强大的人际沟通能力；⑤具备出色的管理能力。

3. ERP 项目管理具有持续性

ERP 项目的顺利完工并不等于项目的结束。尽管 ERP 项目的目标是根据企业要求制定的，其最终达成的目标也是企业预期目标的实现，但是社会经济环境及企业的经营状况是不断发展变化的，因此 ERP 项目管理工作是具有持续性的，唯有这样才能根据环境的变化对其进行及时调整，进而符合企业的发展要求。

成功的 ERP 项目管理应具备的条件是：①目标明确；②称职的项目经理；③最高管理层支持；④称职的项目团队成员；⑤充分的资源保证；⑥畅通的沟通渠道；⑦完善的控制机制；⑧客户反应性；⑨人员稳定性。

三、ERP 项目管理的内容

从项目管理知识领域的视角，ERP 项目管理同样包含十大知识领域，分别是整合管理、范围管理、时间管理、成本管理、质量管理、资源管理、沟通管理、风险管理、采购管理和相关方管理等十个方面的内容，如图 10-1 所示。

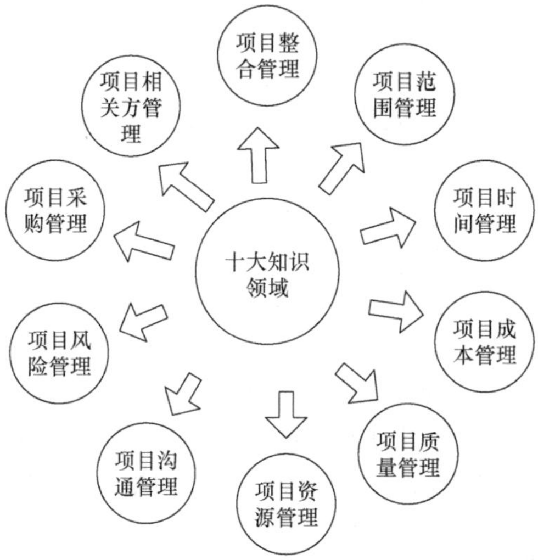

图 10-1 项目管理的十大知识领域

1. ERP 项目整合管理

ERP 项目整合管理是指为确保项目各项工作能够有机协调和配合所开展的综合性及全局性的项目管理工作与过程，包括选择资源分配方案、平衡相互竞争的目标和方案，以及管理各知识领域之间的依赖关系。在 ERP 项目管理中，整合兼具统一、合并、沟通和建立联系的性质，这些行动应该贯穿项目始终。ERP 项目整合管理包括制定项目章程、制订项目管理计划、指导与管理项目执行、管理项目知识、监控项目工作、实施整体变更控制和结束项目或阶段等内容。

2. ERP 项目范围管理

ERP 项目范围管理是指对 ERP 项目包括什么与不包括什么进行定义并控制的过程。这个过程用于确保项目组和项目干系人对作为项目结果的项目产品及生产这些产品所用到的过程有一个共同的理解。ERP 项目范围管理一般包括范围规划、收集需求、范围定义、范围的确认和控制等内容。

3. ERP 项目时间管理

ERP 项目时间管理是指为了确保 ERP 项目的各项工作及项目总任务能最终按时完成的一系列管理工作或过程。ERP 项目时间管理包括进度管理规划、活动定义、活动排序、活动资源估算、活动历时估计、进度计划和进度控制等内容。ERP 项目时间管理的目的是保证按时完成项目、合理分配资源、发挥最佳工作效率。

4. ERP 项目成本管理

ERP 项目成本管理是指在整个项目的实施过程中，为确保项目在批准的预算条件下尽可能按期完成，而对所需的各个过程进行管理与控制。项目成本管理的目的是确保在批准的预算内完成项目所有工作。ERP 项目成本管理包括成本管理规划、成本估算、成本预算和成本控制等内容。

5. ERP 项目质量管理

ERP 项目质量管理是指为了使项目的交付产品和服务质量能满足不断更新的市场与客户的质量要求而开展的策划、组织、计划、实施、控制、改进活动的总和。ERP 项目质量管理的目的是确保项目达到客户所规定的质量要求。ERP 项目质量管理包括质量规划、质量保证和质量控制等内容。

6. ERP 项目资源管理

ERP 项目资源管理包括识别、获取和管理所需资源以完成项目的各个过程，这些过程有助于确保项目经理和项目团队在正确的时间和地点使用正确的资源。ERP 项目资源管理包括规划资源管理、估算资源、获取资源、建设团队、管理团队和控制资源等内容。

7. ERP 项目沟通管理

ERP 项目沟通管理包括为确保项目信息及时且恰当地规划、收集、生成、发布、存储、检索、管理、控制、监督和最终处置所需的各个过程。项目沟通管理的目标是及时而适当地创建、收集、发送、储存和处理项目的信息。良好的信息沟通对项目的顺利推进和人际关系的改善都有很大的促进作用。ERP 项目沟通管理包括规划沟通管理、管理沟通和监督沟通等内容。

8. ERP 项目风险管理

ERP 项目风险管理是指识别和分析项目风险及采取应对措施的活动或过程。项目风险管理的目标在于降低项目中消极事件的概率和影响。项目风险管理是为减轻潜在的不利事件对项目的影响而采取的一项活动，其包括风险管理规划、风险识别、定性和定量风险分析、风险应对规划和风险监控等内容。

9. ERP 项目采购管理

ERP 项目采购管理是指为了从项目实施组织之外获得所需资源或服务所采取的一系列管理过程，包括合同管理和变更控制过程。通过这些过程，编制合同或订购单，并由具备相应权限的项目团队成员加以签发，然后再对合同或订购单进行管理。ERP 项目采购管理包括规划采购管理、实施采购和控制采购等内容。

10. ERP 项目相关方管理

ERP 项目相关方管理是指识别能够影响项目或会受项目影响的人员、团体或组织，分析相关方对项目的期望和影响，制定合适的管理策略来有效调动相关方参与项目决策和执行的各个过程。ERP 项目相关方管理的目的是用这些过程分析相关方期望，评估他们对项目或受项目影响的程度，以及制定策略来有效引导相关方支持项目决策、规划和执行。ERP 项目相关方管理包括识别相关方、规划相关方参与、管理相关方参与、监督相关方参与等内容。

第二节　业务流程重组

一、业务流程重组的概念

业务流程重组最早于 1990 年由美国 Michael Hammer（迈克尔·哈默）在“Reengineering work: don’t automate, but obliterate”（《工作再造：不仅仅是自动化，而是彻底革新》）一文中提出，后来 Michael Hammer 与 CSC Index 的首席执行官 James Champy（詹姆斯·钱皮）于 1993 年发表了《公司重组：企业革命的宣言》，此后，业务流程重组作为一种新的管理思想，像一股风潮席卷了整个美国和其他工业化国家。根据 Michael Hammer 和 James Champy 给出的定义，业务流程重组就是对企业的业务流程进行根本性的再思考和彻底性再设计，从而在成本、质量、服务和速度等方面使业绩得到改善，使企业能最大限度地适应以顾客、竞争和变化为特征的现代企业经营环境。

业务流程重组是以作业流程为中心、打破传统的金字塔形组织结构，组织结构向平板形发展，即所谓的扁平化结构管理。这种管理结构适合企业员工参与企业管理与有利于实现企业内部各层次的有效沟通，并具有较强的应变能力和较高的灵活性。业务流程重组强调以业务流程为改造对象和中心、以关心客户的需求和满意度为目标，对现有的业务流程进行根本的再思考和彻底的再设计，利用先进的制造技术、信息技术及现代的管理手段，最大限度地实现技术上的功能集成和管理上的职能集成，以打破传统的职能型组织结构，建立全新的过程型组织结构，从而实现企业经营在成本、质量、服务和速度等方面的改善。根本性、彻底性、戏剧性和业务流程是业务流程重组的四个核心内容。

企业实施 ERP 一般都需要进行业务流程重组，即 ERP 的实施需要以业务流程重组为先导。如果企业只是通过 ERP 软件替代原先的手工作业，而没有对企业整体业务流程进行优化，将很难使 ERP 系统的应用取得预期效果，甚至导致应用失败。而且 ERP 与业务流程重组的优势可以互补，业务流程重组侧重企业业务流程的整体最优化，属于流程管理工具；ERP 侧重在合理的业务流程基础上实现对企业资源的有效利用与管理，属于资源管理工具。两者互为条件，在管理职能方面又互为补充。

业务流程重组和 ERP 的目的都是为了提升企业的管理水平，业务流程重组关注管理思想，ERP 侧重于技术实现。业务流程重组是 ERP 成功的前提，业务流程重组就是优化和改进业务流程中的某个环节或整个业务运作的过程，而 ERP 是以业务流程为导向，控制和运作企业所有资源。企业实行业务流程重组是应用 ERP 和推进信息化建设的基础，对推动企业管理现代化必将起到明显和积极的作用。在业务流程重组从思想到实现的转变中，ERP 系统有效地支撑和固化了新的业务流程，在业务流程重组思想的引领下，ERP 的应用也将更容易达到预期的效果。所以企业应用 ERP 必须要开展管理创新和实行业务流程重组，这个阶段的工作是不可逾越的。企业应用 ERP 后效益的提高，一部分是由于实施 ERP，另一部分就是业务流程重组的功劳。所以在 ERP 中业务流程重组的实施和应用将有效优化企业的资源和流程，不仅使企业在成本、质量、服务和速度等方面取得显著的改善，最大限度地适应以顾客、竞争和变化为特征的现代企业经营环境，而且将帮助企业正确地认识市场，有效地借助市场，进而积极地引导市场，使企业在市场中一直处于领先地位。

二、业务流程重组的原则

业务流程重组应遵循以下原则。

（1）以跨职能方式重新思考业务流程。在传统管理模式下，劳动分工使各部门具有特定的职能，同一时间只能由同一部门完成某项业务的一部分。业务流程重组打破了职能部门的界限，由一个人或一个工作组来完成业务的所有步骤。

（2）高层领导的参与和支持。高层领导持续性的参与和明确的支持能明显提高业务流程重组的成功概率。特别是业务流程重组常常伴随着权力和利益的转移，有时会引起一些人，尤其是中层领导的抵制。如果没有高层管理者的明确支持，业务流程重组则很难推行。

（3）选择适当的流程进行重组。应该选择那些可能获得阶段性收益或者是对实现企业战略目标有重要影响的关键流程作为重组对象，使企业尽早看到成果，在企业中营造乐观、积极参与变革的气氛，减少人们的恐惧心理，以促进业务流程重组在企业中的推广。

（4）建立通畅的交流渠道。要向员工宣传业务流程重组带来的机会，如实说明业务流程重组对组织机构和工作方式的影响，特别是对他们自身岗位的影响及企业所采取的相应解决措施，尽量取得职工的理解和支持。

（5）利用信息技术手段协调分散与集中的矛盾。在设计和优化企业业务流程时，应尽可能利用信息技术手段实现信息的一次处理与共享机制，将串行工作流程改造为并行工作流程，协调分散与集中之间的矛盾。

三、业务流程重组的类型

根据流程范围和重组特征，可将业务流程重组分为以下三类。

1. 功能内的业务流程重组

功能内的业务流程重组通常是指对职能内部的流程进行重组。很多企业经过多年的经营，各职能管理机构重叠，中间层次多，而这些中间管理层一般只执行一些非创造性的统计、汇总、填表等工作，计算机完全可以取代这些业务而将中间层取消，使每项职能能够从头至尾只有一个职能机构管理，做到机构不重叠、业务不重复。

例如，实施 ERP 后，物资管理可以由分层管理改为集中管理，取消二级仓库，财务核算系统将原始数据输入计算机，全部核算工作由计算机完成，变多级核算为一级核算等。采用集中管理往往能够实现职能机构扁平化，做到集中决策、统一经营，增强企业的应变能力。

2. 功能间的业务流程重组

功能间的业务流程重组是指在企业范围内，跨越多个职能部门边界的业务流程重组。功能间的业务流程重组旨在以客户为中心，打破部门之间的界限，以提高效率和服务水平为目标，灵活、并行处理业务以满足顾客需求。

近年来，很多企业根据市场环境的变化和自身条件，将原有的多层职能组织重组为项目型或矩阵型组织，以提高专业技术人员的协作效率和工作质量。

3. 组织间的业务流程重组

组织间的业务流程重组是指发生在两个以上企业之间的业务重组，通过企业间的功能转移或业务渗透，提高整个供应链的运作效率和服务水平。

组织间的业务流程重组的目标在于减少供应链上的不增值环节，减少由信息不对称或信息失真而造成的过量生产或过量库存的发生，从而实现整个供应链业务流程的无缝对接，进而在不增加不必要成本的前提下，提高整个供应链对市场需求的响应速度。

相对于功能内的业务流程重组，实现组织间的业务流程重组更为困难。除了需要与供应链上的上下游企业建立长期合作的伙伴关系之外，还需要站在共赢的立场上设计对双方都有效的激励机制。供应链上企业间的重组往往涉及不同地理位置企业的业务对接，因此必须要借助完善的信息系统来帮助企业实现企业间业务流程的无缝对接。但在实施企业间的业务流程重组之前，往往要求企业内部各职能部门之间已经实现其业务的集成管理。

对于 ERP 项目实施过程中的业务流程重组来说，更多地集中在企业内部功能内和功能间的流程重组，这也为企业间业务流程重组奠定了基础。

四、业务流程重组实施过程

业务流程重组要求企业上上下下必须彻底改变原有的思想观念，重新构造企业的管理流程和管理组织。这种彻底性的变革必须遵循科学的流程，同时与企业实际、市场情况相结合。业务流程重组实施过程如图 10-2 所示。

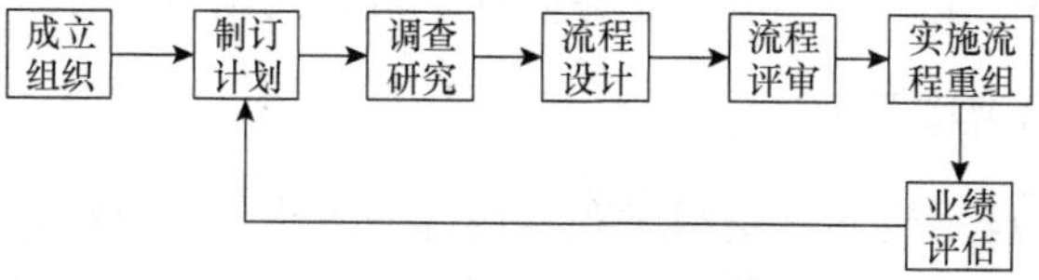

图 10-2　业务流程重组实施过程

1. 成立组织

业务流程重组需要成立一个有权威、业务经验丰富的改革组织。成立组织的具体事务包括以下四个方面：①任命高级主管并成立专门委员会；②获得高级经理对业务重组项目的支持；③挑选业务重组小组成员；④选择咨询顾问或外部专家参与组织。

2. 制订计划

制订计划的过程中要分析现行业务流程，确定需要重组的业务，有关事项包括：①识别重组的关键流程；②拟定项目计划书，定义项目范围，确定可以量化的目标和精心挑选的实施方法及详细的项目进度计划；③与高级经理在项目的目标和范围上取得一致；④计划和启动，识别准备变革的关键业务并评估如果不进行变革将产生的结果；⑤排除干扰，训练业务重组小组；⑥开始（业务）变更管理行动，并有一个精心准备的沟通（交流）计划。

3. 调查研究

对流程深入研究，可以编制“业务流程与岗位职责调研”的问卷来帮助调研。调查研究工作包括以下方面：①对公司进行基础性的调查研究；②通过与客户面谈，核心小组识别当前需求及未来需求；③与雇员及经理交流，了解业务实际情况，并通过头脑风暴法获取业务变更的灵感；④记录与分析流程及相关数据；⑤回顾技术改造及可选项；⑥与委员会主管及关键的高级经理交流；⑦深入现场或参加学术交流；⑧从外部专家和咨询顾问处获取有用的信息。

4. 流程设计

流程设计要注意以下方面：①设计创新设想，创造新思维；②进行“如果–那么”设想，吸收其他公司的成功经验；③由领域专家形成 3～5 个模型，吸收不同模型的长处形成综合模型；④建立理想的流程场景；⑤定义新的流程模型并用流程图描述这些流程；

⑥设计与新流程适应的结构模型；⑦定义技术需求，选择能够支持新流程的平台；⑧将短期成果与长期效益分开。

5. 流程评审

对流程的设计方案进行评定和审核，主要措施有：①代价与收益分析报告，明确的投资回报；②对客户及雇员影响的评估；③对竞争地位变化的评估；④为高级经理人员准备实际案例；⑤举行评估会，以向委员会和高级经理展示并获得批准。

6. 实施流程重组

进入关键性的实施阶段，要注意实施的策略，教育与行政手段结合，步骤有：①业务流程及组织模型的详细设计，详细定义新的任务角色；②开发支撑系统；③实施新的导航方案及业务小范围的实验；④与员工就新的方案进行沟通；⑤制订并实施变更管理计划；⑥制订阶段性实施计划；⑦制订新业务流程和系统的培训计划并对员工进行培训；⑧制订并执行阶段性实施计划。

7. 业绩评估

业绩评估是指将业务流程重组的实施结果与计划目标对比，进行总结、评定，对存在的问题集中分析，为巩固本阶段成果制定管理依据和方法，并为下一阶段的流程重组实施提供依据。业绩评估包括以下内容：①评估新流程的结果；②定义关键的衡量标准以进行周期性的评估；③对新流程实施持续改进方案；④向委员会和高层经理人员发表最终报告，以获得认可。

第三节　ERP 项目管理过程

ERP 项目管理的过程可以分为项目启动、项目规划、项目执行、项目监控、项目收尾五个阶段，其中 ERP 的项目执行和监控可以合并到项目实施过程中。

一、ERP 项目启动

ERP 项目实施前的启动阶段是项目能否取得预期效益的重要阶段。在决定是否采用 ERP 系统时，企业的高层决策者应该有一个明确的认识，这是 ERP 业界普遍认同的一种观点。企业对是不是应该启动 ERP 项目、目前是不是合适的时机，都需要进行均衡考虑。

为保证项目启动及项目实施的成功进行，科学的项目分析和充分的项目准备工作必须扎扎实实地完成。只有项目启动阶段做好了准备工作，明确了项目的实施目标、实施计划和实施策略，才有可能在与客户管理层交流时顺利通过，为未来的项目实施奠定良好的基础。很多企业在立项、选型的过程中，没有遵循系统、科学的原则，导致在项目实施过程中无法满足企业管理的需求，最终使实施效果出现严重偏差，并导致企业领导、各层管理人员及业务人员对 ERP 系统失去信心，甚至出现排斥心理。

根据国内外企业成功实施 ERP 的经验，实施 ERP 的企业应该满足以下条件：①企业生产运营状况正常，具有良好的经济效益；②企业的各级管理者富有改革、开拓与进取的精神，并具有从大局出发的管理素养；③企业的管理基础扎实、管理规范，且管理思想比较先进，能满足 ERP 的应用要求；④企业各层管理人员和业务人员具有操作计算机的技能或通过培训能够掌握操作计算机的技能；⑤企业的业务数据处理量较大，日常业务数据处理工作占用业务人员大量的时间。

具体来说，ERP 项目启动阶段的工作包括成立项目筹备小组、ERP 知识培训、可行性分析、调研与咨询和需求分析等内容。

1. 成立项目筹备小组

当企业的高层管理者觉得有必要启动 ERP 项目时，需要先成立项目筹备小组，项目筹备小组具有以下任务：①为企业正式地导入 ERP 概念和必要的理论基础知识；②对企业实施 ERP 项目进行可行性论证，撰写可行性分析报告，为领导决策提供依据；③对企业实施 ERP 项目的需求进行分析，提供需求分析报告。

项目筹备小组的成员一般包括：企业的管理者代表（如副总经理、副厂长等高层领导）、企业各业务部门和管理部门的主要领导、信息部门的主要领导、从各业务部门挑选的业务人员或管理人员。概括地说，包括三类人员：领导、熟悉管理业务的人员及熟悉计算机技术的人员。此外，企业最好请专门的咨询机构来参与项目的筹备工作，以便于后续工作的顺利开展。

2. ERP 知识培训

企业在实施 ERP 项目之前，先要了解什么是 ERP 及 ERP 能为企业做什么，这样才能为进一步进行可行性分析、需求分析及后续的选型提供理论基础。有的企业在进行 ERP 软件系统选型时，各级管理人员及信息管理部门的人员缺乏对 ERP 必要知识的了解，在这种情况下能否做好选型可想而知。同样，企业需不需要启动 ERP 项目，企业是否具备了实施 ERP 的财力、人力、物力等，都只有在对 ERP 有了一定的了解和认识的基础上才能明确。

企业要进行 ERP 知识培训，可以外派人员去学习，也可以请一些咨询机构、软件公司到企业来授课。较好的方法是请专业的咨询机构为企业进行 ERP 知识培训，因为通过第三方咨询机构的培训，企业可以对 ERP 行业的整体情况有更为全面的了解，如 ERP 软件应用情况、各 ERP 厂商的实施力量、市场份额及后续服务保证等。通过请进来的方式，也可以让更多的企业员工接触 ERP 知识。

3. 可行性分析

在掌握了必要的 ERP 知识之后，项目筹备小组需要根据企业的生产经营管理现状，对 ERP 项目的实施进行可行性论证，撰写项目可行性分析报告。

可行性分析报告应详细阐述项目背景和发展概况，说明项目的发起过程、提出的理由、前期工作的发展过程、投资者的意向、项目投资的意义与必要性等。在叙述项目发展概况的同时，应能清楚地提示出本项目可行性分析的重点和问题。

技术方案是可行性分析的重要组成部分，包括系统功能架构与业务蓝图、网络系统及配置方案、操作系统与数据库的选择、硬件选择方案等内容。

可行性分析报告需要说明项目实施阶段的进度安排。项目实施阶段是指从正式确定建设项目到项目达到正常运行的这段时间。这一时期包括项目实施准备、资金筹集安排、规划设计和设备订货、网络施工、软件配置、运行准备、试运行、竣工和交付使用等各个工作阶段。这些阶段的各项工作环节，有些是紧密衔接、相互影响的，有些是同时并行开展的，也有些是交叉并行的，因此需将项目实施阶段的各个工作环节进行统一规划、综合平衡，做出合理而又切实可行的安排。

在可行性分析中，还需要对ERP项目的投资进行分析。这种投资不是一次性过程，除了购买硬件和软件的费用以外，随之而来的维护费用和服务费用将是一项长期的投资过程。因此，在项目可行性分析报告中，需要对项目总投资进行估算，制订资金的筹措方案及制订投资使用计划等。

在可行性分析报告中，对环境保护和劳动安全应有专门论述，还要根据项目规模、项目组成和业务流程，确定相应的企业组织机构、劳动定员总数、来源及相应的人员培训计划。

实施ERP项目具有一定的风险，在可行性分析中，应对ERP项目实施风险进行分析，明确项目实施过程中可能存在的主要风险因素，对这些风险因素进行评估与分析，并提出风险应对措施或风险防控方案。

ERP项目的决策应当由企业高级管理人员及董事做出，他们是项目的所有者，决定总体政策、预算和项目范围。项目总监将是项目的执行者，负责监督项目行为，提供主要的项目监督，解决政策上的问题，确保在项目范围内，按竞争优势优先的原则做出项目预算，并在整个项目过程中进行必要的质量、成本、进度控制。项目管理人员由项目总监、执行者、业务和技术管理人员及实施合作伙伴组成。

4. 调研与咨询

在该阶段对企业的ERP业务管理需求进行全面调研，并根据企业的管理情况提出管理改革方案。如果企业的业务复杂、规模较大，则花费的时间较多。调研报告与咨询方案要经实施小组与领导小组的讨论并通过。ERP的调研报告与咨询方案通常包括以下几个部分。

（1）企业管理现状描述。对企业的各种业务、各个部门的业务职责及业务关系进行准确描述，经过企业的确认，保证咨询方、实施方对企业的业务充分熟悉及对管理充分了解。

（2）ERP的管理方式。描述与ERP软件相适应的企业管理方式。

（3）业务实现与改革。根据对企业业务、管理的理解，与ERP系统相结合，阐述企业的管理流程、业务是如何利用ERP软件来实现的。同时，根据ERP系统要求与企业的实际管理现状，提出业务改革方案，即业务流程重组方案。

（4）预期达到的效果。例如，管理数据与报表的分析与呈现，直接效益与管理效益的体现等。

5. 需求分析

需求分析是在调研的基础上对组织的业务需求与管理模式进行分析，并提供需求分析报告，列出系统的规格要求。需求规格的数量因公司规模、行业及从事需求分析的人员不同而不同。ERP 系统覆盖了全面的工作流程，包括了大量的需求，提供需求规格文件一般需要 2～6 个月的时间。由谁来做需求分析呢？如果完全由熟悉现有系统的现场运营员工参加，需求设置很可能会参照现有的业务流程，不会产生系统级的优化；如果完全由管理层负责，需求设置很可能不会与现有的业务流程接近，因为目前我国企业的管理层与运营层大都是分离的。因此，需求分析最好雇用咨询机构的管理顾问来完成，一方面，可以从顾问那里获得需求分析的一般知识；另一方面，可以利用咨询机构对流程进行战略思考。

伴随着 ERP 项目的实施，公司重要的工作流程有可能发生很大的变化，很多员工的工作可能会改变，变化较大的将是运营、财务、营销部门，这些部门的高层管理人员及首席执行官、财务总监、运营总监、营销总监必须参与，并及时做出相关的决策，仅靠公司的信息技术或企业管理等单一的职能部门难以掌控关系全局的变革。要做出好的需求规格文档，就需要对现状与问题有清晰的认识，因此需求分析的最好团队是管理顾问、企业管理者、现场运营员工三者的结合。

需求分析的主要内容包括以下方面。

（1）各个部门需要处理的业务流程。例如，有关业务的数据流入、业务数据处理方式（处理步骤、处理点等）、业务数据流出的情况，尤其要注意产品的结构特点、物料管理特点、生产工艺特点与成本核算特点等。再根据各项业务需求，标识出企业需求的分类级别，如重点要求、一般要求或可有可无的需求等。

（2）考虑用计算机处理的业务数据的软件使用权限的设置。有时企业的权限需求很特殊，如不只对功能的控制权限有要求，而且对字段，甚至是字段内容的控制权限也有要求。

（3）业务报表需求。企业的报表形式非常丰富，因此对报表需求要列出清单，标出必要需求、一般需求或最好需求等。

（4）数据接口的开放性。企业已有或未来会有各种各样的信息系统。因此，要考虑这些系统之间的接口及数据传输问题。

（5）需求分析需要确定企业的业务流程，识别并定义业务流程中的主要问题，从而得到一个有解决方案的问题清单。定义需求可以采用业务分析师使用的业务建模工具。现有业务流程分析具有双重作用：一方面，提供了获取流程细节问题的学习机会，有助于新业务流程的设计；另一方面，参与人员将对业务及影响业务的问题有更全面、系统的理解。

在需求定义工作的最后阶段，业务分析师应当能够在合适的实践中给软件供应商做一次清晰的需求陈述。分析师对业务的深入理解有助于以后检验供应商的软件和选择供应商。

在选定了 ERP 软件供应商以后，还要进行更详尽的需求分析，以确定 ERP 系统的详细实施方案。

二、ERP 项目规划

ERP 项目规划是指根据项目目标的规定，对 ERP 项目实施工作进行的各项活动做出周密的安排。ERP 项目规划的内容包括组织管理计划、项目实施计划、范围管理计划、进度管理计划、成本管理计划以及 ERP 选型规划和培训计划等。

（一）ERP 项目组织管理计划

ERP 项目的组织管理计划主要是成立三级项目组织（图 10-3）。项目的实施必须落实责任与权力。按照组织对项目的实施作用，可以把项目组织分为三个级别，即三级项目组织，包括项目领导小组、项目实施小组与项目应用小组。

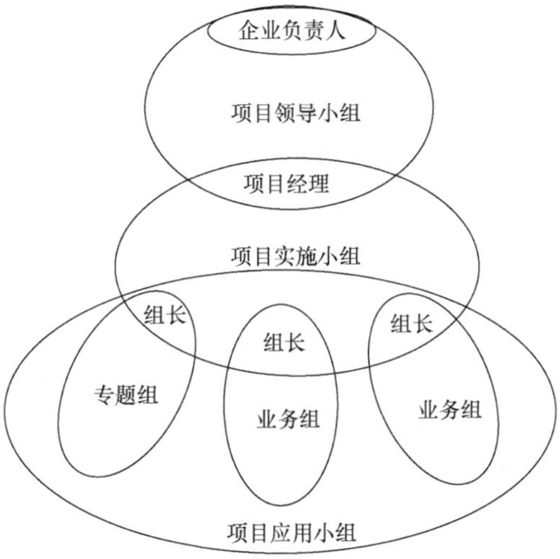

图 10-3　ERP 实施的三级项目组织

1. 项目领导小组

项目领导小组也就是整个项目的领导，项目领导小组必须有足够的权威性，通常以企业的“一把手”为核心，由与 ERP 系统有关系的副厂级领导（如财务总监、企管部主管、总经办主管、计划部主管）、实施小组组长（企业实施 ERP 的项目常务负责人、项目经理）组成，通常称之为“一把手”。一般地，在中小企业实施 ERP 的“一把手”是总经理，在大型企业是由能够在 ERP 项目实施中代表总经理做决策的企业领导担任。领导小组的作用与工作职责表述如下。

（1）进一步明确 ERP 项目总体要达到的目标。在项目的启动阶段，筹备小组已经提出了可行性分析报告及项目要达到的目标，但在项目正式实施时，有必要进一步确认，为项目规划与实施提供方向性指导。

（2）推进管理改革。ERP 的实施是企业的一场改革，这不仅仅是 ERP 系统本身带来的变革（如计算机取代手工、新老系统的切换等），而且是对管理流程进行的优化与重组。这样就会导致企业的相关部门的职责、利益发生变化，会存在不可避免的阻力，因此需要领导的拍板、决策，即关键时候要通过领导小组、带领小组组长来决定。

（3）检查工作进度。根据项目总进度表检查项目的进度，及时为项目提供支持动力并督促项目进度。

（4）检查项目成果。及时、分阶段检查项目的推进成果，从总体上把握项目的目标，必要时及时调整项目的战略部署。

（5）确定实施小组的人选。领导小组成立后，通过领导小组对 ERP 的了解，结合企业的实际情况，要立即确定项目实施小组的人选，决定要达成项目目标所需动员的部门及人员。

（6）审批考核制度。ERP 项目的实施同其他项目一样，要有奖励与惩罚的制度，奖惩方案可以由项目实施小组根据领导小组的奖惩精神来拟定，最后由领导小组组长批准执行，以保持一定的权威性。

2. 项目实施小组

项目实施小组是 ERP 项目实施的常务机构，又称为“核心小组”，因为 ERP 的实施工作主要由项目实施小组来推动、完成，它关系到项目的实施是否能按计划正常地执行。高效、强有力的项目实施小组往往使领导小组的工作轻松而高效。

项目实施小组的组长，也就是项目经理的确定很关键，一般来说项目经理要具备以下条件。

（1）非常熟悉企业的管理情况，并对企业的产品、工艺流程较为熟悉，而且在企业中具有一定的权威。熟悉企业的管理情况才能落实项目实施计划，责任到人，及时了解实施中遇到的困难，这也就要求实施小组组长具有一定的权威，才能做到及时排除项目实施的阻力或障碍。

（2）具有百折不挠、勇于创新的精神，而且要具备一定的管理能力。项目工作中遇到的情况往往是不可预料的，而且可能是前所未有的，这就要求项目经理要具备相当的管理水平和勇于创新的工作精神，才能在关键时刻及时做出正确的决策。另外，变革中各个部门利益关系、各种素质与态度的企业人员，都会对项目实施产生各种各样的影响和阻力，没有百折不挠的精神将难以完成 ERP 项目实施任务。

（3）较强的组织能力。ERP 项目涉及企业的各个部门，要和企业各个层级部门的人员打交道，因此要求实施组组长有较强的组织、领导和沟通能力，要凝聚、团结整个项目组成员，在遇到困难时，可以召集项目成员集体讨论、共同解决项目实施中的问题。

（4）良好的项目管理能力。对于一类复杂的、不确定程度很高的 ERP 项目，必须按照项目管理的思维和具体做法，才有可能成功实施。因此，要求实施小组组长必须熟悉项目管理理论方法，掌握一套规范的项目管理流程，具备良好的项目管理能力，控制好 ERP 项目实施的进度、成本和质量，确保项目目标的实现。

实施小组的人员一般是由主要业务部门主管、业务骨干、计算机系统维护人员等构成。

项目实施小组一般有以下职责：①制订实施计划，并监督执行；②在软件公司、咨询公司的有关顾问指导下，安排项目实施的日常工作；③负责指导、组织和推动应用小组的工作，积极提出和参与业务改革；④负责组织原型测试，模拟运行 ERP 软件系统，并提出意见；⑤负责企业的内部培训工作，把 ERP 的培训贯彻落实到企业的各个层面，每个项目实施小组成员都要充当培训教员的角色；⑥负责按照要求收集数据，监督数据录入处理，并编制企业的 ERP 数据规范；⑦制定岗位工作准则；⑧负责系统的安全和保密工作；⑨提交各个阶段的工作报告。

一般地，实施小组在整个 ERP 项目实施过程中，要有计划地组织安排例会，一般每一到两周召开一次实施工作例会，会议的讨论事项包括项目的进展情况、项目的阶段性实施难点及解决方案、需要共同讨论的事项、近期工作总结、下阶段工作安排与要点、资源调配等内容。

3. 项目应用小组

项目应用小组是指各个具体业务的执行组成人员。一般由各个部门的主要业务操作人员组成，完成部门的 ERP 项目实施工作任务或进行 ERP 项目专题讨论。应用小组要在项目实施小组的领导下，根据部门工作的特点，制定出本部门的 ERP 项目实施方法与步骤，熟练掌握与本部门各业务工作点有关的软件功能，提出具体意见，包括业务改革的执行意见。

总之，项目领导小组、项目实施小组和项目应用小组是紧密联系的项目整体，下一级的项目组的负责人是上一级的项目组的成员，如应用小组的负责人是实施小组的成员，实施小组的组长是领导小组的成员，整个项目的负责人是企业的“一把手”。这样才能为成功实施 ERP 项目打下坚实的组织基础。

（二）ERP 项目实施计划

项目的实施计划一般由经验丰富的咨询公司制订，或在其指导下制订。由企业的项目实施组根据企业的具体情况讨论、修改，最后由项目的领导小组批准。

一般来说，ERP 的项目实施分为两到三个阶段，也就是常说的一期、二期或更多。期数的划分要依据企业的 ERP 软件模块需求、二次开发量、企业的业务量、项目资源、企业的市场销售情况进行。

企业业务流程管理变革应根据企业业务的具体情况，按照业务流程重组的原则、指导思想和实施步骤，制订业务流程管理变革计划。还要制订分阶段、分步实施的系统模块的细化计划，详细到各个业务的具体实施计划，并对负责人做出规定。

（三）ERP 项目范围管理计划

项目组织要想成功地完成某个项目，在明确了项目的预定目标后，必须开展一系列的工作或活动，这些工作或活动构成了项目的工作范围。项目的工作范围包括项目的最终产品或服务、实现该产品或服务所需做的各项具体工作。因此，项目范围管理就是为了成功实现项目的目标，规定或控制哪些方面是项目该做的，哪些方面是不该做的，从而定义项目的范畴。

ERP 项目范围管理计划是确定如何定义、确认和控制 ERP 项目范围及如何构建工作分解结构（work breakdown structure，WBS）的过程，给出了ERP项目范围管理的主要方法和程序。ERP项目范围管理计划对如何管理项目范围提供指南和方向。ERP项目范围管理计划主要包括以下几个方面：①如何定义ERP项目的需求以确定项目范围；②如何编制详细的ERP项目范围说明书；③如何创建ERP项目的工作分解结构；④如何对ERP项目范围进行控制和变更管理；⑤如何确认ERP项目产出物和可交付成果，以正式验收已完成的项目最终可交付成果。

（四）ERP项目进度管理计划

项目进度管理是项目管理的重要组成部分之一，是指在项目进展过程中，为了确保项目能够在规定的时间内实现项目的目标，对项目进度及日程安排进行管理的过程。具体来说，对项目开展进度管理就是在规定的时间内，制订出合理、经济的进度计划，然后在该计划的执行过程中，检查实际进度是否与进度计划相符，若出现偏差，便需要及时找出原因，采取必要的补救措施，如果有必要，还要调整原进度计划，从而保证项目按时完成。

ERP项目进度管理计划是为规划、编制、管理、执行和控制项目进度而制定政策、程序和文档，为整个项目过程中管理项目进度提供指南和方向。进度管理计划提供详尽的计划，说明项目如何及何时交付项目范围中定义的产品、服务和成果，是一种用于沟通和管理相关方期望的工具，为绩效报告提供了依据。

ERP项目进度管理计划的内容一般包括：①制定项目进度模型；②确定时间估算的准确度，即规定活动持续时间估算的可接受区间及允许的应急储备数量；③确定计量单位；④明确组织程序链接，工作分解结构为进度管理计划提供了框架，保证了与估算及相应进度计划的协调性；⑤项目进度模型维护，即如何在进度模型中更新项目状态，记录项目进展；⑥控制临界值，通常用偏离基准计划中参数的某个百分数来表示；⑦制定绩效测量规则；⑧定义报告格式等。

ERP项目进度管理计划的表达形式大致可以分为以下三种。

（1）里程碑图，是表示项目计划的特殊事件或关键点，这种方法在管理层中用得最多，主要是列出项目的关键活动及这些活动的业务完成或开始日期。

（2）甘特图，又叫横道图或条形图，图形的左边列出项目的活动，右边以横道线代表活动的工期，上面是项目进度的时间单位，横道线的左端是活动的开始日期，右端是结束日期。

（3）网络图，它是由一系列的节点和箭线构成的网状图形，用来表示各项工作的先后顺序和逻辑关系。

（五）ERP项目成本管理计划

项目成本管理是指为保证项目实际发生的成本不超过项目预算成本所进行的成本估算、成本预算和成本控制等方面的管理过程及活动。也就是说，项目成本管理就是为了确保完成项目目标，在批准的预算内，对项目实施所进行的按时、保质、高效的管理过程和活动。

ERP 项目成本管理计划是为规划、管理、花费和控制项目成本而制定政策、程序和文档，其作用是在整个项目中为如何管理项目成本提供指南和方向。ERP 项目成本管理计划描述了如何规划、安排和控制项目成本，记录了成本管理过程及其工具与技术。

（六）ERP 选型规划

1. ERP 选型的基本原则

信息化为管理现代化和管理变革服务，为提高企业竞争力服务。在 ERP 软件选型前，必须进行业务流程分析和数据流程分析。针对企业各种业务管理问题，提出解决方案，绘制优化的业务流程，作为同咨询公司或软件公司洽谈的依据，经过双方协商确认，作为 ERP 项目定义的内容，也是项目交付验收的标准。

为了减少 ERP 项目的决策失误，为企业信息化建设创立良好的基础，ERP 选型应遵循以下原则。

（1）实用性原则。根据企业信息化规划，ERP 软件必须以适合自己的企业使用为第一原则，以能够满足今后 3～5 年的功能需求为考察的重点，不能片面追求“最好的”软硬件，不要盲目追求技术的先进性和功能的强大性。

（2）成熟性原则。应选择成熟的、流行的技术和产品，重点考察是否有成功的用户、是否有系统化的解决方案，不要选择未经实践证实的产品。选择成熟的产品，可以减少实施的不可预见性，降低实施风险。

（3）开放性原则。ERP 软件的开放性有助于系统的二次开发、集成、升级和完善，开放的 ERP 软件能与其他相关的软件实现无缝连接，能不断进行更新和完善。但需要提出的是，开放性必须是适当的，过度的开放不仅没有实际应用价值，还会带来一定的危害。

（4）发展性原则。一旦选择 ERP 系统，从不同的程度上，企业对系统开发商和信息技术人才有所依赖。一方面，企业需要培养自己的开发人才和管理人才，这是非常关键的，没有优秀的信息技术人才，任何良好的系统也无法正常地运行；另一方面，企业必须选择实力强、有潜力的开发商，保证其能够提供持续、可靠的服务，这是 ERP 系统能够不断充实、不断完善的保证。

（5）安全性原则。知识就是财富，数据就是生命，因此 ERP 系统必须保证企业各种信息的安全，保证信息的合法使用，保证信息的不丢失，这是非常重要的，也是企业的命脉所在。

2. ERP 选型的注意事项

在选择 ERP 软件与实施服务时一般要注意以下几个方面。

（1）软件的功能是否适合本企业的需求与未来一段时期的发展，需要了解软件的功能是否体现了 ERP 的核心思想，是否涵盖了企业的主要业务范围。功能的强弱是相对而言的，主要看是否适应本企业的业务管理。有的 ERP 系统功能很强，涵盖的企业类型也很多，但有相当多的功能是本企业用不上的，而且可能会增加企业使用及维护的工作量，实施的周期也会加长。要让软件供应商提供演示、讲解，并通过企业真实数据的录入演练，检查管理流程是否符合企业的应用情况，数据输出是否正确。但这里要说明的是，软件的管理流程不可能与企业实际流程一致，甚至有些企业会因为软件的流程与企业实际管理流程不符，就对软件进行否认，这是 ERP 的选型中必须避免的错误的导向。应该说，企业在实施 ERP 系统后，企业的流程会有一些或者很大的变化，这正是实施 ERP 带来的管理效益之一。

必须要注意的是，ERP 软件在功能上要考虑本行业的需求特征，不要追求包罗万象的完美，更不要吹毛求疵。任何软件都不是完美无缺的。在功能的实现上，根据前期工作的 ERP 需求分析，做好测试与评估记录，并根据需求分析的要求与企业协商制定一些评分标准，来对比软件的功能。

（2）软件供应商的维护、二次开发支持能力。企业会有自身的管理特点，因而可能会有二次开发的工作，而且是长期性的。因此，软件供应商的维护、二次开发支持能力，也要作为 ERP 选型依据。有的国外供应商为此开发的成本相当高，甚至不进行二次开发，这一点企业也要加以考虑。当然，如果 ERP 的业务涵盖了企业需求的业务范围，则无须考虑二次开发。

（3）软件供应商的管理规范水平。ERP 软件的使用文档资料、安装手册、培训教材、实施手册等是否齐全可以从侧面反映软件供应商的管理规范水平和实施服务供应商的实施水平与效率。同时，这些资料也是企业进行人员培训与应用 ERP 非常重要的参考资料。

（4）软件供应商实施服务的能力。ERP 项目重在实施。有的甚至说“三分软件、七分实施”，当然这种说法也不完全正确。应该说软件是灵魂、是前提，如果没有一个具有先进的管理思想并能够适应企业实际管理需要的软件，去谈论实施是没有意义的。但实施的质量确实关系到最终 ERP 项目的成败或优劣。

ERP 软件是管理软件，体现了先进的管理理论与管理思想，要注重软件流程体现的 ERP 管理理论与思想，以及对企业管理解决方案的优化程度。另外，软件供应商与实施服务供应商的持续发展能力一方面取决于市场对该软件与服务的肯定，另一方面企业实施 ERP 项目也要求 ERP 软件供应商、实施服务供应商能建立长期的合作关系，这是伙伴关系，而不是简单的供需关系，维持这样的关系才能为企业的持续发展提供优质服务。

（5）ERP 软件与实施服务的价格。一般实施 ERP 项目的费用（报价）由软件费用、二次开发费用、服务支持费用、硬件费用组成。软件费用由 ERP 软件、数据库软件及操作系统等组成。服务的支持费用可能会根据系统实施阶段的不同而对应不同的费用要求。

总之，企业在高度重视 ERP 的选型工作的同时，要用科学的方法指导选型工作，只有这样才能为下一步具体实施并取得预计的效益打下基础。

（七）ERP 培训计划

企业在实施 ERP 系统前，各个层次对 ERP 的理解参差不齐或理解不深。培训的目的是企业顺利地实施 ERP 系统，贯彻 ERP 的思想与理论，使企业的管理水平再上一个台阶。ERP 培训的类型有理论培训、实施方法培训、项目管理培训、系统操作应用培训、计算机系统维护等，应根据不同的层次、管理业务对象制订不同的培训计划。

ERP 系统是管理软件，它的数据流反映企业的业务流程，各个子模块之间存在严密的逻辑关系，因此制订培训计划要注意软件的逻辑流程，否则在培训时就会经常遇到流程不能通过的现象，影响培训效率与受训人员的兴趣。另外，对各个业务岗位操作培训时，除了对本业务操作的培训外还要对相关逻辑的上下流程关系进行培训。

各级组织，尤其是领导小组、实施小组，在经过 ERP 的相关培训后，可以增强对 ERP 理论、管理思想、业务流程的理解，这样对业务及相关的改革就有了更深刻的理解。经过系统的培训，领导小组、实施小组成员就可以对业务改革提出更为详细的执行计划。

三、ERP 项目实施

ERP 经过发展，已经形成了一套比较成熟的实施方法论。但是国内外的管理环境不同，各公司的 ERP 软件不同（涵盖不同的行业，管理的思路也有所不同），因而也会有不同的实施方法。其中有的 ERP 软件供应商面向中小型企业，实施周期较短，而面向大中型企业的 ERP 实施因其 ERP 的内涵、企业的业务较为丰富、复杂，实施的周期比较长。但不管怎样，一般说来，ERP 的实施按项目管理的原则进行，有其共同的地方。面向大中型企业的 ERP 实施方法，一般实施的流程包括：系统软硬件安装、数据准备、原型测试、用户化与二次开发、建立工作点、并行和正式运行七个阶段。

1. 系统软硬件安装

系统安装设计包括软、硬件的设计与安装，尤其是硬件的方案可以与调研同步进行，在系统软硬件安装时，企业一定要考虑现有资源，可以提出几种方案供企业参考，并通过与硬件供应商合作，制订与建立企业的硬件系统建设方案。在未详细规划企业的 ERP 应用工作点前，必须优先考虑在计算机中心或一些主要的业务部门建立初步的系统安装与测试工作点，等到建立后续的应用工作点时，再安装相应的软件。硬件的规划应做比较全面的考虑，包括考虑各种数据业务的采集，一般说来，该过程以安装服务器系统软件为主，而后根据需要进行工作点扩充。

2. 数据准备

在培训工作开展后，就可以开始收集业务数据，也就是进入数据准备阶段。这并不需要在培训完全结束后进行，其目的是用于实际操作经过培训的业务处理模块，并检验测试软件的处理结果。在前期工作中已经涉及对测试软件系统的测试数据的收集。但由于对 ERP 的了解不够深入，数据的录入与系统初始化的工作大部分由软件公司完成，如物品编码、库存初始等数据，当然这些数据只是用来测试，没有规范性。

在加深了对 ERP 的理解后，可以在实施顾问的指导下，重新对业务数据进行收集。这些数据分为三类：①初始静态数据，包括物品代码、物品工艺路线、初始库存数据、工作中心数据等；②业务输入数据，包括物品入库数据、出库数据、销售订单、采购订单、合同数据等；③业务输出数据，包括物品库存数据、可用库存量与物品的计划需求量等。

3. 原型测试

根据收集的数据，有序录入 ERP 系统，进行原型测试工作。在这个阶段，企业的测试人员应在实施顾问的指导下，系统地进行测试工作，因为 ERP 的业务数据、处理流程相关性很强，如果不按系统的处理逻辑进行处理，则会造成无法处理已经录入的数据，或者根本无法录入。例如，要录入物品的入库单，则必须先录入物品代码、库存的初始数据等。原型测试要求绘制出测试流程，并标注对应的操作部门和具体岗位，最好落实到个人。

4. 用户化与二次开发

因为企业自身的特点，ERP 的软件系统可能会有一定量的用户化与二次开发的工作。例如，用户的特殊操作界面、报表和特殊业务等。一般地，对界面的二次开发应尽量减少，重点放在报表与特殊的业务需求功能上。用户化一般指不涉及流程程序代码改动的工作，这些工作大部分是报表工作，可以由实施顾问对系统维护人员进行培训，以后长期的维护工作也由这些人员完成，有些灵活些的软件含有工作流程定义的功能，这些也必须由企业自己来维护。

二次开发比较慎重，一般考虑以下几个方面：①临时性的业务、非重要性的业务一般不进行二次开发；②输出工作效益不大的工作一般不进行二次开发；③若企业的业务流程与 ERP 软件不符，要综合考虑哪个更合理，涉及的业务改革量及变化大不大，并比较二次开发与管理改革的成本与效益，如果意义不大，一般不进行二次开发。

二次开发会增加企业的实施成本和实施周期，并影响实施人员（服务方与应用方）的积极性。另外，二次开发的工作应该考虑与现有的业务流程实施并行操作和管理，减少实施周期，这也是制订实施计划时要注意的一点。

当二次开发或用户化完成后，要组织人员进行实际数据的模拟运行，通过处理过程及输出结果的检验，确认成果。

5. 建立工作点

工作点也就是 ERP 的业务处理点、计算机用户端及网络用户端。ERP 的业务、管理思想就是通过这些工作点来实现的，但它不等价于实际的计算机终端。例如，不同业务的处理、采购订单处理工作点与请购单处理工作点可以属于两个工作点，但可以运行在同一个计算机终端上。事实上，所有业务处理都可以在相同的计算机终端进行，只是系统使用权限不同，进行的业务操作不同。此外，这些工作点也不同于企业的业务处理点，如采购订单处理与请购单处理可能是一个业务处理点，但可以根据流程的需要划分为两个工作点。

建立工作点一般要考虑以下几点：①一般先考虑 ERP 的各个模块的业务处理功能，如通过采购系统基础数据、采购请购单录入与维护及采购订单处理等来划分工作点；②结合企业的硬件分布，如计算机终端分布、工作地点等；③考虑企业的管理状况，如人员配置、人员水平和管理方式等。

建立工作点后，要对各个工作点的作业规范做出规定，即确定 ERP 工作准则，形成企业的标准管理文档。

6. 并行

在相关的工作准备，如系统安装、培训、测试工作等就绪后，则进入系统的并行阶段。并行是指 ERP 系统运行与现行的手工业务处理或原有的单一软件系统同步运行，保留原有的账目资料、业务处理与有关报表等。并行是为了保持企业业务工作的连续性和稳定性，同时是 ERP 正式运行的磨合期，此阶段的业务改革可能仍然在继续进行。该阶段的前期工作即数据准备阶段包括：静态数据收集、系统基础资料录入。

静态数据收集有物品编码规则与资料收集、工作中心资料收集等，一般实施顾问会提供静态数据收集表。在各个模块的基础资料录入后就可以进行业务的处理，也即业务并行阶段。这一阶段需要做到：①物品代码资料必须准确，重复率为零；②物料清单资料准确率在 98%以上；③库存数据准确率在 95%以上；④工艺路线准确率在 95%以上；⑤产品提前期数据的准确。

否则，很可能会导致系统运行与实际业务处理不顺畅，如数据不准、影响计划或加大手工补充处理等，而且容易导致正式运行的时间拖后，影响实施周期与实施效率。并行的时间一般为三个月，可以根据企业的具体情况制订相应的并行计划。并行阶段的工作量较大，时间不宜过长，企业在该阶段要全力支持，做好资源调配工作，重点突击，各个击破，争取第一次就把工作做好。

7. 正式运行

正式运行也叫系统切换，是并行运行过程的后期，在并行业务进行结账后，认证了新的系统可以正确处理业务数据，并输出满意的结果，新的业务流程运作也已进行顺利，人员可以合乎系统操作要求，而决定停止原手工作业方式、停止原单一系统的运行，相关业务完全转入 ERP 系统进行处理，如发现问题要及时讨论解决，不符合正式运行的业务处理坚决不能转入正式运行。正式运行要分系统模块、分步骤、分业务与分部门地逐步扩展。

四、ERP 项目收尾

ERP 项目收尾阶段是终结项目、阶段或合同的所有活动的过程，主要作用是总结经验教训，正式结束项目工作，存档项目或阶段信息，完成计划的工作，释放项目组织团队资源以开展新的工作。

在新系统运行一段时间达到稳定之后，就可以对 ERP 项目进行评估，并组织进行项目的验收，主要进行的工作包括：整理各阶段验收文档；对项目的实施成果进行总结、评价；项目总体验收，包括验收安排，签署验收报告和维护协议等工作。项目验收要核查项目计划规定范围内的工作活动是否已经全部完成，可交付成果是否令人满意，并将核查结果记录在验收文件中。如果项目需求没有全部完成而提前结束，则应查明有哪些工作已经完成，完成到了什么程度，哪些工作没有完成并将核查结果记录在案，形成可供以后查阅的文档。

ERP 项目的验收是个事务繁多、涉及面广的环节，如果想要在这一环节保持高效、优质和低成本，最好事先进行充分的准备工作。ERP 项目移交前的准备工作主要包括以下内容。

（1）做好项目的收尾工作。当项目接近尾声时，大量复杂的工作已经完成，但还有部分工作需要耐心细致地处理。一般情况下，遗留的工作大多是分散的、零星的、工作量小的棘手工作。

（2）准备好项目验收材料。项目验收的重要内容之一就是项目文件的配套材料，因而项目团队在项目实施过程中，就应不断地做好各种项目文件的收集工作，编制必要的图样、说明书、合格验收证、测试材料。当项目准备验收时，再将分阶段、分部分的材料汇总、整理、装订入档，形成一套完整的验收材料。准备一套清新、完整、客观的项目材料是项目验收的前提，也是顺利通过项目验收的必要保证。

（3）自检。项目负责人应组织项目团队，在项目成果交付验收之前，进行必要的自检、自查工作，找出问题和漏洞以尽快解决。

（4）提出验收申请，报送验收材料。项目自检合格后，项目团队应向项目接受方申请验收的请求报告，并同时附送验收的相关材料，以备项目接受方组织人员进行验收。

（5）在确定项目已完全符合验收条件后，应制订验收计划并逐步实施。一个完整的 ERP 项目验收计划应包括时间进度、评估内容、软件/硬件环境构建、验收准则、双方出席的人员。

通过 ERP 项目收尾过程使项目干系人和客户对中间成果及最终可交付成果进行确认与验收，使项目有序地结束。

第四节　ERP 项目风险管理

企业的管理者已经认识到 ERP 的实施过程伴随着巨大的风险。但由于 ERP 理论代表先进的管理思想，ERP 系统又提供了企业所需的集成的信息化管理平台。因此，尽管 ERP 项目失败的案例比比皆是，但是很多企业仍然下定决心实施 ERP 项目。规避 ERP 项目风险的主要手段仅是建议企业应用方与服务承包方签订相关合同来划分风险的界限，尽管这种方式可以使用户方在一定程度上规避 ERP 项目风险带来的危害，对 ERP 的推广起到积极作用，但并没有从根本上解决 ERP 的风险管理问题，必须按照项目风险管理理论方法指导 ERP 项目实施的风险管理。

一、ERP 项目风险的特性

ERP 项目由于涉及企业业务流程的诸多环节，在实施过程中会面临多种风险。分析 ERP 项目风险的特性，辨识风险因素，建立一套适合企业的 ERP 项目风险管理体系，从而保证项目实施的成功率，是不可或缺的。ERP 项目风险一般具有如下特性。

（1）风险类型的复杂性。ERP 项目是一个以信息化为主体的项目，其核心是企业管理理念的提升和变革。ERP 项目实施不同于一般的企业信息化建设，也不是一个简单的软件在企业相应的硬件设施上的操作和应用，ERP 项目实施面临诸多不确定性和复杂性。因此，企业内部人员尤其是高层领导应充分认识到 ERP 项目实施风险因素的多样性和复杂性，做好项目风险管理工作。

（2）风险来源的多样性。企业 ERP 项目的实施，不但要整体协调企业内部组织的资源，更要与外部 ERP 实施方签订合同并购买 ERP 软件的相应授权及购置与软件相匹配的硬件设施，这使项目风险的来源包含内外部的多种因素。

（3）风险控制点繁多。ERP 项目实施涉及了企业的多个业务核心部门，而且项目进度、成本、质量都需要进行专门的风险控制，如何协调多种风险控制点，应该以哪个风险控制点为主，需要提前进行风险管理规划。

（4）风险因素的动态性。ERP 项目风险贯穿整个项目生命周期，并且项目的不同阶段会有不同的风险。项目风险因素具有相互关联性和动态变化的特征，面对不同阶段出现的 ERP 项目风险，企业不能采取一成不变的方法对待，应采取多种方法来进行动态风险的识别、分析和控制。

二、ERP 项目的风险管理过程

根据项目风险管理理论，对 ERP 项目风险的管理一般可以分为风险识别、风险分析、风险应对和风险监控四个过程。风险识别是判断哪些风险可能影响项目并记录其特征的过程；风险分析是评估并综合分析风险的发生概率和影响，对风险进行优先排序，从而为后续行动提供基础的过程；风险应对是制订可选方案、选择应对策略并商定应对行动的过程；风险监控是监督商定的风险应对计划的实施、跟踪已识别风险、识别和分析新风险，以及评估风险管理有效性的过程。

1. 风险识别

识别风险是判断哪些风险可能影响项目并记录其特征的过程，是项目风险管理中的一个重要环节，是后续风险管理工作开展的基础。ERP 项目风险识别的主要内容是确定项目实施过程中可能存在的各类风险因素，判断哪些风险在项目的哪些阶段有可能发生。在具体识别时，项目团队及相关专家可以通过头脑风暴法及专家判断法罗列出所处的环境中可能存在的风险因素，判断其发生的概率及影响，分类风险因素并制定出风险清单。

风险识别的方法有很多，如头脑风暴法、专家调查法、访谈法、风险检查表法和假设分析法等。

企业实施 ERP 的风险主要来自外部风险和企业内部风险。外部风险一般情况下很难改变，主要包括宏观经济因素、政策环境及行业整体发展状况等；内部风险主要包括系统软件风险、硬件风险、实施风险及业务变革风险。因此，在 ERP 项目的风险识别过程中，一般主要考虑以下几类风险。

（1）软件风险：包括多种软件的整合风险、软件二次开发风险等。

（2）硬件风险：包括硬件的匹配度风险，硬件的稳定性和可靠性等风险。

（3）实施风险：包括 ERP 项目的人员风险、进度风险、成本风险和质量风险及范围风险等。

（4）业务变革风险：由 ERP 项目实施造成的组织结构、管理层次、管理制度和管理流程等的变革风险。

2. 风险分析

风险分析主要是对识别的风险因素进行评估，包括定性风险分析和定量风险分析。定性风险分析是评估并综合分析风险的概率和影响，对风险进行优先级排序；定量风险分析是就已识别风险对项目整体目标的影响进行定量分析的过程，目的是产生量化风险信息，来支持决策制定，降低项目的不确定性。风险分析可以使 ERP 项目实施人员集中精力于项目关键风险上，从而使 ERP 项目的整体风险得到有效控制。

在进行 ERP 项目风险分析时，主要关注以下几个风险要素。

（1）风险概率。风险概率即风险事件发生的可能性，风险概率可以通过主观判断获得，如专家评估、访谈或根据以前类似项目的历史信息进行估算。通常将风险概率划分为“非常高”“高”“中等”“低”“非常低”五个级别。

（2）风险影响。风险影响即风险发生可能对项目实施目标的实现所造成的影响。这种影响可能是进度上的、成本上的、质量上的，也可能是项目的其他方面。

（3）风险评价值。项目风险的严重程度可以用风险评价值进行度量。风险评价值既与风险事件发生的概率成正比，也与风险事件对项目目标的影响程度成正比。

3. 风险应对

风险应对是对 ERP 项目实施过程中出现的风险提出解决方法和应对策略。在决定采取哪种应对策略时，要综合考虑风险识别和评估，把风险发生概率和结果影响程度考虑在内。风险应对策略主要有风险回避、风险减轻、风险转移、风险接受等。

（1）风险回避。风险回避策略是指通过修改项目计划书或放弃项目的部分内容来避免某个风险给项目带来的影响。风险回避应对策略适用于发生概率高、造成影响较大的项目。例如，在 ERP 软件选型阶段，通过选择合适的软件来回避软件风险；在实施阶段，通过调整技术方案来回避相应的实施风险；在项目可研阶段，如果经过评估、分析、论证后，发现实施 ERP 项目失败的可能性非常高，对企业的发展有很大影响，则应该选择放弃实施 ERP 项目。

（2）风险减轻。风险减轻策略是通过制定一系列的措施、管理手段等以减少项目风险发生的概率及其带来的影响。提前采取减轻措施通常比威胁出现后尝试进行弥补更加有效。风险降低是 ERP 项目实施中风险管理的重点工作，借助于 ERP 实施方的经验，同时引入先进的信息技术风险管理技术，并对 ERP 项目全过程进行有效实施，以达到降低项目风险的目的。同时，在 ERP 实施过程中，可通过发布风险管理制度，对项目人员进行有针对性的风险教育，增强其风险意识，从而有效预防项目风险的发生。

（3）风险转移。风险转移策略将涉及应对威胁的责任转移给第三方，让第三方管理风险并承担威胁发生的影响。采用转移策略，通常需要向承担威胁的一方支付风险转移费用。风险转移可能需要通过一系列行动才能实现，包括购买保险、使用履约保函、使用担保书、使用保证书等；也可以通过签订协议，把具体风险的归属和责任转移给第三方。该策略适用于项目风险发生概率较小但一旦发生可能造成较大影响的项目。

（4）风险接受。风险接受是指承认威胁的存在，但不主动采取措施。此策略可用于低优先级威胁，也可用于无法以任何其他方式加以经济有效地应对的威胁。对于项目中发生概率较小、造成影响也较小的风险因素，可以选择风险接受策略，承担风险导致的后果。例如，采取风险应对措施的成本大于承担风险造成的损失；预计风险所造成的最大损失在风险容忍范围以内；欠缺风险应对能力，采取风险应对措施对降低风险的可能性和效果不明显等。

4. 风险监控

风险监控是在项目实施的过程中对全过程进行风险识别、控制、评估和应对，从而保障风险管理达到既定的目标。风险监控就是为了改变项目管理组织所承受的风险程度，采取一定的风险处置措施，以最大限度地降低风险事故发生的概率和减小损失幅度的项目管理活动。

企业在实施 ERP 项目风险监控的过程中，要加强对已知风险的严格管控，在紧急情况下采取有效的措施积极应对，从而降低可能出现的损失。同时必须进行风险监管效果的评估和分析，从而评价相关措施的有效性，及时调整风险应对措施。

ERP 项目风险监控主要包括以下几个方面的任务。

（1）在 ERP 项目实施过程中跟踪已识别风险、监控残余风险并识别新风险。随着项目实施及风险应对措施的执行，各种对项目的影响因素处于不断变化的过程中，因此需要在整个项目过程中，时刻监督风险的发展与变化情况，确定伴随某些风险的消失而来的新的风险，并制定相应的风险应对措施。

（2）确保风险应对计划的执行并评估风险应对计划执行效果。评估的方法可以采用风险审计、技术绩效分析、专家判断、储备分析和状态审查会等。

（3）对突发的风险或“接受”的风险采取适当的权变措施。通过风险监控过程，项目人员持续更新项目风险列表，并通过重复上述各过程的有效监管确保项目风险始终处于受控状态。

ERP 项目的风险在不同实施阶段，风险发生的概率和影响程度也会不断发生变化，已经识别的风险也许得到了控制，不再发生，但随着环境改变也有可能会出现新的风险，因此在整个 ERP 项目生命周期中，项目风险管理是一个持续不断的过程。

第五节　ERP 项目实施评价

一、ERP 项目实施评价的原则

项目评价的目的主要是发现项目执行过程中存在的偏差并解决或调整项目执行计划，确保完成项目目标，它是项目决策、实施、控制的基础和依据。项目评价在加强项目管理、实行项目科学决策和保障项目达到预定目标方面起着至关重要的作用。ERP 项目实施评价的基本原则如下。

（1）系统性原则。ERP 项目评价人员必须在全面、系统的基础上对项目相关信息进行收集，整理已做出的综合性评价，而不能仅凭借片面的信息对项目做出不切实际的评价。

（2）比较择优原则。比较择优原则要求 ERP 项目评价人员对项目实施的多个备选方案进行科学客观的比较分析和选优，并提供项目多个备选方案的评价信息和优化选择信息。

（3）客观公正原则。客观公正原则要求 ERP 项目评价人员必须遵从实事求是的态度，从实际情况出发找寻客观规律。只有依靠科学方法做出密切的调查、分析，对项目资料进行全面、系统的分析，才能最终做出客观、公正的评价。

（4）成本效益原则。ERP 项目实施评价要全面衡量成本和效益，项目实施的效果如何，要以项目取得的经济效益作为重要的判断标准。

（5）动态评价原则。ERP 项目实施评价应贯穿于整个项目生命周期，在项目生命周期的各个阶段，评价的信息、过程、方法及结果都可能存在差异，这就要求 ERP 项目实施评价应结合过程评价和结果评价，坚持动态性评价原则。

二、ERP 项目实施评价的方法

ERP 项目实施具有投入大、周期长、范围广的特点，目前国内外对公司 ERP 应用的绩效评价没有明确的标准。实施目的、测评单位不同，测评方法、选取指标不同都将对项目实施绩效综合评价结果产生影响，使评价结果存在争议。目前常用的基本评价方法有 ABCD 测评法、平衡计分卡法、层次分析法、模糊综合评价方法等。

ABCD 测评法是运用美国奥利弗·怀特（Oliver Wight）提出的 ABCD 检测表进行测评。ABCD 检测表是检测者根据企业的实际情况，客观地回答检测表中的问题后，根据检测表的评分规则，为企业打分，评估企业现状，以使管理者清楚地了解企业所处的发展阶段和 ERP 应用水平，确定未来的改善目标和步骤，促进 ERP 应用过程不断完善，促进企业经营活动和效益的持续改善。ABCD 检测表第一版只包含 20 个关于企业经营的问题，经过发展，第四版的 ABCD 检测表已形成了一个复杂的评价指标体系，按基本的企业功能划分，由五章内容构成，包括战略规划、人的因素和协作精神、全面质量管理和持续不断的改进、新产品开发、计划和控制过程。ABCD 检测表的这种变化，反映了各种管理思想相互融合的趋势。

使用 ABCD 检测表的最好方法是把它作为企业追求的目标，并且积极地、系统地、毫不松懈地去实现它。因此，正确地使用 ABCD 检测表的过程构成企业业绩不断改善的过程。具体做法可以采取以下步骤：首先对企业进行现状评估，其次根据现状确立目标，并根据公司最紧迫的需要剪裁检测表，再次在建立了目标、确定了所要完成的工作和有关人员的职责之后，制订实施计划，指明如何达到目标、如何改善回答这些问题的能力、完成任务或实现改善的日期等，最后度量所取得的成绩，同时高层领导每月进行检查，查漏补缺，不断改正与优化企业业绩。

ABCD 测评法可以对企业发展现状、ERP 系统应用水平等进行测评，是企业实施信息化绩效评价最有影响力的评价方法。

ERP 评价实施的具体内容和步骤详见二维码。

三、ERP 系统持续改善

ERP 的实施过程需要付出艰苦的努力，成功地完成 ERP 的实施任务并不意味着实施结束。ERP 系统是一个以人为主体的系统，ERP 系统并不能通过自行维护一直保持较好的运行状态。在 ERP 系统正常运行的过程中，仍然需要持续地维护和捕获反馈信息。正如 ERP 专家所说："ERP 成功实施不是目的地，而是万里长征第一步。" ERP 系统的运行和维护至少要达到两个目标，基本目标是保持已有的水平不要降低；更高目标是通过 ERP 系统来不断提升企业的管理和运营水平。为了达到这两个目标，应重点做好以下工作。

1. 保持清醒的认识

清醒意味着不能骄傲，不能盲目乐观，在 ERP 项目管理上更是如此。一个企业必须清醒地认识到，ERP 系统实施成功，仅仅是一个好的开端，一个企业要在激烈的市场竞争中保持优势，就必须确保强于竞争对手，而稳定运行 ERP 系统是取得竞争优势的重要保证。ERP 系统只是一个工具，并不能自行维护，企业必须通过坚持不懈的努力，保障 ERP 系统正常运行，以确保企业生产经营活动的顺利进行。

2. 坚持有效的组织

在 ERP 系统的实施获得成功后，企业不要立即解散 ERP 项目小组和项目指导委员会，可以考虑将项目小组更名为"ERP 运行管理小组"或者其他类似的名称。ERP 运行管理小组的规模、工作方式和工作内容与以往相比有所区别，主要表现在以下方面。

（1）不再有专职的工作人员，可以缩小小组的规模。

（2）小组会议由每周一次改为每月一次，小组的工作主要是关注 ERP 系统的运营维护情况，向企业高层领导汇报结果并不断进行改进。

（3）每年更换组长 1～2 次，组长在小组成员中产生。市场部门经理、生产部门经理、财务部门经理、工程技术部门经理和采购部门经理均可以成为组长，这样做可以增强 ERP 运行管理小组成员的集体感。

（4）项目指导委员会每半年召开一次会议，从管理小组获得 ERP 系统运行情况的最新记录，分析和掌握 ERP 系统的运行状况，并提供指导，必要时重新分配资源。

3. 持续完善 ERP 系统功能

ERP 软件系统是一类高度复杂的管理信息系统，ERP 系统的正常运行一般需要经历一段较长时间的磨合。在 ERP 系统的使用过程中，会不断出现各种各样的问题，通过对这些问题的有效解决，可以提高系统的可靠性和适应性。ERP 系统的使用者、运营维护者要有充分的思想准备，通过持续发现问题、分析问题和解决问题，帮助企业持续改进 ERP 系统的功能。

4. 继续教育和培训

ERP 的继续教育和培训会长期伴随企业经营，在这个过程中，企业员工可以维护他们的工具，适应新的形势，迎接新的挑战。因此，ERP 的继续教育和培训应当继续紧密地与企业运行机制相结合，应当对企业中的每个岗位建立基本的 ERP 教育与培训标准、制度和要求。

对于企业的高层领导，也存在继续教育与培训的问题。高层管理人员的调整是对 ERP 系统的一个威胁。如果新的领导成员没有接受过适当的教育与培训，那么他很可能不了解 ERP 系统，并且可能会因为某种疏忽而影响到 ERP 系统的正常运行，从而影响企业的生产经营活动。新的高层领导比企业内其他任何人更需要接受 ERP 教育与培训，建议将 ERP 的持续教育与培训要求编入高层领导的工作规范，从而保障企业 ERP 系统的正常运行与持续改进。

思考与练习

1. 什么是 ERP 项目？ERP 项目有何特点？
2. ERP 项目管理的概念，ERP 项目管理的特征有哪些？
3. 简述 ERP 项目管理的过程。
4. ERP 项目管理包括哪些内容？
5. 什么是业务流程重组？简述业务流程重组实施过程。
6. 简述 ERP 项目的风险管理过程。

拓展阅读

第十一章　ERP 系统软件

ERP 软件市场规模在不断增大，ERP 软件产品层出不穷，越来越多的企业采用 ERP 系统软件来改进业务流程、提高管理水平。在本章中您将了解常见的 ERP 系统软件，尤其是 SAP Business One 软件的初始参数设置，掌握在 ERP 软件中进行企业核心业务流程的操作。

学习目标

- 了解初始参数设置
- 掌握过账期间的概念
- 掌握核心业务流程

知识结构图

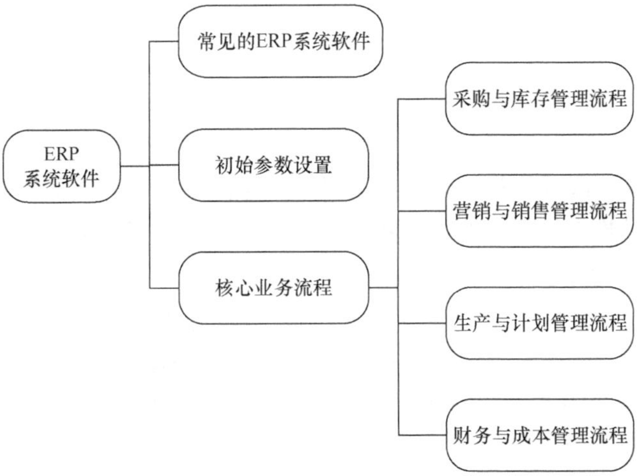

第一节　常见的 ERP 系统软件

ERP 系统的最初起源主要来自生产和财务两个部门的需求。来自生产部门的需求产生了以 MRPⅡ为核心的 ERP 系统，如国外的 SAP 和 Oracle 等 ERP 软件，以及国内的鼎捷、神州数码等 ERP 软件。同时，来自财务部门的需求产生了以财务管理为核心，并且从单一的会计核算软件逐渐发展为财务与业务一体化的 ERP 软件，如以用友、金蝶为代表的企业管理软件。

SAP Business One 是 SAP 公司面向大企业分支机构、中小型企业设计的产品，它通过单一的高度集成的信息系统，提供直观并能快速实施的解决方案，满足企业标准的业务需求及持续发展的要求，帮助中小型企业解决管理问题。后面本章各部分的初始参数设置和核心业务流程介绍均以 SAP Business One 产品为背景。

首先，该产品具有全面集成的业务功能，覆盖了账务、销售、采购、库存、收付款、客户关系管理、生产装配和成本管理等中小型企业管理各方面的内容，能够实现企业的各种业务数据高度集成共享，避免重复投资信息化建设。

其次，它具有灵活实用的客户关系管理功能。大而复杂的客户关系管理系统并不能满足中小型企业对简单实用、性价比高的要求。SAP Business One 中文版提供简单实用的客户关系管理的功能，满足中小型企业对客户资源管理、销售过程管理、销售人员管理、售后服务管理的要求。

再次，它提供了在线报警、审批功能，用户可以在系统中灵活配置工作流程，如对销售过程中的报价审批、采购过程中的审批等。根据用户配置，当销售折扣超出权限范围，系统将自动发信息到相应的管理者，并且可以对超出的折扣信息重新进行审批。

最后，它提供了开放的接口和强大的客户化工具。使用 SAP Business One 中文版提供的标准接口，用户可以方便地对该方案进行扩展并与包括 mySAP Business Suite 解决方案或客户已经使用的其他信息技术系统集成。同时，用户可以使用拖放关联、自定义字段、文档编辑模板、格式化搜索等客户化工具进行个性化分析，添加自定义字段，对文档格式进行编辑。

第二节　初始参数设置

初始参数设置，即系统初始化，主要是配置系统运行所必需的参数。有些参数在系统启用发生业务后将不能做更改，有些设置会影响业务的逻辑或者系统表现。通过对不同参数的定义，可以实现 ERP 对不同的企业组织和业务进行有效管理的目标。一般来说，新建公司之后，需要完成一定的基础设置工作，才可以开展正常的业务操作。当创建正式的业务单据之后，有些参数将不允许更改。因此，系统初始化工作非常重要，它在相当程度上决定了系统的业务逻辑或者功能应用。系统初始化最好由熟悉 SAP Business One 系统功能的顾问和企业管理者共同协力完成。下面将从系统所需的主要的几类数据（包括人财物、产供销等方面）介绍其初始参数设置。

1. 用户与权限信息设置

ERP 系统为每个将拥有访问系统权限的用户定义代码、名称和口令。定义用户后，才可以指定该用户是否能成为超级用户。若该用户为超级用户，则他将在系统中自动拥有所有功能的全部权限。根据权限的不同，用户可以分为三类：超级用户、在不同应用程序中具有不同权限的用户和没有任何系统权限的用户。

当用户被授予某应用程序或父项功能的权限时，该权限自动复制到所有子项功能中。例如，若用户被授予“管理”应用程序中某父项功能的全部权限，则用户将对此处显示的该父项及其子项功能拥有全部访问权限和更改权限。

SAP Business One 系统提供了全面的权限设计，可以为每个用户定制权限。在实施阶段，系统管理员应先做出权限设计计划，防止用户对系统中的数据进行未经授权的访问。因此，必须采取一定的预防措施，确保对数据的访问进行监控。例如，在总分类账中，对凭证日记账没有权限但获得了日记账条目权限的用户，可以使用数据记录按钮滚动浏览数据库和查看凭证。这样，尽管他们未获得显示列表的权限（如凭证日记账），但系统仍可显示其他条目。

2. 财务信息的设置

SAP Business One 在创建公司数据库时，定义公司过账期间是必须执行的步骤。在新建公司数据库时，需要为第一个会计年度创建过账期间。SAP Business One 将根据所选的子期间类型自动创建会计年度中的子期间。四种可用子期间包括年度、季度、月和日等，如图 11-1 所示。根据公司业务需求定义子期间，如年度子期间只有一个；季度子期间有四个；一般来说，按照月份定义十二个子期间。根据子期间类型的不同，系统将自动创建相应数量的过账期间。定义子期间旨在可锁定过去的期间，使其他用户无法进行附加过账。

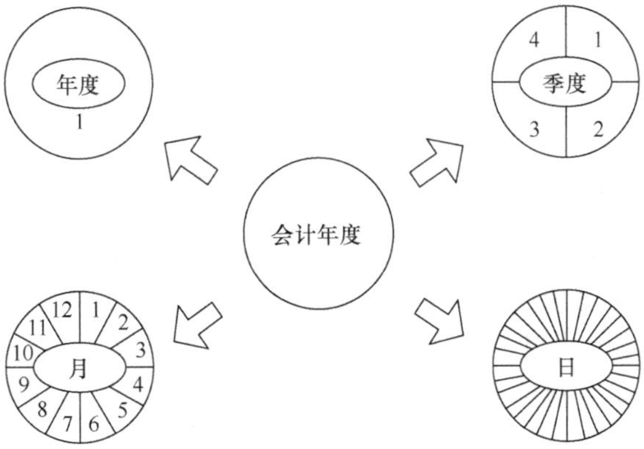

图 11-1　会计过账期间和子期间

在新建过账期间时，会计年度的开始日期只能为每月的第一天。会计年度的开始日期将自动设置为在过账日期字段中输入的月份的第一天。确保提前创建新的期间，以支持工作开始之前的验证和可能的更改。过账期间不能重叠。缺省情况下，新建过账期间的“起始日期”是现有最新过账期间截止后的第二天，而“截止日期”则是一年后。按期间保存“总账科目确定”，并从上一期间复制到下一期间。因此，建议创建最早的期间，选择主要科目，然后创建附加期间，也可以在开始使用新期间前更改“总账科目确定”。

过账期间有两类状态。一类是激活状态，默认情况下，过账期间处于激活状态。若没被激活，则在此期间不得向系统添加任何营销凭证。但是，仍可手动添加新的日记账过账业务。此选项可用于阻止用户在该期间已结束后添加新的凭证。另一类是锁定状态，默认情况下，期间未被锁住。若处于锁定状态，则在此期间不能向系统添加任何新数据。此选项可用于阻止用户在该期间已结束后添加任何新数据。

3. 物料主数据的设置

SAP Business One 支持管理公司内采购、制造、销售或库存业务中涉及的所有物料。可以通过物料主数据，定义这些物料的内容及其处理方式。每个产品均创建物料主数据记录，且可通过唯一代码来加以识别。物料基本信息字段包括生产、采购、销售、库存、财务。

物料主数据是 SAP Business One 中所有流程的核心，可利用物料主数据来存储基本信息，如物料是用于采购还是销售、物料的价格及库存水平等相关信息。并且它决定了物料在销售、采购、生产、MRP、库存和服务模块中的作用。系统将在采购、销售、管理仓库及会计核算流程中自动使用此数据。

4. 生产管理方面的数据

如果企业应用生产系统、计划或产品研发模块，物料清单就是必需的基础数据。这里首先应该明确从原料到半成品、半成品到产品的级次关系，其中难点是半成品设定的问题。如果半成品设定层次少或层次不设定，今后的统计分析就不能细化；如果半成品设定多，就会大大增加数据量。一般来说，当需要对半成品建立库存账，或者采用安全库存管理、半成品对外销售或用于售后服务时，半成品要设置编码进行管理，除此以外半成品尽量不用编码，也不用录入软件系统，物料清单每多一层，相应增加物料清单数据量的同时还会增加物料信息的数据量。

5. 采购管理方面的数据

SAP Business One 采购管理模块使用采购相关单据来记录与跟踪业务活动。其中，每个单据均由许多可重复使用的主数据组成，如供应商主数据是用来描述供应商及公司采购的物料的重要信息。根据主数据创建单据可确保数据的一致性、减少错误及提高工作效率。供应商相关信息包括公司名称、地址、电话、付款条件等。在所有的采购交易中，均需使用供应商主数据。

6. 销售管理方面的数据

SAP Business One 销售管理模块使用销售相关单据来记录与跟踪业务活动。其中，客户主数据指用来描述客户及公司销售的物料的重要信息。客户相关信息包括公司名称、地址、电话、付款条件等。除了销售流程中的客户，还有另一种类型，即潜在客户。潜在客户主数据能够记录和跟踪潜在客户的售前活动，而且只能创建销售报价单、销售订单、销售机会和活动。潜在客户若要进行交货及发票交易处理，必须先将业务伙伴的类型从潜在客户更改为客户。

第三节　核心业务流程

Gartner 公司对 ERP 的定义中提到，内部集成中的核心业务主要是指生产、采购、销售和财务四方面内容。下面将介绍在 SAP Business One 软件中这些核心业务流程的主要步骤。当核心业务流程发生时，系统也会同步记录物料库存数量的变化和财务科目上的金额变化。衡量物料库存量的四个变量包括实际库存量、承诺量、订购量和可用量。财务上可能发生变化的科目则涉及库存商品、应收账款、应付账款、现金、银行存款、主营业务收入等。

一、采购与库存管理流程

（一）采购管理的业务流程

在采购管理业务中，SAP Business One 软件通过采购管理标准业务流程、采购退货业务流程、采购暂估业务流程和先收发票后收货的采购流程对不同的采购业务进行有效控制和管理，从而进行采购结算，降低企业采购成本。

1. 采购管理标准业务流程

采购管理标准业务流程即正常情况下的采购业务流程。首先，采购部根据采购意向，确定本次采购的产品明细、数量、单价和其他信息，形成采购订单，下发给供应商；其次，当供应商的产品入库后，物流部进行采购收货，将采购发票（应付发票）交给财务部登记，形成应付账款；最后，财务部根据发票上的应付金额和日期进行付款。采购管理标准业务流程图如图 11-2 所示。

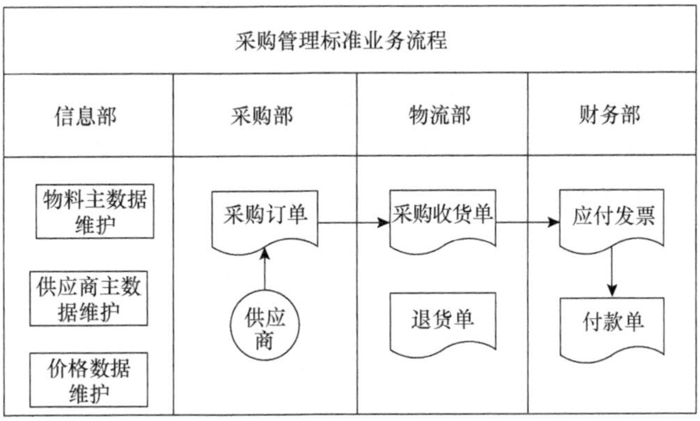

图 11-2 采购管理标准业务流程

1）形成采购订单

采购订单是记录针对供应商所采购商品的品种、数量、价格、付款方式等项目的双方协商的书面材料，双方就此基础开展下一步的业务。此采购订单将影响系统中库存的已订购量、可用量，但不影响物料的实际库存数量，也不影响财务的数据。

2）采购收货

按照采购订单规定，一定时期内收到供应商来货，需要制作一张采购收货单发于物流部，以便物流部根据收货单进行入库操作。此采购收货单将影响系统中库存的库存量、已订购量，同时财务上形成日记账（借：库存商品。贷：物资采购），其他财务数据不受影响。

3）形成应付发票

采购的商品入库后，财务部应该录入相应的应付发票，以便记录、统计供应商的应付账款，于是财务部需要记录来自供应商的应付发票。此应付发票不影响系统中有关库存的数量变化，但财务上会形成一笔日记账，记录公司的应付账款金额变化（借：物资采购；应交税费——应交增值税（进项税额）。贷：应付账款）。

4）付款

付款是对应付账款进行款项的付出，冲减应付账款的过程，财务部要在系统中对供应商进行付款操作。此付款单将不影响系统中有关库存的数量变化，但财务会形成一笔日记账，记录公司的现金或者银行存款金额变化（借：应付账款。贷：库存现金或银行存款），同时系统自动勾兑此笔收款所对应的应付账款，其他财务数据不受影响。

2. 采购退货业务流程

采购业务中，经常会由于质量、交货期或者滞销等各种原因需要将货物退回供应商。对于已收货但未收到采购发票的退货业务，直接创建退货单进行采购退货操作即可，系统会扣减现有库存，同时生成与采购入库（收货采购订单）相对冲的日记账（借：物资采购。贷：库存商品），其他财务、物流数据不受影响。如果已收到对方的采购发票，应付账款已形成，则需要进行应付贷项凭证的制作，以便冲销应付账款。

3. 采购暂估业务流程

采购暂估是指紧急采购情况下，未确定采购价格而先入库进行使用。采购订单和采购收货单与前面的标准采购流程一致，此收货单将影响系统中库存的库存量、已订购量，同时财务上形成日记账（借：库存商品。贷：物资采购），其他财务数据不受影响，而凭证上的商品价值使用暂估价格（如使用上次采购的价格）。当商务谈判结束后，确定真正的采购价格后再制作应付发票，系统将产生一张应付账款的凭证（借：物资采购；贷：应付账款）。如果应付发票上的产品价格与入库时的暂估价格不同，则系统自动进行库存商品科目的调整。

4. 先收发票后收货的采购流程

如果供应商严格控制回款，则常常在订货时就传来应付发票，要求先付款再发货。此时需要在系统里先制作应付发票，形成应付账款，待付款后再进行采购收货。当进行此类业务操作时，应付预留发票是基于采购订单制作，同时无入库行为，因此制作应付预留发票时不影响物流相关数据。财务上生成此财务凭证（借：在途物资；贷：应付账款），之后制作采购收货单，财务上冲销该在途物资科目上的数额（借：库存商品。贷：在途物资）。

（二）库存管理流程

SAP Business One 库存管理系统主要用于管理物料的收发存等业务，主要包括采购入库、销售出库、日常出入库、仓库间调拨、盘点等业务。对于需要追踪的物料，提供序列号管理和批次管理。库存管理主要针对物料的数量进行管理，但系统也会自动生成相应的财务凭证。

1. 库存盘点与过账

库存盘点是物流部对物料的库存数量进行跟踪。盘点后与原有库存记录不一致的物料品类、数量和金额，将进行相关的物流和财务处理。财务部根据库存跟踪表内的数量差异和产品价值进行相关的财务过账处理。库存数量在过账后将自动调整为库存跟踪表中的数量，同时会过账至相应的库存增值科目（盘盈）或库存减值科目（盘亏）。

2. 库存转储

根据转储的实际需求选择转出仓库和转入仓库及相关物料的品类、数量和金额并进行相关的物流及财务处理。对于此类业务，涉及了两个仓库（如成品库和门店库），物料的流动具备了方向性，需指明此物料的出处（从仓库）和目标地点（到仓库）。且这两个仓库都是属于本公司的仓库，因此仓库中物料的总数量和价值并没有发生变化。然而，此类操作会使转出库存数量减少，目标仓库数量增加，而总体库存数量不变。同时生成财务凭证。

3. 拣配和包装

拣配和包装为进行发货前的准备工作，物流经理要知道哪些订单即将进行包装发运，并按销售订单要求下达拣配清单。首先，查询未执行完毕的销售订单，确定需进行拣配操作的物料清单，下达拣配清单。其次，按已下达的拣配清单提货发运，将物料发运给客户，形成销售交货单。物流经理通过使用拣配和包装功能，可以批量完成多个销售订单的备货、提货和发运业务工作。

4. 负库存调整

在实施和应用 ERP 系统时，库存管理中经常会允许负库存的存在。有时是为了销售流程可以正常进行以便于安排销售发货，有时是采购的物料没有及时入库而被直接用于生产。在批量生产中，仓库和财务部门为了减少出库手续和便于统计，往往一个生产批次只开一张出库单，对于仓库数量为零或者不足的物料，在开出应有的出库单后，这些物料的库存量就变成了负值。按照存货成本核算方法，负库存会引起物料价格大大偏移真实价格。因此，系统需要进行负库存调整，在入库的时候，如果发现有负库存，则进行负库存成本冲减更正，先做暂估成本处理。对于不同的存货核算方法，可选择不同的方式进行暂估，如使用当前平均成本价或者最新采购价作为暂估成本价，再将原来物料的库存成本更正为新的成本，同时在财务上记录材料成本差异科目。如果某仓库存在负库存调整的情况，则该仓库的会计科目列表中必须要设置负库存调整科目（如价格差异收益科目）。

二、营销与销售管理流程

营销管理流程一般包含在客户关系管理软件中，此处我们仅简要介绍 ERP 中的销售机会流程。销售管理流程则主要包含销售管理标准业务流程、零售、先开发票后交货、预付定金开收据和销售退货流程。

（一）销售机会流程

销售机会管理即销售业务售前及商机管理。销售机会模块对销售活动的进度进行跟踪和分析。根据用户的定义，这些活动可以包括会议、谈判及其他活动。如果某销售活动成功完成，则可以输入预期的总额，以便于估计潜在收益，还可以输入每个销售阶段的完成百分比。

销售机会管理中常用的工具是销售管道，也称销售漏斗，它是对销售过程进行控制的重要分析工具。一个典型的销售管道包含以下五个阶段：①潜在客户识别，即识别已经了解了本公司及其产品的客户；②接触客户，与客户进行初步沟通或联系，了解客户对产品的期望；③后续洽谈，进行第二次或者更多次的洽谈和会议，直到客户将本公司产品列入候选清单；④提案/报价，发送合同给客户；⑤销售/结案，即赢得客户，该客户从潜在客户变成了真正的客户，赢得了此次销售机会，如图 11-3 所示。

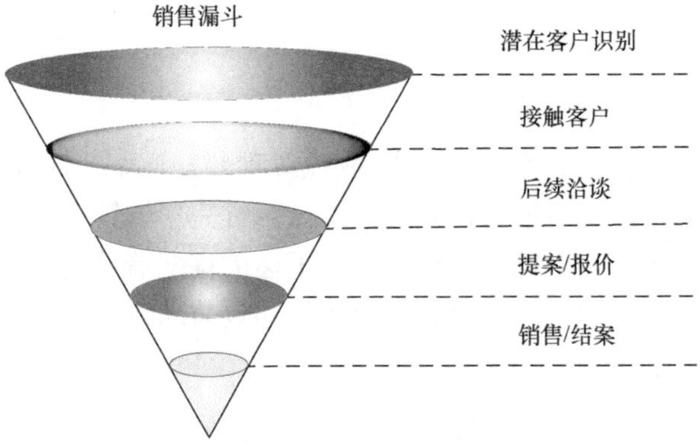

图 11-3　销售管道图

在 ERP 系统中，销售机会的业务流程一般包括初次联系、第一次会议、第二次会议等多个阶段，最后在业务合作伙伴主数据中将某个潜在客户变更为客户，意味着赢得了此次销售机会。可以采用各种方法来预测销售机会各个阶段的潜在收益，并对销售机会进行优先级划分。同时，在“销售机会”窗口的“阶段”选项卡中可以连接各种不同的凭证，生成不同的报表（表格或图形格式），以提供不同形式的分析。例如，可以根据每个阶段、每个客户进行分析，也可以根据“统计”报表中显示的高级概览进行分析。这些报表可以根据不同参数（如业务伙伴、销售代表、时间周期等）进行筛选。

（二）销售管理标准业务流程

销售管理标准业务流程包含形成销售报价（含修改报价）单、签订销售订单、制作销售交货单、开具应收发票、制作收款单等过程，如图 11-4 所示。除此之外，销售中可能存在流程的重组排序及缺失问题，从而形成各种个性化的销售流程。例如，不进行销售报价和签订销售订单，直接进行销售交货；或者销售订单与销售交货均不存在，物料的库存和财务数据变化量都在应收发票阶段发生。下面仅列出一般的销售管理标准业务流程。

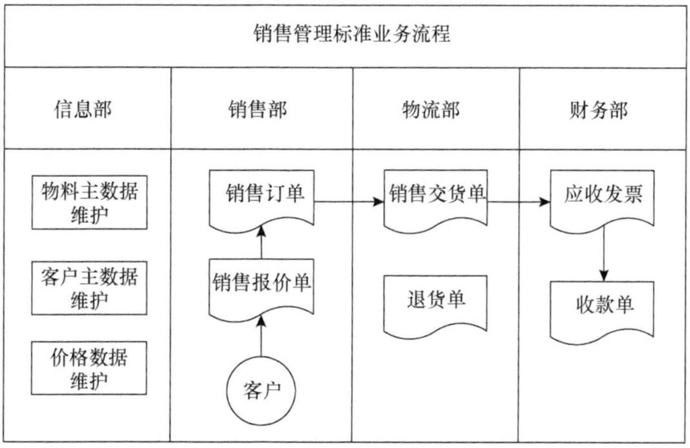

图 11-4　销售管理标准业务流程

1. 形成销售报价单

销售报价单是记录针对客户所要商品的品种、数量、价格、付款方式等项目的双方协商的书面材料，双方就此基础开展下一步的业务。销售经理一般会按照客户的要求制定报价单，以便进行销售协商和价格谈判，此报价单不影响系统中有关库存、财务的数据。

2. 签订销售订单

客户同意了销售报价及付款条款后，一般就会签订销售订单（即销售合同）来约束双方的行为，包括商品的品种、数量、价格、付款方式、到货日期等内容。销售订单签订后，公司将根据此销售订单安排生产和物流活动，进行商品的备货、运输等事宜。此销售订单将影响系统中库存的承诺量、可用量，不影响财务的数据。如果此前系统已做过了某客户的销售报价单，此时销售订单可以基于销售报价单来做。以销售报价单为基础凭证，销售订单为目标凭证。一般来说，当目标凭证创建好以后，其相对应的基础凭证自动处于关闭状态，以后的业务将不可再引用。

3. 制作销售交货单

按照销售订单（销售合同）规定，在供货日期将要给客户供货，因此需要制作一张销售交货单，以便物流部根据销售交货单为客户提货，同时系统自动根据销售交货单进行商品的成本结转。此销售交货单将影响系统中物料的库存量、承诺量，同时财务上形成日记账（借：销售成本。贷：库存商品）。

4. 开具应收发票

仓库商品销售出库，财务部应该开具相应的应收发票，以便记录、统计客户的应收账款。此应收发票将不影响系统中有关库存的数量变化，但财务子系统会形成日记账（借：应收账款。贷：应交税费——应交增值税（销项税额）；主营业务收入——国内），其他财务数据不受影响。

5. 制作收款单

收款是对客户所欠的应收账款进行款项的收回，冲减应收账款的过程。当客户完成付款后，我们要在系统中制作收款单。此收款单不影响系统中有关库存的数量变化，但财务子系统会形成日记账（借：库存现金。贷：应收账款），同时系统自动勾兑此笔收款所对应的应收账款。

（三）零售业务流程

零售业务是客户现场提货、现场付款并开发票的业务。在此业务中，商品从仓库中提取（库存成本的结转）出来，财务子系统的应收账款的产生及财务收款的完成在系统中同步。此业务最终将影响系统中物料的库存量，同时财务子系统会生成两张凭证[借：应收账款（零售客户）。贷：应交税费——应交增值税（销项税额）；主营业务收入——国内。借：销售成本。贷：库存商品。借：库存现金。贷：应收账款（零售客户）]。

（四）先开发票后交货的业务流程

客户可能会需要在交货前要求公司先开发票，以避免发票拖欠。由于此时仓库商品并没有销售出库，按照相应的规定，应开具相应的应收预留发票，目的是在库存产品没有出库的前提下，先记录客户的应收账款，以便将来向该客户进行收款。于是财务需要开一张基于此销售订单的应收预留发票。此应收预留发票不影响系统中有关库存的数量变化，但财务会形成日记账（借：应收账款。贷：应交税费——应交增值税（销项税额）；主营业务收入——国内），其他财务数据不受影响。

然后，按照销售订单的规定，在供货日期给客户供货，基于该应收预留发票制作一张销售交货单，以便物流部根据交货单为客户提货，财务部根据交货单进行商品的成本结转。此销售交货单将影响系统中库存的库存量、承诺量，同时财务上形成日记账（借：销售成本。贷：库存商品）。

（五）预付定金开收据的业务流程

某些业务情况下，需要客户先预付一定数额的定金，之后再进行相应的销售业务。此业务中流程涉及的单据依次是销售报价单、销售订单、预收款申请单、收款单、销售交货单、应收发票、尾款单等，各部分也可以按一定规则进行组合，形成个性化的销售预收定金的销售流程。

其中，预收款申请单在实际业务中既是客户已付款的凭证，也是财务对款项做账的依据，但是此单并不产生任何库存、财务的数据变化。如果之前做过了销售订单，此时的预收款申请单就可基于销售订单来制作。该流程包含了两次收款过程，一次是收定金，另一次是收尾款。收定金时，财务上会形成日记账（借：银行存款或库存现金。贷：预收定金）。预收定金为控制科目，以公司名称代替。应收发票上的金额将会自动冲销预收定金部分，因此收尾款时只需针对应收发票上的金额收款即可。

（六）销售退货流程

销售业务中，销售退货的处理方法有三种：发货后退货、开票后退货和收款后退货。

1. 发货后退货

发货后退货流程是指销售商品已发给客户，在开发票前由于某种合理原因客户要求退货的业务流程，此业务流程涉及的单据依次是销售报价单、销售订单、销售交货单、退货单等，各部分可以按一定规则进行组合，形成符合实际的销售退货流程。在做退货时，需要根据所做的销售交货单来制作销售退货单。此业务会产生两个动作：①仓库中的产品数量及可用数量会增加；②同时生成一张红冲库存成本的财务凭证（借：销售成本。贷：库存商品）；③当此退货单添加完毕后，相对应的销售交货单自动处于关闭状态，以后的业务将不可再引用。

2. 开票后退货

现实工作中经常会有在销售交货的同时开了发票的情况。发票虽然已经开了，但不一定会交给客户，有时候会压在销售业务员手里，等客户交款的时候才给客户。如果此时客户要求退货，则通过应收贷项凭证将发票冲销。开票后退货流程涉及的单据依次是销售报价单、销售订单、销售交货单、应收发票、应收贷项凭证等，各部分可以按一定规则进行组合，形成符合实际的销售退货流程。该流程结束后，仓库中的产品数量及可用数量会增加；同时生成一张红冲库存成本、应收账款的财务凭证（借：应收账款。贷：应交税费——应交增值税（销项税额）；主营业务收入——国内。借：销售成本。贷：库存商品）。

3. 收款后退货

当企业已经向客户交货并开具了相应的发票及收款后，由于某种合理原因客户要求退货，此业务流程涉及的单据依次是销售报价单、销售订单、销售交货单、应收发票、收款单、退款单、应收贷项凭证等。其中，需要先对所收到的货款进行红冲；然后再对应收发票做应收贷项凭证，生成一张红冲库存成本、应收账款的财务凭证。如果有预收款，则要对所收到的货款（预收款）进行红冲。

三、生产与计划管理流程

（一）标准生产订单流程

标准生产订单的特点是根据预先定义的物料清单表进行生产。一般包括计划生产订单、批准生产订单、生产发料、生产收货和结算生产订单等环节。生产订单制作前，需要在相应仓库的会计科目中确定在制品物料科目和在制品差异科目。当进行生产发货和收货时，原材料和产品的价值变化就转移到对应的在制品物料科目上。当生产作业结束后，结清生产订单时，财务中会产生基于价值变化的过账。

1. 物料清单

生产物料清单是执行生产业务流程的基础。它描述了由不同库存组件（下级组件）构成的成品（上级）的产品结构。生产物料清单中的组件可以是实际物料，也可以是虚拟件，其作用是说明生产基础数量的产品需要使用的组件（或原材料）是哪些，并且每一种组件需要的数量、默认的仓库、发货方法和价格清单都必须给定。这里的发货方式有手动和倒冲两种。手动方式下，需要进行生产发货动作，将组件按照生产订单的要求进行发货；而在倒冲方式下，系统自动执行组件的生产发货任务。

2. 生产订单的状态变化

生产订单制作完成后，还未下达到车间生产时，处于已计划状态；待生产经理确认原材料都已到货，可以进行生产时，审批该订单，下达到车间进行生产，此时处于已下达状态；待生产发货和生产收货完成后，要及时结算该生产订单，计算生产成本，此时，该订单处于已结算状态。

其中，生产经理在批准生产订单时，要先考虑当前的生产能力，同时必须满足销售订单的按时交货，所以必须在原材料充足的情况下，选择合适的时机进行生产。

（二）特殊生产订单流程

特殊生产订单实质上是不需要预定义物料清单表的生产订单，但在每次生产开始时，需要在生产订单界面内单独定义当前生产过程需要投产的组件列表。所以，特殊生产订单用于企业安排临时性的特殊的生产活动，而且此类订单在日后的生产过程中重复的可能性非常小。除了不需要预定义物料清单外，其他流程都和标准生产订单流程一致。

（三）分拆生产订单流程

分拆生产订单流程就是对质量有缺陷的产品，将其拆分为多个组件的过程，其中能够重复使用的组件可以入库和销售。分拆生产业务一般要求组件具有通用性，而且生产过程是可逆的。该流程同样包括计划生产订单、批准生产订单、生产发货、生产收货、结算生产订单等环节。与标准生产订单不同的是，添加生产发货凭证时，只有产品的库存数量发生变化，影响库存量和承诺量，同时生成了一张产品成本结转的财务日记账凭证；添加生产收货凭证时，只有组件的库存数量发生变化，影响库存量和订购量，同时生成了一张组件成本结转的财务日记账凭证。

（四）MRP 运算

大部分企业都会基于产品的历史销售情况或者针对市场预期来确定物料需求，以此缩短客户交货期。在还没有销售订单的时候，基于市场预测的生产活动可能已经开始。销售预测是针对客户需求的计划活动，是 MRP 中的重要内容，可以分别按照月、周和日对将来的销量进行预测。如果按照月预测，准确性高，对企业决策的指导价值也大，但是可能不利于生产经理的排产，由人为因素造成产能瓶颈；如果按照天进行预测，就能够很好地实现稳定生产。因此，在做 MRP 运算之前，可以先对准备实施 MRP 的物料进行天预测。

MRP 运算一般包括五步，如图 11-5 所示。①准备工作，在物料主数据中对准备实施 MRP 的物料计划属性进行详细设置，如计划方法、补给方式、订单周期、订购倍数、最小订购数量、提前期等信息；②创建一个新的方案或者选择已有的 MRP 方案；③设置运行场景的参数，如是否考虑假期、计划区间的确定、哪些物料将执行本次计划；④确定运算所需的数据源，如包含的仓库、采购订单、销售订单、生产订单和预测方案等；⑤运行 MRP 向导，系统会输出两种运算结果，一种是关于物料，包括其初始库存量、供应量、需求量和最终库存量，另一种是关于采购申请单和生产订单的建议。

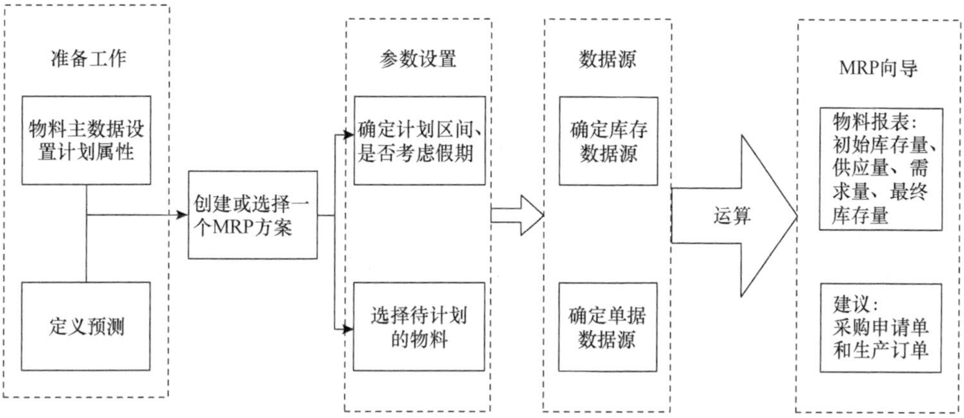

图 11-5 MRP 运算步骤

四、财务与成本管理流程

（一）财务日常业务流程

在 ERP 系统中，采购、销售、库存、生产过程中的各种与财务数据相关的单据，自动由系统生成财务凭证，不需要财务人员手工处理。因此，财务日常业务流程主要包括日记账凭证登记和审核、日记账分录登记与冲销等活动，如图 11-6 所示。日记账凭证添加后，并没有真正地记入账簿和报表中，需要经过相关人员的审批，才能成为正式的日记账分录。日记账分录的录入方式，与日记账凭证相同，不同的是，当日记账分录填制完成之后，系统自动登记到明细账、日记账和总账当中去，不需要审核。但是，当财务经理发现日记账分录凭证录入错误时，需要制作冲销凭证。

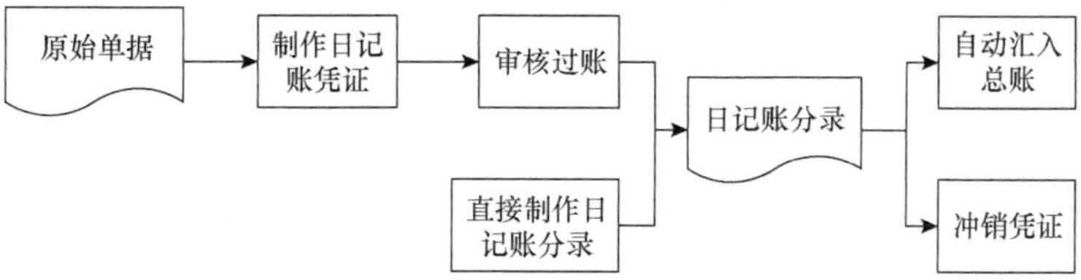

图 11-6 财务日常业务处理流程

（二）过账模板的制作

根据某些业务发展的规律性，财务人员在某个特定的日期，会进行相关业务的处理，如每个月进行待摊费用的分摊、预提费用的计提等，为了方便进行财务处理，可以设置一个周期性过账的模板。例如，报刊订阅费是企业年初时支付的现金，但在十二个月内进行分摊，属于待摊费用的摊销处理。

此外，财务人员在进行业务处理的时候，发现各个科目之间有一定的比例关系，如福利费的计提总是按工资的一定比例进行计算，此时可以制作一个百分比过账模板，在开展日常业务时，参照使用这些过账模板，可以大大提高财务人员的工作效率。

（三）成本核算管理

在企业管理过程中，为了更为精确地核算每个人或每个部门的成本、费用，达到增收节支的目的，经常使用成本中心来进行财务核算，以便为管理层提供条理更为清晰的数据。根据管理层的要求，可以确定按几维进行成本分析，员工、部门、项目等均可定义为成本中心。此外，当某些费用发生时，无法准确计算各个成本中心的使用金额，需要在不同的成本中心间进行费用分配，因此还需要定义分摊规则。

（四）预算管理

企业常常对费用类会计科目启用预算管理，并使用月预算方式进行控制。对于超预算的情况，由总经理批准后才可以报销。在 ERP 系统中启用了系统的预算管理后，当费用发生时，根据实际发生情况，系统自动与预算数据进行核对。当预算超标时系统会弹出警告信息。创建新公司时，系统会提供名为主预算的缺省方案。在此基础上可以定义新的预算方案，选择要添加到预算中的总账科目，如损益类科目等，创建对公司特定情况的预测方案。如果创建的新预算方案不包含先前预算定义的科目，则窗口中不显示任何科目，此时选择显示不带预算的科目则可。定义好预算分摊方法后，就可以为每个科目输入预算金额、百分比和分配方法。

（五）月末结账与报表编制

到每个月月底的时候，为了查看资产、负债、所有者权益情况，核算当月的收入、支出及利润，需要将所有损益类的科目结转到“本年利润”科目。此时，采购、销售、生产、仓库等业务均已完成，为了避免业务部门再向系统内添加当月的业务数据，造成数据不准确，需要在系统内要求业务部门禁止添加结账月的业务数据，但可以添加新期间的业务数据。月底业务和财务都处理完成后，为了保证当月的数据不再被修改，需要月末结账。将系统当月所有操作在时间上锁定，业务部门和财务部门都只能输入下个月的单据，本月不能再输入任何数据。

月末结账后，编制资产负债表模板、现金流量表模板和损益表模板。以后需要查看三大报表时，则只需要执行即可。除此以外，SAP Business One 系统还提供了多种多样的内置报表，能满足企业的绝大多数需要。对于超出系统内置的报表，系统提供了查询接口和查询向导作为报表的扩展。

思考与练习

1. 什么是过账期间？如何设置过账期间？

2. 销售机会包含哪些阶段？

3. MRP 运算向导所需的数据源有哪些？

4. 销售管理的标准业务流程包含哪些步骤？物料的库存数据和财务数据相应发生了哪些变化？

5. 采购管理的标准业务流程包含哪些步骤？物料的库存数据和财务数据相应发生了哪些变化？

拓展阅读

第二篇

企业经营模拟

第十二章　企业经营决策

经营决策是企业为了实现一定的目标而按照科学的程序和方法对有关企业全局性重大问题进行分析、研究和决策的过程。一个企业只有在高素质领导者的带领下，在全面了解企业内外部环境的前提下，遵循科学原则，按照一定的程序和方法才能做出最佳经营决策，从而在激烈的市场竞争中生存和发展。在本章您将了解到战略选择决策、营销策略、团队组建与管理、筹资决策和竞争情报工作等方面的重要决策的制定过程。

学习目标

- 掌握企业战略分析方法
- 理解营销策略的制定
- 掌握团队冲突的处理
- 理解筹资决策的制定

知识结构图

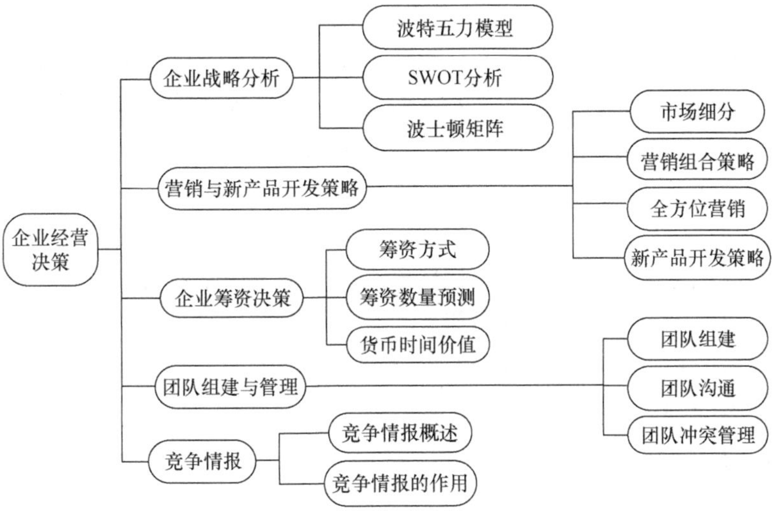

第一节　企业战略分析

企业战略管理流程主要包括战略分析、战略制定、战略选择与实施三个阶段。当企业提出战略问题时，企业的相关部门就开始进行内外部环境分析，这是战略管理的第一阶段，即战略分析阶段。在分析结束后，需要根据分析阶段得出的宗旨陈述、目标、经营领域、竞争优势、经营结构等制定相应的战略，这是战略制定阶段。企业可能会得出不同的战略方案，这时则需要企业管理者在众多的战略方案中选择一个最适合本企业的战略，并推进战略的实施，这是战略的选择与实施阶段。企业的战略管理流程如图 12-1 所示。

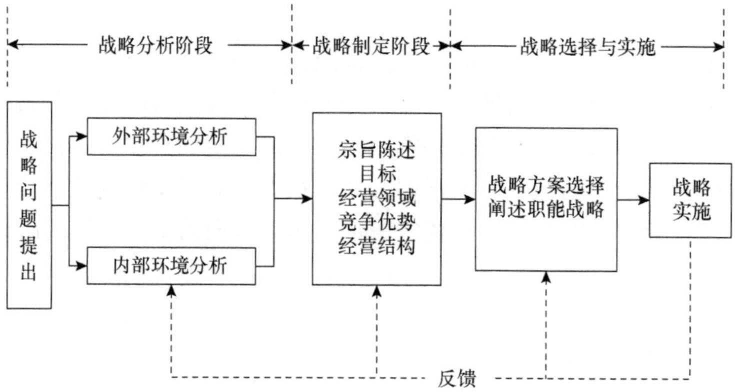

图 12-1　战略管理流程图

战略分析指企业对内外部环境进行分析和评价，预测未来的发展趋势及这些趋势对企业造成的影响。在该阶段，企业战略制定人员需要确定企业的经营宗旨（如经营目标的估计等）、评价企业的外部环境（如机会和威胁）及分析企业的内部条件（如优势和劣势）。

企业战略的类型详见二维码。

企业环境是与企业生产经营有关的所有因素的总和，可以分为外部环境和内部环境两大类。企业外部环境是影响企业生存和发展的各种外部因素的总和，包括政治因素、法律因素、经济因素、社会文化因素等；企业内部环境又称企业内部条件，是企业内部物质和文化因素的总和，包括技术素质、经营素质、人员素质、管理素质、财务素质等。

企业从事生产经营活动，必须从市场环境的研究与分析开始。战略环境分析是指对制定公司战略时面临的外部环境和内部环境进行分析，从而寻求机会、明确风险，找出优势和劣势，这是制定战略的基础和前提。企业根据自身的愿景、使命、目标对企业的内外部环境进行分析。目前进行战略环境分析较为常见的方法有波特五力模型、SWOT 分析①、波士顿矩阵等。

1. 波特五力模型

波特五力模型是由波特教授于 20 世纪 80 年代提出，为企业提供的一种有效识别外部竞争环境的工具，被广泛应用于行业环境分析。该模型给出了决定行业结构的五种竞争压力，包括新进入者的威胁、供应商议价能力、购买者议价能力、替代品的威胁和同行竞争者的竞争程度。

---

① SWOT 分析是指企业在战略选择时，对企业内部条件的优势与劣势及外部环境的机会与威胁进行综合分析，据此对备选战略方案做出系统评价，最终选出一种适宜的战略的分析方法。其中，S 代表 strength（优势）、W 代表 weakness（劣势）、O 代表 opportunity（机会）、T 代表 threat（威胁），S、W 是内部因素，O、T 是外部因素。

1）新进入者的威胁

市场的新进入者希望在已被现有企业瓜分完毕的市场中赢得一席之地，这就有可能对市场中的现有企业产生威胁。这样的威胁会在很大程度上影响现有企业利益，严重的甚至会影响现有企业的生存。而进入壁垒的高低主要取决于进入新领域的障碍大小与预计现有企业对于进入者的反应情况。

2）供应商议价能力

供应商主要通过提高其价格与降低质量，来影响行业中现有企业的盈利能力与产品竞争力。供应商被一些具有比较稳固市场地位而不受市场激烈竞争困扰的企业所控制，其产品的买主很多，以至于每一单个买主都不可能成为供方的重要客户。供方各企业的产品各具一定特色，以至于买主难以转换或转换成本太高，或者很难找到可与供方企业产品相竞争的替代品。供方能够方便地实行前向联合或一体化，而买主难以进行后向联合或一体化。

3）购买者议价能力

购买者主要通过压价与要求提供较好的产品或较高的服务质量的能力，来影响行业中现有企业的盈利能力。而影响的主要原因可能有以下几种：购买者数量少而且每个购买者的购买量大；卖方多由中小企业构成；购买者所购买的是少数的标准化产品，可以向其他供应商购买；购买者有能力实现后向一体化，而卖主不可能实现前向一体化。

4）替代品的威胁

替代品是指那些既能满足消费者的相似需要，又具有不同特点的产品。就是说，这种产品能发挥相同或者相似的作用，而且这种产品实际上还限制了企业对原先产品的售价。一般来讲，在消费者的转移成本很低或替代品的价格具有竞争性的时候，或者替代品的质量不比原先的产品质量差，甚至还比原先的产品质量好的时候，其威胁是相当大的。降低替代品的吸引力，生产原先产品的企业，就必须考虑使自己的产品有所不同，降低售价、提高质量并加强售后服务。

5）同行竞争者的竞争程度

大部分同行业中的企业，相互之间都存在着紧密的利益联系，而各企业都希望可以在与对手的竞争中获得优势，所以必然会产生冲突与对抗。这些冲突与对抗构成了现有企业之间的竞争，常常表现在价格、广告、产品介绍、售后服务等方面，随之而来的竞争压力也逐渐增加。

2. SWOT 分析

SWOT 分析即综合分析企业内部的优势和劣势、外部环境的机会和威胁，并以此为基础制定企业的战略。运用这种方法，可以对研究对象所处的情境进行全面、系统、准确的研究，从而根据研究结果制定相应的发展战略、对策等。SWOT 分析法常常被用于制定集团发展战略和分析竞争对手情况，在战略分析中，它是最常用的方法之一。

企业战略的制定必须使其内部能力（优势和劣势）与外部环境（机会和威胁）相适

应，以获得经营与投资的成功。SWOT 分析可以帮助企业找到自身的优势和劣势，找到企业的核心竞争力，把资源和行动集中在自己的强项和有最多机会的地方。进行 SWOT 分析时既可以采用 SWOT 分析图也可以采用 SWOT 分析表。SWOT 分析有四种不同类型的组合，并构成了四种战略。图 12-2 列出了四种不同的战略类型供企业决策者参考。其中，增长型战略是指依靠内部优势，利用外部机会；扭转型战略是利用外部机会，克服内部劣势；防御型战略是减少内部劣势，回避外部威胁；多种经营战略是利用内部优势，回避外部威胁。

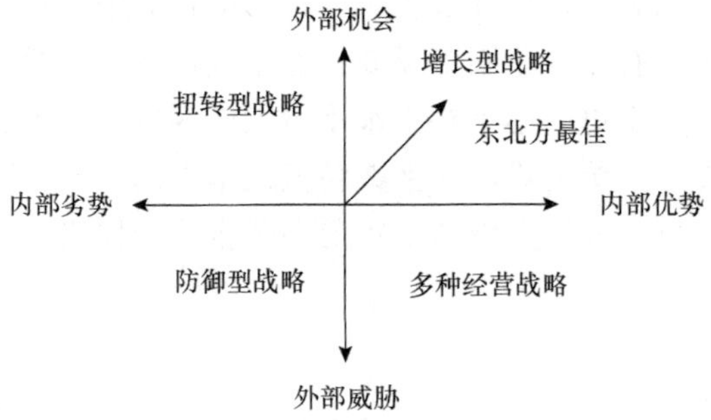

图 12-2　SWOT 分析图

3. 波士顿矩阵

波士顿矩阵，是由美国大型商业咨询公司——波士顿咨询集团（Boston Consulting Group）开发的一种规划企业产品组合的方法，又称市场增长率–相对市场份额矩阵或四象限分析法。波士顿矩阵旨在解决如何使企业的产品品种及其结构适合市场需求的变化的问题，只有解决了这个问题，企业的生产才有意义。同时，如何将企业有限的资源有效地分配到合理的产品结构中去，以保证企业收益，是企业在激烈的竞争中能否取胜的关键。相对市场份额是指各经营单位与最大竞争对手在市场占有率方面的比值。例如，某经营单位的市场份额为 30%，最大竞争对手的市场份额为 15%，则该经营单位的相对市场份额为 2，也就是说，该经营单位的市场份额是最大竞争对手的 2 倍，应该是行业的"主导者"。波士顿矩阵的四个象限如图 12-3 所示。在波士顿矩阵中，企业产品所处的象限不同，应采取的战略决策也不同。

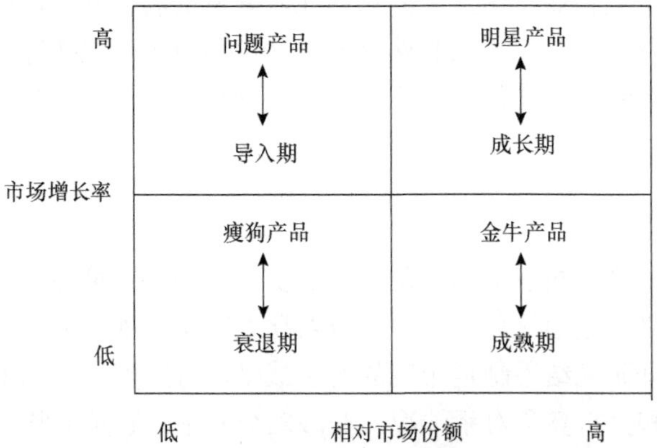

图 12-3　波士顿矩阵图

明星产品是指有高市场增长率和高相对市场份额的产品。这类产品的发展战略一般是积极扩大经济规模和市场机会，提高相对市场份额，加强竞争地位。适合采用事业部制，由对生产技术和销售两方面都很专业的经营者负责该类业务。

金牛产品是指处于低市场增长率但相对市场份额较高的产品，又称厚利产品。该类产品已进入成熟期，销售量大，产品利润率高，而且其增长率低，无须加大投资，是企业回收资金支持其他产品的后盾。该类产品也适合用事业部制进行管理，选择市场营销型管理者进行经营管理。

问题产品是指处于高市场增长率和低相对市场份额的产品。该类产品市场机会大、前景好，但在市场营销方面存在问题。其利润率较低，未能开拓市场局面的新产品即属此类。对问题产品的组织管理一般采用项目制，选拔有规划能力、敢冒风险和有才干的人负责经营。

瘦狗产品也称衰退型产品，其具有低市场增长率和低相对市场份额。一般处于保本或亏损状态，无法为企业带来收益。对该类产品应采取紧缩型战略，减少批量，逐渐撤退，将剩余资源向其他产品转移，最佳方案是将瘦狗产品与其他事业部合并，统一管理。

第二节　营销与新产品开发策略

营销是企业的一种活动，是企业有目的、有意识的行为。而满足和引导消费者需求是营销活动的出发点和中心。企业必须以消费者为中心，以消费者的需求为导向，面对不断变化的环境，做出正确的反应，适应消费者不断变化的需求。市场营销管理就是企业市场营销部门根据战略规划，在综合考虑外部环境和内部资源等因素的基础上，细分并选择目标市场，选择相应的市场营销组合策略，并进行有效实施和控制的过程。

一、市场细分

1. 市场细分的含义

市场细分是指企业按照某种标准将市场上的顾客划分成若干个顾客群，每一个顾客群构成一个子市场。不同子市场之间，需求存在着明显差别。市场细分是选择目标市场的基础，部分企业由于资源的限制，只能用有限的优势资源为需求量更大的细分市场提供服务，并发挥自身最大的能量，成为细分市场的领导者。市场细分有利于企业发掘和开拓新的市场机会，将各种资源合理利用到目标市场，制定适用的经营策略，调整市场的营销策略，提高经济效益和集中人力、物力投入目标市场等。

市场细分的依据是需求人口、消费心理、地理位置、消费行为、消费能力等因素，因此就有了地理细分、人口细分、心理细分、行为细分、受益细分等五种市场细分的基本形式。

2. 市场细分的关键

首先要明确取舍，需要明确什么是可以争取的及什么是需要放弃的；其次企业需要清楚自身的实力水平，定位在一个正确的位置上才能更好地选择细分市场；最后需要保持企业的核心竞争力，发挥本企业独有的特色，集中企业的优势资源进行技术攻关和不断的技术创新，以保持企业的活力。

3. 市场细分的流程

市场细分的流程包括如下六步，如图 12-4 所示。

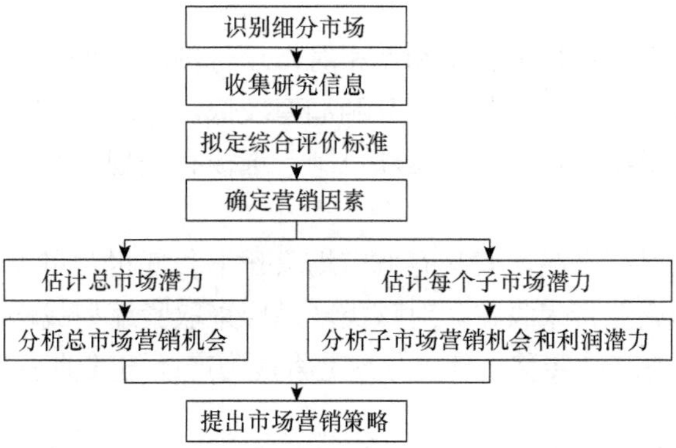

图 12-4 市场细分流程

（1）识别细分市场，确定欲细分市场的基本性质，明确市场细分的重要因素。

（2）收集研究信息，整理市场细分时需要考察分析的市场情报与资料。

（3）拟定综合评价标准，对谁买、买什么、在哪买、为什么买、怎么买等问题做出回答。

（4）确定营销因素，明确本企业的市场活动范围，确定适应新选定市场范围特点的营销活动因素，如产品、价格、渠道等。

（5）估计市场潜力，估计出总市场和每个子市场预期需求水平，再分析市场营销机会，根据市场研究和需求潜力的估计，确定总的或每个子市场的营销收入和费用情况，以估计潜在利润量。

（6）提出市场营销策略。

二、营销组合策略

企业选择的目标市场不同，相应的营销策略也就有所不同。概括起来，主要有三种不同的目标市场营销策略可供企业选择，包括无差异性营销策略、差异性营销策略、集中性营销策略。

1）无差异性营销策略

无差异性营销策略指企业将产品的整个市场视为一个目标市场，用单一的营销策略开拓市场，即用一种产品和一套营销方案吸引尽可能多的购买者的营销策略。这最大的好处就是可以降低成本，经济性良好，而最大的问题则是很可能会因为客户的需求不同流失一些客户。

2）差异性营销策略

差异性营销策略是企业先进行市场细分，再在已经细分的市场中选择合适数量的细分市场作为企业的目标市场，针对每个细分市场的产品和服务的特点，分别制定产品策略、价格策略、促销策略等，并努力在每个目标市场都处于领先的地位。这种营销策略最大的好处是可以满足不同客户的不同需求，可以提高客户体验和获得更高的市场份额。但差异性过大带来的高成本，是差异性营销策略所面临的最大问题。

3）集中性营销策略

集中性营销策略是指企业把自己的目标集中在一个或少数几个目标市场。采用这种策略的多是资源有限的中小型企业，它们追求的目标是在一个或几个较小的市场上占有较大的市场份额。这种策略的优点是适应了本企业资源有限这一特点，可以集中力量向某一特定子市场提供最好的服务。同时，生产和营销的集中性使企业经营成本得以降低。

三、全方位营销

美国营销学教授菲利普·科特勒在《科特勒营销新论》一书中，打破其创立、传播并给其带来国际声誉的经典范式，提出了营销的新模式，即“全方位营销”的概念。他认为，互联网、全球化和超竞争正戏剧化地重塑市场并改变企业的运作方式，而目前的问题是营销没有跟上市场的步伐，所以传统的营销方法需要被解构、重新定义和扩展，以反映这一现实情况。

全方位营销是在新经济出现并且和传统经济并存这一背景下产生的。传统经济的逻辑以制造业的管理为基础，而新经济的逻辑基础是信息和信息管理。在新经济下，企业的业务和营销思维正在发生转变。传统经济时期，企业和消费者所掌握的信息是不对等的，而现在随着网络的普及和信息传播的速度不断加快，消费者掌握的信息在不断增多。企业从替少数人制造商品转变为替每个人制造商品。经济的发展让更多的客户可以提出个性化的需求，企业需要设计满足更多客户需求的产品。先产后销转变为“先感应后回应”，客户的个性化需求不断增加促使企业生产模式发生改变，更多的企业进入先感受客户需求再进行生产的模式。随着经济全球化的快速发展，本土经济转变为全球经济，企业应不断适应快速变化的外部环境，多进行国际合作并努力打开国际市场。传统经济中的“及时生产”已转变为“即时生产”，通过即时生产来降低库存，从而达到降低成本的目的。

在这些背景下，全方位营销理论应运而生，它是在推销观念、营销观念的基础上演化而来的全方位营销观念。营销理念转变的三个阶段如表 12-1 所示。推销观念立足于企业的已有产品，通过推销和促销等手段，增加销售量而获得利润；营销观念的起点是客户不同的需求，重点是通过适当的产品服务和营销组合满足客户需求，结果是通过客户满意度获得利润；全方位营销观念则立足于个别客户的需求，重心是客户价值、企业的核心竞争力和合作网络，通过资料库管理、可联结厂商的价值链整合等手段，通过掌握客户占有率、顾客忠诚度和客户终身价值获得利润。

表 12-1 营销理念转变的三个阶段

名称	推销观念	营销观念	全方位营销观念
起点	工厂	客户不同的需求	个别客户的需求
重心	产品	适当的产品服务和营销组合	客户价值、企业的核心竞争力、合作网络
手段	推销、促销	市场细分、选择目标市场和定位	资料库管理、可联结厂商的价值链整合
结果	通过增加销售量获得利润	通过客户满意度获得利润	通过掌握客户占有率、顾客忠诚度、客户终身价值获得利润

科特勒认为今天的营销应该将重心放在如何维系客户的感情上，留住老客户比吸引新客户更为重要，一个客户的流失可能意味着失去这个客户未来所有的同类消费。所以提高客户价值和客户满意度极为重要，个性化的定制服务是一种较为合适的模式，这也全面阐述了全方位营销的基本理念。

四、新产品开发策略

新产品的开发对企业具有十分重要的意义，不断创新能给企业带来新的营销机会，促进企业的不断发展。创新是一种挑战，是一种风险，更是一种机遇，关键在于企业要根据市场的需求和自身实力，开发研制满足消费者需要的产品。

1. 新产品开发的必要性

（1）产品生命周期理论要求企业不断开发新产品。产品生命周期理论说明，任何产品的生命都是有限的，企业要维持旺盛的生命力必须不断地开发新的产品，以保证企业长期稳定地发展。

（2）消费者需求的变化需要企业不断开发新的产品。随着经济的发展，人们的收入在不断地增加，人们的消费需求、消费结构也在发生很大的变化，这一变化给企业带来压力的同时也为企业带来了新的生机，因而企业必须紧跟消费行情及时对自己的产品做出调整，开发新的、符合市场需求的产品。

（3）科学技术的发展为新产品开发创造条件。科学技术的发展为企业产品创新创造了条件，新材料、新技术、新工艺的出现，促进了产品的更新换代，有利于企业的发展。

（4）市场竞争的加剧促使企业不断开发新产品。企业竞争非常激烈，要在这样的环境中生存下来，必须开发更好的、符合市场需求的产品才能立于不败之地。优胜劣汰的生存法则迫使企业加大对产品的研发。

2. 新产品开发的风险

企业在市场竞争中进行新产品的开发是有风险的，主要有以下五个方面的风险。

（1）市场分析失误，如目标市场选择不准或者对目标市场的需求估计过高、市场调查或者预测不准、信息失真等。

（2）产品本身的缺陷，如新产品没有达到设计要求或者设计没有特色、性能欠缺等。

（3）开发成本高，如新产品开发成本大大超过预算成本，产品投入后不能给企业带来满意的利润。

（4）营销策略失败，如在新产品投入市场的过程中，营销组合策略严重失误，造成产品定位偏移、产品价格过高、上市时机不适宜等问题。

（5）竞争激烈，竞争对手的实力强，企业在竞争中处于劣势，导致新产品投放市场失败。

第三节　企业筹资决策

一般而言，企业在创立和发展过程中都不可避免地需要筹集资金。企业筹资决策是以企业作为筹资主体，根据经营活动、投资活动、资本运营和资本结构调整的需要，通过一定的筹资渠道，采用一定的筹资方式，经济有效地筹措和集中资本的活动。根据筹资时间的长短，筹资活动可以分为短期筹资和长期筹资。短期筹资是指所筹资金的可使用时间较短，一般不超过一年；而长期筹资的期限一般在一年以上。

根据资金源于企业内部还是外部，筹资活动可以分为内源筹资和外源筹资。内源筹资通常是指企业内部的积累，是企业不断将自己的储蓄（主要包括留存收益、折旧等）转化为投资的过程；外源筹资是指吸收其他经济主体的储蓄，以转化为自己投资的过程，包括银行贷款、发行股票、企业债券等，企业之间的商业信用、融资租赁也属于外源筹资的范围。

一、筹资方式

常见的筹资方式一般分为三类：①股权性筹资，主要有投入资本筹资、发行普通股筹资和留存收益筹资等方式，使企业依法筹集到能够长期拥有、自主调配运用的资本；②债务性筹资，是企业通过借款、发行债券、融资租赁及赊购商品或服务等方式取得的，在规定期限内需要偿还的债务；③混合性筹资，是同时具有股权性筹资和债务性筹资双重属性的筹资类型，包括发行优先股筹资、发行可转换债券筹资和发行认股权证筹资等。

（一）股权性筹资

股权性筹资是实现债务资本筹资及进行资产投资的基础，它包括内部股权融资和外部股权融资。①内部股权融资是企业内部通过留存利润而自然形成的，一般无须花费筹资费用，其数量通常由企业可分配利润的规模和利润分配政策决定。反映在资产负债表上，是留存收益转增资本。②外部股权融资，反映在资产负债表上则体现为股本或实收资本的增加(通常伴随资本公积的增加)。外部股权融资通常是指通过资本市场发行股票，主要有普通股和优先股两种形式。普通股是最基本的一种股票形式，它是股份公司依法发行的具有表决权、股利不固定的一类股票，它具有股票的最一般特征，每一份股权包含对公司财产享有的平等权利。而优先股是股份公司依法发行的具有一定优先权的股票，它优先于普通股股东分取股利和公司剩余财产。

（二）债务性筹资

债务性筹资是以负债筹资形成企业债务资本，是企业依法取得、依约运用、按期偿还的资本，也称为负债筹资。负债筹资也是企业重要的资金来源，没有多少企业靠自有资本而不动用负债就能满足资金需要。与股权性筹资相比，债务性筹资的特点是：资金具有使用上的时间性，需要按期偿还；不论企业经营好坏，需要按约支付利息，构成了企业固定的财务负担；但是其资本成本一般比普通股筹资成本低，且不会分散投资者对企业的控制权。

债务性筹资可以分为长期负债筹资（期限超过 1 年）和短期负债筹资（期限不超过 1 年），长期负债筹资主要有长期借款和债券等形式，短期负债筹资有短期借款和票据等形式。

（三）混合性筹资

混合性筹资是兼具股权性筹资和债务性筹资双重属性的筹资类型，包括发行优先股筹资、发行可转换债券筹资和发行认股权证筹资等。从筹资企业的角度，优先股股本属于企业的股权资本，但其与债券利率一样常是固定的；可转换债券在持有者转换为发行公司股票之前属于债务性筹资，转换后则属于股权性筹资；认股权证是公司向股东发放的一种凭证，授权其持有者在一个特定期间以特定价格购买特定数量的公司股票，认股权证的发行人主要是高速增长的、具有较高风险的小公司，由于直接发行债券需要较高的票面利率，通过发行附有认股权证的债券，能够以潜在的股权稀释为代价换取较低的利息费用。

二、筹资数量预测

筹资数量预测一般要考虑三个方面的因素：一是法律方面的限定，即注册资本限额的规定和企业负债限额的规定；二是企业经营和投资的规模，一般而言，企业经营和投资规模越大，所需资本就越多，反之，则越少；三是其他因素，包括利息率的高低、对外投资规模的大小、企业资信等级的优劣等。

筹资数量预测的方法有因素分析法、回归分析法和营业收入比例法等。

1. 因素分析法

因素分析法又称分析调整法，是以有关资金项目上年度的实际平均需要量为基础，根据预测年度的经营业务和资本周转加速的要求，进行分析调整，来预测资金需要量的一种方法。

这种方法计算比较简单，容易掌握，但预测结果不太精确，因此通常用于估算企业全部资本的需要额，也可以用于对品种繁多、规格复杂、用量较小、价格较低的资本占用项目的预测。采用这种方法时，首先应在上年度资本实际平均占用额的基础上，剔除其中呆滞积压等不合理占用部分；其次根据预测期内对销售增减百分比和资本周转速度变动率的要求进行测算。因素分析法的基本模型是

$$
\begin{aligned}
\text{资金需要额} = &（\text{上年度资本实际平均占用额}-\text{不合理平均占用额}）\\
&\times（1\pm\text{预测年度销售增减的百分比}）\\
&\times（1\pm\text{预测期资本周转速度变动率}）
\end{aligned}
$$

2. 回归分析法

回归分析法是基于资金需要额与营业业务量（如销售数量、销售收入）之间存在线性关系的假定建立数学模型，根据历史有关资料，用回归直线方程确定参数，预测资金需要额。其预测模型为

$$Y=a+bX$$

式中，Y表示资金需要额；a表示不变资金额；b表示单位业务量所需要的可变资金额；X表示营业业务量。

资金需要额包含不变资金和可变资金两部分。不变资金是指在一定的营业规模内不随业务量变动的资金，主要包括为维持经营而需要的最低数额的现金、原材料的保险储备、必要的成品或商品储备，以及固定资产占用的资金等；可变资金是指随业务量变动而同比例变动的资本，一般包括除最低储备以外的现金、存货、应收账款等所占用的资金。

3. 营业收入比例法

营业收入比例法是根据营业业务与资产负债表和利润表各项目之间的比例关系，预测各项目资金需要总额的方法。

例如，某企业每年销售 100 元货物，需有 20 元存货，存货与营业收入的比例是 20%，若营业收入增至 200 元，那么，该企业需有 40 元（200×20%）存货。

$$\text{存货资金需要总额}=\text{本年销售收入}\times\text{销售收入资金率}$$

式中，销售收入资金率根据上一年销售额与存货之间的比例，考虑管理要求而定。由此可见，在存货与销售收入比例既定的前提下，便可预测未来一定销售额下存货的资金需要总额。

营业收入比例法的主要优点是能为财务管理提供短期预计的财务报表，以适应外部筹资的需要，且易于使用。但这种方法也有缺点，倘若有关项目与营业收入的比例跟实际不符，以此进行预测就会形成错误的结果。因此，在有关因素发生变动的情况下，必须相应地调整原有的销售百分比。

三、货币时间价值

货币时间价值（又称资金时间价值），是指货币经历一定时期的投资和再投资所增加的价值，反映一定量资金在不同时点上价值量的差额。货币时间价值是指作为资本使用的货币在其被运用的过程中随时间推移而带来的那部分增值价值。在利润平均化作用影响下，货币时间价值是在没有风险和通货膨胀条件下的投资报酬。

因此，货币时间价值可以有两种表现形式：绝对数形式，即时间价值，是资金在生产经营过程中带来的真实增值额；相对数形式，即时间价值率，是指扣除风险报酬和通货膨胀率后的平均资金利润率或平均报酬率。

货币时间价值是指将资金当作投资资本在周转过程实现的价值增值。当其他条件不变时，货币时间价值大小与时间长短成正比。通常，在计算资金时间价值时，假设没有风险和通货膨胀，以社会平均资金利率代表货币时间价值。因此，需要理解货币时间价值和利息率的本质差异：实际的投资活动存在风险，市场经济条件下的通货膨胀是客观存在的，因此市场利率包含了货币时间价值、投资风险和通货膨胀等诸多因素。西方国家的一般做法是，在通货膨胀率很低的情况下，将风险最小的短期政府债券利息率作为无风险收益率，视为货币时间价值的替代指标。

货币时间价值的计算案例详见二维码。

第四节　团队组建与管理

一个成功的企业管理离不开优秀的团队，任何企业组织都是由一个个团队所组成的。对于企业而言，组建一支强有力的队伍极其重要。在组建团队时，必须明确任务，选择能力互补的团队人员，培养团队成员间协作共赢的团队意识，增进团队成员的归属感和认同感，充分发挥“1+1＞2”的团队合作作用。除此以外，建立团队内部的沟通机制和冲突处理机制也是必不可少的，在团队中形成民主氛围，在情感上相互信任，才能建立起团队组织最坚实的合作基础。

一、团队组建

（一）团队概述

管理学家斯蒂芬·P. 罗宾斯认为，团队就是由两个或者两个以上的，相互作用、相互依赖的个体为了特定目标而按照一定规则结合在一起的组织。团队成员的共同努力能够产生积极的协同作用，其团队成员努力的结果使团队的绩效水平远大于个体成员绩效的总和。团队和群体有着本质性的区别。群体可以向团队过渡，从群体发展到真正的团队需要一个过程和一定时间的磨炼。团队与群体的最大区别在于协作性，如图 12-5 所示。群体中的协作性是中等程度的，有时成员还有些消极和对立，而团队中的协作性很高，是一种齐心协力的氛围，如足球队是一个团队，而旅行团只是一个群体。

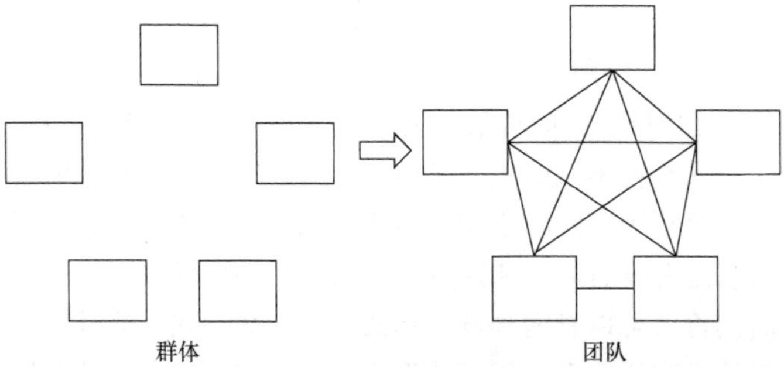

图 12-5　团队与群体的区别

人才是企业的第一资本，是工作团队中最宝贵的资源。企业目标是由团队成员来共同实现的，因此选择合适的人才是构建一个优秀团队的基础和保障。在团队中，要尊重人，要尊重每一位员工的个性，尊重员工的个人意愿，尊重员工的选择权利，所有的员工在人格上人人平等，在发展机会面前人人平等；为员工提供良好的工作环境，营造和谐的工作氛围，倡导简单真诚的人际关系，为优秀的人才创造一个和谐、富有激情的工作环境。只有创造良好的工作氛围，形成强大的团队凝聚力，才能让每一位团队成员都热忱投入、出色完成本职工作。另外，工作本身应该能够给团队成员带来快乐和成就感，在工作之外鼓励所有的员工追求身心健康，追求家庭的和谐，追求个人生活的幸福。而作为组织的管理者，应培养自己的管理团队，培养专业的、富有激情和创造力的队伍，让每一位员工都成长为全面发展、独当一面的综合型人才。

（二）高效团队的特征

高效团队是指发展目标清晰、完成任务前后的对比效果明显、工作效率相对一般团队更高的组织。高效团队的成员在有效的领导下相互信任、沟通良好，能够积极协同工作。影响工作团队成为高效团队的因素主要包括以下五个方面：拥有明确的团队目标、良好的团队精神、高素质的员工、一致性的承诺及优秀的领导者。

1. 明确的团队目标

员工工作如果没有愿景就会枯燥乏味，有愿景而没有实干只是一种空想，有愿景再加实干就能成为希望。高效的团队成员对愿景具有高度的认同度，同时团队对要达到的目标有清楚的认知，并坚信这一目标包含重大的意义和价值，成员能够自觉地认同肩负的责任，并愿意为此目标共同奉献。而且，这种目标的重要性还激励着团队成员把个人目标升华到团队目标。一个优秀的团队必然会制定一个或者一系列合理的目标，目标只有合适了，具有可行性，才能成为一个有效的目标，才会得到员工的认同，形成动力，才有可能实现团队目标。同时，目标不是喊出来的，是做出来的，管理者在确定目标后，要勇于实践，坚持到底，这样才能使目标发挥作用。

2. 良好的团队精神

团队自身要形成良好的团队精神。团队成员间要相互信任、高效沟通、良好合作，遇到困难要共同解决、勇往直前、绝不退缩。大局意识、协作精神和服务精神是团队精神的集中体现。团队成员间相互信任是高效团队的显著特征。也就是说，每个成员对其他人的品行和能力都确信不疑。只有信任他人才能换来他人的信任。同时，对于合作过程中遇到的问题，要有效沟通，及时解决。

3. 高素质的员工

一个高效的团队需要不同角色的人才，每一个团队成员都要扮演好自己的角色，只有角色互补才会形成高效的团队。团队成员需要有积极的工作态度，具备不同的专业知识、技能和经验。一个优秀的团队成员还应该学会系统思考，纵观全局，并保持危机意识，持续学习，持续成长。高效的团队是由一群有能力的成员组成的，他们具备实现目标所必需的技术和能力，而且相互之间可以良好合作，能出色完成任务。

4. 一致性的承诺

高效的团队中，成员对团队表现出高度的忠诚和奉献。为了能使团队获得成功，员工愿意去做任何事情，我们把这种忠诚和奉献当作一致性的承诺。对成功团队的研究发现，团队成员对他们所在团队具有认同感，他们把自己属于该群体的身份看作自我的一个重要方面。因此，承诺一致性的特征表现为对群体目标的奉献精神，愿意为实现这一目标而调动和发挥自己的最大潜能。

5. 优秀的领导者

优秀的领导者能够让团队跟随自己共同渡过难关，因为他能为团队指明前途所在，能向成员阐明变革的可能性，鼓舞团队成员的自信心，帮助他们更充分地了解自己的潜力。团队领导往往以身作则、身先士卒、凡事以团队利益为重，具有较强的协调与激励他人的能力，并懂得有效授权。同时一个优秀的领导者应该具备良好的沟通协调能力，能够及时了解团队的情况，及时解决潜在危机，保证团队发展壮大。

（三）团队角色

在团队中，每个人要认清自己并找准自己的位置，清楚自己在团队中应扮演怎样的角色，对自己进行准确定位。团队角色是指一个人在团队中的某一职位上应有的行为模式。其相关理论主要有两个：一个是马杰里森和麦卡恩的团队管理轮盘理论，另外一个是被广泛认同的是贝尔宾团队角色理论。

根据马杰里森和麦卡恩提出的工作模型，一般有九项关键性团队活动。团队成员在不同活动中的表现就产生了团队管理轮盘中的九种团队角色偏好（表 12-2）。

表 12-2　团队管理轮盘中的角色和职能

角色	职能
创造者/改革者（creator/innovator）	产生创新思想
探索者/倡导者（explorer/promoter）	倡导和拥护所产生的新思想
评价者/开发者（assessor/developer）	分析决策方案
推动者/组织者（thruster/organizer）	提供结果
总结者/生产者（concluder/producer）	提供指导并坚持到底
控制者/核查者（controller/inspector）	检查具体细节
支持者/维护者（upholder/maintainer）	处理外部冲突和矛盾
汇报者/建设者（reporter/advisor）	寻求全面的信息
联络员（linker）	合作与综合

（1）创造者/改革者。他们通常具有丰富的想象力，擅长提出新思想和新概念。他们具有很强的独立性，喜欢按照自己的节奏、方法工作和生活，并且总是能找出解决问题的突破性办法。

（2）探索者/倡导者。他们注重寻找思路并进行比较、归因。这些成员擅长从创造者那里挑选想法，并寻找可以促进这些想法生成的各种资源。但是，他们常常缺少耐心和控制技能来保证这些想法在细节上是可行的。

（3）评价者/开发者。他们有很强的分析技能，往往会在决策制定之前倾听，并尽其所能地对各种不同的想法进行分析与评估。

（4）推动者/组织者。他们能引导团队成员采取正确的工作方式，使大家注意团队的目标和首要任务。愿意建立操作性程序以便使这些想法能够成为现实，并将事情做好。

（5）总结者/生产者。他们一直跟踪到任务的最后期限，并且确保所有的任务最终完成。这种角色的成就感在于能够将常规性任务标准化。

（6）控制者/核查者。他们主要关心有关规章制度的建立和加强。他们擅长检查细节并避免错误事件的发生。他们具有很强的分辨能力，处理问题比较理智，希望所有的事实和数据都完整无缺。

（7）支持者/维护者。他们对工作团队提供支持。当团队与团队人员发生矛盾时为团队辩护。同时，他们也大力支持团队的成员。他们的工作目标是维持团队的稳定。

（8）汇报者/建设者。他们是很好的听众，不愿意将自己的观点强加于别人，更倾向在决策之前提供更多的信息。他们鼓励团队在决策前尽可能地搜寻更多的信息并且在防止团队匆忙做出决定方面有重要作用。

（9）联络员的角色由所有团队成员共同分担。该角色试图了解所有人的观点，尽量在团队成员之间建立协作关系。他们也认同其他团队成员对团队的贡献。在团队存有差异的情况下，他们积极尝试对人员和行动进行调整。

根据贝尔宾提出的团队角色理论，团队角色是个体在群体内的行为、贡献及人际互动的倾向性。一支结构合理的团队应该由八种角色组成，后来修订为九种角色。这九种团队角色分别如下。

（1）智多星。他们创造力强，充当创新者和发明者的角色；善于运用自己的想象力独立完成任务，标新立异；他们是独立的、聪明的、充满原创思想的，但是他们可能不善于与那些气场不同的人交流；想法比较激进，并且可能会忽略实施的可能性。

（2）外交家。他们善于和人打交道，是谈判的高手，并且善于挖掘新的机遇、发展人际关系；虽然他们并没有很多原创想法，不善于发掘那些可以获得并利用的资源，但他们性格开朗外向，所以无论到哪里都会受到热烈欢迎。然而，如果没有他人的持续激励，他们的热情会很快消退。

（3）审议员。他们态度严肃、谨慎理智，倾向三思而后行，做决定较慢；善于在考虑周全之后做出明智的决定，但他们对过分热情的人有着与生俱来的免疫力。

（4）协调者。他们能够凝聚团队的力量向共同的目标努力，能够很快发现对方的长处，并且通过知人善任来达成团队目标。虽然他们并不是团队中最聪明的成员，但是他们拥有远见卓识，并且能够获得团队成员的尊重。

（5）鞭策者。他们是充满干劲、精力充沛、渴望成就的人，有进取心、性格外向、拥有强大驱动力；在行动中如遇困难，他们会积极找出解决办法；在面对任何失望和挫折时，他们倾向显示出强烈的情绪反应。然而他们对人际不敏感，好争辩，缺少对人际交往的理解。

（6）凝聚者。他们性格温和，观察力强，擅长人际交往并关心他人；他们作为最佳倾听者，在团队中很受欢迎，并且灵活性强，能够适应不同的环境。然而在面对危机时往往优柔寡断。

（7）执行者。他们努力工作，并系统化地解决问题，有强烈的自我控制力及纪律意识；注重将自身利益与团队紧密相连、较少关注个人诉求。然而，他们可能会因缺乏主动而显得一板一眼。

（8）完成者。他们坚持不懈、注重细节，并不太需要外部的激励或推动；他们无法容忍态度随意的人；完成者并不喜欢委派他人，而是更倾向自己来完成所有的任务。他们一般由内部焦虑所激励，但表面看起来很从容。

（9）专业师。他们专注于维持自己的专业度及对专业知识的不断探究，将绝大多数注意力都集中在自己的领域，因此他们对其他领域所知甚少。

二、团队沟通

一个企业的生存和发展需要的是能够与他人有效沟通、积极创造的员工。因此，一个合格的员工应不断提高人际交往能力，掌握沟通技巧，协调好各部门之间的关系。沟通是促进团队协调，便于团队相互学习的重要因素；沟通是团队成员建立相互信任、建立良好人际关系必备的能力。团队成员只有进行有效的沟通，才能在实现组织目标的过程中做到相互协调和配合，才能提高自己的效率。

管理者需要每天将 70%～80%的时间花在“听、说、读、写”的沟通上。管理者要善于为团队成员提供沟通机会，创造沟通渠道，鼓励团队成员进行充分沟通。管理者只有使团队成员积极发表意见并参与讨论，才能让决策得到大多数人的认同，才能激发所有成员的力量，让他们心甘情愿地倾力合作。低效的沟通就像在团队沟通中附上一张过滤网，它会不知不觉地将信息和任务安排过滤掉 80%，最后只能有 20%的执行效果。因此，团队领导者一定要通过各种沟通方式，及时采取行动，让团队沟通畅通无阻、信息传达完整无误、任务执行及时准确。

领导者要想提高团队沟通能力应从以下几个方面来入手，并通过掌握沟通技巧来不断提高沟通能力。

1. 询问情况

一个优秀的领导者，会积极询问团队成员情况，对于不同的团队成员，使用不同的沟通方式。

2. 聆听员工想法

在沟通过程中，一个优秀的领导者会集中注意力，认真倾听员工的想法，并且准确理解员工的意图。在倾听过程中，领导者要有耐心，不要随意插话，不要妄加批评和争论，但可以使用赞许性的点头和恰当的面部表情。领导者也可以适当提出自己的意见，以显示自己不仅在充分倾听而且在思考，让员工感受到你的真诚。

3. 提供明确信息

在沟通过程中，语言文字运用恰当与否会直接影响沟通的效果。使用语言文字时，要简洁明确，叙事要言之有理、条理清晰、富于逻辑性、措辞得当、通俗易懂，不要讲空话和套话。

在与员工进行非专业性沟通时，领导者应少用专业性术语，可以借助手势语言和表情动作来增强沟通的生动性和形象性，使对方容易接受。

4. 建立员工自尊

有效的沟通一般建立在尊重对方的基础之上。在很多情况下，未能准确理解对方的意思、同理心的缺失、未能够换位思考等是导致沟通受阻的重要因素。而在团队沟通中，领导者沟通就显得尤为重要，切忌讽刺挖苦、过分或不恰当的询问，掌握批评的艺术，把握好原则，更不能以损害尊严为代价；同时，领导者在说服成员时，切忌发号施令，命令、威胁他人，要有理有据，可以通过故事、案例或数据来达到说服的目的；在沟通过程中，用真诚去营造融洽的沟通氛围将更有利于沟通。

5. 反馈并提供支持

倾听表达过后，能否达到有效沟通的最后一个环节就是反馈，及时对员工提供支持。一个优秀的领导者，需要广开言路，让团队成员畅所欲言；要建立沟通的反馈机制，不管是谁的意见或问题，只要摆到台面上，大家都要给予反馈，不能敷衍了事；在沟通过程中，领导者要善于抓住表达中的要害，及时发现好的想法，多给予员工建设性的意见，全力帮助员工实现工作计划或理念；对于好的想法和见解，领导者要多给予肯定和认可，鼓励员工积极沟通。针对不同的情况和不同的人员，管理者可以采取正面认知、修正性反馈、负面反馈和没有反馈等方式。

三、团队冲突管理

在组织中或者群体中，由于个人之间或者群体之间有着不同的观点、立场和利益，往往会有冲突的存在。冲突是组织中不可避免的一种现象。传统的观念认为，冲突是群体功能失调的表现，对组织绩效只有消极的破坏作用，如妨碍人与人之间的沟通和协调等。现在，更多的人认识到冲突对组织绩效的作用可以是促进的，如冲突可以使问题明朗化，促进问题的解决，使得冲突双方互相理解，甚至使团队做出更好的决策等。团队需要维持一定的冲突水平。

通常，冲突的处理方式有五种，如图 12-6 所示，这五种方式是以对自我的关注度和对他人的关注度高低来进行划分的，也称为托马斯–基尔曼模型。自我关注度越高，追求个人目标的武断程度越大；而关注他人的程度越高，则合作的程度越大。五种人际冲突处理方式代表了武断性和合作性的不同组合。

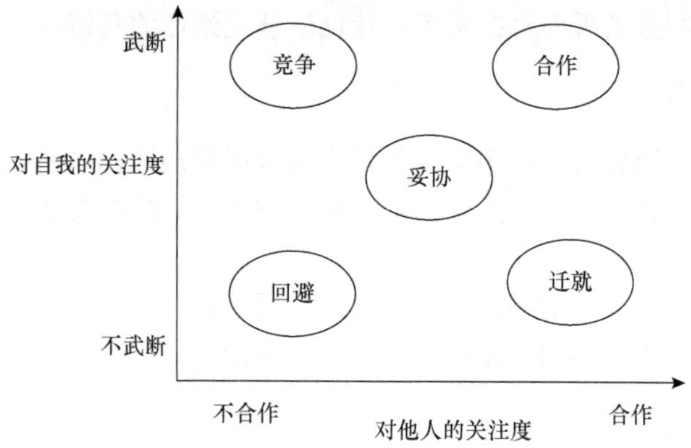

图 12-6　托马斯–基尔曼模型

1. 回避方式

回避方式是指不武断和不合作的行为。个体通过这种方式来远离冲突、忽视争执。在很多情况下，为了避免那些引起争议的观点，个体会采取回避的方式，有规则时引用规则，反之，让其他人自由做出决策，不管情况如何，个体都觉得不重要。

在大多数情况下，如果尚未解决的冲突影响到目标的实现，回避方式将对组织产生消极影响。然而，当问题很细小不值得耗费时间和精力去面对冲突，或没有足够的信息来有效地解决冲突，或其他人可以更有效地解决冲突时，适当地回避是恰当的。

2. 竞争方式

竞争方式是指武断但不合作的行为，即不考虑其他人，运用强制方式达到自己的目标。这一方式将帮助个体达到个人目标，但会导致他人对个体有不利的评价。采用竞争方式的个体一般会采取直截了当的态度，无论对方是否喜欢，都会极力迫使他人赞同自己的主张。同时，在争论过程中，个体会始终坚持己见，坚持自己对某个问题的解决方案，不去理会他人的观点。

强制倾向的个体相对比较偏执，认为冲突解决意味着非赢即输。在处理冲突时，强制方式的管理者会运用降级、解雇或否定的绩效评价，或通过其他惩罚手段来使他人服从。在与同事发生冲突时，强制倾向的个体会通过向管理者求助来尽可能按照自己的主张行事。

虽然强制解决冲突可能会带来一定的负面效应，但在某些情境下竞争方式可能是必要的，如紧急情况需要迅速采取行动时；为了组织的长期有效和生存必须采取不受欢迎的行为时；个体需要采取行动来保护自我和阻止他人利用自己时。出现以上这些情况时，竞争方式是必要的。

3. 迁就方式

迁就方式是指合作而不武断的行为，即对其他人的愿望表示服从，以寻求双方关系的长期稳固。对于非原则性的重大问题，采用迁就方式的个体会通过寻求共同之处来缓和冲突。在一定程度上，采用迁就方式的个体会以牺牲个人目标来维持与对方的良好关系，为了使其他人高兴，会采取完全赞成的态度。

迁就方式仅仅通过掩饰个体情感来解决冲突，效果并不是最佳的。当个体处于潜在情感冲突，通过掩饰来使情境变得安全时，在短期内保持协调和避免分裂格外重要时，冲突主要基于个体的人格而且不能轻易消除时，迁就方式在短期内会比较有效。

4. 合作方式

合作方式是指高度合作和高度武断的行为，即个体运用合作方式使共同的利益最大化。采用合作方式的人，能够深入研究一个问题以找出对大家都有利的新方案，来加强双方之间的合作。运用合作方式的个体乐意告诉他人自己的想法，并且会积极主动地采纳他人的观点，寻找一个对双方有益的方案。

在以下情况下，合作方式是最为有效的冲突解决方式：①有充分的组织支持，通过投入必要的时间和精力来用这种方式解决争端时；②个体中有充分的权力均势且能够相互影响，无须顾及上下级关系时；③从长远来看，双方通过互利共赢来解决争议时；④想要通过个体差异来开展工作，形成“1+1＞2”的效应时。

5. 妥协方式

妥协方式是指中等水平的合作和中等性武断的行为，只是一种被广泛使用和普遍接受的解决冲突的方法。双方在进行平等交换时，会做出一系列的让步行为，以便不损害另一方的利益。退一步海阔天空，当他人想迁就我时，采用这种方式的个体会适当做出让步。

在很多情况下，个体都需要同他人妥协折中，而这种方式在很多时候将更可能被积极地评价。妥协基本上被视为一种合作性的“退让”，是一种实用主义的解决冲突的方法，有助于在未来保持良好的合作关系。

妥协方式不能用于冲突解决过程的早期，主要因为以下三点。第一，相关的个体很可能在被宣称的争端上而不是实际的争端上折中。冲突中提出的第一个争端往往不是真正的争端，所以过早的折中将妨碍对真正争端的全面分析或探究。第二，当折中不是最好的决策时，它对所有或部分的情境是不适合的。第三，接受一个最初的主张比寻找一个使所有相关的个体都满意的方案要简单得多。与合作方式相比，妥协方式没有使双方的满意最大化，仅仅获得了部分的满意。因此，妥协方式只有在冲突双方达成一致时比较适宜采用。

第五节　竞 争 情 报

竞争情报是关于竞争对手、竞争环境和竞争策略的情报研究。竞争情报既是一个连续的情报研究过程，也是一个智力增值的情报产品。竞争情报工作是指在市场竞争中，人们用符合职业道德的方式收集、分析和传播有关经营环境、竞争者和企业本身的准确、相关、具体、及时、前瞻性及可操作性的情报，提高自己的竞争效率和效益。

在市场经济环境中，商场就像战场，竞争情报相当于战事中的军事情报，关乎企业的生死存亡。企业若想在竞争中立于不败之地，必须建立竞争情报体系，深入开展竞争情报工作，提高自己的竞争实力。

一、竞争情报概述

竞争情报是企业在法律和商业道德范围内从事的，主要为企业战略管理服务的，以提高企业竞争优势为根本目的的信息行为。它从信息收集中获得知识增值，影响公司的竞争优势，主要为管理者提供信息原材料、决策产品或半成品，从而帮助管理者做出最利于企业的决策。

这个定义包含以下几层含义：①情报工作必须在法律和道德允许的范围内，与间谍等非法行为有本质的不同；②情报工作与战略管理紧密联系，表明了信息行为服务的范围和目的；③竞争情报收集主要为影响企业竞争优势的信息，包括竞争对手信息和竞争环境信息，竞争环境是指用户、供应商、销售商、技术及政策法规等对企业竞争影响较大的方面；④竞争情报是一个智力增值过程，通常在信息原材料的基础上增值，为管理者提供决策方案或决策半成品；⑤体现出竞争情报成果的行动性，即竞争情报能够指导管理者行为，管理者决策依赖竞争情报。

二、竞争情报的作用

企业间普遍存在着竞争关系，竞争情报对企业起着重要的作用，企业间竞争需要情报，反之，情报又使企业间的竞争更加激烈，促进企业的发展。要意识到竞争情报对企业发展有很大的促进作用，这一点非常重要。

1. 辅助决策作用

做决策主要依据竞争情报。决策者通过收集、分析和处理竞争情报，减少或排除对客观环境认识上的不确定性、未知性、疑惑性、复杂性，清楚地认知企业所处的客观环境，看清形势，把握机遇，做出正确的决策判断。因此，一个企业要做出正确的决策，没有大量的竞争情报的支持，很难做到科学准确。只有利用竞争情报，才有可能做到决策正确，最终实现企业预期目标。

对一个企业来说，外部环境中的技术、经济及政治等因素的变化，都可能对企业的利益乃至生存产生重大影响。企业决策者如果能阅读早期预警信号，发现并预知这些可能的变化，就可以预先采取相应的措施，避开威胁，寻求新的发展机遇。这种能力在当今社会变得越来越重要。因此，竞争情报研究既是决策系统的要素，也是决策的基础和前提，贯穿于整个决策过程。

决策指导着企业的后期经营行为，是企业经营活动中的重要环节，对企业经营活动的成功有巨大的影响。决策的正确与否，直接决定企业的前途，每一个企业管理者都致力于做出科学的决策。在决策的过程中，竞争情报具有重要的作用。企业管理者面临重大决策时，都要有一个思考的过程，这个过程就是收集、分析情报信息并做出实施方案。尽管这一过程是处于“纸上谈兵”的思维、筹划过程，但其对将要实施的方案具有举足轻重的作用。

例如，20 世纪 80 年代，生产机械表的洛阳手表厂受到电子表和全国手表降价的冲击，一度积压 60 万只手表，成了行业亏损大户，企业濒临倒闭。后来企业一改不重视竞争情报的作风，积极了解国内外市场，并发现在东南亚、西亚和北非等地区仍旧以机械表为主，于是果断做出决策，产品由内销转外销，当年出口 46 万只，一举扭亏为盈。进入 20 世纪 90 年代，洛阳手表厂通过自己的竞争情报网络获悉国内坤表机芯出口滞销、石英电子表走俏的情报，决定暂停坤表生产，开发石英表。但是时隔不久，他们在进行情报信息分析时发现，日本将要向国际市场降价抛售大量石英表，而我国国内石英表的生产成本高，如果按照原计划，企业石英表的出口显然处于劣势。于是及时调整产品结构，仍旧以坤表为主，结果当年出口坤表几十万只，获得了良好的经济效益。

2. 环境监视及预警作用

为了在激烈的竞争环境中生存和发展，企业必须具有强烈的市场竞争意识，善于观察竞争态势，最重要的是要拥有善于收集、分析和使用竞争情报的能力。

企业或企业生产的产品面临着来自市场的持续压力和挑战。迎接挑战的最佳方法之一就是“知己知彼”。例如，某企业在开发一种产品之前，要先了解市场需求，同时必须了解有哪些企业也在生产和销售这一产品，要深入分析自己可能面临的机遇和威胁，然后才能决定是继续应对挑战还是另辟蹊径。盲目经营只会被市场的大潮淹没。而正在畅销或处于高潮期的产品同样面临竞争，随时会面临滞销或衰退的情况，要想持续畅销，必须依靠竞争情报。通过竞争情报，企业能迅速掌握市场需求、产品结构、生产厂家等方面发生的一系列变化，提前预料企业将面临的威胁。

竞争情报对环境的监视作用，可以帮助企业预测市场上的威胁，从而使企业能够预先采取相应的措施，远离威胁，寻求新的发展机遇。例如，1994 年，我国有 11 家公司与日本松下公司联合投资建成录像机生产线。可是，由于数字视频光盘（video compact disc，VCD）技术的兴起，录像机没有了销路，刚刚建成的 45 条生产线也被闲置，中日双方损失惨重。其实，VCD 技术在生产线建成的前几年已经兴起，如果能够借助于竞争情报工作监测技术环境，这种损失就有可能得到避免。

3. 市场营销的导向作用

现代企业所处的竞争环境是动态的，企业要想在激烈的市场竞争中遥遥领先，就必须了解市场，制定出正确的市场销售战略，准确分析产品的营销环境。

现代企业面临的是动态竞争环境。企业要想在激烈的市场竞争中击败对手，就必须在拥有一定市场信息量的基础上，制定市场销售战略，正确分析产品的市场营销环境，了解竞争对手的营销策略、营销定价、市场份额及在营销中争夺用户的方式与方法，随时掌握瞬息万变的市场动向，提高应变能力。

市场信息是产品销售与产品价值实现之间的纽带。企业产品要想进入并占领市场，占据市场份额优势，只有竞争情报才能帮助其精准定位。例如，根据国家有关部门对汽车加油站、出租车等部门自动计税的要求，湖南计算机股份有限公司（现为长城信息产业股份有限公司）通过研究市场，正确地分析市场，成功地研制了 HCC188 加油机税控计量器和 HCC168 出租车税控计价器，产品供不应求，该企业经济效益大幅提升。

4. 技术跟踪作用

产品竞争是企业的基本竞争，归根结底是技术竞争。随着科技的发展和技术创新的加快，技术产业化的速度迅速提高，大大缩短了产品的生命周期。企业如果不及时发展相关技术，预测技术发展趋势与变化，就可能被市场淘汰。只有通过技术创新才能使产品不断更新，并适应市场需求的变化。特别在知识经济时代，技术更是增强企业竞争优势的重要因素。竞争情报通过追踪行业的最新科技发明和科学技术，可以及时发现企业现有产品受到的冲击，从而积极开发新技术，研究新产品，使企业在市场竞争中占有先机。

企业的技术竞争战略一般分为技术领先战略、技术追随战略和技术替代战略。无论采取何种战略，公司都需要敏锐的技术触觉，以及强大的技术创新和消化吸收能力。通过跟踪和分析影响企业生存与发展的相关技术发展动向，可及时发现企业现行产品受到的新技术的冲击，预测技术发展趋势对企业竞争力的影响，从而使企业未雨绸缪，在市场竞争中占有先机。

例如，世界著名的日本大型豪华游轮“水晶和谐号”的设计师在正式设计之前，与另外两位设计师一起，在全球乘坐不同的豪华游船游览，每天晚餐前，他们对豪华游轮上的餐厅布置拍照。晚饭后，他们去数酒吧、舞厅、甲板、躺椅、游泳池里的人数，对一切可以看到的现象都加以记录，然后把收集到的数据输入数据库，留作技术设计时使用。经过一年的旅行和竞争情报的收集工作，设计了“水晶和谐号”游轮。

5. 分析竞争对手和制定竞争战略的作用

竞争对手决定行业竞争的激烈程度并直接影响行业的性质。通过分析竞争对手，一方面，可以了解每个竞争对手的战略和目标，了解其优势和劣势，以及竞争反应模式；另一方面，可以识别出行业竞争的特点及其原因，从而制定企业的竞争战略。

分析竞争对手的过程如下：首先识别出谁是直接竞争者、谁是潜在竞争者；其次收集和分析竞争对手的信息，了解他们可能采取的战略行动及成功的希望，各竞争对手对其他公司的行动倾向可能做出的应对措施，以及各竞争对手对可能发生的行业变化和环境变化做出的应对等。

潜在的竞争对手分析需要回答如下问题：①在行业中谁是潜在竞争者，应采取怎样的措施；②竞争对手战略行动的意义是什么，如何应对；③应当规避哪些措施，以防止竞争对手做出情绪化的极端反应。

6. 标杆学习的作用

企业可以通过竞争情报活动，学习新的管理理念及管理模式和先进的技术。一方面，可以避免思维僵化；另一方面，可以吸取竞争对手的经验教训，从而使自身获得更快发展。

标杆学习的作用有以下几个方面：学习逆向工程的技术，加速技术创新，提高技术创新的成功率；通过标杆比较，以最佳实践、最佳做法为基准，学习其优秀的管理方法和管理手段。

例如，美国著名零售商沃尔玛公司的创始人沃尔顿善于以竞争对手为标杆，从竞争对手的得失中学习。他了解到消费者对自己的竞争对手、零售巨头西尔斯公司不满意，是因为西尔斯公司的商品存货经常不足。他通过进一步了解发现，西尔斯公司商品存货不足的原因是它的储运系统较差，于是沃尔顿决定建立一流的储运系统。为此，沃尔玛公司建立了私人卫星通信系统。同时，沃尔顿又发现当时美国最成功的零售商彭尼公司，在员工中提倡团队精神，公司员工视彼此为合作伙伴，实行股票期权分红制，这些对员工有很好的激励作用，于是他也在本企业内推行。此案例表明，沃尔顿既善于向竞争对手的成功经验学习，也善于从竞争对手的失败教训中学习，从而在市场上取得巨大的成功。

7. 保障信息安全的作用

对一个企业来说，既要想方设法得到竞争对手的情报，又要保护好自己的信息不被获取，这是当今企业面临的重大竞争情报课题，即竞争情报和反竞争情报。

如今的市场经济下，形成了多元的利益格局，利益驱动机制也得到强化，各种非法侵犯商业机密的事件层出不穷。我国也面临严重的态势，如景泰蓝、宣纸等核心技术的泄露给企业和国家造成了重大的经济损失，影响恶劣。

因此，企业竞争情报工作要做好反竞争情报工作，宣传和培养员工的保密意识，同时应制定相关的管理制度和技术措施，多方面进行防范，确保企业的信息安全。

竞争情报的内容和策略详见二维码。

思考与练习

1. 企业战略的类型包含哪些层次？
2. 如何进行市场细分？
3. 常见的筹资方式有哪几种？
4. 如何理解货币的时间价值？
5. 高效团队具有哪些特征？
6. 如何处理团队中的冲突？

拓展阅读

第十三章　ERP 沙盘

ERP 沙盘有物理沙盘和电子沙盘两种形式。ERP 物理沙盘通过一系列实物教具展示了生产制造企业的运营过程。ERP 电子沙盘则通过企业经营模拟软件和互联网技术支持企业间的模拟对抗。本章将详细介绍 ERP 沙盘的基本概念、模拟企业的人员分工与角色定位，从年初运营、日常运营和年末工作三个方面系统介绍模拟企业的运营流程及财务报表的编制过程。

学习目标

- 了解 ERP 沙盘类别
- 掌握企业运营流程
- 掌握财务报表的编制

知识结构图

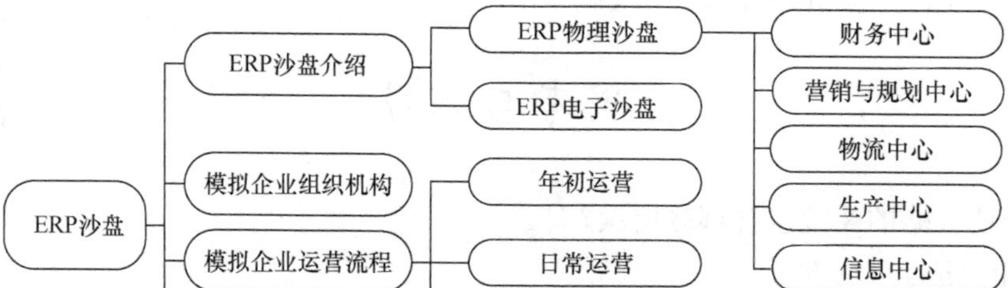

第一节　ERP 沙盘介绍

“沙盘”一词来源于军事学，通过沙盘可以清晰地模拟出真实的地形地貌，因而在战争中得到普遍的运用。ERP 物理沙盘则可以清晰地模拟出企业的各种组织结构与运营过程。模拟沙盘按照制造企业的职能部门划分了职能中心，包括财务中心、营销与规划中心、物流中心、生产中心及信息中心。

一、ERP 物理沙盘

（一）财务中心

财务中心在盘面上包括资金中心和综合费用中心两部分。资金中心包括现金池、应收账款、长期贷款、短期贷款和其他贷款等部分。在企业经营过程中，产生的设备维修费、生产线转产费、厂房租金、行政管理费、广告费、市场开拓费、产品研发费及其他费用都必须计入综合费用中心。此外，在产生了销售盈利的情况下，缴纳的上年税金也应计入综合费用中心。

1. 现金池

现金池容纳代表企业现金的灰币，每个现金币代表 100 万元，记为 1M，用于公司日常运作。此处只能放置由应收账款、贷款和贴现得到的现金，以及由销售订单所得到的现金收入。

2. 应收账款

应收账款是指企业在正常的经营过程中因销售商品、提供劳务等业务，应向购买单位收取的款项，包括应由购买单位或接受劳务单位负担的税金、代购方垫付的各种运杂费等。当企业按照销售订单交货时，要根据订单上的账期将销售所得款放在相应账期的位置上，企业每运营完一个季度，就应将应收账款向前移动一个账期，等到账期为零时就应拿着应收账款到登记单处领取现金。

3. 长/短期贷款

长期贷款的最长期限为五年，年息为 10%，每年年底付息，到期还本。短期贷款是指一年以内的贷款，每个季度开始都可以贷款，年息为 5%，到期时一次性还本付息。长/短期贷款的总贷款额度是权益的 2 倍。在 ERP 沙盘模拟实训中，不必把现金放到“长/短期贷款”位置。例如，某企业借到 1000 万元的短期贷款，财务总监应把借来的钱放在现金位置，然后将 1 个空桶倒放在“短期贷款”相应的账期位置。与应收账款一样，企业每运营完一个季度，就将空桶前移一个账期，账期为零时，则是该还贷款本息时，财务总监就会拿着现金去银行还贷。

4. 其他贷款

民间个人贷款也是一种融资方式，一般不采用，因其成本比较高。只有企业现金短缺且贷款额度已满又没有应收账款或厂房可以贴现时，企业才会考虑这种融资方式。与短期贷款不同的是，民间个人贷款在每个季度的任何时间都可贷可还，其余操作与短期贷款相同。

（二）营销与规划中心

营销与规划中心在盘面上是市场部的体现，主要包括产品研发、市场开拓和质量认证等工作内容。

1. 产品研发

生产经营过程中，生产线可生产四种产品，即 P1、P2、P3、P4。一般除了 P1 产品外，其余三种产品需要企业自己研发，且需要一定的研发周期和研发费用。研发期间应将研发费用放入相应的产品生产线资格位置，研发完成并取得生产资格认证后，将生产资格认证标志放入相应的位置。

P1 为最初级的产品，无须研发周期和研发费用，可直接投入生产，所需原材料简单，但价格相对便宜；P2 产品为企业视情况而考虑的是否研发的产品，它需求量大且研发费用相对低，需要两种材料但销售价格比 P1 高；P3 产品属于高级产品的一种，它需求量较小且研发费用相对高，需要复杂的原材料，但利润丰厚；P4 产品属于终极产品，它需求量小且研发费用高，所需原材料多而复杂，利润较 P3 略少。

2. 市场开拓

市场分类相对简单，目前模拟经营中共有 5 种市场，每种市场均可销售 4 种产品，但价格、需求量各有不同，质量要求也不同。除本地市场外，区域市场、国内市场、亚洲市场和国际市场都需要企业自己开发，并且每高一级市场所需的开发费用都要比低一级市场所需的开发费用多 100 万元，时间多 1 年。

本地市场不需要研发周期，已拥有本地市场准入资格。从第一年开始便可直接在本地市场进行广告宣传，争取客户订单销售产品。

区域市场需要一年的研发周期，之后第二年便可获得区域市场准入资格，并将资格证放置在区域市场准入资格相应区域。此后可在区域市场进行广告宣传，争取客户订单销售商品。

国内市场需要两年研发周期，研发累计两年后可获得国内市场准入资格，并将资格证放置在国内市场准入资格相应区域。此后可在国内市场进行广告宣传，争取客户订单销售产品。

亚洲市场需要三年研发周期，研发累计三年后可获得亚洲市场准入资格，并将资格证放置在亚洲市场准入资格相应区域。此后可在亚洲市场进行广告宣传，争取客户订单销售产品。

国际市场需要四年研发周期，研发累计四年后可获得国际市场准入资格，并将资格证放置在国际市场准入资格相应区域。此后可在国际市场进行广告宣传，争取客户订单销售产品。

3. 质量认证

同现实市场环境一致，随着市场的开拓，广大消费者对质量的要求越来越高，要想获得更好的经营效果，每家企业都必须在产品质量上下功夫，以便占领更多市场份额，这就是 ERP 沙盘模拟中的 ISO 认证。ISO 认证需要花费时间并且花费一定的费用。

ISO9000 资格认证需要两年研发周期，当研发完成后放置 ISO9000 资格认证在盘面相应位置,就可以争取需要 ISO9000 资格认证的产品订单。在实训的相关表格中 ISO9000 记为 9K。

ISO14000 资格认证需要三年研发周期，当研发完成后将 ISO14000 资格认证放置在盘面相应位置，就可以争取需要 ISO14000 资格认证的产品订单。在实训的相关表格中 ISO14000 记为 14K。

（三）物流中心

盘面上的物流中心对应企业采购和仓储部门。物流中心主要包括原材料订单、原材料库和产品库三个部分。ERP 沙盘模拟中一共有四种原材料，分别是 R1、R2、R3、R4。每一种原材料的单价都是 100 万元。

R1、R2 原材料订单在一个季度后可直接购回订购的原材料，并移动至 R1、R2 原材料库待用；R3、R4 原材料订单只能在一个季度后向上推进放置在在途小车的标识上，第二季度购回订购的原材料，并移动至 R3、R4 原材料库待用。

（四）生产中心

生产中心主要包括大厂房、小厂房和各类生产线。购买大厂房、小厂房所用资金应放入“大厂房”“小厂房”旁边的相应位置，作为固定资产，且不得随意移动固定资产的资金。大厂房可安装六条生产线，小厂房可安装四条生产线。可安装的生产线包括手工生产线、半自动生产线、全自动生产线及柔性生产线。企业可根据本企业的需要，任意选取并进行投资和安装，一旦安装则不可以随意移动位置。

（五）信息中心

信息中心主要包括企业生产工艺流程和信息化投资，以及模拟经营过程中得到的商业情报等。

二、ERP 电子沙盘

物理沙盘是使用手工教具进行企业模拟经营操作的沙盘形式。物理沙盘具有操作性强、直观、易于操作、趣味性强的优点，但容易出现错误操作和不规范行为。电子沙盘采用计算机的形式进行模拟对抗，具有规范性强、评判公平、有助分析等优点，但是由于缺少直观性，经营过程容易出现失误。基于物理沙盘和电子沙盘的各自特点,教学中常常采用两者结合的形式进行。传统的 ERP 沙盘介绍详见二维码。

大数据、人工智能、云计算等为代表的新一代信息技术的发展，促进了企业向数字化和智能化的转型。传统的 ERP 沙盘主要是通过信息化手段，对业务流程进行优化、固化和自动化。数字经济的到来，也使消费者需求、商业模式、经营边界等发生了深刻变化。这些都促使 ERP 沙盘从信息化向数智化的转变，增加对海量数据的智能分析能力，为决策者提供更具前瞻性的决策支持和客户洞察。

新道科技股份有限公司的数智化沙盘是一种基于大数据、人工智能和云计算技术等新一代信息技术的管理信息系统。它通过还原一个制造企业数智化转型中的真实场景，不仅考察参赛选手的经营智慧和团队合作能力，还考察参赛者在数智化转型背景下的市场调查与分析能力、大数据管理应用能力等。

在数智化的商业模式下，企业的业务流程和运营模式都发生了很大的变化。该沙盘总结了数百家企业数智化的实践经验，提炼出沙盘企业的四类数智化场景。

（1）网络营销。相对应传统的订货会，网络营销是数智化沙盘为企业开辟的第二条销售渠道。它的门槛低，不需要企业的渠道资格、ISO 资质等。以客户流量为资产，在流量决定一切的规则下，由会员指数与广告投放量共同决定销售额。价格相对较高，可以直接面对用户市场。而且无账期，收货后立即回款。这种线上线下相结合的营销方式，为企业开创了一种全链路的营销模式。由大数据看板展示所有的营销相关数据，并驱动决策。

（2）智能制造。企业的智能制造转型成功后，对外实现与供应商的高度协同，原材料的订货周期变为零，缩短了生产等待期；企业内部则实现了生产的高度柔性，转产周期和费用被取消。实现了智能排产、智能配料、智能调度、智能更新图纸，大幅提高了工作效率。在智能制造的生产模式下，用户选择多条产线并确定要生产的产品后，这些产线就可以自动购买原材料，自动进行工人排产、原材料收货，以及自动转产和开始生产。

（3）数字化人力资源管理。企业进行数智化人力转型成功后，沙盘会开放两个新的管理场景。一是智能招聘。系统的 AI 助手会根据生产总监提出的工人需求，自动筛选符合条件的工人，并按照效率月薪比进行排序，为管理者提供决策支持。二是智能定薪。AI 助手会根据所有工人的工资中位数和实践情况，给出合理的推荐工资。

（4）智能财务管理。沙盘推出了智能财务机器人进行风险管控，并强化财务岗位的分析能力，提升财务总监的决策水平。智能财务机器人会基于企业的实时经营数据，从债务风险、现金流风险和盈利能力风险等三个方面实时抓取各项所需数据，采用杜邦体系进行实时评估。一旦评估结果超出给定的标准，则确定风险等级，并以不同颜色给出企业经营风险预警。

第二节　模拟企业组织机构

企业要正常运行，必须有相对稳定的业务流程，而任何一个业务流程都离不开组织的机构设置与分工。有了不同层面的角色与分工，才能保证业务流程有序高效地进行。ERP 沙盘模拟企业以生产制造企业为例，采用简化的企业组织机构，由总经理室、市场部、生产部、采购部、财务部、信息部组成。实训课程可由 4～5 个人分别担当总经理、市场部经理、生产部经理、采购部经理、财务部经理及会计人员等角色。

1. 总经理

总经理是企业的灵魂，对企业的发展起决定作用，企业重大决策均由总经理最终做出。总经理的主要职责有制定企业发展战略、进行竞争格局分析、制定业务策略、确定企业经营指标、开展全面预算管理、管理企业团队协同、进行企业绩效分析和业绩管理、进行授权管理与总结等。

2. 市场部经理

市场部经理是指企业中负责市场运营工作的高级管理人员，对于制造型企业来说，市场决定着企业的命脉，它决定着销售收入和企业的经营成果。市场部经理的主要职责是进行市场调查、分析市场的竞争格局、制定市场进入策略、参与制定品种发展策略、制定广告宣传策略、制订销售计划、参与产品定价、争取订单与谈判、签订合同与过程控制、按时发货与应收账款管理、进行销售绩效分析等。

3. 生产部经理

生产部经理往往拥有丰富的生产管理协调经验，熟悉所在行业的生产过程，熟悉原材料的供应渠道，熟悉生产规程及质量标准，具备良好的生产经营管理理念。生产制造是企业的核心部分。生产部经理既是生产计划的制订者，又是产品生产的制造者，还是生产过程的监督者，通过计划、生产、控制等措施实现企业资源的最优配置，创造企业利润。生产部经理的主要职责是编制生产计划、组织产品研发、管理体系认证、固定资产投资、平衡生产能力、生产车间日常管理、产品质量保证、成品库存管理、产品外协管理等。

4. 采购部经理

采购部经理是为其他部门供应物资、为企业节省成本的重要职位。采购部经理是采购部门的总负责人，直接对总经理负责，需要在采购领域具有良好的业绩和职业道德记录，分析能力强，具有优秀的谈判技巧和供应商管理能力。采购是企业运作的基础，服务于生产制造环节，现代制造企业供应链管理已成为公司核心竞争力的一部分。采购部经理的主要职责是编制采购计划、分析物资供求变化、寻找与选择供应商、与供应商谈判、签订采购合同、监控采购过程、到货验收、仓储管理、采购支付方式选择、与财务部协调、与生产部协同等。

5. 财务部经理

财务部经理是现代公司中最重要、最有价值的顶尖管理职位之一。财务部经理的主要职责是做好企业资金预算、制定企业融资策略、采取有效方式筹集资金、管好现金流、按需求支付费用、进行成本费用控制、进行资金调度与风险管理、制定财务制度、做好财务分析、协助总经理做出决策等。财务部经理必须突破传统财务视野，从战略高度把握财务管理、公司治理、资本运营等方面的知识及其运作手段；必须大量接触国内外前沿性的财务管理知识和信息；真正具备全球战略眼光、深入了解相关国际规则，在瞬息万变的市场环境中做出及时准确的财务决策。资金是企业的血液，财务部是企业的心脏，企业所有重大决策方案讨论都要有财务部经理的参与。

6. 会计人员

财务与会计有着不同的目标和工作内容。财务负责企业资金的预测、筹集、调度与监控，会计负责企业日常记账及核算。会计人员的主要职责是进行日常现金管理、进行日常记账和登账、向税务部门报税、编制与报送财务报表、核算与分析产品成本、核算企业经营成果、盘点现金与存货。

第三节　模拟企业运营流程

模拟企业的日常运营过程在 ERP 沙盘中简化为年初的 4 项工作、每个季度的 19 项工作及年末的 6 项工作。总经理带领着各个运营团队自上而下地执行企业运营流程，每完成一项操作，则在运营任务清单对应的方格中打"✓"确认。涉及现金收付时，财务部经理收付现金的同时，在相应的表格中登记相应的收支数额。

一、年初运营

年初运营的主要工作包括新年度规划会议、参加订货会/登记销售订单、制订新年度计划和支付应交税金四项内容。

（一）新年度规划会议

新年开始运营之际，总经理要带领团队根据市场预测情况制定企业战略，提出企业在新的一年的市场开拓规划、产品研发和设备投资规划及生产规划等。为了能够在一年一度的产品订货会上争取到合适的订单，还需精确计算出企业本年的预计产品完工量，从而确定企业的可接收订单量。

1. 市场开拓规划

市场开拓规划是指根据市场预测，对不同目标市场进行详细分析，确定企业的销售策略，明确需要开拓市场的类别和数量。根据各个市场上产品的需求状况、价格水平、订单数量和竞争对手的情况确定企业的目标市场。结合企业目前的资金情况和产品生产情况明确企业开拓市场的时间。

2. 产品研发投资规划

由于每个市场对单一产品的需求总是有限的，企业需要在年初确定是否进行新产品研发。根据市场需求和竞争对手的情况，可以选择其中一种或两种产品进行研发。在确定研发产品的品种后，还需要考虑什么时候开始研发。不同的产品可以同时研发，也可以分别研发。

3. 设备投资规划

当企业资金充裕和市场未来需求量较大时，会考虑进行设备投资、扩建或者更新生产线，从而扩大产能。更新生产线即转产。一般来说，当企业有新产品研发时，生产线建成的时间最好与其一致，这样可以减少转产或空置的时间。从折旧的角度看，生产线的完工时间最好在某年的第一季度，这样可以相对减少折旧费用。

4. 确定可接收订单的数量

在参加订货会之前，需要计算出企业的可接收订单量。其计算公式为

可接收订单量 = 年初该产品的库存量 + 本年度该产品的预计完工数量

本年度该产品的预计完工数量是生产部门通过排产来确定的，一般可以通过编制产品生产计划来进行。同时，根据产品生产计划又可以确定原材料的需求量。

一般来说，可以根据生产线的生产周期编制产品生产和材料需求计划。假设当前企业有六条生产线：三条全自动线和三条柔性线。年初的生产状态和本年的生产计划如表 13-1 所示。

表 13-1　产品生产计划

生产线编号	种类	当前状态	第一季度	第二季度	第三季度	第四季度
1	全自动线	P1	P1	P1	P1	P1
2	全自动线	P2	P2	P2	P2	P2
3	全自动线	P3	P3	P3	P3	P3
4	柔性线	P3	P3	P1	P3	P3
5	柔性线	P3	P2	P3	P3	P4
6	柔性线	P3	P3	P3	P3	P3

根据各生产线的生产周期就可以制作产品的入库表。已知全自动线和柔性线的生产周期都是 1Q（Q 表示季度），且柔性线无转产周期。产品预计完工入库数量如表 13-2 所示。

表 13-2　产品预计完工入库量

产品名称	第一季度	第二季度	第三季度	第四季度	合计
P1	1	1	2	1	5
P2	1	2	1	1	5
P3	4	3	3	4	14
P4	0	0	0	0	0

至此，销售部门就可以根据产品预计入库情况，清楚地了解每年有多少产品可以进行销售，再考虑年初库存量，就可以根据这个数据在订货会上选取订单。

（二）参加订货会/登记销售订单

模拟企业销售产品的唯一途径是参加产品订货会，争取最合适的销售订单。参加订货会之前需要在目标市场上投放广告。企业需要分产品、分市场在竞单表上登记投放的广告费金额。广告费是参加订货会后一次性支付的，所以企业投放的广告费不能突破企业年初未经营前现金库中的现金余额，同时应考虑年初的应交税金。如果投放广告额太多，超过了企业的支付能力，则投放广告后会导致破产。

竞单时，应当根据企业可接收订单的数量选择订单，尽可能使企业生产的产品当年全部销售完，不占用库存资金。但是，企业争取的订单一定不能突破企业的最大产能。如果不能按期交货，将要承担巨大的经济损失。

假设当前市场上有四个 P3 产品的销售订单，如表 13-3 所示。三家公司 A、B、C 同时竞单，且已知三家公司在 P3 产品上已投的广告额分别为 200 万元、500 万元和 100 万元，如表 13-4 所示。按照广告费用的多少，公司选单顺序如表 13-5 所示。一般来说，公司会优先选择总金额大、账期短和单价高的订单。

表 13-3　订单信息列表

订单编号	市场	产品	数量	单价/万元	账期	销售额/万元	要求
001	本地	P3	2	850	4Q	1700	无
002	本地	P3	4	800	2Q	3200	ISO9000
003	本地	P3	2	900	1Q	1800	ISO14000
004	本地	P3	3	760	4Q	2280	无

表 13-4　公司投放广告费信息

公司名	产品	广告额/万元	ISO9000	ISO14000
A	P3	200	有	无
B	P3	500	有	无
C	P3	100	无	有

表 13-5　选单顺序

顺序	公司名	订单编号	数量	金额/万元
1	B	002	4	3200
2	A	004	3	2280
3	C	003	2	1800
4	B	001	2	1700

（三）制订新年度计划

企业参加订货会取得销售订单以后，当年的销售任务已经明确。企业根据实际拿到的销售订单对新年度规划进行调整，从而制订新年度计划，具体包括原材料采购计划、现金预算、融资方案等。

1. 原材料采购计划

企业编制原材料采购计划，可以明确企业订购材料的时间和数量，保证生产的需要。财务经理也可以根据该计划了解资金需求情况，及时纳入现金预算，保证资金的供应。

采购部门会收到由生产部门根据产品生产计划制定出的产品投产汇总表，如表 13-6 所示。采购部门根据各产品生产所需要的原材料（表 13-7）和产品的投产汇总表，计算出原材料需求计划表（表 13-8）。

表 13-6　产品投产汇总表

产品	第一季度	第二季度	第三季度	第四季度	合计
P1	1	2	1	1	5
P2	2	1	1	1	5

续表

产品	第一季度	第二季度	第三季度	第四季度	合计
P3	3	3	4	3	13
P4				1	1
加工费/万元	600	600	600	600	2400

表 13-7　产品原材料构成表

产品	R1	R2	R3	R4	加工费/万元
P1	1				100
P2	1	1			100
P3		2	1		100
P4		1	1	2	100

表 13-8　原材料需求计划表

原材料	第一季度	第二季度	第三季度	第四季度	合计
R1	3	3	2	2	10
R2	8	7	9	8	32
R3	3	3	4	4	14
R4	0	0	0	2	2
支付材料费/万元	1400	1300	1500	1600	5800

由于原材料的采购周期不同，采购部门还需要根据 MRP 制订采购计划，如表 13-9 所示。原材料 R1 和 R2 的订购必须提前一个季度，而原材料 R3 和 R4 的订购必须提前两个季度。原料入库后付款。当期订购的材料不需要支付现金。

表 13-9　原材料采购计划

原材料	上年第三季度	上年第四季度	第一季度	第二季度	第三季度	第四季度
R1		3	3	2	2	
R2		8	7	9	8	
R3	3	3	4	4		
R4	0	0	0	2		

通过这样的计划辅助，可以提高资金的流动性，尽量做到原材料的零库存。在市场（销售部）经理拿到实际订单后，生产计划还需要进行微调，争取做到产品的零库存。按照订单进行生产，就避免了库存占用资金。

2. 现金预算

现金短缺是企业经营过程中经常遇到的问题。一方面是因为企业没有正确编制预算，导致现金预算与实际严重脱节；另一方面是没有严格按计划进行经营，导致实际花费严重偏离预算。为了避免现金断流的现象发生，企业在经营之前应当根据新年度计划编制现金预算。

现金预算表包含四个部分。①现金收入，包括期初现金余额及本年度现金收入。当企业取得销售订单后，现金收入基本确定。②现金支出，包括预算的各项现金支出。当企业当年的投资计划和主生产计划确定后，企业的现金支出也基本确定。③现金多余或不足。计算每个季度现金收入和现金支出的差额，如果现金有多余，可以用于偿还贷款或用于投资；如果现金不足，则需要筹集资金或调整规划，减少现金支出。④现金的筹集和运用。记录现金多余或不足时的活动内容。典型的现金预算表如表 13-10 所示。

表 13-10　现金预算表　　单位：万元

	项目	第一季度	第二季度	第三季度	第四季度
	期初现金盘点	20	14	10	22
1	支付上年应交税	1			
2	市场广告投入	1			
3	支付短贷利息				
4	支付到期短贷的本金				
5	支付到期的应付款				
6	支付原材料采购现金	2	1	1	1
7	投资新生产线				
8	支付转产费用				
9	支付产品加工费用	1	2	1	2
	收到现金前的所有现金支出	5	3	2	3
	应收款收现			15	32
1	产品研发投资				
2	支付行政管理费	1	1	1	1
3	支付长期贷款利息				4
4	偿还到期的长期贷款				
5	支付设备维护费				4
6	支付租金				
7	支付购买厂房费用				
8	新市场开拓费用				
9	ISO 认证投资费用				
	其他				
	现金收入合计	0	0	15	32
	现金支出合计	6	4	3	12
	现金多余或不足	14	10	22	42
	向银行贷款				
	贴现收到现金				
	期末现金余额	14	10	22	42

3. 融资方案

融资分为长期贷款和短期贷款。长期贷款用于固定资产的投入，如购买厂房、机器设备；短期贷款一般用于流动资金来使用，如购买原材料、支付管理费、广告费等。合理利用长期贷款和短期贷款，可以有效提高生产效益。在实际操作中，组合使用长期贷款和短期贷款，不仅可以有效解决资金短缺问题，还能够规避一味使用长期贷款产生的过多利息。长期贷款在每一年度开始才能够申请，短期贷款在每一季度开始可以申请。

表 13-11 是某一参赛团队组合使用长期贷款和短期贷款的案例。该团队在每个季度频繁使用短期贷款，并从第 2 年开始，每年都使用长期贷款。这种操作方式一方面能够解决贷款利息过高问题，另一方面可以降低每季度结束时的还款压力。而所使用的贷款金额基本是该季度或年度要花费的资金。

表 13-11 企业融资案例

动作	资金/万元	余额/万元	时间	备注
初始化资本金	800	800	第 1 年 1 季	公司成立
短期贷款	209	1009	第 1 年 1 季	短期贷款 209 万元
短期贷款	209	688	第 1 年 2 季	短期贷款 209 万元
短期贷款	209	667	第 1 年 3 季	短期贷款 209 万元
短期贷款	209	646	第 1 年 4 季	短期贷款 209 万元
长期贷款	1054	1300	第 2 年 1 季	5 年期长期贷款 1054 万元
短期贷款利息	–10	1290	第 2 年 1 季	支付短期贷款利息 10 万元
归还短期贷款	–209	1081	第 2 年 1 季	归还短期贷款 209 万元
短期贷款	209	1290	第 2 年 1 季	短期贷款 209 万元
……	……	……	……	……
归还长期贷款	0	692	第 3 年 1 季	归还长期贷款 0 万元
长期贷款利息	–105	692	第 3 年 1 季	支付长期贷款利息 105 万元
长期贷款	500	1192	第 3 年 1 季	5 年期长期贷款 500 万元
短期贷款利息	–10	1182	第 3 年 1 季	支付短期贷款利息 10 万元
归还短期贷款	–209	973	第 3 年 1 季	归还短期贷款 209 万元
短期贷款	209	1182	第 3 年 1 季	短期贷款 209 万元
……	……	……	……	……
长期贷款利息	–470	1984	第 7 年 1 季	支付长期贷款利息 470 万元
归还长期贷款	–1054	930	第 7 年 1 季	归还长期贷款 1054 万元

（四）支付应交税金

根据上一年的资产负债表，企业在本年初应当缴纳上一年的所得税。一般按照税前利润的 25%四舍五入计算。财务部经理从现金池中拿出相应税金放到综合费用的税金处，并在运营任务清单对应位置记录现金的减少量。

二、日常运营

模拟企业的日常运营过程包含运营任务清单上每个季度的 19 项工作，如表 13-12 所示。

表 13-12　企业一年内的运营任务清单

序号		项目	备注
年初运营	1	新年度规划会议	年初制订市场开拓规划、产品研发和设备投资规划、生产规划等
	2	参加订货会/登记销售订单	年初参加产品订货会，争取销售订单并登记
	3	制订新年度计划	年初制订生产计划、采购计划、资金计划等
	4	支付应交税金	年初缴纳，按照税前利润的 25%四舍五入计算
日常运营	1	季初现金盘点	清点现金池里的现金币数量
	2	更新短期贷款/支付利息/获得新贷款	向现金池方向推一格，利息计入综合费用
	3	更新应付账款/归还应付账款	每个季度都应更新，到期时必须用现金偿还
	4	原材料入库/更新原料订单	将空桶向原材料库方向推进一格，入库付款
	5	下原材料订单	用空桶表示订单，不需要支付现金
	6	更新生产/完工入库	生产线上的在制品向前推一格
	7	投资新生产线/变卖生产线/生产线转产	生产线转产时考虑转产周期和转产费
	8	向其他企业购买原材料/出售原材料	紧急采购
	9	开始下一批生产	将产品放入空置的生产线上
	10	更新应收账款/应收账款收现	应收账款向现金池方向推进一格，到期收现金
	11	出售厂房	按原值出售，但只能得到一张四个账期的应收账款凭条
	12	向其他企业购买成品/出售成品	不能按时交货时将接受订单数额 25%的罚款
	13	按订单交货	交货后得到应收账款或现金，注意必须是整单交货
	14	产品研发投资	季末一次性支付
	15	支付行政管理费	如办公费、人员工资、必要的差旅和招待费等
	16	其他现金收支情况登记	如应收账款贴现、其他类贷款支付费用
	17	现金收入合计	统计本季度现金收入总额
	18	现金支出合计	统计本季度现金支出总额
	19	期末现金对账	盘点本季度现金余额
年末工作	1	支付利息/更新长期贷款/申请长期贷款	年末付息一次，到期还本
	2	支付设备维护费	年末只要有生产线都需要支付设备维护费
	3	支付租金/购买厂房	年末如果是租赁的厂房，则必须支付租金
	4	计提折旧	年末按生产线净值的 1/3 向下取整计算
	5	新市场开拓/ISO 认证投资	费用在年末一次性支付，计入当前的综合费用
	6	结账	年终编制综合费用表、利润表和资产负债表

（1）季初现金盘点。对企业的资产需要定期进行盘点，包括现金、应收账款、原材料、在制品、产品等流动资产，也包括在建工程、生产线、厂房等固定资产。财务部经理清点现金池里的现金币数量，并把季初现金余额填写在企业运营任务清单上。

（2）更新短期贷款/支付利息/获得新贷款。短期贷款主要解决流动资金不足的问题，其借入、利息支付和本金归还都在每个季度初进行。将短期贷款向现金池方向推一格。如果已经推进现金池，则表示该贷款到期，要还本付息了。财务部经理从现金池中拿出利息额的灰币放在沙盘“综合费用”的利息上面。如果申请短期贷款，则放置一个空桶在短期贷款的第四账期处，并将贷来的现金放入现金池中。

（3）更新应付账款/归还应付账款。如果采用赊购方式购买原材料，就涉及应付账款。应付账款每个季度都应更新，到期时必须用现金偿还。

（4）原材料入库/更新原料订单。如果前期订购了原材料，在每个季度，都应将表示原材料订单的空桶向原材料库方向推进一格，更新原料订单。如果本期推到了原材料库里，则说明原材料已经到达企业，可以验收入库了，支付相应货款，在任务表中记录现金变化。

（5）下原材料订单。企业购买原材料必须提前下订单，下订单时不需要支付现金。拿一个空桶表示一份原材料订单，放在沙盘的原材料订单处。

（6）更新生产/完工入库。将生产线上的在制品向前推一格，如果推到了生产线以外，则表示产品完工下线了，需放到产成品库的位置。同时生产（制造）部经理记录下完工产品的个数和不同生产线上的加工状态。

（7）投资新生产线/变卖生产线/生产线转产。投资新建生产线时，需支付安装费，费用全部支付完毕，生产线在下一季度建设完成后就可以投入使用。变卖生产线只能按残值出售。如果折旧后的净值大于残值，生产线残值部分会直接计入现金，大于残值的部分，计入其他损失里，放在综合费用的“其他”位置，表示出售生产线的净损失。如果生产线转产，则应考虑转产周期和转产费。柔性线和手工线无转产周期和转产费用。全自动线和半自动线的转产费用计入综合费用的“转产费”处。

（8）向其他企业购买原材料/出售原材料。企业如果没有提前下订单，而又急需原材料，则只能向其他企业购买。当原材料多余时也可以向其他企业出售，收回现金。购买原材料时支付的货款减去原来的成本部分，其余的计入损失。出售原材料获得的收益部分计入利润表的“其他收入/支出”栏。例如，紧急采购原材料花费 2000 万元，算成本的时候，仍然只算 1000 万元，多支付的 1000 万元，计入其他损失里面。

（9）开始下一批生产。如果生产线有闲置，则尽量安排生产。因为闲置的生产线也需要支付设备维护费和计提折旧。从采购部经理处领取原材料，从财务部经理处取得加工费，放入一个空桶中代表一个产品，然后将该产品放入空置的生产线上，表示投入生产。财务部经理记录现金的变化。

（10）更新应收账款/应收账款收现。将应收账款向现金池方向推进一格，当应收账款被推进现金池时，表示应收账款到期，可以到银行领取现金。财务部经理需记录现金变化。

（11）出售厂房。如果企业需要筹集资金，厂房可以按原值出售，但不能得到现金，而是得到一张四个账期的应收账款凭条。将其放置在应收账款的 4Q 处。

（12）向其他企业购买成品/出售成品。如果企业参加订货会取得的订单超过了企业最大生产能力，当年不能按时交货，将受到严厉的惩罚，接受订单数额 25%的罚款，而且信誉尽失。所以企业可以向其他企业购买产品来交货，计入产品销售成本/支出栏。例如，紧急采购 P2 花费 9000 万元，产品销售成本仍然计为 3000 万元，另外 6000 万元计入其他支出。

（13）按订单交货。市场（销售）部经理在销售订单登记表中找到待交货的订单，加入销售额、销售成本和毛利等信息，将产品拿到交易处销售，并将所得的应收账款或现金交给财务部经理。如果收到的是现金，则在任务表中记录现金的变化。注意必须是整单交货。

（14）产品研发投资。每个季度的研发费用在季末一次性支付，新产品研发完成后，下一季度可以投入生产。生产（制造）部经理取得研发所需资金后放置在产品研发对应位置的空桶内，如产品研发完成，则可以获得该产品的生产资格证。财务部经理记录现金的变化。

（15）支付行政管理费。行政管理费如办公费、人员工资、必要的差旅和招待费等，在季末一次性支付 100 万元。模拟企业是固定不变的。财务部经理从现金池中取出 100 万元现金放置在综合费用的“管理费”处。

（16）其他现金收支情况登记。如果有上述情形之外的其他现金增加或减少的情况，则登记在此处，如应收账款贴现、其他类贷款支付费用。

（17）现金收入合计。统计本季度现金收入总额。

（18）现金支出合计。统计本季度现金支出总额。

（19）期末现金对账。盘点本季度现金余额。

三、年末工作

企业在年末需进行各项账款的计算和结转，编制各种报表，计算当年的经营成果。模拟企业的年末工作共包含六项工作。

（1）支付利息/更新长期贷款/申请长期贷款。长期贷款只能在每年年末进行，期限在一年以上，年末付息一次，到期还本。本年借入的长期贷款下年末支付利息，利息计入综合费用。更新长期贷款时将长期贷款的空桶朝现金池方向推进一格，如果被推进现金池中，则表示贷款到期，需到交易处归还借款。

（2）支付设备维护费。设备使用过程中会发生磨损，需要进行维护，如发生材料费和人工费等。年末时，只要有生产线都需要支付设备维护费，无论该生产线是否在生产。尚未安装完工的生产线不需支付。维护费计入综合费用。

（3）支付租金/购买厂房。年底时，企业如果是租赁的厂房，则必须支付租金，计入综合费用。如果决定购买厂房，则取出现金放在厂房的“价值”处。

（4）计提折旧。固定资产在使用过程中发生损耗导致价值降低。折旧在每年年末计提一次，采用直线法取整计算。模拟企业按生产线净值的 1/3 向下取整计算折旧。当年建成的生产线不计提折旧。当生产线净值小于 300 万元时，每年计提 100 万元折旧。折旧计入综合费用。但在计算现金变化时，折旧不能计算在内，因为折旧并没有减少现金量。例如，自动线第一年第二季度开始投资建设，建设周期为三个季度，那么到第一年第四季度为在建工程，到第二年第一季度为建成，因此第一年这条生产线不需要维修更不需要折旧。第二年这条线需要维修但不需要折旧，第三年这条线需要维修也需要折旧。

（5）新市场开拓/ISO 认证投资。每年新市场开拓和 ISO 认证投资的费用在年末一次性支付，计入当前的综合费用。

（6）结账。年终结账，编制综合费用表、利润表和资产负债表。

第四节　模拟企业财务报表

财务报表是反映企业或预算单位一定时期资金、利润状况的财务报表。财务报表包括资产负债表、利润表、现金流量表或财务状况变动表、附表和附注。财务报表是财务会计报告的主要部分，不包括董事报告、管理分析及财务情况说明书等列入财务会计报告或年度报告的资料。基于 ERP 沙盘模拟经营的特殊性，报表的格式和项目与现实中有所不同。ERP 物理沙盘模拟企业起始年经营结束后的综合费用表、利润表和资产负债表编制情况如下。

一、综合费用表

综合费用表是综合反映企业在经营年度发生的各种除产品生产成本、财务费用外的其他费用（表 13-13），包括管理费、广告费、设备维护费、厂房租金、转产费、市场准入开拓费、ISO 资格认证费、产品研发费和其他费用等。

表 13-13　起始年的综合费用表

××××年××月××日

项目	金额/万元	备注
管理费	400	行政管理费
广告费	100	年初订货会投广告费
设备维护费	400	只要生产线建设完工都要支付保养费
厂房租金		厂房租金
转产费		生产线转产
市场准入开拓费		□区域　□国内　□亚洲　□国际
ISO 资格认证费		□ISO9000　□ISO14000
产品研发费		□P2　□P3　□P4
其他费用		
合计	900	

（1）管理费。企业每季末支付 100 万元的行政管理费，全年共支付行政管理费 400 万元。

（2）广告费。根据当年年初参加订货会所支付的广告实际数填列 100 万元。

（3）设备维护费，即保养费。根据企业当年实际支付的生产线维护费填列。根据规则，生产线从建设完成的当年开始每年支付 100 万元，不受是否生产的影响。

（4）厂房租金。根据企业支付的厂房租金填列。根据规则，若未购买厂房，则企业经营需租用厂房，大厂房租金 500 万元一年，小厂房租金 300 万元一年。

（5）转产费。根据企业生产线转产支付的费用填列。根据规则，半自动生产线转产费为 100 万元，全自动生产线转产费为 400 万元，手工线和柔性线无转产费。

（6）市场准入开拓费。根据企业本年开发市场支付的实际费用填列，每个市场每年的开发费用均为 100 万元，但开发年限不同。

（7）ISO 资格认证费。根据企业本年 ISO 认证开发支付的实际费用填列。根据规则，ISO9000 与 ISO14000 开发费均为 100 万元一年，但开发周期不同。

（8）产品研发费。根据企业本年度研发产品支付的实际费用总额填列。根据规则，P2、P3、P4 产品研发费用每年分别为 100 万元、200 万元、300 万元，研发周期也不同。

填制综合费用表的注意事项：①广告费，有订单竞标的规则下广告费不要遗漏；②设备维护费，生产线建成当年即开始计算，无论是否生产都应计提，变卖则不计提；③损失金额不要遗漏，损失项目主要包括原材料以八折销售低于原值的部分、生产线变卖过程中残值低于净值的部分、紧急采购产成品或原材料比直接采购多付出的部分、订单违约金四种情况，在计算时要格外注意生产线变卖与紧急采购情况，不要计算错误或产生遗漏。

二、利润表

利润表是反映企业在一定会计期间经营成果的报表。由于它反映的是某一期间的情况，又被称为动态报表。利润表也称为损益表、收益表。在 ERP 沙盘中利润表是简化了的报表，如表 13-14 所示。

表 13-14　利润表（一）

××××年××月××日

项目	增减情况	上年/万元	本年/万元	备注
销售收入	+	3500	3200	来自订单登记明细表
直接成本	–	1200	1200	来自产品销售汇总表
毛利	=	2300	2000	来自产品核算统计表
综合费用	–	1100	900	来自综合费用表
折旧前利润	=	1200	1100	毛利减去综合费用
折旧	–	400	400	当年计提的折旧额
支付利息前利润	=	800	700	折旧前利润减去折旧额
财务费用	+/–	–400	–400	贷款利息和应收账款贴息
额外收入/支出	+/–			如出租厂房取得的收入
税前利润	=	400	300	
所得税	–	100	100	税前利润的 25%四舍五入
净利润	=	300	200	

（1）销售收入。可根据订单登记明细表中“销售金额”合计数来填写。

（2）直接成本。可根据产品销售汇总表中的产品销售成本的合计数填列，也可根据订单上各产品数量乘以单位成本后的合计数填列。

（3）毛利。根据销售收入与直接成本之差填列。

（4）综合费用。根据综合费用表合计数填列。

（5）折旧前利润。根据毛利与综合费用之差填列。

（6）折旧。根据各条生产线折旧额的合计数填列，四种生产线的折旧额均不同。

（7）支付利息前利润。根据折旧前利润与折旧之差填列，即“息税前利润”。

（8）财务费用。根据长期贷款或短期贷款利息支出与本年度的应收账款贴息支出之和填列。

（9）税前利润。根据支付利息前利润与财务费用之差填列，即“利润总额”。

（10）所得税。如果企业经营盈利，需按国家规定上缴税金，每年所得税计入应交税金，在下一年初缴纳。所得税以弥补以前年度亏损后的余额为基数计算填列。

（11）净利润。根据税前利润与所得税之差填列。

填制利润表时的注意事项。

（1）折旧。折旧开始计提年限。建成生产线当年不计提折旧，从建成第二年开始计提折旧，当生产线净值等于残值时，不再计提折旧，但可以继续使用。

（2）财务费用。财务费用包括贷款利息和应收账款贴息两部分。

（3）所得税。所得税计算以本年的盈利弥补以前年度亏损后的余额为基数。交税满足的几个条件是：①经营企业的上一年权益+今年的税前利润＞模拟企业的初始权益；②经营当年盈利（税前利润为正）。同时满足以上两个条件时，意味着要开始交所得税。

三、资产负债表

资产负债表也称财务状况表，表示企业在一定日期（通常为各会计期末）的财务状况（即资产、负债和业主权益的状况）的主要财务报表，资产负债表利用会计平衡原则，将合乎会计原则的资产、负债、所有者权益交易科目分为“资产”及“负债和所有者权益”两大区块，再经过分录、转账、分类账、试算、调整等会计程序后，以特定日期的静态企业情况为基准，浓缩成一张报表。其中，等式关系为资产=负债+所有者权益。在 ERP 沙盘中，资产负债表不同于普通的资产负债表，是简化了的报表，如表 13-15 所示。

表 13-15　资产负债表（一）

××××年××月××日

资产		期初余额/万元	期末余额/万元	负债和所有者权益		期初余额/万元	期末余额/万元
流动资产	现金	2 000	4 200	负债	长期贷款	4 000	4 000
	应收账款	1 500	0		短期贷款		0
	在制品	800	800		应付账款		0
	库存商品	600	600		应交税金	100	100
	原材料	300	200		一年内到期的长期负债		0
流动资产合计		5 200	5 800	负债合计		4 100	4 100
非流动资产	土地与建筑	4 000	4 000	所有者权益	股东资本	5 000	5 000
	机器与设备	1 300	900		利润留存	1 100	1 400
	在建工程				年度净利	300	200
非流动资产合计		5 300	4 900	所有者权益合计		6 400	6 600
资产总计		10 500	10 700	负债和所有者权益总计		10 500	10 700

流动资产主要项目包括以下五个方面：①现金，企业经营年度末所持有的现金数额，根据沙盘财务中心现金池中的现金数填列；②应收账款，根据沙盘财务中心应收账款位置的标签填写；③在制品，根据各个生产线上正在加工的产品成本的合计数填列；④库存商品，可根据“产成品明细表”中各产品期末库存余额计算填列，也可根据物流中心的“成品库”中四种产品的成本合计数填列；⑤原材料，根据物流中心各个原材料库中原材料价值的合计数填列。

非流动资产主要项目包括以下三个方面：①土地与建筑，根据企业厂房价值区上的金额填列；②机器与设备，根据企业各生产线价值区上金额的合计数填列，为净值；③在建工程，根据各条正在安装生产线上放置的金额合计数填列。

负债主要项目包括以下三个方面：①短期贷款，根据沙盘财务中心“短期贷款区域”中数目填列；②长期贷款，根据沙盘财务中心“长期贷款区域”中数目填列；③应交税金，根据利润表中“所得税”项目金额填列。

所有者权益主要项目包括以下三个方面：①股东资本，在不涉及企业破产采取增减资的情况下，该项目一致为初始金额；②利润留存，根据上一年度利润留存和上年度净利润金额合计数填列；③年度净利，根据本年度“利润表”中“年度净利润”填列。

资产负债表编制注意事项如下。

（1）应交所得税。应交所得税是企业的一项负债，企业应设置“应交税金—应交所得税”科目，用来专门核算企业缴纳的企业所得税。

（2）“利润留存”要根据上一年度“利润留存”和上年的“年度净利”金额合计数填列。“利润留存”体现的是截止到上年度末企业资本的保值增值情况，与本年度利润无关。

应交税金的计算是以本年的盈利弥补以前年度亏损后的余额为基数。交税要满足两个条件：①经营企业的上一年权益+今年的税前利润＞模拟企业的初始权益；②经营当年盈利（税前利润为正）。同时满足以上两个条件时，意味着要开始交所得税。第一次交税额=（本年税前利润+上年利润留存）×25%，以后的税额则直接为税前利润的 25%，四舍五入。下面以某一报表为例进行说明。其资产负债表和利润表分别如表 13-16 和表 13-17 所示。

表 13-16　资产负债表（二）　　单位：万元

项目		第 1 年	第 2 年	第 3 年	第 4 年	第 5 年	第 6 年
流动资产	现金	366	947	910	1267	1627	2681
	应收账款	0	422	756	991	1440	1529
	在制品	0	140	140	290	290	550
	库存商品	0	80	0	40	0	0
	原材料	0	0	0	0	0	0
流动资产合计		366	1589	1806	2588	3357	4760
非流动资产	土地与建筑	400	400	400	800	1200	1600
	机器与设备	0	700	560	1120	840	1860
	在建工程	700	0	700	0	700	0

续表

项目		第 1 年	第 2 年	第 3 年	第 4 年	第 5 年	第 6 年
非流动资产合计		1100	1100	1660	1920	2740	3460
资产总计		1466	2689	3466	4508	6097	8220
负债	长期贷款	0	1054	1554	2154	3254	4704
	短期贷款	836	836	836	836	836	836
	应付账款	0	0	0	0	0	0
	应交税金	0	0	69	128	154	207
负债合计		836	1890	2459	3118	4244	5747
所有者权益	股东资本	800	800	800	800	800	800
	利润留存	0	–170	–1	207	590	1053
	年度净利	–170	169	208	383	463	620
所有者权益合计		630	799	1007	1390	1853	2473
负债和所有者权益总计		1466	2689	3466	4508	6097	8220

表 13-17 利润表（二） 单位：万元

项目	第 1 年	第 2 年	第 3 年	第 4 年	第 5 年	第 6 年
销售收入	0	849	1552	2236	2862	3712
直接成本	0	340	640	960	1220	1580
毛利	0	509	912	1276	1642	2132
综合费用	170	300	350	430	490	660
折旧前利润	–170	209	562	846	1152	1472
折旧	0	0	140	140	280	280
支付利息前利润	–170	209	422	706	872	1192
财务费用	0	40	145	195	255	365
税前利润	–170	169	277	511	617	827
所得税	0	0	69	128	154	207
净利润	–170	169	208	383	463	620

从利润表可知，该公司第二年开始盈利，税前利润为 169 万元。但是从资产负债表可知，该公司第 1 年的所有者权益为 630 万元，注册资本为 800 万元。630+169=799＜800，因此该公司第二年不用交税。第三年，799+277=1076＞800，开始交税。

思考与练习

1. 请简要说明物理沙盘的盘面中心构成。

2. 请简述物理沙盘中企业运行的机构设置和人员分工，并思考物理沙盘与真实企业机构设置有何不同。

3. 现有 A 公司，在新年度会议上，大家达成共识即广告采用激进策略投入 1400 万元。本年度计划如下：①四套设备满负荷生产 P1 产品；②第一季度开始研发 P2 产品，每季投入资金 100 万元，第三季度开始研发 P3 产品，每季投入资金 200 万元；③年末开拓国内、亚洲和国际市场，投资 300 万元，进行 ISO9000 和 ISO14000 认证，分别投资 100 万元；④四套设备每季度发生设备维护费为 100 万元，另每季度发生管理费为 100 万元。假定 A 公司第一年暂无其他计划，请编制 A 公司初始年综合费用表。

拓展阅读

常见的 ERP 模型工具见二维码。

参考文献

埃特泽尔 M, 沃克 B, 斯坦顿 W. 2009. 市场营销. 王永贵, 译. 14 版. 南京: 南京大学出版社.

曹会勇. 2016. 物流管理概论. 南京: 南京大学出版社.

曹俊超, 戴克商. 2006. 物资管理理论与实务. 北京: 清华大学出版社.

陈宝领. 2010. 物流管理. 南京: 南京大学出版社.

陈光会, 康虹. 2009. ERP 原理与应用. 西安: 西北工业大学出版社.

陈虎, 韩玉启, 王斌. 2005. 基于系统动力学的库存管理研究. 管理工程学报, 19(3): 132-140.

陈虎, 孙彦丛. 2022. 财务共享服务. 大连: 东北财经大学出版社.

陈俊. 2011. 现代物流管理与实训. 北京: 清华大学出版社.

陈启申. 2009. 成功实施 ERP 的规范流程: 知理・知己・知彼・知用. 北京: 电子工业出版社.

陈启申. 2012. ERP: 从内部集成起步. 3 版. 北京: 电子工业出版社.

陈斯雯. 2007. 企业存货核算与库存管理技巧. 北京: 经济科学出版社.

陈延寿, 薛昌春, 宋萍萍. 2009. ERP 教程. 北京: 清华大学出版社.

程控, 革扬. 2012. MRPⅡ/ERP 原理与应用. 3 版. 北京: 清华大学出版社.

程平. 2022. RPA 财务机器人: 原理、应用与开发. 北京: 中国人民大学出版社.

种美香. 2012. 采购与供应管理实务. 北京: 清华大学出版社.

崔晓阳. 2010. ERP123: 企业应用 ERP 成功之路. 2 版. 北京: 清华大学出版社.

戴小廷. 2016. 物流采购管理. 北京: 机械工业出版社.

邓超. 2003. 企业资源规划系统(ERP)规范应用指南. 北京: 电子工业出版社.

邓光君, 夏晶, 叶亮军. 2016. ERP 原理与实验教程. 武汉: 华中科技大学出版社.

董红杰, 吴泽强. 2012. 企业经营 ERP 沙盘应用教程. 北京: 北京大学出版社.

ERP 应用教程编委会. 2016. ERP 生产制造管理应用教程. 2 版. 上海: 立信会计出版社.

樊晓琪. 2009. ERP 沙盘实训教程及比赛全攻略. 上海: 立信会计出版社.

郭国庆, 钱明辉. 2017. 市场营销学通论. 7 版. 北京: 中国人民大学出版社.

郝玉龙, 吕军凯. 2009. 基于因子分析法的企业库存分类方法研究. 管理现代化, (6): 12-14.

胡彬. 2004. ERP 项目管理与实施. 北京: 电子工业出版社.

胡从旭. 2011. ABC 分类法在库存管理中的实施及改进. 物流技术与应用, 16(4): 100-102.

胡建波. 2016. 供应链管理实务. 2 版. 成都: 西南财经大学出版社.

胡玲玲. 2007. 基于汽车生产企业的最大最小库存研究. 广西工学院学报, (S1): 40-42.

黄梯云, 李一军. 2014. 管理信息系统. 5 版. 北京: 高等教育出版社.

黄小原, 卢震, 赵晓煜. 2006. ERP 理论与构建. 北京: 科学出版社.

姬小利. 2008. ERP 原理、应用与实践教程. 上海: 立信会计出版社.

简明, 胡玉立. 2009. 市场预测与管理决策. 4 版. 北京: 中国人民大学出版社.

金镭, 沈庆宇. 2017. ERP 原理与实施. 北京: 清华大学出版社.

李荷华. 2010. 现代采购与供应管理. 上海: 上海财经大学出版社.

李恒兴, 鲍钰. 2007. 采购管理. 北京: 北京理工大学出版社.
李健. 2004. 企业资源计划(ERP)及其应用. 北京: 电子工业出版社.
李健, 王颖纯. 2011. 企业资源计划(ERP)及其应用. 3 版. 北京: 电子工业出版社.
李湘琳, 傅仕伟, 梁秒, 等. 2006. 会计信息系统. 北京: 清华大学出版社.
林勇. 2007. ERP 理论与实践. 合肥: 中国科学技术大学出版社.
刘爱国, 梁顺利, 赵颖. 2008. ERP 生产制造管理. 北京: 电子工业出版社.
刘红霞. 2014. 市场调查与预测. 3 版. 北京: 科学出版社.
刘华. 2012. 物流采购管理. 2 版. 北京: 清华大学出版社.
刘金安, 兰小毅, 介彬, 等. 2013. ERP 原理及应用教程. 北京: 清华大学出版社.
刘良惠, 赵小宁. 2011. ERP 沙盘博弈对抗实验教程. 北京: 清华大学出版社.
刘平. 2010. 企业经营沙盘模拟实训手册. 北京: 清华大学出版社.
刘秋生. 2009. ERP 系统原理与实施及其案例分析. 南京: 东南大学出版社.
刘翔. 2014. ERP 原理与应用. 北京: 高等教育出版社.
刘翔, 施文. 2011. ERP 原理与应用. 北京: 清华大学出版社.
卢闯. 2021. 财务共享: 理论与实务. 北京: 中国人民大学出版社.
陆安生. 2010. ERP 原理与应用. 北京: 清华大学出版社.
罗兵, 于会强, 林略, 等. 2004. 供应链环境下的供应商管理库存模型研究. 工业工程与管理, (4): 40-43.
罗鸿. 2016. ERP 原理 · 设计 · 实施. 4 版. 北京: 电子工业出版社.
马睿. 2011. 不确定因素下供应链中库存和安全库存的研究. 长安大学硕士学位论文.
马士华, 林勇. 2016. 供应链管理. 5 版. 北京: 机械工业出版社.
乔均. 2010. 市场营销学. 北京: 清华大学出版社.
邱立新. 2018. ERP 原理与应用. 北京: 北京大学出版社.
曲立. 2006. 库存管理理论与应用. 北京: 经济科学出版社.
任志霞. 2017. 企业经营与 ERP 沙盘模拟实训教程. 成都: 西南财经大学出版社.
SAP ERP 公有云编委会. 2023. SAP ERP 公有云实务教程. 北京: 清华大学出版社.
闪四清. 2013. ERP 系统原理和实施. 4 版. 北京: 清华大学出版社.
孙铁玉. 2011. 新编采购管理. 南京: 南京大学出版社.
孙雪莲. 2006. 几类库存 EOQ 模型的扩展研究. 新疆大学硕士学位论文.
汤华东, 李勉, 董文婧. 2016. 用友 ERP 供应链管理系统实验教程(U8. 72). 2 版. 北京: 清华大学出版社.
唐梦雅. 2016. 基于 SAP 系统的集成化财务管理在 XK 集团中的应用研究. 济南: 山东财经大学.
唐晓波. 2009. 企业资源计划(ERP). 武汉: 武汉大学出版社.
汪国章. 2003. ERP 原理、实施与案例. 北京: 电子工业出版社.
王浩, 程平. 2023. RPA 财务机器人应用与开发: 基于 UiPath. 上海: 立信会计出版社.
王慧. 2015. 基于供应链管理的第三方物流企业的研究. 北京: 冶金工业出版社.
王建伟, 王小建. 2008. 电子商务物流信息系统分析与设计. 北京: 首都经济贸易大学出版社.
王瑞军. 2015. 采购与供应管理. 北京: 中国水利水电出版社.
王铄, 李厚毅. 2011. ERP 系统应用实验教程. 上海: 格致出版社.
王文莲, 佟芳芳. 2008. 企业资源计划(ERP). 上海: 立信会计出版社.
王锡莉. 2009. ABC 分类法在企业库存管理中的应用研究. 现代商贸工业, (5): 40-42.
王晓煜. 2020. 企业资源规划(ERP). 4 版. 大连: 东软电子出版社.

王征. 2013. ERP 系统原理及企业建模精华: 企业管理者和财务经理人的系统思维和实践框架. 北京: 中国财政经济出版社.
魏玲. 2013. ERP 理论与实践. 大连: 东北财经大学出版社.
吴迪. 2017. 企业资源计划(ERP)实训教程. 3 版. 大连: 东软电子出版社.
徐春迎, 阮文彪. 2005. 供应链不确定性与安全库存研究. 商业研究, (13): 65-68.
徐峰, 陈丰照, 肖味味, 等. 2016. ERP 沙盘模拟实验教程. 北京: 北京交通大学出版社.
徐杰, 田源. 2004. 采购与仓储管理. 北京: 清华大学出版社.
徐贤浩, 余双琪. 2007. 短生命周期产品的三种库存模型的比较. 管理科学学报, 10(4): 9-15, 48.
杨建华. 2011. ERP 原理与应用. 北京: 电子工业出版社.
张才明, 徐军委. 2017. 企业资源规划(ERP)系统实验教程. 北京: 清华大学出版社.
张灿鹏, 郭砚常. 2008. 市场调查与分析预测. 北京: 清华大学出版社.
张建明. 2013. 现代物流管理. 武汉: 武汉大学出版社.
张涛. 2015. 企业资源计划(ERP)原理与实践. 2 版. 北京: 机械工业出版社.
张毅. 2001. 制造资源计划 MRP-Ⅱ及其应用. 北京: 清华大学出版社.
张于贤, 李雷. 2008. 关于 VMI 策略的研究综述. 商场现代化, (29): 28.
赵启兰, 刘宏志. 2003. 生产计划与供应链中的库存管理. 北京: 电子工业出版社.
赵晓波, 黄四民. 2008. 库存管理. 北京: 清华大学出版社.
赵英会. 2015. EOQ 模型在企业库存成本优化中的应用. 统计与决策, (13): 182-185.
周伟军. 2008. 大卖场食品干货随机性库存管理模型研究. 上海交通大学硕士学位论文.
周兴建, 蔡丽华. 2016. 现代物流管理概论. 北京: 中国纺织出版社.
周玉清, 刘伯莹, 周强. 2010. ERP 原理与应用教程. 北京: 清华大学出版社.